中動態・地平・竈

ハイデガーの存在の思索をめぐる精神史的現象学

小田切建太郎

Kentaro Otagiri

Medium, Horizont, Herd

Eine geistesgeschichtliche Phänomenologie um das Seinsdenken bei Heidegger

法政大学出版局

まえがき

本を出すことになった。題名は、『中動態・地平・竈《かまど》――ハイデガーの存在の思索をめぐる精神史的現象学』とした。ことさら奇を衒うつもりはなかったが、マルティン・ハイデガー（Martin Heidegger, 1889–1976）の研究書としてはいささか風変わりな題名になったのではないかとおもう。むろん、このような三つ組《トリアーデ》みを表題にもちいること自体は、ハイデガー哲学の研究書としては既視感をもたれるはずのものにはちがいない。いうまでもなく、大橋良介氏の『放下・瞬間・場所――シェリングとハイデッガー』（一九七五年）、また細川亮一氏の『意味・真理・場所――ハイデガーの思惟の道』（一九九二年）がそうである。本書も、両者の表題のかたちに倣ったといえば嘘になるが、意識するともなく意識しつつ、右のような表題をつけさせてもらった。しかし風変わりなといったのは、むしろ、本書の表題の三つ組《トリアーデ》みのなかみのほうである。中動態・地平・竈、そのなかでもとりわけ中動態と竈は、これまでのハイデガー研究のいわば虚を衝くものといってよいのではないかとおもう。それではこの三者が意味するのは、いったいどのようなものだろうか。ここではまず読者――正確には将来の（可能的な）読者――のために、それを素描的に説明させてもらいたい。とはいっても、ここで唐突に本論の内容を要約するような話をするつもりはない。むしろ、本書の内容および背景についての大雑把なイメージ――理解というよりも――を読者にもってもらおうというのが、このプロローグのさしあたっての意図である。

それではさっそく三者の意味するところを説明したい。そうしたいところだが、いったんそれは後回しにすることにして、その前にさしあたり、本書がそのなかに位置を占めるはずの歴史的な背景ないしコンテクストについて大まかに素描しておきたい。

＊

むろん、背景とひとことでいっても、さまざまである。たとえば、このわたしがこうした著作をものして公刊するまでに至った背景は、どのようなものかを考えることもできる。そこに特筆すべきものなど特にないようにも見える。なんとなれば、世間的に見れば、わたしは哲学の研究に従事し、曲がりなりにも研究者と呼ばれておよそ間違いない立場にいるからである。研究者は、その研究の成果を論文や著書のかたちで公にして世に問うことが求められまた推奨されているものだ。研究者として業績のために本の一つや二つ出しておくのがいろいろな意味でイイコトであるというのは、まったくそのとおりなのである。そのような事情であるからして、このわたしがこの著書を公刊することになった背景など特にくどくど説明するいわれなどない。また、ここでわたしの自叙伝など披瀝するつもりもないのである。

それでも、信濃の山奥から出てきたこの田舎者が、京都の立命館大学で、ギリシアに誕生し、ヨーロッパにおいてその伝統が形づくられた哲学を学び、そしてその成果として本書が刊行されたのはなぜなのか。なぜドイツ哲学を、そのなかでもハイデガーなのか、彼の存在論、あるいは存在の思索なのか。

一つたしかなのは、筆者であるわたしも含め、本書が日本における明治時代以来本格化した西洋文明の移入という現在までつづく歴史的文脈、ながれのなかにおかれ、そこに積極的にコミットしている、という紛れもない事実である。日本が、本格的に西洋の文化文明の輸入を推進しはじめたのは明治からである。以来一五〇年以上に亘ってそれは営々とつづけられてきた。哲学という学問もそのなかの一つである。ハイデガー思想はそのなかの一つである。ともあれ、日本人が、現象学、とりわけハイデガーの現象学的哲学を好んで受容してきたことは世界的によく知られた現象である。日本では、第二次大戦後においてさえ――ヨーロッパとは異なり――ハイデガー受容の勢いは衰えを知らなかったし、彼の哲学への好意的な評価はおおむね維持されたままだった。このことの原因には、ハイデガーのナチスへの加担、反ユダヤ主義というものを正面からは――あるいは真の意味では――考えることができない極東の特殊状況があったともいえる。つまり、西洋人とおなじ歴史的背景――意識的なものにしろ無意識的なものにしろ――を踏まえたうえで、まさにその歴史的状況のただなかに立つことでナチスやユダヤ問題を考えることがそもそもできないという――西洋人からすればある種の精神的欠落、歴史理解の欠損と映ってもおかしくない――一朝一夕で変化することなどおよそ不可能なはずの極東の地理的、歴史的文脈、精神史的状況のなかで生まれたものともいえる。

ヨーロッパの思想精神を織りなしているのは、古代ギリシア哲学、そして中世のキリスト教哲学――このなかにはむろんイスラムやユダヤ思想などさまざまな伝統が混ざりあっている――である。こうした極めて長大かつ複雑な歴史的背景を背負ってきたのが、哲学、ヨーロッパ思想である。だが、近代以降は学知をより簡素で単純な土台へひき戻そうとするさまざまな還元的挙動があらわれてきた。デカルトやイギリス経験論、そして近代哲学の流れに決定的な楔を打ち込んだカントの超越論哲学がそうである。そしてエトムント・フッサール（Edmund Husserl, 1859–1938）の意識の現象学はより経験に即した現実へヨーロッパの学知全体をひき戻さんと企てた。これを受けたハイデガーもまた存在論という極めて伝統的な哲学的立場をみずからひき受けつつも、人間の事実的実存から出発する彼独自の現象学的ふるまいを『存在と時間』において打ち出し、二〇世紀の思想潮流に決定的な刻印を押したのだった。日本人が、特にハイデガーの現象学的哲学を好んできたのは、それまでになく現実に即した仕方で不安や死といった人間の根本事象に迫る彼の現象学的営為が、哲学的歴史をみずからの背景としてそもそも所有することがなかった極東のひとびとに、哲学とのかぎりない近さを感得せしめた、ということではなかったか。

世界に目を向けるなら、すでにハイデガーの哲学が、現象学的哲学とともにその最盛期をかなり以前に通りすぎ、取り返すべくもない衰退の道を下っていることは、世間の大方が認めるところであるかもしれない。しかしなんといっても、二十世紀最大の哲学者と評されるハイデガーの影響力の大きさ、いまだ汲み尽されることがない思索の底知れなさ、そこから放たれる異様な魅力にはいまだに否定しがたい力づよさがある。なるほど、たしかに二十世紀最大という文句は、彼にとってもわたしたちにとってもすでに使い古された常套句であるというのはそのとおりであろう。それにもかかわらず、ここでもこの決まり文句をあえて繰り返した。その理由を問うならば、やはりまずその影響力の大きさが挙げられる。一九二七年に公刊された初期の主著『存在と時間』を代表とするハイデガーのテクストは、H–G・ガダマー、M・メルロ＝ポンティ、J–P・サルトル、E・レヴィナス、J・デリダ、そして哲学にかぎらずL・ビンスヴァンガーやM・ボスの精神分析、H・ドレイファスのプラグマティズム哲学などさまざまな分野の研究者に決定的かつ重大な影響を与えたことは言を俟たない。こうしてハイデガー思想はさまざまな毀誉褒貶にさらされるなかで、現在まで世界的規模でつづく現代思想の主要な潮流――そのなかに、構造主義、ポストモダン思想、京都学派などを数え入れてもよい――の形成において主導的役割を果たしてきた。このような状況は今日でも基本的にかわらない。よって、この哲学的および哲学史的意義には計り知れないものがある。西田幾多郎以来の日本の代表的哲学者、田辺元・九鬼周造・和辻哲郎・三木清・西谷啓治・三宅剛一・辻村公一・新田義弘・大橋良介・渡邊二郎・木田元などおしなべてハイデガーの影響を受けている。よくもわるくも、ハイデガーなしには今日見られるような姿での世界および日本の哲学界・思想界はありえなかった。ハイデガーにおける存在問題の解明を主題とする研究である本書もまた、こうした歴史のながれのなかにおかれ、そのながれのなかで生を享けたものであるといって間違いない。

ただ筆者が本書で試みるともなしに試みたことの一つとして、こうしたながれのなかで形成された定型的な研究態度から瑣少ではあるがあえて逸脱してみることであった。むろん、これは従来のハイデガー研究の豊沃な成果を否定するものではない。むしろそれを踏まえたうえで、別の新たな視座からハイデガーの思想を闡明することを試みたかったのである。この試みの動機は、ごく単純に、ハイデガーを、よりふかく、より多面的な仕方で知ろう、西洋の精神史からよりよく知ろうというところにある。ハイデガーのテクストの外部、その背後にあるものに関して、従来あまりにも無頓着、無関心であったと——少なくとも筆者には——おもわれたからである。

たしかに日本におけるヨーロッパの精神、文明文化の受容は、ほかの東アジアの国々に比べればすでに一定の歴史を重ねているといってよい。しかし、実際のところは現在ようやくその端緒についたにすぎない。日本における、日本人による——あるいは日本語による——ヨーロッパ精神についての理解はまだまだ表面的な段階に留まっている、そういう意味のことを、とある先生が哲学の講義の折に話されていた。ヨーロッパ精神を学ぶ、ないし学び直すということが意味するのは、また、ヨーロッパ人自身でさえ忘れた、忘れかけているもの、あるいはおぼろげに意識しているにすぎないものをことさらに見つけ出し、取りあげて、その意味を究明するという作業ともなるはずである。ちょうど、わたしたち日本人が自分たちのふるい言葉や神話、伝承、祭祀の意味、日常的な立ち居ふるまい、身体的所作の多くを忘却のながれのなかに棄て去ってしまい、それについておもい出すことさえ稀であるようなことが多くあるはずであるのとおなじように。いずれにしろ、日本がいまだ西洋の文明文化、歴史、精神史に関するふかい理解をもっているとはいえない状況に留まっているとするなら、そこに少しでも光をあてることは無意味なことではないはずである。

筆者が本書で試みようとするのも、ハイデガーの現象学的哲学とヨーロッパの精神史、そして両者の目立たない紐帯を中動態・地平・竈という一寸した言葉を手がかりにいちど解き明かしてみることにほかならない。

＊

こうした問題意識を背景として踏まえたうえで、本書の題名が示す三者、すなわち中動態・地平・竈に話を戻すことにしたい。この三者の意味するところはなんであるか、これについて少しばかり説明しておこう。

だが、わけても中動態と竈については話がながくなる。ながくなるから、ほんとうはできればここでは説明したくない。本論のほうを読んでいただきたいというのが本音である。しかしそんなことをいってしまったら、「まえがき」の意味がなくなってしまう。断っておくと、中動態も竈も、なにも筆者が強引にでっちあげてハイデガーと結びつけた概念ではない。両者ともに、ハイデガーのテクストをよく読めばそのなかにちゃんと見出されるものである。しかしいずれの場合も、これまではその含意、射程に関して十分に具体性のある研究を提出することがなされてこなかったというだけの話なのである。その真の含意と射程とは、従来の専門研究に見られたようなハイデガーのテクストのなかに留まりがちな方法、態度によっては、決して見えてこなかったものである。なんといっても本書の特筆すべき点は、これまでその含意、射程がほとんど明らかにされていなかったこれらの問題を、ハイデガーのテクストおよびそれに関する研究書以外の、分野も時代もさまざまに異なる文献を渉猟することで、眼に見えるようにしたところにあるといってよい。それでは、具体的にはいったいどんなことが眼に見えるようになったのか?

中動態の語は、もちろん言語学の術語であるが、しばらく以前から哲学の分野で目にすることもめずらしくなくなってきているのではないかとおもう。このことは、単なる日常生活での意志の伝達や感情表現の場面ならいざしらず、哲学がロゴス、言葉を用いるということから起こる、言語一般への反省的思考の要求に対する一つの応答として理解できる。もっといえば、それは、ただ単に思考が一方的に言葉を支配するというような単純な想定はもはや維持されるべくもなく、むしろ言葉が思考を規定しているというそれとは逆の事態を哲学が正面から受け止め、それに対していかに応答をするのかという現代の哲学的思考における不断の問いかけに対する一つの応答だといえる。また、哲学が道に迷いそうになるとき、みずからの来し方であるギリシアに遡り、みずからの行く末に光をあてようとすることは、歴史的に見れば哲学においてしばしばなされるふるまいの一つ――ハイデガーの思索がまさにそうである――であった。現代哲学における古代ギリシア語ないし印欧祖語の中動態への注目もこうしたふるまいの新たな反復であるともいえる。それはいわゆる哲学史の内部に留まることなく、いってみればそのメタ的次元にまで遡るものだった。

そのことは、単に西洋哲学全体への反省的・批判的思考を可能にするだけではなく、日本語のようなまったく別の歴史を有する言語による思考にも自己反省を促すとともに、さらにはこうした異なる諸言語のあいだに生まれるだろう豊かな対話への道を拓いたといえる。

とはいえ本書で扱う範囲は中動態とハイデガー哲学に留めざるをえない。これまで主題的に論じられることがなかった中動態とハイデガーの連関にいちど光をあてようというのがここでの目論見である。これは、本書が提示する新たな論点の一つとなる。この試みは中動態に関する言語学の理解を参照しながら、ハイデガーのテクスト内部に登場する中動態の語に注目し、そこから人間存在と存在そのものの動態を明らかにするという作業となる。それゆえ、本書における中動態の語は言語学の規定に従うものではない。端的にいってしまうなら、むしろ人間の実存、そして存在そのものの再帰的‐媒体的な運動・動態を意味するものとして用いられている。そう理解していただきたい。むろんこれだけでは、なんのことかわからないかもしれない。だが、ここではいわばこの示唆ないし仄めかしだけでとどめておくことにしたい。本論を読みすすめていただければ、その意味はおのずとおわかりいただけるものとおもう。

*

本書でいう竈の含意するところは、かなり多義的であり、短い説明をしようとすると、どれか一つの含意に限定して説明せざるをえない。だが、そのように限定することで竈の真の含意を逸してしまう恐れなしとしない。なんとなれば、その多義性にこそ、この竈の真の含意そして意義があるといっても過言ではないという、竈の問題に特有の事情があるからである。それゆえここでは、本書の本論で論じる哲学的・詩的意味での竈の意味を直接説明するのではなく、本論を読むまえの、いわば落語でいうまくらとしての――おちの用意まではないが――竈についての一般的な話を挿入してあらかじめ読者のイメージを喚起しておくことにしたい。

体に灰をつけ、毛を茶色く焦がしてしまった竈猫、赤い実を鈴なりにした秋の七竈《ななかまど》。竈の語からはそんな言葉と景色がおのずとおもい浮かぶ。大和言葉でいうカマドの語源は、白川静の『字訓』によれば、釜処（かまど）であるという。[1]狩野敏次の『かまど』によれば、カマは外来語で、その語源はもともと朝鮮語にあり、もともと釜ではなく、竈そのものを意味していた。カマドとは厳密にはカマドコロ（竈の場所）ということであった。[2]竈をあらわす別の語に、へついないしへっついがある。ヘツイの語源は、白川によれば、家つ火であるという。[3]狩野によれば、カマドが外来語であるのに対して、もっとふるくからある和製語が「へ」（漢字では「戸」と書く）で、ヘツイはこれに由来する。『古事記』に登場する竈の女神、奥津日売命の別名は大戸比売神（オオヘヒメノカミ）の戸（へ）は竈を意味するという。イザナミは黄泉戸喫（ヨモツヘグイ）をして黄泉国から帰れなくなったが、これは黄泉国の戸（へ）つまり竈で煮炊きした食べ物を口にしたということであった。[4]また竈を表す言葉にクドがある。とりわけ京都では竈のことをオクドサンと呼ぶようである。京都の立命館大学の近くに平野神社という春の桜で有名な社があるが、ここには久度《くど》神という神が祀られている。これは、御公土さまとも呼ばれる（書かれる）竈の神のことである。狩野によるなら、クドとは元来は竈の設備の一部である煙出しの穴・窓であった。竈の神は竈から煙が立ちのぼるこの場所を本来の住処としており、竈の神の在所を指してクドの語が使われ、それがさらに竈そのものを指すものになったという。[5]このような竈は大地に根づくことから、この世と異界・黄泉国との境界とも考えられ、立ちのぼる煙から天につながるものとも考えられた。むろん現代では、こうしたものは生活世界から忘れ去られ、むしろ単に歴史学、民俗学そして宗教学や神話学ないし文化人類学の対象にすぎないようにも見える。たしかにそうかもしれない。そしてカマドやヘツイやクドなどおよそ哲学にはかかわりのないことではないのか？　そんな疑問も当然である。だが本当にそんな風に片づけてしまってよいのだろうか？　コスモスの輝きは叙事詩や絵画などの壮大な芸術のうちからのみ発していたのではない。ときに闇を湛え、この世のものならざる火を宿す竈は、「内なる異界」であり、[6]そこから人間は天上と黄泉国へとつながり、神々におもいを馳せ、神羅万象とのつながりを火の温もりとともに感じたのではなかっただろうか。哲学者も太陽や星々だけを眺めてきたのではないだろう。デカルトが懐疑に身をゆだねたのもまた炉端であった。

本書で取りあげるのはギリシアの竈である。日本の竈とヨーロッパの竈は、その時代や地方、その具体的用途、それに応じた構造、設置場所などさまざま点で異なることは想像に難くないが、この点についてはここでは問わない。もっと一般的な話をしておこう。竈とは、端的に火を燃やしつけて煮炊きするための調理器具である。現代の生活世界に見られるのは、ガス焜炉やＩＨ焜炉、それに電子レンジ（Mikrowellenherd）、ストーヴといったものである。これらは、わたしたちがほぼ毎日使っている現代の竈である。広義においては、もはや一般的ではないが、囲炉裏もまたある種の竈といってよいだろう。筆者には、家の風呂を薪で焚いた記憶があるが、より広い意味で、これもまた竈の一種といえる。冬に使う炬燵や懐炉も、あるいは近ごろ流行りの薪ストーブもそうである。西洋でも伝統的には暖炉、それに現代ではセントラルヒーティングがある。あるいは火葬炉もある。さらに、それらを動かす電気を生み出す石炭やガスを燃焼させる火力発電のボイラーも竈である。核分裂連鎖反応を利用して電気を生み出す原子力発電所の原子炉もまた現代の竈である。これらにより家々や企業・工場に電力が供給される。これは、いわば地方や国家単位の竈である。より忌まわしい例を挙げるなら、広島と長崎に落ちた原子力爆弾は、この二つの街そのものを瞬間的に燃え盛る竈となした。アウシュヴィッツ収容所のガス室に併設された焼却炉（Verbrennungsanlage）、炉（Ofen）も竈であった。ここでは、数多の人間たちが、その各々が生きていたさまざまな社会的・家庭的結びつき、記憶とともに炎のなかに焼き消されていったのだった。

竈は、さまざまにある。そこには火が点される。薪が焼《く》べられる。あるいは、石炭が補給される。すると、竈は、炎を噴きあげ、エネルギーを、熱を放出し、電気を生み出す。そこで、人間は、水を沸かし、米を炊き、パンを焼き、肉を焼き、芋を焼く。あるいは、暖を取るために、またあるいは、人間を焼くために集まる。――そして火が消えれば円居は破れ、みな散り散りに去ってゆくのである。

さて、本書で論じることになる古代ギリシア由来の竈は、こうしたさまざまな竈と共通するとともにそれらとは異なる独自の歴史的文脈、性格を担っている。ここでその詳細には触れられない。そうではあるが、では、その竈が、古代ギリシア以来の詩作や哲学、宇宙生成論《コスモゴニー》や宇宙論《コスモロジー》などにおいて、目立たぬながらもたえずヨーロッパ精神史のなかで枢要な地位を占めていたとすれば、どうだろうか。それが、ハイデガーにも受け継がれ、彼の後期思想において独自の解釈をほどこされ、独自の地位、意味を獲得していたとすれば、どうか。

少々おしゃべりがすぎたかもしれないが、それでは、果たしてこの中動態・地平・竈からなる三つ組《トリアーデ》みのそれぞれが、ハイデガーの（最）初期から形而上学期そして後期の各時期の思想において——しかも、古代ギリシア以来の正統かつ核心的問題を受け継ぐ彼の存在論、存在の思索において——、いったいどのような役回りを演じているのか。あるいは、本書のなかで、この三つの視座から読み解かれ、描き出される新たなハイデガー思想全体の姿かたちとは、いったいどのようなものとなるのだろうか……。このつづき、詳細が気になる読者諸賢は、是非とも本書の序論、そして本論へ読みすすんでいただければ幸いである。——乞うご期待である。

中動態・地平・竈／目次

第二部　中期・後期思想における存在の中動媒体性と竈

序論

はじめに

本書は、いわずと知れた二〇世紀の哲学者マルティン・ハイデガーの哲学に関する研究書である。

ハイデガーがその生涯の長きに亘って問いつづけた問いは、ほかでもなく存在の問いであった。それが、彼の唯一の問いであった。ハイデガーは一九七六年五月二六日にその生涯を閉じた。おなじ五月の中旬にアメリカのシカゴで、あるコロキウムが開催された。ハイデガーはそれに先だってこのコロキウムのために、あらかじめつぎのような挨拶の言葉を贈っている。死の二か月ほどまえのことである。

わたくしが、みなさまがたへの挨拶に代えたい問い、それは、わたくしがいまこのときまで、ますますいっそう問うという仕方で問うことを試みている唯一の問いです。この問いは「存在の問い」というタイトルで知られております。（GA 16, 747）

ハイデガーの哲学を主題的に論じる先行研究はすでに世界中の先人が残したものが数多ある。（最）後期には、存在の語よりもエルアイクニス（Ereignis）の語が主導的地位を獲得するに至るとはいえ、これらの先行研究は、程度の差、観点の異同こそあれ本質的にすべからく彼の存在の問い、存在の思索の解明にかかわるものであるといってよい。ハイデガーの思索を主題として研究するということが意味するのは、彼の存在との格闘——ひたすら考え、問うという仕方でなされた存在とのその格闘——に寄り添いつつ、みずからもその試みのなかに身を投じることにほかならない。本書もまた、そのような試みをここでの仕事としてみずからに課さんとするものである。この根本的な点において、本書もまた基本的にはこれまで国内外の数多のハイデガー研究の流れに棹さすものだといって差し支えないだろう。

そうではあるが、しかし本書は、これまでの研究では主題的に取りあげられることがなかった三つの視座を新たに提示する。それは本書の題名が示す、中動態、地平、そして竈である。このうち殊に中動態と竈は、従来の先行研究が十分に、あるいはまったくといってよいほど顧みることがなかった新たな視座であると断じて差し支えないのではないかとおもわれる。とりわけこの二つの視座に関しては本書独自のものとして、ここでつよく強調しておきたい。というのも、これこそが、ハイデガー研究としての本書の新しさ、有意な独創性の核心をなすものにほかならないからである。

それにしても中動態・地平・竈、これら三つの視座はもしかすると奇妙に響くかもしれない。もしかするとではなく、実際、多くの読者にとって奇妙に響くということは想像に難くない。とりわけ、少しでもハイデガーの著作あるいは研究書に親しんだ読者ならなおさらそうかもしれない。なんといっても、それらは存在や実存といった誰でも知っているハイデガー哲学の代名詞でもなければ、ハイデガーの名を聞いてふつう想起するような、世界内存在や死への先駆、覚悟性そして本来性といった——しばしばアドルノに追従してジャルゴンと呼び誇る者もいる——あれらいわくつきの術語たちでさえないからである。むしろ、そのような術語たちに可能なかぎり頼らない方法でハイデガーを論じようとするところに、本書の特色、方針、特長があるといってよい。

中動態・地平・竈。それでは、これらはハイデガーの存在をめぐる思索といったいどのように関係するのだろうか。以下では、この点に関してその詳細を説明することで、本書の序論としたい。さきに「まえがき」でもごく簡単に触れたが、ここでは本論の内容に即したかたちでより本格的な説明に入る。

本序論の具体的な筋道は以下のとおりである。まずは、中動態をめぐる現在の思想状況について言語学と哲学分野の両面から説明する（序論第一節）。つぎに、ハイデガーと中動態の関連について、その概略を見ていく（序論第二節）。さらに、ハイデガーの存在の思索と地平の問題の関係が含意するところを素描する（序論第三節）。最後に、ハイデガーと竈の関係を、先行研究を参照しながら予描することにしたい（序論第四節）。以上を踏まえたうえで、むすびとして本書の概要があらかじめ提示されることとになる。

――しかし、そのまえに、つぎの点をハイデガー研究の基本事項としてあらかじめ強調して指摘しておきたい。それは、ハイデガーの思索においてはわたしたちの生きる現実ともいうべき事象そのものと初期ギリシア以来の精神史がわかち難い絡みあいを織りなしているということである。この両者の一方を切り捨てて論じるとすれば、そのような研究は、程度の差こそあれ、ある種の抽象化に陥る恐れなしとしない。むしろ、ハイデガーの思想を論じようとするならば、この両者の絡みあいのうちに飛び込むことによってしか、その存在の問いの本質を剔抉することは不可能であるといって過言ではないのである。本書が、現象学と精神史の両領域に横断的な道を切り拓き、歩み入ろうとする所以である。

第一節　中動態の現在——言語学から哲学へ

さきに、中動態の語が奇妙に響くかもしれないと書いた。しかし、これにはおそらくは異論がくるだろう。ハイデガーにおいて、とりわけその初期の主著『存在と時間』の現象とロゴスに関する説明のなかで中動態に論及されているという事実は、[1]ハイデガーの専門研究者なら知らない者はいないはずだからである。[2]あるいは、一般の読者でも、『存在と時間』を一読すれば、その中動態への言及に目を留めることは珍しいことではないのではないかとおもわれるからだ。とはいうものの、ハイデガーにおける中動態の胚胎する意義が、そしてそのポテンシャルがこれまで果たして真面目に受け取られ、正面から論じられ、解明されてきたのかと問うならば、残念ながらそうではなかったと認めざるをえないのもまた事実ではないだろうか。中動態についての論及なり言及なりが知られていることと、その意義が十二分に解明し尽くされていることとは根本的に別の事柄である。そのため、まずもって哲学において中動態そのものが有する意義、射程が示されなければならない。これが本節の課題である。そして、本節での考察を受けて、次節ではハイデガーにおける中動態に関する主題的解明の意義が示されることとなる。

すでにご存じの読者もいるかとおもうが、中動態とは、言語学・文法学の言葉であり、能動態と受動態のいずれでもない動詞の態（voice, diathesis）を指す用語である。この中動態について述べるにあたって、話の緒として自明とおもわれるかもしれないが、しかしあらためて明確に押さえておくべき二つの点を指摘しておきたい。まず一点目。それは、中動態が言語学、より細かくいえば、文法学に属す概念の一つであるということである。あたりまえであろう。あたりまえついで二点目をいうと——こちらはより重要である——、中動態が概念史的由来をもつばかりでなく、むしろその本来の由来を、わたしたちの生きる現実の身体や精神、もっといえば生命や存在の動き、運動そのものにもっている、ということである。つまり、中動態とは、わたしたちの生きる現実に根ざし、そこから言葉のうちにあらわれ来たる一つのかたち、表現形態として理解しておかなければならないということである。

つづいて、一点目の言語学の観点における中動態についてその概略を述べておく。だが中動態をめぐる言語学内部の詳細かつ専門的な議論に立ち入ることはできない。よって、ここでの確認は、本書の内容にかかわる基本的な事項に限定するということで諒とされたい。

まずは、中動態についてその概念表現にまつわるいくつかの点を説明しておきたい。中動態は、また中動相とも呼ばれる。中動相と中動態のいずれもヨーロッパ語からの翻訳であるという点を見ても、両表現に大きな違いはない。だが、本書では、基本的に中動態の語を用いることとする。それは、中動相の相の字がどちらかというと表面的な様相や変化というイメージと結びつきやすいのに対して、中動態の態の字がより根本的かつ動的な次元のイメージを喚起するようにおもわれるからである。とはいえ、もっと重要なのは、これらのもとになった原語のほうであろう。中動態をあらわす言葉は、主要なヨーロッパ語では、Medium（ドイツ語）、vox media（ラテン語）、middle voice（英語）、voix moyenne（フランス語）となっている。これら各ヨーロッパ語の表現は、いずれも古典ギリシア語で本来は中間を意味するメソテース（μεσότης）に由来する。このメソテースという表現は、能動態（ἐνέργεια）と受動態（πάθος）の「中間の intermédiaire」[3]ものという意味において考えられているものである。[4]フランスの言語学者エミール・バンヴェニスト（Émile Benveniste, 1902–1976）によれば、受動態は本来中動態の特殊例にすぎない。この歴史的経緯からして、この形式的区分とそこにおけるメソテース・中動態という表現に実は言語学的正当性があるとはかならずしもいえないのがほんとうのところである。とはいえ、この三者——能動態・受動態・中動態——の区分および中動態という表現は、歴史的に継承されるなかで西洋の精神史のなかに定着し、沈殿し、ひとびとの言語的実践、ひいては思考の営み、つまりは哲学の営みにとって規定的な役割を果たしてゆくこととなる。このことをまずはっきりと押さえておく必要がある。

つぎに、古代インドの文法学者パーニニ（c.500 B.C.）による中動態の規定を挙げておかなければならない。パーニニによる規定は、印欧祖語という大きな流れに属しつつも、ギリシア語やロマンス語とはいささか離れたところにある。それにもかかわらず、彼は当時、現代までつづく中動態の基本的な理解をすで見出している。パーニニは中動態を規定するにあたって、能動態と対比するという方法を取る。それによれば能動態とは、〈自分以外のほかのだれかのために〉なにかをなす場合の動詞の態である。これに対して中動態とは、〈ほかのだれかのため〉ではなく、「自分のために pour soi」[5]なにかをなす場合の動詞の態であるとされる。パーニニのこの理解、説明にしたがうならば、中動態の本質的契機はまさにこの〈自分のために……する〉ということになる。そして、ほかでもなく中動態に関するこの規定こそが——ほとんどの場合、明示的な仕方でパーニニに遡及することはないとはいえ——、現代の古典ギリシア語の文法書における中動態の説明の基本事項となっている。このことは、田中美知太郎・松平千秋の『ギリシア語入門　改訂版』[6]やH・スミスの文法書[7]を一読すれば一目瞭然である。そこでいくつか挙げられる中動態の意味のうち、まず挙げられる主要な意味が、「彼〔＝主辞〕自身のために for himself」[8]である。[9]

中動態に関するこの紀元前にまでさかのぼる古典的な規定に対して、現代の言語学において中動態の古典的な理解および規定を一新するとともに、より普遍的に妥当する規定を与えたことで有名なのは、いうまでもなくエミール・バンヴェニストである。バンヴェニストがその主著『一般言語学の諸問題Ⅰ』[10]で試みたのは、パーニニをはじめとした古典的な中動態の規定の不十分さを乗り越え、新たに理解しなおし、その理解に、中動態という——厳密に言語学的見地からいえばかならずしも正当性のない——表現、規定に替わる新たな表現、より普遍的に妥当する規定を与えなおすことにほかならなかった。その試みのなかでバンヴェニストもまた能動態と対比しつつ中動態を規定する。その際に特徴的だったのは、能動態と中動態の対を、「外態」(diathèse externe)[11]と「内態」(diathèse interne)[12]の対におき換えたことである。これに関するバンヴェニストの説明は、つぎのようなものである。すなわち、能動態では主語が動作主として過程に外在的である。よって能動態は、外態と規定しなおされる。逆に、この能動態の裏面を意味する受動態は、当然、過程に外在的な動作主から主語が作用を被る事態をいうものとされる。よって受動態も同様に外態である。それでは、この両者——能動態と受動態——に対する中動態は、どのように理解されているのか。バンヴェニストの説明によれば、中動態とは、そこにおいて動作主が過程に内在的で、動作主自身が過程から影響を被る過程のことをいっている。中動態の動作主は、過程に内在的である。中動態の作用は、動作主以外のだれか、なにかではなく、動作主自身に帰ってくる、つまり再帰的に作用する、といってもよい。このような意味においてこそ、中動態は、あらためて内態と規定され、この意味で外態たる能動態と受動態から区別されることとなるのである。この際、この中動的-内態的過程において、主語ないし主辞は、当該の動性の過程内部にその位置を占める「座」(siège)[13]という表現で名指される。フランス語の座(siège)やドイツ語の座(Sitz)は、本拠地や中枢をも意味する。バンヴェニストの「座」にも、単に主辞が動態の内部に位置するということではなく、その動態の内部の中枢、中核にあるという含意を読み取るべきであろう。中動態の概念が言語学の外部でも論じられるようになった今日の状況にとって、このバンヴェニストの言語学的解明の影響は極めて大きなものがある。

本書では、以上の古代インドのパーニニの古典的中動態理解と現代フランスのバンヴェニストの新たな中動態理解を対立的なものとしては捉えず、むしろわたしたちが生きる現実そのものの言語学的な二つの別様の表現だと理解する。その際、両者の中動態の規定は、その普遍妥当性が問題となる言語学的命題ではなく、むしろ事象そのものの現象学的表現として哲学的議論の枠組みへと再編されることとなる。本書は、両者の規定が抱懐する概念史的および事象的事柄を可能なかぎり踏まえ、背景においたうえで、しかもなおかつ両者の中動態理解の枠組みに留まることなく、これを足掛かりとしてハイデガーにおける哲学的・現象学的な中動媒体性(Medium)——これにもドイツ語のMediumの語をあてておきたい——を解き明かそうとするものである。つまり、中動態という視座は、そのなかへハイデガー思想を強引な仕方で押し込めてしまうような、なにか融通の利かない外在的な解釈図式を意味するのではまったくない、ということである。むしろ本書における中動態とは、哲学的・現象学的な中動媒体性として、解明の進展にしたがってそれ自身が自己変貌するような力動的な概念として考えられなければならない。

とはいいつも、本書で中動態を考察するための基本軸となる点もあらかじめ指摘しておく必要があるとおもわれる。このために、中動態に独自の洞察を有した現代の哲学者としてフランスのジャック・デリダ（Jacques Derrida, 1930–2004）の中動態理解を手がかりとしたい。『哲学の余白』(14)のなかでハイデガー、そしてフッサールを論じる文脈に登場するつぎの一節がそれである。

> わたしたちの言語〔＝フランス語〕の慣用においてアンス *ance* という語尾が能動態と受動態のあいだ *entre* で未決定に留まること、これをしっかり考えてみる必要がある。「差延 différance」によって指し示されるものは単に能動的 actif でもなければまた単に受動的 passif でもないのであって、それはむしろなにか中動態 voix moyenne のようなものを告知し、想起させる。つまりそれは単なる作用ではないような作用をいっているのであり、いい換えれば、〈ある主観のある客観に対する un sujet sur un objet〉、能動としても受動としても考えられないような、つまり動作主から出発しても被動作主から出発しても考えられないような、両者の項のいずれから出発しても、またいずれをめがけても考えられないような、そうした作用のことである。〔……〕ところでもしかすると哲学はこのような中動態、つまりある種の非－他動詞性を、能動態と受動態に分配することで始まり、この抑圧のうちでつくられたのかもしれないということである(15)。

この箇所は、デリダの中動態と哲学一般の関係に関する理解を示す範例的な言明といえる。ここでデリダは、中動態を、伝統的な哲学で支配的であった主観－客観関係、能動－受動関係(16)に還元されざるものとして、むしろそれを乗り越える方向性において仮説的に思考する。むろんここでデリダは、みずからの主張を論証的に示しているのではない。そうではあるが、ここに示されている方向性においてこそ、現代において中動態がことさらに注目され、その可能性が絶えず問われつづけなければならないものとなったということが決定的な重要性をもつ。この方向性がとりわけ顕著な仕方で、人間存在、その自己性に向けて徹底されたのは、哲学的ないし現象学的性格をつよく帯びた日本の精神病理学においてであった。まず、精神病理学者の長井真理が挙げられる。長井は論文「分裂病者の自己意識における「分裂病性」[17]」においてバンヴェニストの内態としての中動態理解を参照しつつ、デカルトの『省察』のなかの記述を読解する仕方で自己意識の存在動態を中動態から把握しようと努めている。こうした精神病理学および哲学のなかで、とりわけ木村敏や坂部恵において中動態への関心が昂じてゆくこととなる[18]。これと無関係ではないところで主としてメルロ＝ポンティに触発された森田亜紀が、芸術の制作と受容の分野で中動態に注目している[19]。特に注目すべきは、木村が人間の自己の自己性の精神病理学と哲学的考察において印象ぶかい仕方で中動態に論及していることである[20]。こうして木村との連関において多くの日本の哲学者のとりわけ自己性をめぐる研究[21]が中動態に注目するにいたっている[22]。

以上で、中動態に関する現代の思想史的背景を言語学から哲学へ向けてごくごく簡単にではあるが説明したということで諒とされたい[23]。こうした背景は、これ以降の本書のなかで直接的に論じられるものではない。とはいえ、本論の主題がこうした現代思想のコンテクストに属し、つらなるものであることは確認されなければならないことであった。つづいて次節では、こうした背景を踏まえて、これまでの先行研究における中動態とハイデガーの思想の関係について概括的に述べておきたい。

第二節　ハイデガーと中動態

単純な主観－客観の対立構造そのものの克服とはいわないまでも、それを組みなおす試みのなかでハイデガー以前であるが彼に近い時期にすでに中動態への目配りはすでに生じている。西南ドイツ学派、新カント派を代表するハインリヒ・リッカート（Heinrich John Rickert, 1863–1936）のもとでハイデガーとともに学んだエミール・ラスク（Emil

Lask, 1875–1915）においてである。ラスクは、『判断論』[24]のなかで中動態（vox media）の語を用いて思索を展開している。このことはすでに知られている。[25]とはいっても、ラスクの試みは、主観－客観関係、いい換えれば、能動－受動関係という構図そのものの克服を目指しているのではなく、主観領域と客観領域のあいだにあると考えられる中間領域を中動態（vox media）の語によって名指そうとするものである。[26]よって、このかぎりにおいてラスクはあくまで従来の認識論的枠組みのなかを動いているにすぎないといって差し支えない。これに対して、意識の認識論的枠組みおよびその主観－客観構造そのものの克服を企図するなかで中動態に注目し、これを人間の生・現存在（Dasein）の実存論的分析としての現象学的試みのうちにおき入れたのは、ほかでもなくハイデガーであった。[27]

さきに示した中動態をめぐる（臨床）哲学的および芸術の観点からの考察が、とりわけ現象学的哲学にかかわるものであったことを考えるならば、また木村の精神病理学がハイデガーを重要な背景として、ときには直接彼に論及することも考え併せるならば、ハイデガー哲学に関して中動態の視座から主題的に解明する研究がこれまで見られなかったことは不思議といわざるをえない。とはいえ、これには、やはりそれなりの理由ないし問題があった。二つ挙げておく。第一の問題は、ハイデガーの哲学的考察における中動態の内在的意味である。もっともよく知られていた中動態への論及は、『存在と時間』第七節に見出されるものである。だがこの論及はごくごく簡単なものであり、これに関する具体的かつ主題的解明はかならずしも容易なものではなかった。そのため、それが有すべき具体的意味内実および射程に関してはまったく暗闇のなかに留まらざるをえなかったというのが実情であった。

第二の問題は、ハイデガーの初期と後期の思索の異なりにかかわる。彼の思索はごくごく大雑把にいえば初期と後期にわけられる。中動態の語への論及が見い出されるのは、主に初期のテクストである。後期のテクストでも言及している箇所は見られるが、その場合ハイデガー自身の独自性は明瞭でない。つまり彼の後期思索における中動態に関して考えるための記述上の言葉の手がかりが欠けている、ないしは乏しいのだ。このために、後期ハイデガーにおける中動態をどのように考えるべきなのか、そもそもそこに中動態を読み込むことができるのかという問題が完全に不明瞭なままであった。とりわけ、後期思想の根本問題であるエルアイクニス（Ereignis）の動詞形エルアイクネン（ereignen）が国内外の主要な研究者によってごく素朴に他動詞的と解釈されてきたという事情がある。[28] この従来の支配的解釈は単純に誤りとして退けられるべきものではない。とはいえ、このことが、ハイデガー思想全般、とりわけ後期思想における中動態の有為性を決定的に不明瞭にしてきたということは確かである。こうした従来の研究に見られる問題を乗り越え、ハイデガーの思想全体における中動態の有する射程を明らかにすることに、本書のもつ大きな意義の一つを求めることができる。ここから、ハイデガーの学際的研究の可能性を拓き、また伝統的な哲学的文脈への接続可能性を切り拓き、その哲学（史）的意義を明確化することも可能となることが期待される。

それではさきに示したような現代思想が中動態をめぐって形成してきた文脈に対して、本書ではハイデガーの思想における中動態をどのように解明すべきだろうか。ここでさしあたり二つの方法が考えられるだろう。まず一つ目は、さしあたりハイデガーとの直接的な関連なしに形成された言語学的および（臨床）哲学的な中動態の文脈とハイデガー哲学とを、両者の論じる問題内容、事象内容の共通性から一つの文脈のうちにまとめあげてゆくという方法である。そして二つ目は、むしろハイデガー哲学に内在的な方法である。つまり決して多いとはいえないハイデガーによる中動態の語への論及を丁寧に拾いあげ、その意味を考究してゆくという内在的方法である。ここで二者択一的に前者の方法と後者の方法のいずれか一方のみを選択する必然性はない。だがしかし、彼がみずからのテクストのなかに残した中動態の語がそれ独自の文脈において有すべき意味、意義の究明をおろそかにすることはできないはずである。つまり、たとえばハイデガーのテクスト内にある中動態の語をバンヴェニストなどの中動態理解に直接短絡させるのではなく、むしろバンヴェニスト以前のいわば古典的ないし素朴といってもよい言語学的理解とも関連するはずのハイデガーの用例の意味をハイデガー思想の内容に即して解明することを、本書は少なくともその出発点とすべきであると考えられるのである。そこを出発点とすることでこそ、この後者の方法に基づいた研究成果を踏まえ、前者の方法を通した研究へと発展的につなげてゆくことができるはずである。そうしてこそ十分に豊かな、それでいて学問的にも厳密な成果がもたらされるはずなのである。よって本書では、後者の内在的方法を出発点としてハイデガーにおける中動態ないし中動媒体性を解明することとしたい。

具体的には、第一部では一九二七年公刊になる『存在と時間』前後の（最）初期ハイデガーを中心に論じる。ここで中動態の動態性としてまず解明の主題となるのは、人間存在の超越とその自己性の超越論的地平である。つまり、本書の表題が示す地平の問題である。第二部では、後期ハイデガーについて論じる。ここで中心的な問題となるのは、人間の存在ではなく、存在そのもの、エルアイクニス、そして言葉である。この後期ハイデガーを論じる際に登場するのが、本書の表題が三つ目に示すもっとも革新的な視座――竈である。それでは、さらに、第三節で地平の問題、そしておなじく第四節で竈をめぐる問題についてその要点を示していきたい。

第三節　ハイデガーと地平

ハイデガーにおける地平（Horizont）の問題に関していえば、これは――中動態や竈とはちがって――なにか突飛なものとして指弾されるたぐいのものではないとおもう。むしろその逆だといったほうが正しいかもしれない。もしそうだとするならば、なぜこの問題を本書で取りあげるのかをいちど明示する必要があるだろう。まずこの作業をおこないたい。

ハイデガーの地平概念は、すでに一九一九／二〇年冬学期の初期フライブルク講義（『現象学の根本諸問題』）に登場して以来[29]、つねにではないがしばしば最初期の諸講義にあらわれ[30]、やがてのちに来る『存在と時間』の内容とふかく関連する性格を色濃くしてゆく[31]。なかでも、地平概念が本格的に登場するのは、やはり初期の『存在と時間』、そして一九二九年に公刊された『カントと形而上学の問題』（以下では、『カント書』と略記する）に代表される、一九二七年から一九二九年に亘る形而上学期のテクストにおいてである。このことから彼の地平概念が、初期と形而上学期を中心にして登場するということがわかる。けれども、この地平概念は、ふつうといえばふつうの概念である。つまり地味である——たとえば、現存在（Dasein）や時間化（Zeitigung）のように特別目をひくというわけではない。このさほど目立たない概念をここで取りあげる理由は、なにか？ もちろん、初期および形而上学期を特徴づける概念の一つであることは間違いない。だが、そのことだけでは、ここでこの概念を取りあげることの理由の十分な説明とはならない。むろんこれだけが理由ではない。ここでこれを取りあげる主要な理由としては、つぎの二点を挙げることができる。

一点目の理由は、地平概念が、すでに述べた人間存在の再帰的な中動媒体性の循環性ないし再帰構造に、ふかくかかわるということにある。もっといえば、その場合の地平とは、単なる視界や静的な図式ではなく、人間存在の自己性の中動的存在動態そのもののことであるといっても過言ではないものと見なすことができるということである。それゆえ地平は、人間存在を論じる第一部において中動態とならぶ本書の基本的な視座となる。

二点目の理由は、地平概念が初期と形而上学期において彼の発想の根本的部分を構成しているにもかかわらず、一九三〇年代以降は突如として姿を消す——ハイデガー自身が積極的に用いる概念ではなくなる——ということである。もっといえば、この地平概念は、ハイデガー自身の概念として姿を消すのみならず、ハイデガー自身による自己批判の対象としてはっきりと名指されることになる、という特殊な事情がある。地平概念に対するこの態度の豹変ぶりは、現存在や投企（Entwurf）などの初期以来の概念が、一九三六年から一九三八年にかけて執筆された中期・後期思想の重要テクスト『哲学への寄与——エルアイクニスについて』（以下では、『哲学への寄与』と略記する）[32]においても意味内容の変容を蒙りつつも術語として維持されたのとは極めて対照的であるといわざるえない。このような事情から、つぎのような想定が許されるとおもう。すなわち、よく知られたハイデガーの初期から後期への思索の変貌（「転回」）において、地平概念はいわばそれを軸にして思索が転回した蝶番のような役割を演じた、というものである。（最）初期および形而上学期において地平概念がどのような役割を演じ、そして中期、後期にいたってなぜ、どのような点において地平概念が自己批判されなければならなかったのか。地平をめぐるこれらのポイントを考慮することが、初期から後期への思索の変貌の軌跡をたどろうとする場合に、重要な基礎的作業となることは間違いない。ここにこそ、本書が、ほかでもなく地平概念を、ハイデガー思想の解明のための有為な視座として取りあげる理由がある。よって、地平の問題は、主に(最)初期と形而上学期を取りあげる第一部で論じられることとなる。

第四節　ハイデガーと竈

竈。これについては第二部で主題的に論じる。ここではそのための準備としてごく簡単な説明をしておこう。竈？　それにしても、どうして竈なのか？　そもそもハイデガーは竈など論じていただろうか？　当然こうした疑問が出てくることは、想像に難くない。竈、これは中動態以上に奇妙である。まず念頭に浮かぶのは、あのふつうの竈である。竈は、家のなかにある。ひとびとは竈で煮炊きをする。竈のなかでは火が焚かれる。竈のなかでは熾《おき》が燻《くすぶ》っている。竈のなかでは熾がいまにも消え入りそうになっている。そんないい方をする、あの竈である。これはまずもって哲学の概念ではない。そもそも学問の対象ではなく、まずもって生活世界のなかで使われる物、道具である。伝統的な狭義の竈を想定するなら、正確には、使われる、ではなく、かつて使われていた、といったほうが適切かもしれない。かつて、日本でも竈が使われていた。だが、ここで問題にしたいのは、古代ギリシアの竈である。古代ギリシアの竈に注目すると、そこに絡みつき織り込まれたさまざまな興味ぶかい含意、そしてヨーロッパの精神史を貫く極めて重要な意義が見い出される。もちろん日本であれ古代ギリシアであれ、そのほか別の地域であれ、竈ないしそれに類するものはすでに先史時代から使われていたはずである。だが古代ギリシアでは、これが独自の祭祀的・神話的性格を帯びて登場し、その後のヨーロッパの文学、哲学や自然科学のうちにさまざまな仕方で織り込まれながらひそかに現代まで受け継がれてくるという歴史的経緯をたどる。

古代ギリシアにおいて、竈すなわちヘスティア（ἑστία）は、各家々の真ん中、中央に、中心に――詳しい説明は第二部にゆずるが、このことが極めて重要である――据えられていた。この時点ですでに単なる道具ではなく、家庭の構成員の共同のものとして、家庭内の祭祀にかかわるものであった。やがて時代が下るにつれ、家々のみならずポリスの中心にも政治的‐祭祀的性格を帯びた竈が据えられることとなる。これは特にコイネー・ヘスティア、すなわち（家族のみならず）市民の公共の竈と呼ばれるものである。こうして古代ギリシアにおいて、その家々において、あるいは各ポリス、植民都市において竈はその中心におかれ、ひとびとの共同性にとって極めて特異な重要性を有するものとなっていったことが歴史学や古典文献学によって明らかにされている。

やがて、こうした竈のイメージは、含意の変容をともなって詩作および哲学的思惟のなかへおき移されることとなる。竈の詩的および哲学的イメージは、ここでは詳論しないが、アウグスト・プロイナー（August Preuner, 1832–1906）の主著『ヘスティア・ウェスタ』[33]（一八六四年）が詳しい。F・ニーチェ（Friedrich Nietzsche, 1844–1900）もこのプロイナーの著書に言及しつつ[34]、一八六九年から一八七九年にかけてのバーゼル大学教授時代の講義で古典文献学者として竈に論及している。ニーチェの竈への論及に関しては本書の第二部第五章第二節でその講義録を取りあげることとなる。哲学者による竈（ἑστία, vesta, Herd）への言及ないし論及としては、G・W・F・ヘーゲル（Georg Wilhelm Friedrich Hegel, 1770–1831）の『精神現象学』（一八〇七年）におけるもの[35]、F・シェリング（Friedrich Wilhelm Joseph von Schelling, 1775–1854）の『ブルーノ、あるいは諸物の神的および自然的原理。ある対話』[36]（一八〇二年）、『自然の哲学の理念』の第二版[37]（一八〇三年）、『人間的自由の本質とこれに関連する諸対象に関する哲学的研究』[38]（一八〇九年）に直接かかわる『シュトゥットガルト私講義』[39]（一八一〇年）、『世界年代』の遺稿[40]そして『サモトラケの神々について』[41]（一八一五年）や『神話の哲学』[42]（一八四二年）におけるものを挙げることができる。シェリングについては本書の第二部第四章第三節で論及する。比較的新しいところでは、H・アーレント（Hannah Arendt, 1906–1975）が『人間の条件』[43]（一九五八年）のなかで、フュステル・ド・クーランジュ[44]の『古代都市』[45]（一八六四年）に依拠するかたちで古代のギリシア世界とローマ世界における竈に論及している。[46]

これにくわえてもっとも新しい研究として二つ挙げられる。一つ目は、日本の哲学者、河野哲也が、空間・場所に関する哲学的考察で知られるアメリカのエドワード・ケイシー[47]や、中国生まれのアメリカ人地理学者イーフー・トゥアン（Yi-Fu Tuan・段義孚）[48]などを参照しつつ、住まうことの意味をめぐる文脈で竈（ヘスティア）を論じた[49]二〇一四年公刊の『境界の現象学――始原の海から流体の存在論へ』[50]である。二つ目は、ドイツのニコール・ティーマーのおなじく二〇一四年公刊の『ヘルメスとヘスティアのあいだで――ハイデガーとデリダに関する解釈学的読解』[51]である。おなじ年に公刊されたこの二つの研究には、偶然ではない二つの共通点がある。まず一点目は、河野もティーマーも、竈（ヘスティア）の女神としてのおなじ名前を有する女神ヘスティアとヘルメス神との対比[52]から論じているということである。女神ヘスティアとヘルメス神の対比は古代ギリシアまで遡るが、両者が対比される理由はかならずしも明確ではない[53]。たとえば、古代ギリシアのフェイディアス[54]が制作したオリュンピアのゼウス像の土台には、十二神からなる六組のカップル、太陽（ヘリオス）と月（セレネ）のカップル、アフロディテとエロスのカップルという計八組のカップルが彫られている。そこで女神ヘスティアとヘルメス神が一つのカップルとなっている。また『ホメロス風讃歌』のなかの「ヘスティア讃歌XXIX」で両者が結びつけられていることが知られており[55]、こうしたことが現代でも両者を結びつけて論じる動機を歴史的に形成してきた。

そして二点目の共通点であるが、こちらのほうが本書ではより重要である。それは、河野もティーマーも竈との関係において、ハイデガー哲学を（批判的に）論じているということである。たとえば河野は、ハイデガーの思想全般、とりわけ初期の『存在と時間』における世界内存在の「内存在 In-Sein」に――ここには、初期ハイデガーがヘスティアにまったく言及してはいないという意味で専門的ハイデガー研究者ないし厳密な文献的研究の立場からすれば問題がある――、ヘスティア的性格を読み取る。ヘスティアの住まうという性格が「内存在」に結びつけられる背景は、『存在と時間』のつぎのような記述であると考えられる。

内存在が意味するのは、手前存在の空間的「相互内在 Ineinander」ではない。そもそも「内 in」は根源的にはおよそそうした類の空間的関係を意味していない。「内 in」は、innan-、つまり住まうwohnen、住まうhabitare、滞在する sich aufhalten に由来する。

(GA 2, 73)

こうした〈住まうこと〉が顕著にあらわれるハイデガーの思索全般は、河野によるならば、耕作地と定住によって特徴づけられるべきものである。河野は、この意味での場所性および住まうことのヘスティア的性格を、ヘルメス神の放浪的性格、コスモポリタン的性格に対立するものとして消極的評価をもって記述している。

ヘスティア的な住み方は、かまどがそうであるように、上方へと向かって開き、垂直的方向性をもつ。天と地、精神性と身体性の二極化が示される。閉鎖性と垂直性、あるいは階層性が、ヘスティア的住み方の特徴である。一つのところに居住しようとするならば、開かれた場所で放浪する生活は放棄されなければならない。

(『境界の現象学』、一二八頁)

このように河野は、ヘスティア的場所および住むことの性格として、閉鎖性や天と地をつなぐ両極的な垂直性[56]などを挙げ、ヘルメス的ないしコスモポリタン的性格に対立するものとして消極的に評価しているのである。これに対して、ティーマーの研究は、ガダマーに近い解釈学的な立場から、初期ハイデガーに見出される家郷性と異郷性、慣れ親しんだものとなじみのないもの、日常性と非日常性といった——さまざまな仕方で語られる——解釈学的二極性、両極性の解明を主要課題としている。要するにティーマーは、初期のハイデガーに見られるこうした両極性に関する研究において、(女神)ヘスティアの有する両極性という性格を主要な観点としてそこにアプローチしている。その際彼女はデリダにおけるヘルメス的性格、すなわちより他者に開かれた解釈学的性格をそれに対置し、後者により高い評価を与えている。

ここで、河野とティーマーの両研究に関して指摘されねばならないことがある。それは、いずれにおいても具体的に論じられるハイデガーは、主として初期ハイデガーであるという点である。この対象の選択は、ハイデガー研究、とりわけそのハイデガーの文献研究を基礎とする本書のような立場からは、問題視せざるをえない。もちろん初期・形而上学期のハイデガーが竈に言及していない、という文献研究上の理由もあるが、それだけではない。むしろことさらに問題視せざるをえないのは、中期、後期のハイデガーが明確に言及している竈を取りあげて、その背景や含意を解明しようとする姿勢がまったく見られない、ということである。管見のおよぶかぎりでいえば、ハイデガーの『考察Ⅱ－Ⅵ（黒ノート・一九三一―一九三八年）』[57]のなかの一九三一年から翌年にかけて成立したと考えられる「考察Ⅱ」には、それ以前には見られない竈（Herd）の語に関する特異な言及が登場しはじめる。この語は、それ以降のヘルダーリン解釈やハイデガー第二の主著とも目される『哲学への寄与』、ヘラクレイトス解釈そして一九六〇年代の最後期のテクストなどにたびたび登場することとなる。

河野やティーマーの研究は、ハイデガーが用いる竈の語の意味を内在的に解明するものではなく、もっぱらほかの研究分野が示す外在的な竈の意味だけからハイデガー哲学を――しかも竈に言及していない初期ハイデガーに重点をおいて――明らかにしようとするものであり、厳密にはそもそもハイデガーの竈に関する研究といえるものではないのである。よって、両者の研究はいずれも、⑴竈（ヘスティア）と中期・後期ハイデガーとの本質的な連関を内在的な文献研究を通して論じていない点、⑵解釈学的位相・ヘルメスに対してより積極的な立場を取る点において、本書の内容、論旨、立場とは基本的に異なり、区別されるべきものである。

このように従来の先行研究を見渡したとき、つぎのように述べることができる。すなわち、欧米や日本またそのほかのアジアの国々においてすでに数十年もの長きに亘ってハイデガー研究が積み重ねられ、数え切れないほどの膨大な蓄積があるなかで、それにもかかわらず、ハイデガーの竈に関する内在的・主題的な解明はほぼなされていない状況であると断じてよいということである。ハイデガー研究として正面から竈の意味を論じ、一九三〇年代以降なぜ竈の語が登場するのかという問題を発展史的観点からも明確化しようとおもえば、やはりハイデガーのテクストに即した内在的研究と併せて他分野も含めた外在的な視点の両方が不可欠となる。そこで、本書の課題となるのは、ハイデガーのテクストに見られる竈への具体的な論及を丹念に拾いあげ、その意味、意義をハイデガー哲学の発展史および古代ギリシア以来の哲学史のうちに明確に位置づけつつ、明らかにすることとなる。——だからといって、ここで単なる（古典）文献学的ないし哲学史的研究が課題として遂行されるわけではない。竈は中動的な存在の動態との関連において、あくまで存在の思索、存在の現象学的思惟における問題として解明されなければならない。このことを忘れないよう心に留めておいてもらいたい。

むすび——本書の概要

以上、ハイデガーの哲学における存在の問題を、中動態・地平・竈という三つの視座から解き明かすという本書の主題と課題を提示した。それでは、序論の最後に本論の内容のイメージをもってもらうために、これからの論述がどのような構成と流れとなるのか、その概観を簡単に示しておきたい。

本論は、以下に示すとおり第一部と第二部からなる。

第一部　初期および形而上学期の思想における中動媒体性と時間の地平

本書第一部では、最初期から『存在と時間』の初期および形而上学期のハイデガー哲学を、人間存在を基本に据えた存在の思索であると捉える。これは、別言すれば、人間存在から存在を考えようとする哲学的試みであるといってもよい。よって、本書の第一部も人間存在とそこから考えられた存在問題を主題的に論じる。主に初期ハイデガーの哲学に関してその根本問題である人間存在の実存、人間としての現存在の存在を中動態の観点から明らかにする。この解明のために一九一九年から一九二三年にかけての初期フライブルク期および一九二四年から一九二八年にかけてのマールブルク期の『存在と時間』公刊以前の講義にも遡る。そのなかでカントからの影響がつよく見られる超越論的な時間の地平に注目する。これは初期ハイデガーの思惟を根本的な仕方で規定するとともに、その制約ともなっているものである。この超越論的な枠組みそのものが孕む問題性の克服が彼の後期思索へつながることとなる。いい換えれば、ある種の人間中心主義の克服が後期思索へつながることとなる。すなわち第一部で目指されるのは、超越論的-地平的次元における人間存在を中心としたその存在ないし自己性の再帰的な中動媒体性の動態とその射程および限界の解明である。

第二部　中期・後期思想における中動媒体性と竈

本書第二部では、後期ハイデガーの哲学に関してその根本問題である存在そのもの、エルアイクニスという事象を中動媒体性と竈の視座から解き明かす。存在そのもの、エルアイクニスについて考えることは、人間存在をコスモス・世界の中心からはずすこと（＝人間の脱中心化）、また人間存在の本質的動向としての離心性を明らかにすること、そして人間中心主義・ヒューマニズムから抜け出ることへとつながってゆく。ここでこの人間の脱中心化およびその離心性と本質的な連関を有するのが、古代ギリシア以来の竈の概念形象である。この竈の問題に関してその精神史的背景に光をあて、これによってハイデガー哲学においてそれが有する意味、役割を解明する。そのために、哲学以前の文脈にまで遡行し、哲学以外の分野をも参照することとなる。竈は、古代ギリシアにおいて、家々の中心、ポリスの中心、そしてさらにコスモスの中心に位置づけられてきた。こうした古代あるいは先史時代にまで淵源するであろう竈をめぐる問題は、後期ハイデガーにおいて人間存在に代わる存在そのものの中心性を思索する場面で登場することとなる。つまり、竈とは、存在そのもの、さらにはエルアイクニスの中心性、別言すれば、その中動的・再帰的な動態の（自己）媒体性を――古代ギリシア以来の精神史的伝統にハイデガー独自の流儀に則った仕方で――あらわし、思索するための根本的な語、概念形象である。そのように主張されることとなる。

よって、本書の第二部において目指されるのは、この竈を主題的視座としたハイデガーの後期思想の解明である。より具体的にいえば、竈そのものの哲学および哲学史的意味を明らかにすること、そしてそれを背景にして、後期ハイデガーにおける存在そのもの、エルアイクニスの中動媒体性を解き明かすことである。

まとめ

以上のように、本書は、まず第一部と第二部に通底する共通の視座として、中動態を提示する。これは、初期思想における人間存在と後期思想における存在そのものの現象動態の解明するためである。そして、初期・形而上学期のハイデガーの存在の問題を論じる本論の第一部の主要な視座として、地平を提示する。つぎに、主に後期ハイデガーの存在の問題を論じる本論の第二部では、竈をその解明の視座として提出する。このように、中動態・地平・竈という三つの視座に立脚することで、広い意味での哲学史研究も踏まえて、ハイデガーの（最）初期から（最）後期までの思想を現象学的および精神史的に解き明かす。これが、ハイデガーの存在の思索をめぐる精神史的現象学を標榜する本書全体の課題と論述の概要である。

第一部

初期および形而上学期の思想における中動媒体性と時間の地平

第一章　『存在と時間』における現象とロゴスの中動媒体性

はじめに

ここで、本論全体の出発点として取りあげるのは、初期の主著『存在と時間』の第七節である。ハイデガーがこの第七節で解明しているのは、現象学の概念、そしてその意味である。なるほど、二十世紀初頭に現象学の道を拓いたのはほかでもなくＥ・フッサールであった。だがフッサールは、伝統的なデカルト・ライプニッツ系列に属する伝統的な問題図式になかば無批判的に依拠したまま、現象概念の主題的解明を遂行することがなかった。このことは、Ｅ・フィンクが明示的に指摘、批判するところである。(1) これに対して、現象学の現象およびその学すなわちロゴスにどのような意味を与えなおすべきなのかという問いに対して根本的な回答を与えること、それも歴史的に形成された伝統を踏まえかつその先入見に批判的に距離を取るという仕方で回答を与えることを試みたのは、ほかでもなくハイデガーであった。

ここでの考察の出発点となる『存在と時間』第七節は、主につぎの三つの部分から構成されている。「Ａ　現象の概念」、「B　ロゴスの概念」、「C　現象学の先行把握」である。前者二つの論述を通して、現象と学（＝ロゴス）の意味が示され、そこから最後の現象学の意味がより具体的に導き出されるという順序になっている。本章の課題は、主に「A　現象の概念」と「B　ロゴスの概念」の内容を介して、現象とロゴスに関してその本質的動態を中動性と媒体性、ないし中動媒体性の観点から明らかにすることにある。とりわけ本章で重要視するのは、その現象概念である。すでによく知られているように、そこで現象概念が再帰動詞によって規定される際に、ギリシア語のファイノメノンは、動詞ファイノーの中動態ファイネスタイから説明され、そしてこの中動態（Medium）が強調されていた。このMediumの語がまた媒体（Medium）をも意味することは、〈存在＝ロゴス〉というハイデガーの定式化も考えあわせるなら、存在現象の媒体性と、中動態という言語形態の連関に関する一つの示唆として受け取ることができるだろう。[2]

——たしかにすでに触れたように中動態という表現が、能動態と受動態の中間のものという意味であり、受動態が、元来は中動態の特殊例にすぎないとすれば、この形式的区分およびMediumという表現に言語学的正当性はかならずしもない。だが、作用主とその受け手の両者のいずれにも還元されない次元・場所を探求しようとする本書の立場からするなら、これらの区分および表現は実質的意義を有する示唆となる。この中動態と媒体性の連関を明確に剔出した研究はいまだない。これに対して本書は、両者の連関を統一的に中動媒体性として解明しようとするものである。

このような目論見のもと、本章をつぎのように組み立てることにする。まず『存在と時間』第七節に即して現象概念の概略を示す（第一節）。つぎに最初期のテクストへ遡及し、中動的含意の明確化を図る（第二節）。さらにロゴスの中動性と媒体性も併せて解明する（第三節）。最後に、『存在と時間』における了解および解釈に関して、それらが有するはたらきと意味（Sinn）の構造を分析することにしたい（第四節）。以上の作業によって、ハイデガーの現象学のなかに、主観・客観関係による対象化とは異なり、それに依拠することもない中動媒体性の姿を明らかにしたい。

第一節　本来的現象概念の意味

最初に、『存在と時間』第七節「現象学的研究方法」の「A　現象の概念」では、つぎの四つの現象の意味が区別される。

(1)「おのれを示してくるもの das Sichzeigende」ないし「それ自身においておのれを示してくるもの das Sich-an-ihm-selbst-zeigende」

(2)「仮象 Schein」

(3)「あらわれ Erscheinung」

(4)通俗的現象概念としての「単なるあらわれ bloße Erscheinung」　（GA 2, 38 f.）

まず、(1)の「おのれを示してくるもの」ないし「それ自身においておのれを示してくるもの」が、本来的現象概念の規定である。ハイデガーは、この現象概念をギリシア語の中動態の動詞に遡及して説明する。それによれば現象（Phänomen）の語は、ギリシア語のファイノメノン（*φαινόμενον*）に由来する。さらにこのファイノメノンは、ファイネスタイ（*φαίνεσθαι*）に遡るとされる。「ファイネスタイそれ自身は、ファイノー、つまり〈日の下にもたらす〉、〈明るみに立てる〉の中動態のかたちである」（GA 2, 38）。

再帰的中動態は、〈わたしはそのパンを食べる ich esse das Brot〉のような能動態における他動詞（Transitiv）からも、〈わたしは走る ich laufe〉のような目的語をともなわない自動詞（Intransitiv）からも形式上区別される。他動詞を用いる能動態は、主格の目的格に対する作用とされる。元来この能動態に対立していたのは中動態であったとされる。この位置は、次第に中動態の派生形態である受動態がおかれるようになる。そこで考えられているのはたとえば、〈わたしはそのパンを食べる ich esse das Brot〉（能動）と〈そのパンはわたしに食べられる das Brot wird von mir gegessen〉（受動）という対立である。

古典ギリシア語の教科書に示される中動態の主な三つの意味は、①〈自分のために……する〉、②再帰的（reflexiv）、③相互的（reziprok）である。[3] 言語学者の推定によれば、「ゲルマン語とバルト－スラヴ語においては、すでに先史時代に再帰用法が中動態に取って代わった」[4] とされる。よって現代のドイツ語にも当然ながら形式上は中動態はないが、再帰的用法ならある。再帰用法は主に二種類ある。一つ目は、与格の再帰代名詞（mir など）をともなった再帰用法である。たとえば ich stelle mir meine Zukunft vor（わたしは（わたし自身（のため）に mir）わたしの未来を想像する）がそれである。これは、「非直接再帰的 indirekt-reflexiv［…］ないし「与格の dativisch［…］」中動態 Medium」とも呼ばれる。二つ目は、対格の再帰代名詞をともなった再帰用法である。たとえば、ich setze mich auf den Stuhl（わたしは椅子にすわる／わたしはわたし自身を（mich）椅子に座らせる）がそれである。これは、「直接再帰的 direkt-reflexiv［…］ないし「対格の akkusativisch［…］」中動態」とも呼ばれる。[5] これらは、作用主と作用の受け手（mir や mich）が曖昧な場合ないし区別不可能な場合、主格が同時に目的格（間接目的語・直接目的語）であるような場合、つまり分節化するなら、〈あるものがあるもの自身（のため）に〉（与格の再帰性）、〈あるものがあるもの自身を〉（対格の再帰性）と書かれうるような場合をいう。

ハイデガーの本来的現象概念もこの中動態——文法形式からいえば対格の再帰性——から理解されねばならないが、従来この点に関して十分な理解が得られているとはいえない。ここでは、アレクサンダー・シュネルの先行研究における解釈図式を例として取りあげる。シュネルは、⑴「おのれを示してくるもの」「それ自身においておのれを示してくるもの」を「自己能与 auto-donation」（Schnell 2005, 25）と特徴づける。同様に、⑵の、なにかが「それではないものとしておのれを示してくる sich zeigen *als* etwas, was es *nicht* ist」（GA 2, 39）こととしての仮象も「自己能与」とする。この「自己能与」の意味は、それと対をなす「異他能与 hétéro-donation」（Schnell 2005, 25）との違いから理解される。

まず「異他能与」から説明する。「異他能与」と規定されるのは、⑶の「あらわれ」である。これはハイデガーによれば、「おのれを示してこないものが、おのれを示してくるなにかを通しておのれを告知してくること Sichmelden von etwas, das sich nicht zeigt, durch etwas, was sich zeigt」（GA 2, 39）である。たとえば、ハトが平和の象徴である場合がそれである。また、⑷のカント的な意味での経験的直観の対象としての「単なるあらわれ」は、「自己能与」でありかつ「異他能与」とされる。つまり、それは経験的直観の対象という意味での現象としては「自己能与」だが、同時に、「あらわれのうちでおのれを隠すなにかを告知する滲出 meldende Ausstrahlung von etwas, was sich in der Erscheinung *verbirgt*」（GA 2, 41）としてのあらわれ、つまりそのものとしては絶対にあらわれてくることがない物自体のあらわれであるかぎりで、同時に「異他能与」だとされるのである。要するに、「異他能与」とは、現象Aが、Aではないほかのものを「通して à travers」（Schnell 2005, 25）示されること、すなわち「告知」されることを意味する。

これに対する「自己能与」が意味するのは、現象Aが、Aではないほかのものを通さずに自己自身を示してくるという現象様式を指す。このようにシュネルは、〈おのれを示してくること〉という本来的現象概念を、他なるものを通した「告知」との区別から把握する。このような解釈に関していえることは、「おのれを示してくるもの das Sich-zeigende」における「おのれを Sich」や、「それ自身においておのれを示してくるもの das Sich-an-ihm-selbst-zeigende」における「それ自身において an ihm selbst」の意味が、ほかのものを通さないで、ほかのものではないという消極的規定から理解されているにすぎないということである。こうした解釈図式は、現象の自己関係的再帰性を積極的に捉えていないかぎりで不十分といわざるをえない。次節ではこれの積極的な内実を具体的に明らかにする。

第二節　現象の所与性

『存在と時間』以前の最初期、初期フライブルク期に属す一九一九／二〇年冬学期講義（『現象学の根本諸問題』[6]）のある箇所で、ハイデガーは、能動的に「わたしがわたしになにかを「与える *gebe*」ような場合」の、「わたしによって措定されたもの *das von mir Gesetzte* という意味における「与えられていること Gegebensein」」という所与性について触れている（GA 58, 224）。ここでハイデガーが念頭に置いているのは、新カント派のマールブルク学派のパウル・ナトルプ（Paul Natorp, 1854–1924）である。ハイデガーは、別のところで、ナトルプの一九一八年の論文「ブルーノ・バウフの「イマヌエル・カント」と批判的観念論の体系のさらなる形成」から、「所与性 Gegebenheit には能動的な与えること *Geben* が対応していなければならないはずである」（GA 56/57, 106, Natorp 1918, 440）という一節を引用する。[7] ここでの所与性（Gegebenheit）とは、能動的な〈わたしが与える〉と、それに対応する〈わたしによって与えられている〉という受動性から理解された所与性である。ここで想起すべきは、周知のようにフッサールが現象学的直観を、「あらゆる原本的に与える直観 gebende Anschauung」[8]としていたことである。ハイデガーの記述は、ナトルプを手がかりにフッサールにおける〈与える〉はたらきを〈わたし〉・主観によるものとして批判的に捉えようとするものと理解できる。能動性および受動性からなされる所与性の理解は、同時に、その所与性が直接的に生きられた現事実性（Faktizität）[9]ではない、ということを含意する。その所与性は、理論的主観によって対象として措定されたものでしかない。ここには、フッサール現象学における直接的所与性へのハイデガーの批判的態度が表明されているのである。「現象学と現象学的学問における、有名なそして「悪名高い」「直接的所与性」は、「さしあたり」「周知の仕方では」決してどこにも与えられていない」（GA 58, 26 f.）、というのがハイデガーの見解である。ここで、フッサールがそのような直接的所与性について考えていたのか、という疑問は当然出てくる。なんとなれば、フッサールにとっての現象もあくまで現象学的還元を遂行するなかで与えられるからである。フッサールにおける「現象は〔……〕〔現象学的還元という〕媒介なしに与えられる *donné* immédiatement なにかでは決してない」（Schnell 2005, 28）のであり、むしろ「媒介を通して à travers une *médiation*」（Schnell 2005, 28）与えられる。とはいえ、ここでのわたしたちの目的は、ハイデガーとフッサールを比較して、どちらかに軍配をあげることにあるのではない。問題は、最初期ハイデガーが従来の現象学への（多少強引な）批判によってなにを目指していたかである。それは、主観によって与えられる所与性への賛同でも、所与性一般の否認でもない。そうではなく、主観によって与えられたのではなく、主観がそれを前提せざるをえないような根源領域としての——のちに「現存在」と呼ばれる——生の「原‐事実」(10)という意味での所与性を明らかにすることにあった(11)。批判されるべき直接性が、いわば直接的な直接性であったとすれば、ハイデガーの直接性は媒介されうる直接性、ないし媒介された直接性という意味での「媒介的直接性 vermittelte Unmittelbarkeit ないし直接的媒介性 unmittelbare Vermitteltheit」（GA 58, 184）である(12)。所与性が直接は与えられていないとは、それがことさらに獲得されねばならないことを意味する。「原‐事実」としての「根源領域は、与えられていないはずである。つまりそれはまず獲得されなければならない」（GA 58, 29）。「獲得する gewinnen」ことを、ハイデガーは「エポケー *ἐποχή*」と等置する(13)。まったくどこにも与えられないものは、そもそも獲得も、示されもしない。「現象は、たしかにおのれを示し *sich* zeigen うるのであり、示されるはずである。けれどもそれはただ、現象がおのれを与える *sich* gibt からなのである」(14)というJ‐L・マリオン（Jean-Luc Marion, 1946–）の言葉は、こうした事態の理解のための示唆となる。

　現象がおのれを示すのは、それがそれとして獲得されるときである。だが、これによって現象が措定されるのではない。『存在と時間』では、「覆蔵から取り出す herausnehmen」ことを意味する「アレーテウエインとしてのロゴス」

(GA 2, 44) が、「強奪 Raub」のようなものとされ、「奪われる abgerungen」「奪い取られる entrissen」と表現される。[15]「獲得する gewinnen」という表現によって名指されていたものは、アレーテウエインへつながる。アレーテウエイン (ἀληθεύειν) とは、周知のように忘却や隠蔽を意味するレーテー (λήθη) と欠如の接頭辞の ἀ に由来する。アレーテウエインにおいて奪取されるのは、「非覆蔵的なもの (アレーテス ἀληθές)」(GA 2, 44) である。

非覆蔵的なものは措定されたものではなく、覆いを取られたものである。ハイデガーの本来的現象概念は、この非–覆蔵的なものとして理解されなければならない。ハイデガー自身、『存在と時間』のある箇所で、第七節での現象概念の規定をいささか踏み越えるようにも見える仕方で、「脱隠蔽性 Entdecktheit の〈いかに Wie〉における存在者」と「ファイノメナ」を等置する。[16] とはいえ、これは第七節の現象概念から逸脱するものではなく、その再帰的な中動態の含意をより詳細に述べたものと見なすべきである。「思念された存在者自身がおのれを示してくる zeigt sich のは、いかに *wie* その存在者がそれ自身において an ihm selbst あるか、ということである」(GA 2, 288 f.) といわれるが、そこで考えられているのは、「それ自身においておのれを示してくるもの das Sich-an-ihm-selbst-zeigende」という第七節の本来的現象概念の規定にほかならない。「それ自身において an-ihm-selbst」とは、再帰的に現象してくるもののその「いかにあるか」を表している。そこでいわれているのは、「自同性において存在者がおのれを示してくること」(GA 2, 289) である。この自同性は、意識や認識や命題の内容と対象との一致ではなく、「脱隠蔽的であること Ent-deckt-sein」としての「証示 Ausweisung」をいっている (GA 2, 289)。これはたとえば、ある人とそのパスポート写真の同一性ではなく、隠れているものとあらわれているもの、あるいは忘却されていたものと想起されたものの自同性である。もしもこうした再帰性がないとするならば、現象の自同性は単なる客観的領域にふさわしいものになる、というB・ヴァルデンフェルス (Bernhard Waldenfels, 1934–) の指摘は、[17] まさにこうした事態に当てはまるものである。

このように中動態ファイネスタイの意味での本来的現象概念は、〈忘却・隠れから明るみへと立ちあらわれてくるもの〉を意味すると理解できる。〈おのれを示してくるもの〉という規定は、隠れ・忘却の契機を排除しない。たとえば、ハイデガー自身もある箇所で、「さしあたりたいていは、まさにおのれを示していない sich *nicht* zeigt」もの、「隠れている *verborgen* ist」ものこそ、現象学が対象としなければならない現象であると明言する。[18]「示していない」という語句は、〈おのれを示してくるもの〉という規定と矛盾するものではない。というのも、矛盾するとは、それ自体不可能だということだが、この「ない」は「隠れている」ことであり、隠れているものとしてすでに〈示されている〉からである。たとえば、〈なにかを忘れている〉ことに気づいたとき、それが具体的になにであるかが不明瞭であったとしても、その〈なにか〉はすでに想起の圏内にもたらされている。〈忘れている〉、〈忘れていた〉という言表が、〈おもいだしている〉、〈おもいだした〉ことを意味するのと同様に、「隠れている」とは、その隠れているものが、おのれを示さないままに示すという、現象のふるまい方の一つなのである。

　こうした意味における現象の動態は、（デカルトやフッサールが求めた確実性という性格を有すべき）主観的意識における反省という意味で再帰的な自己意識の知に対して、「情感性 Affektion」の契機によって性格づけられるべき、[19]生ないし現存在の再帰的な「自己‐自身を‐もっていること Sich-selbst-Haben」（GA 18, 247）[20]と表現される。これは『存在と時間』における現事実性（Faktizität）における不安や死、とりわけ良心、端的には関心の分析において、より具体的な姿を取って結実することとなる。[21]——最初期ないし初期ハイデガーは、「自己‐自身を‐もっていること」における自己存在のある種の〈確信 Gewißheit〉に対して積極的に評価するが、これはフッサールやデカルトにおける自己意識の確実性とは異なる。[22]もっといえば、ギリシア語の *συνείδησις*（意識）やラテン語の conscientia（意識）に含意されている良心（Gewissen）に近いものであり、『存在と時間』で開陳された現存在の良心の議論へつながるものと考えられる。[23]ハイデガーの関心概念に関する主題的究明は、本書の第一部第二章でおこなうこととなる。ともあれ、こうしたあらわれと隠れのあいだに生じる中動的・再帰的な自己証示（Selbstausweisung）こそが、[24]『存在と時間』における現象概念の本来の含意である。大摑みにいえば、これは一九二〇年代後半の形而上学期まで保持されることとなる。[25]

第三節　ロゴスの中動性と媒体性

『存在と時間』第七節「現象学的研究方法」の「B　ロゴスの概念」で、ハイデガーは、ギリシア語のロゴスの意味を解明するにあたり、この語をドイツ語の「語り Rede」（GA 2, 43）におき移している。それによれば、この語りの意味するところは、「明らかにする offenbar machen」（GA 2, 43）ことである。これにくわえて、ここですでに現象概念の説明の際に登場したギリシア語の動詞ファイノーがふたたび中動態のファイネスタイのかたちで、そしてさらにいえば、動詞アポファイノーの中動態のかたちである「アポファイネスタイ *ἀποφαίνεσθαι*」（GA 2, 43）が登場することとなる。ハイデガーは、ファイネスタイないしアポファイネスタイ、すなわちロゴスの中動態についてつぎのように書く。

> ロゴスは、なにか或るものを見えてくるようにする *λόγος* läßt etwas sehen（ファイネスタイ *φαίνεσθαι*）、つまり、それに関して話題になっているものを、語り手〔のため〕に *für* den Redenden（中動態 Medium）、ないし相互に語りあう者たち〔のため〕に für 見えてくるようにする。（GA 2, 43）

ロゴスは、中動態のファイネスタイとして理解されている。ここでいわれる中動態とは、本章第一節で確認した、〈あるものがあるもの自身（のため）に〉と分節化可能ないわゆる与格の再帰性のことである。この引用には、中動態の二つの契機ないし側面が見出されるようにおもわれる。それはあらかじめいってしまうなら、〈見えてくるようにする sehen lassen〉と〈語り手（のため）に für den Redenden〉である。以下、順に見てゆくこととする。

まず〈見えてくるようにする〉という契機である。ここで問題なのはファイネスタイの意味、つまりファイネスタイの本来的な含意である *λόγος* läßt etwas sehen という表現の意味である。これをいちど分解してみよう。この表現では、λόγος が主語、läßt が助動詞、etwas が目的語、sehen が本動詞である。läßt ないし lassen はそれだけでも本動詞としても用いられる。だがもっともよく知られた用法は、〈そのままにする〉というような放任のニュアンスを多少なりともふくむ助動詞的な、〈させる〉という意味における使役動詞としての使い方であろう。たとえば、ich lasse jemanden warten（わたしはあるひとを待たせる）という表現を例として挙げることができる。λόγος läßt etwas sehen の表現における läßt も基本的にこの意味において理解して差し支えない。より厳密にいうと、ハイデガーのロゴスには、現象がおのれを示してくることを妨げないと同時にそれをさらにわたしたちへとあらわれてくるようにする使役のニュアンスを読み取るべきである。つぎの問題は、本動詞 sehen である。ドイツ語の sehen は主に他動詞として使われ、もっとも一般的な意味は〈見る〉である。よって通常は、他動詞として ich sehe etwas（わたしがなにか或るものを見る）というように使われる。他動詞として〈見る〉を意味するドイツ語の動詞は、ほかにも gucken、schauen、blicken がある。これらとの比較からいえることは、sehen がドイツ語文法からいえば他動詞として理解されなければならないにもかかわらず、いま問題にしている場合においては、すでに日本語では〈見る〉というよりもむしろおのずから〈見える〉、〈見えてくる〉という自然の自発（意志の自発ではなく）のニュアンスにおいて理解されうる、ないし理解されるべきだということである。もし、λόγος läßt etwas sehen を、〈ロゴスがなにか或るものを見るようにする〉と訳すなら、ほとんど誤訳になるだろう。だがもしかすると、他動詞である sehen を日本語で〈見える〉（自然の自発）と訳してもよいのか疑問視するひともいるかもしれない。これに対してはたとえば、例文（一）Hier sieht man überall Kirschblüten（ここでは辺り一面に桜が見える）、例文（二）Den Turm sieht man schon von fern（その塔は遠くからでも見える）をひきあいにだしてみよう。これら例文の表現において問題なのは、不特定のだれか（man）が、桜（Kirschblüten）や塔（Turm）を凝視している――とあえて強めの言葉でいうが――のではない。そうではなく、その場に立つとおのずと桜が〈見える〉のであり、また一定の距離に近づくならば〈塔〉が自然と目に入ってくる、つまり〈見えてくる〉のである。だから、〈見る〉（他動詞）の能動態のニュアンスで、〈ここでは（ひとは）辺り一面に桜を見る〉や〈その塔を（ひとは）遠くからでも見る〉などと形式的な逐語訳をすれば、極めて違和感のつよい日本語になってしまう。この場合もやはり〈見える〉と訳すべきなのである。同様に、λόγος läßt etwas sehen の表現における sehen を（日本語話者が）読む際には、〈見える〉、〈見えてくる〉というニュアンスに耳を傾けることが重要なのである。

つぎに問題となるのは、〈語り手（のため）に für den Redenden〉という契機である。これについて説明するために、まず〈なにか或るもの〉が、sehen の主語ではなく、むしろ目的語であるということを糸口としたい。

〈なにか或るもの〉は、sehen の目的語である。λόγος läßt etwas sehen の表現は、文法的には、〈ロゴスが、なにか或るものをして（別のものを）見させる〉と理解することもたしかに可能ではある。あるいは一見すると、läßt（させる）の直後にある etwas（なにか或るもの）を sehen（見る）の作用主としてもよいとおもわれるかもしれない。たとえば、さきに挙げた言表 ich lasse jemanden warten（わたしはあるひとを待たせる）では、lasse（させる）の直後にある jemanden（あるひとを）が warten（待つ）の作用主となっている。だが、そう理解すると、ハイデガーの示す文は理解不能なものになる。また、たしかに動詞 sehen にも、aussehen（見える）やフランス語の voir のように物が主語となって〈物が見える〉、厳密には〈物が（隙間から）のぞく〉という意味をもつ自動詞的用法がないわけではない。だが、この用法はここで断りもなく用いることができるほどつよい明確さをもっているとはおもわれないし、典型的なものであるわけでもない。むしろ、ここでの sehen は、〈見える〉、〈見えてくる〉と日本語に訳すのが相応しいような意味での他動詞的な sehen だと考えるのが自然である。もちろんその場合つぎのように理解しなければならない。つまり、〈ロゴスはなにか或るものを見えてくるようにする λόγος läßt etwas sehen〉という文のなかには、sehen（見る）の作用主が省略されているか、もしくは、作用主そのものを考えるべきではないとして意図的に排除されている、ということである。結論からいうなら、省略されているものがある。しかしそれは、〈わたしは見る ich sehe〉の〈わたし ich〉に対応する使役表現のなかの〈mich わたしをして〉ではない。そしてこの意味での作用主そのものを考えるべきではないとしてそれが意図的に排除されていると考えるのが正しい。たとえば、ふつうの文法・文章から考えるならば、λόγος läßt *mich* etwas sehen（ロゴスが、わたしをしてなにか或るものを見させる）という文章が、λόγος läßt etwas sehen（ロゴスが、なにか或るものを見させる）という mich（わたしをして）という契機を抜いた文章に省略されていると理解することができる。しかしながら、その場合、この省略になにかもっともな理由があるようにはおもわれないのである。そうだとするなら、つぎのように考えることもできる。すなわち、省略がなされていることは正しいが、省略されているものは mich（わたしをして）ではない、と。

それでは、なにが省略されているのか？　省略されているもの——正確には、別々にわけて書かれているもの——とは、〈語り手（のため）に für den Redenden〉であると考えられる。これをわけずに書くなら、λόγος läßt *für Redenden* etwas sehen（ロゴスは、語り手（のため）になにか或るものを見えてくるようにする）となる。〈語り手（のため）に〉の部分を〈わたし〉におき換えるなら、λόγος läßt *für mich* etwas sehen（ロゴスは、わたし（のため）になにか或るものを見えてくるようにする）となる。ここで、単なる mich（わたしをして）と für mich（わたし（のため）に）は、なにか決定的に異なるものである。いってしまえば、前者では、mich と sehen のあいだに主体（ich）と見る作用（sehen）を予想させるのに対して、後者は、〈見る主体〉と呼ぶべきものは見当たらない。というのも、für mich は、別言すれば、与格の mir（わたしに）に近いものであり、ここに〈見る主体〉と呼ぶべきものは示されていないからである（主体ではなく、与体?）。つまりは、ハイデガーがこうした省略や語の選択を通して試みているのは、ich sehe etwas（わたしが、なにか或るものを見る）という表現にあらわれている主観‐客観関係、能動‐受動関係には回収されない視のはたらき、すなわち、日本語で端的に〈見える〉といったときに表される事態であると考えることができるのである。もちろん〈見える〉ものを〈見る〉（凝視する）ことは可能である。だがこの場合、〈見える〉は〈見る〉の以前に存するいわば前提的なはたらきであり、一方を他方に還元することができないものである。

これと同時に、つぎのことにも注意を払わなければならない。つまり、ここでいわれる für（のために／に対して／に）

の語が示しているのは、〈わたし〉を目的とした目的論的関係をあらわすものではない、ということである。しばしばドイツ語でたとえば für mich と与格の mir（わたしに）とが置換可能であることから示されるように、ここで für（のために／に対して／に）があらわしているのは目的というよりも、むしろ与格的なある種の関係、かかわりである。いい換えれば、〈わたしが〉ではなくて、〈わたしに〉が問題だということである。この〈わたしに〉は、（ドイツ語表現の）Es scheint mir, dass...（わたしには……と見える・おもわれる）の mir（わたしには）や、（フランス語表現の）Il me semble que...（わたしには……と見える・おもわれる）の me（わたしには）、（英語表現の）It seems to me...（わたしには……と見える・おもわれる）の to me（わたしには）、そしてすでにいわずもがなであるが、日本語表現の〈わたしには……と見える・おもわれる〉における〈わたしには〉と非常に似通ったものである。ほぼおなじものであるといってよい。この場合、ひとは、主観として、あらわれるものを、〈なにか或るもの〉を対象化するのではなく、むしろ与格の立場から、それのあらわれ、現象の現場に立ち会っている、といったほうが適切であろう。〈わたし〉は、sehen の主体（作用主）ではないといういい方は、文法的に見れば奇異ではある。けれども日本語の〈見える〉がまったく自然であるように、ここに奇異さを感じることのほうが不自然なのかもしれない。いずれにせよ、すでに述べてきたように、このようなハイデガーの（不）自然な表現から読み取るべきことは、Ich sehe etwas（わたしがなにか或るものを見る）という主観－客観関係、対象化の関係に還元されえない動的な事態をなんとか言葉にもたらそうとする彼のたぐいまれな試みにほかならない。語り（Rede）としてのロゴス、アポファイネスタイとしてのロゴスは、〈見えてくるようにする〉ことであるが、これはいってみれば、主体なき〈見ること〉なのである。ここに、〈見えてくるようにする〉と〈語り手（のため）に〉という二つの本質契機によって、ロゴスを中動態から理解しようとするハイデガーの意図を明らかに看取できるだろう。

ところで、アポファイネスタイに付いている接頭辞「アポ ἀπό」(GA 2, 43) は、辞書によれば意味的にドイツ語の〈から von-weg, von-her〉[26] に対応する。この〈から〉だけ取り出せば、それは、どこからでもかまわない。ハイデガーは、これを、「それ自身から von dem selbst her」(GA 2, 43) の意味であるとする。これが意味するのは、〈ほかのなにかから〉ではなく、〈それ自身から〉である、ということである。このハイデガーのアポの理解は、いうまでもなく中動態のアポファイネスタイと緊密に結びついたものである。アポファイネスタイは、他動詞的＝ヘテロ的動態ではなく、〈おのずから〉という中動的＝オート的動態である。これはつまり、あらわれるもの、すなわち現象がおのずからあらわれることのうちにこそ、〈見えてくるようにする〉ロゴスのはたらきのいわば起点が存しているということである。いうまでもないことだが、〈見えてくるもの〉はロゴスではない。ロゴスは、〈見えてくるもの〉が〈見えてくる〉ように媒介する介在的なはたらきかけである。ここに明確な仕方でロゴスの中動性と不可分な媒体 (Medium) のはたらき、いってみれば中動媒体性とでも呼ぶべきものを看取できる。要するに、〈なにか或るもの〉の現象を、それが〈見えてくる〉ないし現象してくるとおりの仕方において〈語り手に〉見させるはたらき、これがロゴスの中動‐媒体機能である。

さらに話を進めると、ハイデガーは、この中動‐媒体機能の明示化のために、ギリシア語の「シュンテシス *σύνθεσις*」(GA 2, 44) の「シュン *συν*」(GA 2, 44) の語をひきあいにだしているといえる。この「シュン」が意味するところは、語りとは「なにか或るものをなにか或るものと一緒に *Beisammen*、すなわち、なにか或るものをなにか或るものとして *als*、見えてくるようにすること」(GA 2, 44) にある、ということである。これによれば、〈なにか或るものとしてのなにか或るもの〉の〈として〉は、「なにか或るものをなにか或るものと一緒に *Beisammen*」の〈一緒に〉(＝シュン) とおなじことを述べている。〈なにか或るものをなにか或るものとして見えるようにする〉というはたらきには、大きくわけて二つ可能性が考えられる。すなわち、(1)〈AをAとして見えるようにする〉、(2)〈AをBとして見えるようにする〉である。(1)の場合は、たとえば〈机を机として見えるようにする〉がそうである。(2)の場合は、たとえば〈机を盾として見えるようにする〉ということが考えられる。いずれの場合でも、人間の現存在が生活世界のなかで状況に応じてさまざまな意味において存在者を把握、理解、解釈できる可能性が示されている――ここにまた偽りの可能性もある。現存在は、歴史的に形成された生活世界的な存在了解をつねに有しており、むしろたえずそのなかで生き、ひたすらそのなかでのみ存在者へかかわることとなる。これが世界内存在の思想が意味しているところでもある。いずれにしても、ロゴスの説明には、ある種の差異の構造が見て取れることを指摘しておきたい。つまり〈なにか或るものとしてのなにか或るもの〉の〈として〉を挟む二つの――あるいは二重の――〈なにか或るもの〉の差異であり、〈として〉はまさにこの両者のあいだの差異を表している。こうした差異の構造にはむろんさまざまな次元におけるものがある。〈盾としての机〉に見られる際もそうであるが、『存在と時間』――そして形而上学期――において究極的に問題となる差異は、結局は存在者と存在の差異、存在と時間の差異である。もちろん、時間性において〈現象してくること〉や〈見えてくること〉と、ロゴス（＝言葉）を媒介にして〈なにか或るものが見えてくること〉は、単純におなじ現象の次元にあるものとして理解することはできない。ロゴスを媒介にした場合、〈なにか或るものがなにか或るものとして見えてくること〉になる。ロゴスにおいてはあくまで、あらわれてくるなにか或るものをなにか或るものとして見えるようにする解釈学的な媒体機能が問題となる。ここにこそ、ハイデガーのいう現象学と解釈学の結びつきを見ることができる。それゆえ、この現象の学《ロゴス》とは、ロゴスの解釈学的媒体機能に支えられた、現象の解釈学だということになる。

　初期および形而上学期のハイデガーの構想を理解するためには、こうした現象の解釈学の根幹となる意味・了解・解釈の織りなす構造を明確にすることが不可欠となる。次節では、この構造に光をあてる。

第四節　意味・了解・解釈

一　存在問題と存在了解

『存在と時間』の第一節「存在への問いの明確な反復の必然性」は、通例の伝統的な哲学史的理解にみられる存在に関する三つの偏見について述べている。⑴「「存在」はもっとも普遍的な概念である」（GA 2, 4）、⑵「「存在」という概念は規定できない」（GA 2, 5）、⑶「「存在」は自明な概念である」（GA 2, 6）。これらの「存在」理解にしたがうならば、存在はもっとも普遍的で自明なものだということからして、規定不可能なものということになる。ハイデガーが『存在と時間』でひき受けた主要な課題の一つは、存在に関するこれらの伝統的な哲学的偏見との対決にほかならなかった。その場合、存在とは、現象学的存在論、解釈学的現象学、つまり、本書の端的な表現を用いるなら、現象の解釈学のロゴスの媒体機能を通して現象となる学問的主題のことである。ハイデガーの見解にしたがうなら、存在現象とは、徹底して概念的に規定可能なものである。存在現象の解釈学は、存在論としては、ロゴスを介した存在現象の解釈および記述の試みにほかならない。現象の解釈学は、ここでは存在現象の解釈学という意味でのある種の存在論である。存在論の扱う問題は、存在者ではない。存在者にかかわるものは、術語的にいえば、存在的（ontisch）なものである。存在論はそうではなく、存在にかかわる、つまり存在論的（ontologisch）なものにかかわる。存在論は、論つまりロゴスの中動 - 媒体機能によって存在現象をそれとして明確化するものである。それゆえ、いささか図式化するなら、存在論が明らかにするべきものは、解明以前にそれ自体ですでに存在論的であることはない。いい換えれば、それはまだ存在論的ではない。かといって、それは存在的つまり存在者的なものではなく、そうではなく、むしろ前存在論的なものである。この前存在論的な存在現象が存在論のロゴスを通してそれとして明確化される。この明確化が存在論の仕事である。

　このように存在論が携わるべき前存在論的なものとされるのが、存在了解、つまり前存在論的な存在了解である。「存在の問いは、けれども、現存在自身に属す本質的な存在傾向、前存在論的な存在了解の徹底化にほかならない」（GA 2, 20）のである。くだけたいい方をするなら、存在者がどう〈ある〉のかということがわかっているという、わたしたちがたいていつねにそのなかを生きている事実的な事態のことである。ふつうこの事実性のなかでは、この「ある ist」の意味をまだ存在論的には説明することができないままではあるが、それでも、この了解を有していることには違いがない。わたしたちは、通例このような仕方で日常的にはつねにすでに存在に関する了解を有している。これはさしあたり明示的な仕方ではあらわれていない。これを明示化することが存在論の仕事であるが、とりわけ、この前存在論的な存在了解を有しているのが、人間の現存在のみであることからして、『存在と時間』のさしあたりの課題はもっぱらこの現存在の存在の自己了解のロゴスを通した解明、解釈ということとなる。ハイデガーはいう――「現存在は、彼自身にとって、存在的には「もっとも近い」が、存在論的にはもっとも遠いのである。けれども、前存在論的には、よそよそしいものではない」(GA 2, 22)。したがって、このかならずしも「よそよそしいものではない」前存在論的な現存在自身の存在の解明がそこでの主要な課題となるのである。

二　意味と先-構造

存在の解明は、存在に関するさらなる了解（Verstehen）とロゴスを通した解釈（Auslegung, Interpretation）、それらの概念を用いた遂行という性格をもつ。そのためハイデガーにおいて、この現象学的存在論とは、解釈学的現象学を意味する。これとともに、『存在と時間』におけるハイデガーの究極的課題は、存在の意味への問いを立てることに存することとなる。そして、彼のテーゼによれば、時間こそが、この存在の意味だということになる。この課題は、時間を「すべての存在了解とあらゆる存在解釈のための地平として明るみに出しかつ真正な仕方で概念把握」(GA 2, 24) すること、と定式化される。この根源的な「存在了解の地平としての時間を根源的に展き示すこと *Explikation*」(GA 2, 24) がまた、本質的に「存在を了解している現存在の存在としての時間性」(GA 2, 24) から初めて遂行可能となるとされるのである。それゆえ、『存在と時間』の第一部のタイトルは、「時間性へ向けた現存在の解釈と存在への問いの超越論的地平としての時間の展き示し」(GA 2, 53) となっている。ハイデガーは、ここで、解釈学的時間を「存在の了解と可能な解釈のための地平」(GA 2, 53) と特徴づける。この地平としての時間は、その由来を物のような存在者の存在ではなく、もっぱらただ人間の現存在の時間性のうちにのみ有している。了解しかつ解釈する現存在の存在の解明は、こうして存在一般の了解と解釈のための地平を主題化する仕方を明らかにせんとする彼の現象学的思惟の方法論の中心的問題として位置づけられるのである。まさに存在了解一般の可能性の条件としての時間地平の解明を通してこそ、現存在、手元存在者、手前存在者の存在は、はじめて「存在論的に根源的な仕方で」（GA 2, 134）理解可能となるとされるのである。

それでは、『存在と時間』における意味・了解・解釈の形式的構造を明示的に取り出したい。形式的構造を問題とするというのは、物（道具など）のような存在者の存在や現存在の存在ではなく、存在一般のための解釈の構造を解明することである。このためにここでは、存在現象の解釈学の解釈学的構造を解明する。第一に、現象学的‐解釈学的な「意味 Sinn」の概念に取り掛かりたい。そのあとに、この解釈学的地平における了解と解釈の構造とプロセスの解明に向かう。

了解と解釈の解釈学的構造の解明は、『存在と時間』の主に第三二節に見出される。そこでまず問題となるのが、なにか或るものがなにか或るものとして了解されうるところの「意味 Sinn」の概念である。意味は、了解、解釈において本質的な役割を演じる。なにか或るものがなにか或るものとして了解されるとは、その意味が把握されるそのかぎりにおいて可能である、ということである。たとえば、わたしたちは、日常生活において部屋のなかにあるさまざまな道具——テーブル、椅子、窓、扉などなど——を理解し、それらがそれ固有の意味を有しているものとしてそのつど捉えている。その場合、わたしたちは、その物の意味がわかっていると考えている。たとえば、そのなにか或るものは、机として、椅子として、窓として、わたしたちに示されるという事態がある。このことが意味するのは、なにか或るものとして了解されるすべてのものは、まずもってその意味に向けて捉えられているということなのである。

ハイデガーによれば、了解のこうした解釈学的プロセスには、時間的な性格としての「先 Vor」を認めることができる。それによると、投企（Entwurf）の向かい先（Woraufhin）としての意味の構造は、まさにこのさまざまな「先」の諸契機からなる。

> 意味とは、先持 *Vorhabe*、先視 *Vorsicht*、そして先握 *Vorgriff* によって構造化された投企の向かい先 *Woraufhin* であり、ここからなにか或るものがなにか或るものとして了解可能となる。（GA 2, 201）

このように意味は、「先」という時間的契機によって性格づけられ、「先持」「先視」「先握」からなる「先 - 構造 Vor-struktur」（GA 2, 201）を有する。そして、「投企」とは、この意味に向けた先んじての予描であり、了解作用がそのうちを動くことができるための意味空間の設立である。投企は、意味に向けた投企であり、この意味に向けてそのつどの了解作用がはたらくこととなる。それゆえ、この意味とは、先行的な意味地平という一つの領域を予描的に区画するものであるといえる。

　意味に見られるこうした構造は、ハイデガーによれば、もっぱら人間の現存在の現（Da）の開示性（Erschlossenheit）のみに属するものである。それゆえ、もろもろの物がそれぞれの固有の意味を有しているというわたしたちの日常的な理解にもかかわらず、ハイデガーの説明を厳密に取るなら、もっぱら現存在のみが意味を有するのであり、また現存在のみが「意味に満ちていたり無意味であったり」（GA 2, 201）することができることになる。現存在ではない存在者が意味をもつといういわば通常の当たり前の事態が実のところ指しているのは、その存在者の存在が現存在の開示性において了解されているという事態にほかならないということになるのである。「内世界的存在者が現存在の存在によって脱隠蔽化されて entdeckt いる場合、すなわち、了解のうちに入来たった場合に、わたしたちは、〈それは意味をもつ es hat *Sinn*〉と述べるのである」（GA 2, 201）。

　ここでいわれる脱隠蔽化（Entdecken）とは、隠蔽性からの存在者の発見である。この隠蔽性の可能性は、ハイデガーによれば開示性に存している。この開示性のうちで、人間は存在者に対してさまざまにふるまうことができ、まだ隠されているものを隠されたものとして認めることもできることとなる。『存在と時間』第四四節はつぎのように述べる。

けれども、もっぱらただ現存在が開示されているかぎりにおいてこそ、それはまた閉じてもいるのである。そして、現存在とともにそのつどすでに内世界的存在者が脱隠蔽化されているかぎりにおいて、可能的に出会われうるものとしての存在者は隠され（隠蔽され）あるいは立ち塞がれてもいるのである。（GA 2, 294）

存在者の脱隠蔽化の遂行は、ハイデガーによるならば、この閉鎖性、隠蔽性のそのつどの突破に存する。存在者の脱隠蔽化が意味するのは、この突破によって了解のうちに来ることである。現存在は了解作用の投企によって存在者の意味を目がけつつ、その存在者を開示性のうちに受け取る。現存在ではない存在者は、これによって開示性の投企された圏域のうちにおいてのみ、その意味を帯びて保たれていることができるのであって、その存在者自身が意味をもつのではないとされる。現存在が存在者をその意味ないしその存在に向けて投企するかぎりにおいて、その存在者は意味をもっていることとなる。それゆえ、ハイデガーは、「了解されるのはしかし、厳密に取るならば、意味ではなく、存在者ないし存在である」（GA 2, 201）と述べ、そして存在を、「そこにおいて、なにか或るものの了解可能性がおのれを保持する」（GA 2, 201）ところのものと規定する。ひとが存在者ないし現存在でない存在者を了解できるのは、その存在者がその意味と根拠としての存在へ向けて投企されることを通してである。この存在者の投企のはたらきはまたさらに、存在が前もってすでに了解されており、その存在が前もってすでにその意味すなわち時間へ向けて投企されていることを前提としている。

意味の先‐構造の内部で了解されたものは、しかし、まだ十分に表現可能なものではない。それはまださらに分節化されなければならない、ないしは分節化されうるものである。ハイデガーは、「見回しつつ了解するという仕方での解釈（ヘルメーネイア *ἑρμηνεία*）」（GA 2, 210）を、この分節化というさらなる——だが一体的であることにはかかわりはない――プロセスとして把握する。了解されるものは、これによりそれとして表現可能な意味において分節化される、ないし解釈される。この解釈プロセスの構造をハイデガーは、「として‐構造」（GA 2, 210）と特徴づける。この「として」（GA 2, 198）が、「表現可能性」（GA 2, 198）の構造をなすものである。「「なにか或るものとしてのなにか或るもの」という導きの糸を手がかりとして解釈しつつ存在者を近づけることに存する了解されたものの分節化は、それについての主題的言表の前に*vor*ある」（GA 2, 198）。了解されたものは、解釈の遂行を通して言語表現にいたるのに十分なまで、つまり表現可能になるまで分節化がなされる。存在もまたこのような仕方、プロセスを通して了解されてこそ、存在論の概念へもたらされることになる。

むすび

以上、本章では、第一節と第二節において、『存在と時間』における現象学概念の規定を手がかりにして、ハイデガーが考える現象の規定、そしてその再帰的な中動媒体性をその現象動態の本質的かつ根本的な性格として明らかにした。それにくわえてつづく第三節では、おなじく『存在と時間』における現象学の学の部分にあたるロゴスの規定に関して、その動態の内実を具体的に確認し、現象の現象性の再帰的中動態と不即不離の関係にあるところのロゴスの中動態を、〈みずから（のため）に、見えるようにする〉という意味によって特徴づけられるべきものとして明確にした。

こうしてこれまでに明らかになった事柄とあらかじめ序論第一節で見ておいた言語学的な中動態の二つの含意、すなわちパーニニの〈自分のために……する〉およびバンヴェニストの内態との関係はどうなっているのだろうか。この問題をここで確認しておこう。まず、パーニニの〈自分のために……する〉という中動態の規定は、とりわけロゴスの意味としてアポファイネスタイを中動態から理解するハイデガーの立場に顕在的に看取できた。ただ当然のことだともいえるが、つぎのことにも注意をうながしておきたい。パーニニの規定はあくまで——ハイデガーの術語でいえば——実存論的ではなく実存的次元の内部を動くものである。実存的意味における〈自分のために〉は、なにか或る具体的な事柄の最終目的が自分に向けられているという素朴な目的論、あるいは実際的な利益関心が自分に向けられていることをあらわしている。これに対してハイデガーが現象学のロゴス（＝論）を現存在の存在に属す語り（Rede）としてのロゴスと理解するとき、このロゴスは、実存的ではなく実存論的な次元におけるものとして理解されなければならない。それゆえ、アポファイネスタイに含意される〈自分（のため）に〉という性格も、素朴な目的論的特徴づけとして理解されてはならない。本章第三節で指摘したように、〈ために〉ということは、ここでは与格的なかかわりの構造をあらわすものとして、しかも実存論的・存在論的次元のものとして理解されねばならない。このような意味でハイデガーにおける中動態の含意は、パーニニのそれと区別されなければならない。また、この意味において、ハイデガーはパーニニに由来する中動態の規定を踏まえつつも、それを現存在の存在に構成的な根本契機にまで昇華せしめている。この点にハイデガー独自の中動態理解の哲学的・現象学的有意性が認められる。

ではバンヴェニストの中動態の規定である内態との関連に関してはなにがいえるだろうか。むろんハイデガーはバンヴェニストの内態としての中動態を知らない。だが、ハイデガーの本来的現象概念、「それ自身においておのれを示してくるもの das Sich-an-ihm-selbst-zeigende」のなかのその〈示してくるもの〉は、当の〈示してくる〉という過程に内在的である。この内在性はバンヴェニストの内態という中動態の規定と合致するものである。そして現存在は、この現象の動的過程のなかに、アポファイネスタイの〈見えてくるようにする〉という仕方で、〈見ること〉の主観ではなく、与格の態勢において参入する。この与格が示すのは、〈示してくる〉〈見えてくる〉という現象のはたらきがかかわるそのかかわりの向かう先だといえる。この際、現存在は主体（主観）として、現象動態の外部にあるのではなく、あくまで与格としてその内部にある。つまりこの場合は、現象してくるものが自己自身であれ、ほかの存在者であれ、現存在はその現象化過程の内部にある。この場合も、現象過程への内在性という意味で、バンヴェニストの内態に通じるものがあるといってよい。

だがこうした内在的性格は、むしろ本章の第四節で明らかにした、解釈学的かつ現象学的な意味における地平の問題につよく見い出されるものであるといえる。この第四節では、現存在の有する先‐構造とそこにおける了解と解釈の具体的なはたらきを説明した。その説明の際には、それらのはたらきの対象として、特に限定せずになにか或るもの、存在者を例に取りあげた。このことが意味するのは、当然のことながら、この解釈学的構造の出番がもっぱら内世界的存在者の了解がはたらく場面に限定されてしまうということではない。むしろハイデガーの分析が有する実存論的意図とは、あらゆる存在了解の可能性が存する現存在の存在に関する存在了解とその存在論的解釈の遂行にこそあった。なにを隠そう、それは、現存在分析が存在一般のための地平としての時間の解明に必要であるからである。こうして、『存在と時間』における現存在の存在現象の解釈学という、人間の現存在の自己解釈とでも呼ぶべき基礎存在論が遂行されることになるのである。そしてこの時間地平こそ、人間の現存在の自己性をかたちづくり、当の現存在も内世界的存在者もそのなかにおいてのみあらわれる強度の内在的な領域をなすものである。現存在分析としての基礎存在論の枠組みの内部での現存在の自己了解、自己解釈において問題となるのは、ほかでもなくこの現存在の自己存在である。これはハイデガーの説明によれば関心（Sorge）であり、この関心の意味が時間性（Zeitlichkeit）だということになる。『存在と時間』の公刊部におけるハイデガーの分析作業は、この現存在の関心の意味（時間性）に向けた自己了解と自己解釈の徹底化と遂行に存している。それゆえ、本章のつづく第二章では、この人間、すなわち現存在の存在とその時間性の解明に向けて中動態、中動媒体性の観点からアプローチを試みることとなる。

第二章　関心の中動媒体性

はじめに

本章の課題は、『存在と時間』における現存在の実存論的分析を中心に、現存在の存在であるとされる関心（Sorge）についてそのはたらきを中動態の視座から解明することにある。今日、人間の存在に関して、その自己の自己性に中動態の観点からアプローチする研究はしばしば目にするところである。それは、すでに述べたように、能動－受動の対応におき換え可能な主観－客観関係に規定された伝統的枠組みを乗り越え、人間の自己性の存在事象そのものにより即した仕方で、その動態へ迫ろうという目論見からにほかならない。こうした試みは、『存在と時間』以前の最初期ハイデガーが人間存在の関心（Sorge）を中動態の語を用いて理解、説明していたこととも連関すると考えられる。とはいえ、従来の先行研究において関心の中動態への論及に触れられる際も、[1]ハイデガーにおける人間の存在ないし自己性の中動態を主題的に明らかにするという発想は見られず、そこで中動態という哲学的視座の有すべき射程はほとんど見過ごされてきたといわざるをえない。本章では、こうした事情を背景にして、中動態の視座からあらためて

（最）初期ハイデガーにおける関心概念を解明することとしたい。

具体的手順はつぎのとおりである。まず、関心概念と中動態の結びつきを最初期ハイデガーのテクストに確認する（第一節）。つぎに、関心概念とその背景としてのアリストテレス[2]（Ἀριστοτέλης, 384–322 B.C.）との関係を示す（第二節）。そして、関心概念のもう一つの主要な背景であるアウグスティヌス[3]（Augustinus, 354–430）および新プラトン主義[4]との関係を明らかにする（第三節）。最後に、関心の中動態と時間性の関係を示すこととなる（第四節）。以上により、初期ハイデガーにおける関心の中動的意味をその精神史的背景とともに明示する。またくわえて、後期思想も考慮しつつ初期思想の有する問題構成の問題性、その限界にも触れておくこととする。

第一節　関心と中動態

文献的な確認から入ろう。ハイデガーにおける人間存在と中動態の結びつきが記述の上で見出されるのは、管見の及ぶかぎりでは、一九二一年夏学期講義（『アウグスティヌスと新プラトン主義』[5]）が最初である。このなかで、後の関心（Sorge）概念につながる気づかい（Bekümmerung）がさまざまに論及される。これは「生の根本特徴」（GA 60, 271）と見なされる。生の根本特徴とされるこの「気づかい」ないし「関心のはたらき curare」（GA 60, 207, Anm. 11）が、「中動態 vox media」（GA 60, 207, Anm. 11）とされるのである。この講義の翌年の一九二二年に執筆されたいわゆる『ナトルプ報告』[6]のなかでは、「「関心作用 Sorgen」を中動態 *vox media*〔……〕として受け取るなら、気づかい Bekümmerung は実存の関心 Sorge der Existenz〔……〕となる」（GA 62, 357, Anm. 39）と記されている。この「実存の関心 Sorge der Existenz」の女性定冠詞の属格形「の der」であるが、これは「目的格属格 genetivus obiectivus」（GA 62, 357, Anm. 39）とされる。この中動態ないし目的格属格が意味するのは、ハイデガーが一九二三／二四年冬学期講義でアポファイネスタイを説明する際に中動態に与える形式的意味の構成契機から理解してよいとおもわれる。

この構成契機とは——先に確認したパーニニによる中動態の規定にまで遡る与格の再帰性に含まれる——「自分（のため）に für sich」（GA 17, 28）である。この規定はギリシア語を学ぶ者ならば文法書にふつうに見出されるものであり、ギリシア語に精通したハイデガーの念頭にもこの言語学的規定があったと考えて間違いない。要するにハイデガーの述べる中動的意味をもった関心とは、みずからの実存のための関心、即ち自己自身の存在のための関心であるといえる。現存在の存在としての関心は、それ自身において本質的に自己自身のための関心として理解される。『存在と時間』で「自己関心 Selbstsorge」（GA 2, 256）という表現が「トートロジー」（GA 2, 256）とされるのも、そのためである。それゆえ、たとえばフォン・ヘルマンが、ハイデガーの関心概念の内実を顧慮してこれに与える表現「のために気づかうこと Sorgetragen-für」（Herrmann 2009, 260）も、中動態の視座から理解されうる、ないし理解されるべきものだといえる。

さらにこの中動的関心の精神史的射程ないし背景を明示、確認するために、『存在と時間』第四二節を見てみたい。このなかではローマのヒュギヌス[7]のクーラをめぐる寓話第二二〇話を参照することによって、関心概念の正当化が図られている。その箇所に付された脚注でハイデガーはつぎのようにみずからの関心概念の精神史的背景を披瀝する。

> すでにストア派で「関心 *μέριμνα*」はしっかりした術語であったが、これは新約聖書、ウルガタ聖書[8]においてソリキチュード sollicitudo〔＝関心〕として回帰してくる。——現存在に関するこれまでの実存論的分析論においてしたがってきた「関心 Sorge」への視座が著者〔＝ハイデガー〕に育ったのは、アリストテレスの存在論において到達された原理的基盤への顧慮をもともなった、アウグスティヌスの——すなわちギリシア－キリスト教的——人間学についての解釈の試みとの連関においてである。（GA 2, 264, Anm. 3）

このようにしてハイデガーは自身の関心概念の由来ないし背景として端的にアリストテレスとアウグスティヌスを名

指している。[9] さらに詳細に見るなら、ここではアウグスティヌスという名前が、「ギリシア－キリスト教的」の語と直接に等置されていることがわかる。このうちキリスト教的背景としてさしあたり考えられるのは、ここで触れられている新約聖書におけるソリキチュードとしての関心ないしアウグスティヌス自身のキリスト教的思索と理解して差し支えないとおもわれる。だがギリシア的背景として単にアリストテレスやストア派のみが念頭におかれていると考えてよいものだろうか。というのは、一九二二年夏学期講義（『存在論と論理学に関するアリストテレスの精選論文の現象学的解釈』）の補遺では、生の現事実性の問題構成の由来が、「ギリシア－キリスト教的生解釈」（GA 62, 269）と名指され、そこでアリストテレスと共に「アウグスティヌスと彼を通した新プラトン主義」（GA 62, 270）が挙げられているからである。つまりアウグスティヌスと直接的に繋がるギリシア的背景として新プラトン主義が指摘されなければならないということが考えられるのである。ハイデガーとアウグスティヌスの関係に関する従来の研究では、とりわけアウグスティヌスのキリスト教的背景に比して、ギリシア的背景のほうはほとんど明らかにされて来なかった。[10] 本章では、この点にいちど光をあてたい。このために、まず本章第二節でアリストテレスの『ニコマコス倫理学』における善と自由の意味を確認し、おなじく第三節でアウグスティヌスの善と自由についてその意味を確認したい。

第二節　アリストテレスの善と自由

あらゆる技術と道筋、同様に、行為と選択も、なにかある善を求めているようにおもわれる。[11]

『ニコマコス倫理学』の冒頭に記されているこの文言に象徴的に示されているように、この書の主題は幸福としての善の探求にある。ここではプラトン[12]（Πλάτων, 427–347 B.C.）の善のイデアの超越性は退けられ、[13]「人間的善」[14]、つまり人間の生活世界的な次元において人間が直接にかかわることができる善が探求の対象とされる。アリストテレスはこのなかで通例にしたがって善を三つに区分する。すなわち、一つ目は財産や名誉などの「外的な善」、二つ目は「魂の善」、三つ目は健康や美貌などの「身体に関する善」である。[15] これらが揃うことで「完全な生」が成立する。このうち二番目の魂の善が、人間的生の全体において支配的な目的としての善であり、これがもっとも優れた意味での善として主題的に解明される[16]。

この解明のなかでアリストテレスは、魂のアレーテウエイン、つまり真理を明らかにするはたらきをつぎの五つに分類する[17]。それは、(1)テクネー、(2)エピステーメ、(3)フロネーシス、(4)ソフィア、(5)ヌースである。このうち『存在と時間』の記述に直接大きな影響を与えたものとして(3)のフロネーシスを挙げなければならない。これは、『ナトルプ報告』では「見回し Umsicht」（GA 62, 377）と規定されるが、それは「そのつどその存在領野においてアルケーを保持している」（GA 62, 380）かぎりにおいて、魂に属す「最高かつ本来的」（GA 62, 380）なヘクシスとされる。いい換えれば、フロネーシスは、「〈目的に向かってふさわしい *κατὰ τὸ συμφέρον πρὸς τὸ τέλος*（1142b32sq.）〉見やり Hin-sehen」（GA 62, 384）である。要するに、フロネーシスとは、目的へ向けた「まだないとすでに」（GA 62, 383）の統一的な時間化のうちで、具体的なそのつどの状況に応じて人間の行為に、「そのつどの〈いかに Wie〉、〈なんの用途ために Wozu〉、〈どの程度 Inwieweit〉〈なぜ Warum〉」（GA 62, 384）かという意味を与えかつ保持する選択的かつ先導的な知だといえる。フロネーシスは、「人間の生に属す〔道具などの〕扱い Umgang の〈向かい先 Worauf〉を生とともに携えており、かつこの道具の「扱い」の〈いかに Wie〉をその固有の存在のうちで保存している」（GA 62, 383）。この「扱い」が「プラクシス」（GA 62, 383）である。『ナトルプ報告』におけるこうした説明は、『存在と時間』で、「道具を扱うことは、「用途のために Um-zu」の指示の多様性にしたがう。そのような按排の視は見回しである」（GA 2, 93）とする記述に対応する。要するに、フロネーシスとは、配慮（Besorgen）[18] を基本においた環境世界（Umwelt）における道具などの内世界的存在者とのかかわりをまとめそして導く実践的な目的にかかわる知のことである。

五つのアレーテウエインのうちの五番目のヌースは『ナトルプ報告』では「およそ視、なにか或るもの、「現」を与える」（GA 62, 381）ものとされ、フロネーシスにおける「扱い」（GA 62, 381）にはじめてその「視」（GA 62, 381）を与えるかぎりで、道具の「扱いを明るませること」（GA 62, 381）という原理的位置づけを与えられる。しかし、ヌースは、『ニコマコス倫理学』にしたがうなら、人間的善としての幸福を求めるところからはたらく。つまり、農作業や建築などの通常の仕事はスコレー（余暇）を生み出すためのものであり、この生み出されたスコレー（余暇）においてこそヌースの活動たる「観想的活動」が可能となる。[19] そして完全な生における観想的活動こそ、（I）〈それ自体のために求められるもの〉[20]、（II）〈そのもののためにほかのものが求められるもの〉[21]、（III）〈ほかのもののために求められるのではないもの〉[22]、（IV）〈常にそれ自体として選択されるに値する最終の／完全なもの〉[23]、（V）〈それだけで生を何も欠けたところのないものとする自足的なもの〉[24]というアリストテレスのいう人間的善の条件を満たすものとなる。アリストテレスでは、プラトンとは異なり、善の複数性[25]が認められ、観想的活動としての最高善、幸福は、そこから「選択[26]」されるものである。それゆえアリストテレス的意味[27]での自由は、「強制と決定 coactionis et determinationis」（GA 17, 153）の不在という「二重の〈不在 *absentia*〉」（GA 17, 153）のうちに存する。この自由は、為すことも為さざることもできるという自由であるが、それはまた、「わたしが選択したその瞬間に、わたしはもはや自由でない」（GA 17, 155）という自由である。つまり、最高善といえども、それを選択し、決定した時点において、その瞬間において「自由は廃棄される」（GA 17, 155）のである。

第三節　アウグスティヌスの善と自由

これに対してアウグスティヌスの自由には、「まさに〈最高善に向かっての決定 *determinatio in summum bonum*〉が構成的」（GA 17, 153）であるとされる。そこでは、善（bonum）に向けて「〈決定されること determinari〉、〈善〉

にしたがうことのうちに、人間の自由であること」（GA 17, 155）の本来の意味が見出されている。アウグスティヌスのキリスト教哲学の背景として新プラトン主義が見出されるのはほかでもなくこの自由の規定のうちにおいてである。このことは、一九二三／二四年冬学期講義（『現象学研究入門』）のつぎの記述のうちに確認できる。

> 人間の自由であることの規定は、新プラトン主義の教義に由来する二重の運動によって規定されている。すなわち、一切の被造的存在は〈一者〉からおのれの存在を獲得する。このかぎりで、この〈一者〉から離れはするが、同時に〈帰還 recursus〉の傾向をもつかぎりにおいて、〈善に向かっての決定 determinatio in bonum〉としての自由というアウグスティヌスによる規定は特有の仕方でギリシア存在論に遡る。魂の存在には、それが由来したところへの帰還 Rückkehr が属す。この形式的規定が、アウグスティヌスにおける人間の現存在の具体的説明に入り込んでいる。（GA 17, 158 f.）

ここで指摘されているのは、一者（善）からの魂の離反とそこへの帰還（Rückkehr）というアウグスティヌスの自由[28]の規定の背景としての新プラトン主義である。ハイデガーは帰還を、recursus とラテン語で表記しているが、この語はポルフュリオス[29]（Πορφύριος, c.233–c.305）の「術語である〈成長 ἀναδρομή〉の翻訳」（Paoli 1990, 75, Anm. 6）とされるものである。[30]アウグスティヌスが特に参照していたポルフュリオスの著作はヴィクトリヌス[31]がラテン語に翻訳した『魂の帰還について（*De regressu animae*）』である。この書はその後翻訳もギリシア語原典も散逸し、主としてアウグスティヌスのテクストにラテン語断片が残されることとなった。[32]ハイデガーは、こうした背景を言外に踏まえたうえで、ラテン語の帰還（recursus）によって、新プラトン主義を指摘していることとなる。[33]重要なのは、これがアウグスティヌスにおける「人間の現存在」の具体的説明に入り込んでいるとされる点である。この「人間の現存在」は、ギリシア人において「特別な重要性」（GA 17, 125）をもち、「真理の理念のそれ以降の運命を最終決定的に規定」（GA 17, 125）した「理論的認識」（GA 17, 125）が真理の所在を「命題」（GA 17, 125）とする考えに対立するものとして位置づけられる。これは、観想活動を最高善と見なし、真理の所在を「判断」（GA 2, 45）とするアリストテレスから、真理を命題や判断と事実の一致と見る現代までの真理観を射程に収めた批判といえる。

これに対して、ギリシア以来理論的認識形態に支配された真理の歴史のなかで、「ただいちどだけ、新約聖書とそれと連関するアウグスティヌスにおいて真理の理念に新たな意味を与える試みが生じた」（GA 17, 125）と評価され、その後の神学はその解明を「怠った」（GA 17, 125）と断じられる。J・グロンダンは、この真理のことを「解釈学的真理」（Grondin 1997, 166）という表現で名指している。これと連関するものとしてグロンダンなど[34]によって挙げられるアウグスティヌスの『告白』のなかの文言は、「mihi quaestio factus sum（わたしにとってわたしが問いとなった）」（Confessiones, 33-50）である[35]。山田晶は、これを、「私は自分自身にとって謎となりました[36]」と訳す。N・フィッシャーのドイツ語訳は、「ich mir zur Frage geworden bin（わたしがわたしにとって問いとなりました[37]）」である。ハイデガーは、このquaestioを、「わたしがなに者でそしていかにある*bin*のか」（GA 60, 246）という〈わたしの存在〉そのものに関する謎であり、問いであると理解する。factusとは、文法的には時制の完了を示している。グロンダンが、このfactus理解について、それがハイデガーの「現事実性Faktizität」の概念の「先取り」（Grondin 1997, 167）だといえると述べるように、（わたしの）「あるbin」のこの存在は、このfactus sumであり、それは（わたしの）「あるbin」という存在の原事実的な完了的な状態のことである。このような存在の理解は、完了の時制が現代ドイツ語で「あるsein」や「もっているhaben」を用いて表されることと無関係ではないだろう。ハイデガーは、人間の生が「自己自身をもっているSichselbsthaben」（GA 60, 246）という再帰的な仕方でみずからを把握する事態を考えているが、これは、自己の事実的存在が自己自身にとって謎、問いとしてあらわになる存在の中動的再帰性の動態を述べているとおもわれる。この自己の存在についてグロンダンはつぎのように述べる。

ここで考えられているのは、アリストテレス形而上学の存在や、「ある sein」という動詞の統一的意味への意味論的問いではない。そうではなく、それ自身にとって不確かな fraglich 存在への問いなのであり、〈みずからの存在においてその存在が関心事である es in seinem Sein um dieses Sein geht〉ような存在者への問い、すなわち、わたしたちの存在可能への問い、あるいは、ハイデガーがその最初期講義のなかで〔人間の生（現存在）の〕現事実性 Faktizität の「いかに Wie」と呼んだものへの問いが考えられているのである。（Grondin 1997, 167）

ここでいわれる生の〈いかに〉というその現事実性、真理の解明が、ハイデガーが述べていた「新約聖書とそれと連関するアウグスティヌスにおいて」生じたとされる「真理の理念に新たな意味を与える試み」のハイデガー的な独自の展開であると考えられる。「キリスト教的生には、確実さ Sicherheit はない。絶えざる不確かさ Unsicherheit が、事実的生の根本的重要性の特徴をなすものでもある」（GA 60, 105）。グロンダンの記述を借りるなら、「主の到来への希望、期待は、〔……〕わたしたちがわたしたち自身へそしてわたしたちのラディカルな事実的不確定さへと立ち帰るように指示する実存の〈いかに〉を指している」（Grondin 1997, 169）ものである。ここで真理とは、命題のうちにあって事実との一致を通してその確かさが保証されたものではない。〈いかに〉とは、それ自身が一つの問い〈いかに?〉、すなわちいかにあり、いかに生きるべきか、という問いを生み出し、その問いを絶えず自己自身に突きつける不安定な事実性である。それは、わたしたちの事実的な存在がみずからの自由において別様にありうるものとして、あるいは別様にあるべきものとして、その不確定性のうちに浮かびあがるということである。それは単にわたしたちが問う、というよりも、むしろわたしたちがそのあり方を問われているという事態、わたしたちにその問いが投げかけられている事態である。このような事態の動的性格を捉えるならば、真理と非真理のあいだにおいて、すなわちそのアレーテイアにおいてわたしたち自身にあらわれてくるみずからの生、存在の再帰的、中動的動態となるだろう。

ハイデガーは人間存在のこうした事態・動態を、カントからの影響のもとで超越論的な時間性および超越から把握するという道をたどる。次節ではこれにかかわる人間存在の関心（Sorge）と時間性を見てゆく。

第四節　関心と時間性

さらにこれにくわえて、ハイデガーの実存論的分析が、この真理の所在を現存在の時間性のうちにおきなおす試みであることを明確にしておかなければならない。これは、三つの時間的契機――実存（投企）・現事実性（被投性）・頽落が、現存在の関心の統一的構造をなすとされることと関連する。(38) 時間性は、「脱自的なもの ἐκστατικόν」（GA 2, 435）であり、将来（Zukunft）・既在性（Gewesenheit）・現在（Gegenwart）という三つの脱自態（Ekstase）(39) の「統一」（GA 2, 463）、換言すれば、その統一としての「地平」（GA 2, 482）を意味しており、これが現存在の関心を構成しているとされる。

この脱自態の地平的統一は、非本来的時間性と本来的時間性に区別される。まず非本来的時間性を形成する脱自態(40)は、将来の期待（Gewärtigen）、既在性の把持（Behalten）と忘却（Vergessen）、現在の現在化（Gegenwärtigen）である。つぎに、本来的時間性を形成する脱自態(41)は、将来の（死への）先駆（Vorlaufen）、既在性の反復＝取返し（Wieder-holung）、現在の瞬間＝瞬視（Augenblick）である。これらの脱自態は、〈向かい先 Wohin〉として「地平図式(42)」をもつ。非本来的時間性と本来的時間性の両者に妥当するとされる地平図式は、つぎのものである。(1)将来の地平図式は〈現存在のために Umwillen seiner〉であり、(2)既在性の地平図式は〈それを前に Wovor〉であり、(3)現在の地平図式は〈用途のために Um-zu〉、である。これら各脱自態と各地平図式にくわえて、脱自態の現象性格(43)と呼ばれるものも挙げておきたい。将来の現象性格は、〈みずからに向かって Auf-sich-zu〉であり、既在性の現象性格は、〈へ帰って Zurück auf〉であり、現在の現象性格は、〈を出会わせること Begegnenlassen von〉である。これらの現象性格とは、基本的に各脱自態がその〈向かい先〉（＝地平図式）へ向かう動的性格を表現するためのものだと考えられる。

それでは、これらの区別を念頭におきつつ、関心と三つの脱自態（将来・既在性・現在）の関係を見てゆきたい。

一　関心と将来

現存在の関心を構成する投企・了解は、まずもって「将来（先駆ないし期待）」（GA 2, 463）に基づくとされる。ここでいわれる将来の各脱自態である期待（非本来的将来）と（死への）先駆（本来的将来）という関心のはたらき、これが〈みずからに向かって Auf-sich-zu〉「将来する zukommt」（GA 2, 482）その〈向かい先〉が（将来の）地平図式であり、この地平図式は、〈のために Umwillen〉、つまり〈現存在自身のために〉である。一九二六年夏学期講義（『古代哲学の根本諸概念』）では、（プラトンの）善（アガトン）[44]が、『存在と時間』[45]や形而上学期の一九二八年夏学期講義（『論理学の形而上学的始原諸根拠——ライプニッツから出発して』[46]）でいわれる、[47]現存在の超越[48]ないし投企の〈向かい先 Woraufhin〉[49]としての〈そのために Worumwillen〉と等置される。[50]この場合、現存在の「〈関心の的である [e]s geht um〉」（GA 22, 140）ものとされるのは、ほかでもなく「現存在の存在」（GA 22, 140）である。〈エス・ゲート・ウム es geht um…〉の表現は、通常のドイツ語では、〈……が問題である、……が大事である〉を意味する。ハイデガーは、この表現、いい回しを術語化し、〈……のために um…willen〉[51]の語と同義的に用いる。〈……のために um…willen〉は、二つの前置詞 um と willen からなり、属格の名詞を取り、たとえば〈彼は、自分自身のためにそれをした er hat es um seiner selbst willen getan〉といった仕方で用いられる。ハイデガーは、これを〈そのために Worumwillen〉のかたちで術語化して実存論的次元における（自己）関心の対象である自己自身に対して用いる。[52]つまりこの将来の地平図式が、現存在の実存論的分析における善・アガトンであり、[53]これと相関的な自由は、現存在の投企ないし超越[54]を意味する。

ここでもまた、ロゴスの中動態の含意する〈自分のために〉につけくわえたのと同様の注意を促しておく必要があるだろう。つまり、実存論的ないし超越論的ということからわかるように、ここにおける〈そのために Worumwillen〉は、なんら実存的目的論や利己主義を意味するものではないということである。むしろ利己主義であれ、あるいは逆に利他主義であれ、そうした経験的次元における実存的・具体的配慮はいずれにしても実存論的・超越論的な次元での（自己）関心に基づくことで可能となっている。これが、ハイデガーの関心（Sorge）に関する基本的かつ根本的な洞察なのである。

話を戻すと、現存在の時間性は、非本来的時間性でも本来的時間性でもいずれも「脱自的‐地平的時間性はまずもって将来から」（GA 2, 563）時熟ないし発源するとされる。[55] 期待は、世間（das Man）の提供する可能性から自己自身を（世間として）了解することである。[56] それゆえ期待において〈みずからに向かう〉という仕方で地平図式〈現存在のために〉へ向かうことは、世間に向かうことによって本来の自己を隠蔽することである。よって、期待は、非本来的な将来の脱自態とされる。これに対して、ほかのだれでもない自己自身のもっとも固有な可能性である死への先駆は、将来の脱自態が〈みずからに向かう〉仕方で地平図式〈現存在のために〉に向かう本来的な仕方とされる。

二　関心と既在性

関心を構成する現事実性・被投性が露わになる情態性が、「まずもって既在性（反復ないし忘却）のうちで」（GA 2, 463）時間化するとされる。この既在性に対応する関心の時間様態は、非本来的既在性の忘却[57]と本来的既在性の〈反復＝取返し〉にわけられる。いずれにおいても、ハイデガーは、これを現存在の現事実性と不安の根本気分から理解する。まず、忘却とは、不安にさせずにはおかない事実的な自己の固有な既在（Gewesen）を「前にして *vor*」（GA 2, 448）みずからを鎖《とざ》し逃亡することだとされる。ここから非本来的な既在性の動向が、〈それを前に〉、〈へ帰って〉という既在性の脱自態を消極的な仕方で体現するものであることがわかる。要するに、現存在は、自己の固有な既在を〈前にして〉そこから忘却という仕方で逃亡することで、そこへと消極的に――いうなれば隠れた良心が自己自身に背中を向けるような状態で再帰的にそこ〈へ帰って Zurück auf〉――関係すると考えられているのである。忘却とは、現事実性へ再帰的にかかわる消極的な仕方である。

　これに対する本来的な既在性としての脱自態である反復もまた、不安の根本気分のうちに見出される。つまり不安において「世界内存在それ自身」(GA 2, 249)が、「それを前にして *wovor*」不安がられているものとして露わになる。あるいは、不安は、現存在をその固有な「単独化された被投性の純粋な在り様へ」(GA 2, 454)、その「反復可能性の前［*v*］*or*」(GA 2, 455)へ連れ戻すとされる。その際に、現存在が、それを前にしている現事実性をひき受けることで反復となる。

> 不安は、現存在において〈もっとも固有な存在可能へかかわる存在 *Sein zum* eigensten Seinkönnen〉を暴露する、すなわち、〈自分－自身を－選びかつ摑み出す Sich-selbst-wählen und ergreifen という自由のために自由であること *Freisein für*〉を暴露する。不安は、現存在がつねにすでにそれであるところの〈可能性としてのみずからの存在の本来性のためにみずからが自由であること *Freisein für*〉(……への傾向 propensio in...)の前に現存在をもたらすのである。(GA 2, 249 f.)

〈自分－自身を－選びかつ摑み出すという自由〉は、すでに見たアリストテレス的な「選択」にかかわる自由である。この自由〈のために自由であること〉ないし〈みずからの存在の本来性のためにみずからが自由であること〉は、なにか対象へ向けた自由ではなく、現存在の自己自身へ向けた、自己自身のための自由である。アウグスティヌスの「善への傾向」としての自由(libertas)は、ここで現存在の自己自身への再帰的「傾向 propensio」として理解されており、自己自身を「選択」する事態においても、現存在の存在が脱自的なものとして自己自身へかかわる以上、自由はあくまで自己自身へ向けられた自由として消え去ることはない。この反復は、とりわけ本来的将来において死へ先駆することで確保される全体的な存在可能性を視野において遂行される。「先駆的覚悟性の本来的な〈みずからへ将来すること Auf-sich-zukommen〉」（GA 2, 448）こそが、「同時にもっとも固有な、みずからの単独化へ投げられた自己へ auf 帰還すること Zurückkommen」（GA 2, 448）なのである。こうして、本来的な将来と既在の統一的連関における関心の〈自己のために〉をめぐる自己の現事実性の再帰的な中動性におけるあらわれの動的なありよう、真理の動態が見出されることとなる。

三　関心と現在

将来と既在性という脱自態に対して、関心を構成する第三の時間的契機である現在の脱自態が主題的にかかわるのは、内世界的存在者である。この脱自態の地平図式は、道具などの手元存在者の〈用途のために Um-zu〉であり、これは非本来的脱自態においても本来的脱自態においても変わらない。この脱自態の現象性格は、現存在が、詳しくいえば、道具などの内世界的存在者「のもとにあること Sein bei」（GA 2, 483）としての現存在が、それらの内世界的存在者を〈出会わせること Begegnenlassen von〉である。ここからわかるように、現在の脱自態の動向は、将来や既在性の脱自態のように自己自身をめぐるものではなく、むしろそのうちに基づいた仕方で、内世界的存在者に主題的にかかわるものであるといえる。別様にいうならば、現在の脱自態は、将来と既在性の構成する自己をめぐる中動的再帰関係のうちに基づいた仕方で現存在でない内世界的存在者にかかわる異他的関係を形成するものである。この現在の脱自態も将来と既在性と同様に、非本来的様態と本来的様態が区別される。まず非本来的な現在であるが、これは現在化である。とりわけこの非本来的現在のうちで、いい換えれば、内世界的存在者にかかわる異他関係のうちで、頽落（Verfallen）の動向が生じるとされる。というのは、すでに見たように現存在自身の被投的現事実性を前にした逃亡の逃れ先が内世界的存在者だからである。頽落において現存在は「内世界的存在者へ」（GA 2, 251）逃亡する。「現存在が彼自身から von ihm selbst 離反し kehrt sich ab」（GA 2, 246）、この「離反 Abkehr」（GA 2, 247）において、自己自身でない内世界的存在者へ逃亡することが頽落である。将来と既在性の連関における本来の自己への帰還とは、この離反からの帰還にほかならない。ここに内世界的存在者へ向かう自己離反と、そしてそこからの自己帰還という脱自の二重動向を見出せることとなる。[58] さらにこの本来的自己への帰還に、本来的な現在の脱自態は、瞬間＝瞬視が基づくと考えられる。たとえば、よくひきあいに出されるハンマーを例に出せば、これを使って家を建てるという仕事も、現存在自身のためにという再帰的動向に基づくものであり、本来的な将来と既在性のうちに包括された本来的現在の一例として挙げることができるだろう。より具体的ないしより本来的（eigentlich）な例として、一九三三年の『ドイツ大学の自己主張』でいわれる「労働奉仕」、「兵役奉仕」、「知の奉仕」（GA 16, 113）を挙げることもできるとおもわれる。[59]

むすび

本章の目的は、（最）初期ハイデガーの関心概念を中動態の視座から解明することであった。本章で『存在と時間』を中心に明らかにした〈自己自身のために〉を基本的契機とする現存在の超越は、これ以降の形而上学期においても維持拡大されることとなる。最後にこうした構想の問題点を指摘しておく。〈自己自身のために〉は、通常のエゴイズム、自己中心主義を意味しない。そうではあるけれども、しかし、最初期から形而上学期にいたるまでに、エゴイズムとの批判に対してハイデガーが残さざるを得なかった自己弁護の言は、[60] 看過できない問題を示唆しているといえないだろうか。アウグスティヌスや新プラトン主義において魂は善（一者）を基点とした上下方向の垂直的な二重運動を有すると考えられるが、[61] ハイデガーではある種の脱神学化を蒙ると同時に、本質的にカント的な超越論的性格を刻印された時間地平へ還元された。よって、これは、通常の意味における——つまり実存的意味ないし倫理的文脈における——エゴイズム、自己中心主義、人間中心主義には属さない。それはそのとおりである。だが、このことが意味するのは、人間が、むしろ超越論的、形而上学的‐現象学的な、世界構成の中心的‐原理的次元へおき移されたということにほかならないとも考えることができるのである。これは実存的人間中心主義のようにあとから矯正することができない、もっと深層に存するより強力な人間中心主義である。これを極端な仕方で理解するなら、人間は人間のうちにしかいない、ということになってしまう。ハイデガーの思惟もまた多かれ少なかれそのような自己閉鎖性へと絡め取られていってしまったようにおもわれる。もちろん、それでよしとする立場も可能かもしれない。人間はいわば自分自身に出会うだけなのだという考え方もそれ自体不可能なものではないかもしれない。しかしハイデガーの思惟は、存在という事象に導かれるなかで、おのずとそうした立場に留まることができなくなるという仕方で別の場所へとさらに歩みを進めていった、あるいは進めざるをえなくなったようにおもわれる。あらかじめいってしまうなら、そうした歩みのなかで、ハイデガーにとってみずからの人間中心主義に対する自己批判、ヒューマニズム批判、人間存在の脱中心化、人間存在の離心性が避けることができない問題としてあらわになっていったと考えられるのである。さらに先取していってしまうなら、この初期および形而上学期における人間中心主義に対立するものとして、後期の思想、すなわち、存在そのものないしエルアイクニスの再帰的な中動媒体性が問題となる後期の思索が登場することとなるとおもわれる。ここでは、「存在のために umwillen des Seyns」(GA 65, 16) をその基本契機の一つとして挙げておく。次章では、本書の第二部でこの後期思想を主題的に論じることを視野におきつつ、この人間中心主義を、それがさらに昂じてゆくこととなるハイデガーの形而上学期の思索のなかに、その形而上学的次元のなかで解明することにしたい。

第三章　人間中心主義と地平の問題

はじめに

これまでも述べてきたように、『存在と時間』の究極的な目的は、現存在、つまり人間という特定の存在者の存在の意味としての非本来的ないし本来的時間性の解明に存するのではなく、むしろ存在論における存在一般の意味としての時間の解明に存していた。『存在と時間』の根本テーゼは、〈存在の意味は時間である〉というものであり、そこでの究極的問いは、存在の意味への問いにほかならなかった。

本章では、まず『存在と時間』の未公刊部分をふくめた当初の構想全体を確認することからはじめて、時間ないし時間性とテンポラリテートの関係、テンポラリテートの位置づけとその問題構成を見定める。これによって、『存在と時間』の後の形而上学期における思惟にどのように受け継がれてゆくのかを次節以降で解明し、確認してゆくための準備を整える（第一節）。つぎに、テンポラリテートとしての時間性に関して、これにとっての構成的な契機である図式、地平図式の意味、その機能を明らかにする（第二節）。さらに、この時間性ないしはテンポラリテートにおける地平図式の問題の形而上学期における徹底化と展開を、まず現在の地平図式に限定して解明する（第三節）。その後、おなじく形而上学期における時間性ないしテンポラリテートに関して、その将来および既在性の地平図式を解明する（第四節）。そしてさらに、テンポラリテートとしての時間性ないし超越論的構想力とこれが形成する超越論的地平のはたらき、そして存在論的差異の本質的関係のうちに、ハイデガーにおける形而上学的な人間中心主義の本質的意味を確認する（第五節）。最後に、一九二九年の『形而上学とはなにか?』などのテクストを取りあげて、現存在の地平的超越を基軸とした形而上学構想の帰趨と限界を、無（Nichts）の概念に見定めることとしたい（第六節）。

第一節　時間性とテンポラリテート

一九二七年に公刊された『存在と時間』の当初予定されていたおおよその構成は、「論文の見取り図」と題された同書第八節のなかで、つぎのようなかたちで提示されている。

第一部　時間性へ向けた現存在の解釈と存在の問いの超越論的地平としての時間の展き示し
第二部　テンポラリテートの問題構成を導きの糸とした存在論の歴史の現象学的解体の根本特徴
第一部はつぎの三編にわかれる
一　現存在の準備的基礎分析
二　現存在と時間性
三　時間と存在
第二部も同様に三編にわかれる
一　テンポラリテートの問題構成の前段階としてのカントの図式機能と時間に関する説

二　デカルトの「コギト・スム」の存在論的基礎と「レス・コギタンス」の問題構成への中世存在論の継承
三　現象的土台の判定式および古代存在論の限界としての時間に関するアリストテレスの論文　（GA 2, 53）

ここに示されているように、『存在と時間』は、本来の構想では、第一部「時間性へ向けた現存在の解釈と存在の問いの超越論的地平としての時間の展き示し」と第二部「テンポラリテートの問題構成を導きの糸とした存在論の歴史の現象学的解体の根本特徴」から成立するはずであった。だが、第二部は、そもそも全体が公刊されることがなかった。第一部も、予定された三編のうちで、実際に公刊されたのは、第一編「現存在の準備的基礎分析」と第二編「現存在と時間性」のみであり、最後の第三編「時間と存在」は未公刊に終わった。第一編と第二編の目的は、現存在の分析を遂行し、時間性を取り出すことにあった。第三編のタイトル「時間と存在」の時間とは、この時間性のことであり、そこで時間が存在一般の了解と解釈のための超越論的条件としての地平として明示されることを予告していたと推定される。この時間ないし時間性を別の仕方で術語化したものがテンポラリテートであると考えられる。『存在と時間』公刊直後の一九二七年夏学期講義（『現象学の根本諸問題』[1]）では、つぎのように述べられている。

術語「テンポラリテート」が告げているのは、実存論的分析における時間性が、そこからわたしたちが存在を了解するところの地平を意味するということである。実存論的分析においてわたしたちが問い出そうとしているもの、すなわち実存は、時間性として明らかになる。この時間性は、存在了解の地平をなすものであり、この存在了解は本質的に現存在に属する。　（GA 24, 324）

ここに明瞭に見て取れるように、人間の現存在の実存から時間性、そしてテンポラリテートへという解明の過程が示すのは、おなじ事象に関する解明の深まりであって、主題や事象の変化や変更ではない。この『存在と時間』の未公刊に終わった第三編は、現存在の実存論的分析から時間性を経たテンポラリテートの問題構成を提示するはずのものであったのである。とはいえ、『存在と時間』の第一部第三編は公刊されず、テンポラリテートの解明——少なくともそのタイトルを冠した主題的解明——もおこなわれることがなかった。しかし、この点では、すなわち、そのタイトルを付した主題的解明がおこなわれていないという点では、『存在と時間』につづくおなじ思想圏の講義や著作でもほぼ同様である。けれども、このことが意味するのは、テンポラリテートの問題が立ち消えになったことや、あるいはその重要性が当初より著しく低下したといったことではない。というのも、すでに見たように、一九二七年夏学期講義をはじめ、『存在と時間』以降の形而上学期の講義には少数ながらテンポラリテートの語は登場しているからである。ハイデガーがテンポラリテートについてもっとも多く語っているのは、管見のおよぶかぎりだと、一九二七年夏学期講義においてである。そのなかにつぎのような記述を見出すことができる。

存在のようなものがそもそもそこから了解可能なものになるところの地平は、時間である。わたしたちは、存在を時間（テンプス tempus）から解釈するのだ。その解釈はテンポラールな解釈である。時間から存在の意味を規定することとしての存在論の根本的問題構成は、テンポラリテートである。（GA 24, 22）

わたしたちは、時間性が前存在論的および存在論的存在了解の可能性の条件として機能するかぎりで、この時間性をテンポラリテートと名づける。（GA 24, 388）

時間性は、現存在の存在体制の可能性の条件である。もし実存するものとしての現存在が、自己自身でない存在者と自己自身である存在者にかかわるとするなら、この存在体制には存在了解が属している。それゆえ時間性はまた現存在に属する存在了解の可能性の条件でもあるはずである。（GA 24, 388）

ハイデガーが、『存在と時間』で、テンポラリテートについて事前に言及をおこなっている部分として、第五節「存在一般の意味の解釈のための地平の掘り出しとしての現存在の存在論的分析」を挙げることができる。そのなかで彼は、「存在の根源的な意味規定」（GA 2, 26）は「存在のテンポラールな規定性」（GA 2, 26）であると述べている。このハイデガーの観点から従来の存在論的哲学における存在の規定を考察するなら、存在の規定が時間という性格を有することがおのずからいわれうることとなる。このことは、一九二七年夏学期講義でも同様である。そこでハイデガーは、存在論に「テンポラールな学」（GA 24, 460）という表現を割り当てる。すべての存在論的な命題は、「テンポラールな命題」であり、これは「テンポラールな真理 *veritas temporalis* の性格」（GA 24, 460）を有するといわれる。このハイデガーの洞察にしたがうなら、伝統的存在論ないし存在論一般は――たいてい、ほとんどの場合、時間それ自体は地平的背景として隠れたまま見えない仕方ではたらいているとしても――、時間としての意味からなされる存在の了解と解釈を基盤にして遂行されてきたものにほかならないことになる。テンポラリテートの問題構成は、なぜ存在一般がそのように時間によって規定されているのか、という問いに対する答えとなる。これがこの時期のハイデガーの確信であった。

> 存在そのものの解釈という基礎存在論的課題は、それゆえ、存在のテンポラリテートの仕上げをみずからのうちに包含している。テンポラリテートの問題構成の提示においては、まずもって存在の意味への問いに対する具体的回答が与えられる。（GA 2, 26）

テンポラリテートの問題構成の提示こそが、「存在の意味」への問いに対する回答となる。もし存在の意味が時間であるとするならば、存在が了解可能になる次元でどのように時間がはたらくのか？　この問いは、それに答えてこそ、そもそもなぜ哲学史上において存在一般が時間的な仕方で現在という性格において規定されてこなければならなかったのか、その必然性がはじめて明瞭に示されるはずのものである。

本書の第一章では、『存在と時間』に依拠して、現存在の了解と解釈に関してその意味（Sinn）の構造を明らかにした。ハイデガーによれば意味の先‐構造のうちで了解されたものが、さらに言語的表現にもたらされることとなる。そこでのわたしたちの解明の意図は、解釈学的構造を取り出すことにあった。それゆえ、つぎの点には――『存在と時間』の公刊部分の内容からしても――立ち入ることができなかった。それは、意味の先‐構造の了解作用のうちに保持される存在がどのようにして存在論の概念把握へもたらされるのかという点である。これがテンポラリテートの問題構成に属す。

時間性とテンポラリテートがどのような関係にあるのかと問うならば、、この両者は本質的にはおなじものであるといえる。とはいえ、そもそもハイデガー自身が時間性とテンポラリテートという二つの術語を用いることの理由が示される必要があるだろう。結論からいえば、時間性とテンポラリテートは、厳密な意味で完全におなじものであるというわけではない。どのような意味においてか。これについては、一九二七年夏学期講義のなかにある説明を参照したい。この講義のなかでもテンポラリテートが主題的に解明されることはなかったが、そこに見出されるテンポラリテートに関する記述は少なくとも『存在と時間』におけるよりもより詳細であり、かつ現在公にされている彼のすべてのテクストのなかでももっとも詳細なものであるといって差し支えないとおもわれる。

この講義によれば、時間とは、存在を存在論の対象とすることの可能化として、それゆえまた存在論一般の内部において存在を概念把握できるということを保証するものとして根源的な役割を演じると考えられるものである。存在は、時間的規定によって刻印されている、ということである。そして、存在論の内部における存在の了解と解釈は、時間に基づいてのみ可能だということでもある。この根源的な意味における時間を、ハイデガーは、テンポラリテートという術語で呼んでいる。「すべての解釈は、テンポラリテートの意味における十分に際立たせられた時間性を導きの糸として遂行される」（GA 24, 460）。だが、ハイデガーはつぎのように述べる。「術語「テンポラリテート」は、時間性と一致するものではない〔……〕」（GA 24, 324）。ここだけ読むと、時間性とテンポラリテートが別の事柄を指すものであるようにも見えてしまう。だが、そうではない。直後につぎのように述べられる。「この術語〔＝テンポラリテート〕が意味するのは時間性である〔……〕」（GA 24, 324）。この箇所と先の箇所は矛盾しているように見える。もし矛盾していないと想定するならば、どのような整合的解釈が可能だろうか。ハイデガーの説明によるなら、「それ〔＝テンポラリテートという術語が意味するところの時間性〕は、存在了解と存在論それ自体の可能性の条件として主題化されたかぎりでの時間性である」（GA 24, 324）、ということになる。この説明によると、時間とは、存在を存在論の対象とすることを可能にするものとして、それゆえまた存在論一般の内部において存在を概念把握できるということを保証するものとして存在論的な役割を演じている。存在が、その根本において時間的規定によって刻印されているというのは、このようにしてである。存在論の内部における存在の了解と解釈は、時間に基づいてのみ可能だということであり、この存在了解と存在論との関係から主題化された時間が、テンポラリテートという術語で呼ばれるのである。存在論の「すべての解釈は、テンポラリテートの意味における十分に際立たせられた時間性を導きの糸として遂行される」（GA 24, 460）。時間性とテンポラリテートの区別をあらかじめより立ち入って明示しておくならば、「テンポラリテートとは、時間性のことだが、その時間性に属す地平的図式の統一を顧慮した時間性である〔……〕」（GA 24, 436）といえる、ということである。要するに、将来・現在・既在という超越の動きとしての脱自態（Ekstase）からなる時間性がもっぱらこれら三つの超越の契機によって性格づけられるのに対して、テンポラリテートが意味するのは、この時間性の超越の動きの向かい先としての地平図式を顧慮に入れた時間性のことであるといえる。ここから確認されなければならないのは、基本的に、時間性とテンポラリテートは事象的に事柄として別のものではない、ということである。[2] このことを見誤ると、ハイデガーの論述は意味をなさないものになる。よって、時間性に対してテンポラリテートをより学的性格を帯びた非根源的なものと見なすような解釈もまた誤りである。「テンポラリテートは時間性のもっとも根源的な時間化そのもの」(GA 24, 429) だからである。いずれにせよ、もし単に実存論的分析における現存在の存在の意味としての時間性のみならず、存在論を視野に入れた時間性、すなわち、テンポラリテートの意味を明示しようとするならば、地平図式の内実を明らかにしなければならない。よって、次節では、テンポラリテートとこれの図式ないし地平図式に関する解明を遂行したい。

第二節　テンポラリテートと図式

すでに見たように『存在と時間』では、現存在の時間性(脱自態)の向かい先(Woraufhin)としての地平図式は、それぞれ、将来の地平図式が〈現存在のために Umwillen seiner〉、既在性の地平図式が〈それを前に Wovor〉、現在の地平図式が〈用途のために Um-zu〉であった。だが——あとで見るように、とりわけ現在の地平図式に関して明確にいえることであるが——、『存在と時間』で語られた地平図式は、さしあたっての現存在の実存論的分析に照準をあわせたものであり、存在一般ないし存在論のテンポラリテートとの関連で語られるものとはいささかその性格を異にするといえる。

さて、『カント書』におけるハイデガーのカント解釈は、テンポラリテートの問題を解明しようとした主要な試みとしては最後の時期のものであり、存在の有限性を明確にしようとした最初の試みと見なすことができる。[3] ここではまず、テンポラリテートとハイデガーによる『純粋理性批判』の解釈とのあいだの関係に関する概観を獲得することを試みたい。したがって、本節では、時間性ないしテンポラリテートの地平図式とカントの図式論との関係をめぐる解明に取り組む。それでは、カント哲学のうちのいかなる点がテンポラリテートの問題構成と結びつくのか? この問いの答えの所在に関しては、『存在と時間』第六節「存在論の歴史の解体という課題」においてなされるカントからの引用と、それについてのハイデガーのコメントが示唆を与えている。

諸現象とその単なる形式をかんがみると、わたしたちの悟性がもっているこの図式機能 Schematismus は人間の魂のふかくに隠された技術であり、その真の扱い方をいつか自然から察知して、その技術を覆い隠すことなく、眼前に明らかにすることは簡単なことではないだろう。(KrV, B 180)[4]

詳しくいうと、この箇所は、『純粋理性批判』の第二部「超越論的論理学」の第一部門「超越論的分析論」のなかの第二編「原則の分析論」のさらに第一章「純粋悟性概念の図式的機能について」からの引用である。この引用のなかで、さしあたり注目すべきは、「人間の魂のふかくに隠された技術」としての「図式機能 Schematismus」の語であろう。この引用に関するハイデガーのコメントはつぎのようなものとなっている。

カントがここでさながらそれを前にして退却したものが――もし「存在」という表現が証示可能な意味をもつのだとするならば――、主題的かつ根本的に明らかにされなければならない。つまるところ、まさに「テンポラリテート」のタイトルのもと以下の〔『存在と時間』での〕分析で取り出されることになる現象が、カントがそれの分析を「哲学者の仕事 Geschäft der Philosophen」と定めたところの「共通の理性 gemeine [...] Vernunft」のもっとも秘められた判断なのである。(GA 2, 32)[5]

カントからの引用と突きあわせつつ、ハイデガーのこのコメントの内容を整理しよう。まずハイデガーがいう、カントが「それを前にして退却したもの」が指すものとして、カントのいう「人間の魂のふかくに隠された技術」と「図式機能」の語を挙げることができる。ハイデガーの記述では、さらにこれにくわえて、カントが「それを前にして退却したもの」が、存在の「証示可能な意味」の語と結びついている。存在の「証示可能な意味」とは、要するに存在の意味であり、これはいうまでもなく時間のことである。それは直後に出てくる、人間の「共通の理性」の「もっとも秘められた判断」としての「テンポラリテート」のはたらきを意味するものにほかならない。こうして、カントが「それを前にして退却したもの」、カントのいう「人間の魂のふかくに隠された技術」と図式機能、そして「もっとも秘められた判断」としてのテンポラリテートが直線上に並ぶこととなる。そして、カントが「それを前にして退却したもの」が、『カント書』で「カントはこの未知の根を前にして退却した」(GA 3, 160) といわれるもの、すなわち感性と悟性の二つの幹の未知の共通の根とおなじものであることも明らかである。ハイデガーの解釈によれば、この知られざる共通の根とは、両者の中間(Mitte)[6]としての超越論的構想力のことである。要するに、彼は、構想力、すなわち「根源的に形成する中間 ursprünglich bildende Mitte」(GA 3, 137) が、「二つの幹の「未知の共通の根」」(GA 3, 137) であると解釈するのである[7]。

時間性ないしテンポラリテートは、カントの構想力(Einbildungskraft)とつよく結びついたものとなっている。あるいは三者は基本的におなじものを指していると考えてもよい。『存在と時間』でテンポラリテートに触れられるとき、カントの名がハイデガーの当時の思索の道の先達として挙げられる。「テンポラリテートの次元へ方向づけられた探求の道のうえを動いていた、ないし現象そのものに強いられてそこへ向けて急き立てられた最初のかつ唯一の人は、カントである」(GA 2, 31) というのである。これに対応するかたちで一九二八年夏学期講義でも、「「主観」のこの根源的産出性〔=時間性の産出性〕へ最初に突き当たったのはカントであり、それは超越論的な産出的構想力についての彼の思想においてであった」(GA 26, 272) といわれる。テンポラリテートと時間性の問題は基本的におなじものであり、この問題構成にハイデガー以前に突き当たったのは唯一カントの超越論的次元における構想力に関する洞察だけだったというのである。このように初期から形而上学期に到るまでの時間性、テンポラリテート、そして超越論的構想力がハイデガーの存在と時間をめぐる思想の核心部分を形成していた。

こうした問題連関に認められるのは、時間性と図式機能の本質的連関ないし絡みあいである。とはいえ両者はまったくおなじものではない。このことはすでに本章第一節において詳論しておいた時間性とテンポラリテートの違いから明らかであろう。要するに、脱自態の抜け出てゆく向かい先としての地平図式を顧慮に入れて考えられた時間性がテンポラリテートだということである。それゆえ、テンポラリテートの術語としての規定を厳密に受け取るならば、この概念にすでに地平図式ないし図式機能がいわずもがなのものとして含意されているということである。その場合により根源的なものとして妥当するのは、地平図式ではなく、脱自態としての時間性である。よって「はじめにテンポラリテートの問題構成が見据えられている場合に、図式機能の暗闇に光をもたらすことに成功することができる」(GA 2, 31) と考えられていた。

だが、すでに述べたように『存在と時間』では、カントの図式機能とテンポラリテートの関係が明らかにされることはなかった。ハイデガーがこの問題をあらためて取りあげることとなるのは、一九二七／二八年冬学期講義『カントの『純粋理性批判』の現象学的解釈』においてである。そして一九二七年から翌年にかけて執筆された『カント書』は、テンポラリテートの問題にかかわるそれまでの研究に依拠しつつ、ハイデガーのこの問題に関する最後の研究状況を示すものとなっている。

ところで、『カント書』のハイデガーがカント哲学の本質的な事柄を、それが「命題や原理の明白な絶対的明証」(GA 3, 37) を指しているのではなく、「未知のもののうちへ」(GA 3, 37)[8] 突入したことのうちに看取していることは言及に値する。これによれば、カント哲学は単純になんらかの原理に基づくものではなく、未知のものを指示しかつ同時にこれへと接近する道を指示するものである、ということである。ここからいえることは、ハイデガーがカント哲学に一つの現象－解釈学的な道へ積極的に読み込もうとしているということである。つまり、ハイデガーによる解釈の課題は、暗闇のなかに隠された未知のものを明るみにもたらすことにある。この意味において、ハイデガーのカント解釈は、一つの現象学的試みとして理解できる。ここから帰結するのは、ハイデガーの意味における現象学の超越に応じた射程が決してカントの意味における主観的領域に限定されるものではないということである。それればかりではなく、ハイデガーの意図は、現象学的解釈を通してカント哲学に見出される図式機能や構想力を主観的領域から解放することにあったということである。たとえば、一九二五年夏学期講義（『時間概念の歴史のためのプロレゴメナ』[9]）ではフッサール現象学の重要な発見として、志向性、カテゴリー直観、そして「アプリオリの真の意味」（GA 20, 34）の三つが挙げられるが[10]、このうちアプリオリに関する説明のなかでつぎのように述べられる。

カントの意味では、アプリオリは主観的領域の一つの性格である。アプリオリと主観性のこの結合がとりわけカントを通じて強固なものとなったのは、カントが、その認識論に特有の問題設定とアプリオリの問いとを関係づけ、アプリオリな態度、すなわちアプリオリな綜合判断に関して、それが超越論的妥当性を有するか否か、そのあり方がどのようなものかと問うたからである。これに対して現象学が示したのは、アプリオリが主観性に限定されないこと、それどころか、そもそもアプリオリが、まずもって差し当たりは主観性と関係するものではないということである。（GA20, 101）

ここでいわれる主観的領域とは認識論的な意味での主観的領域と一定の限定的意味から理解できる。それによるなら、現象学はカントの意味における主観的領域ないしその認識論的限界からアプリオリを解放したのである。そしてハイデガーにとってのカントから受け継いだアプリオリの積極的側面は、一九二七年夏学期講義でカントの『自然科学の形而上学的始原諸根拠』の序言からひきあいに出された箇所に看取できる。曰く、「いまやなにか或るものをアプリオリに認識するとは、それを単なる可能性から認識することである」（GA 24, 461）。この規定をハイデガーは受け入れる。この規定にしたがうならば、アプリオリとは一方では単なる可能性の次元を意味する。他方で、ハイデガーはこの規定を形式化する。すなわちアプリオリを、「以前からすでにあるもの was von früher her schon ist」（GA 20, 99）、あるいは「より先なるもの das Frühere」（GA 20, 461）という純粋に形式的な意味から規定するのである。この形式化の目的は、存在論的次元のために、つまり存在の次元とその意味である時間の次元のためにアプリオリの意味をカント的限定から解放すると同時に、現象学的探求のためにそれに対して原理的な拡張ないし解放をほどこすことにあったと考えて差し支えないだろう。

ハイデガーにおいて単に形式的な仕方で〈より先なるもの〉を意味するアプリオリは、まず存在者よりもより先なるものである存在として、つまり存在者の根拠としてその存在者を了解可能なものにする存在、そしてまた時間を意味するものとしてその内実が明らかにされる。「存在はアプリオリとして存在者よりも先にある」（GA 24, 27）。このアプリオリ性はそれゆえ存在と存在者の関係のうちに、つまり存在論的差異のうちにあり、存在者の了解の根拠ないし可能化としての存在の存在者に対する先行性を意味する。だが、存在がアプリオリ性の究極の、ないしもっとも根源的な次元をなすとされるのではない。アプリオリはまた、存在がそこへ向けて投企されるところの時間性、テンポラリテートを意味する。このテンポラリテートのアプリオリこそが最根源的な意味におけるアプリオリ性として妥当するものである。

> 〈根源的に可能化するもの das ursprünglich Ermöglichende〉は、つまり可能性そのものの根源は、時間である。それゆえに、時間そのものは、〈もっとも先なるもの das Früheste〉そのものとしてみずからを時間化するのである。何らかの仕方におけるあらゆる可能な〈より先 *Früher*〉よりも〈より先〉なのは、時間である。というのも、時間は、〈より先〉一般の根本条件だからである。そして時間とは、すべての可能化（可能性）の源泉として〈もっとも先なるもの〉であることからして、すべての可能性そのものは、アプリオリという性格を有する時間の可能化機能のうちに存しているのである。（GA 24, 463）

存在者と存在者の区別に先んじるアプリオリであるという意味で、時間は最高のアプリオリである。このアプリオリの領域を探求するというハイデガーの意図を念頭におきつつ、テンポラリテートと図式機能をめぐるつぎのような問いを解明することが問題となる。すなわち、そもそも図式とはなんであり、なぜハイデガーからみて図式機能の問題はカントにとって暗闇に留まらなければならなかったのか、という問いである。ここでは、まず図式概念に関して語源学的および概念史的見地から問題の所在をたしかめ、そのあとでハイデガーのカント解釈におけるテンポラリテート（時間性・超越論的構想力）と図式機能の関係の具体的内容を明確化する。

語源学的に見るなら、図式（Schema）というドイツ語は、ギリシア語のスケーマ（σχῆμα）に由来する。この語は、もつ（haben）や保つ（halten）を意味する動詞エケイン（ἔχειν）に淵源し、元来は態度（Haltung）、形態（Gestalt）、形（Form）、外見（Aussehen）、仮象（Schein）などの意味を有していた。[11] これらの意味と語の響きから、スケーマ、つまり図式は、影や仮面を意味する幻（Schemen）とも結びつく。この語の語源は、スケーマとは別で、むしろドイツ語の仮象（Schein）、見えてくる・輝いてくる（scheinen）、あらわれてくる（erscheinen）の語とおなじ語源を有し、そこから、輝く（glänzen）、おのれを示してくる（sich zeigen）という意味とつながる。[12] 哲学史において、図式は、なにか或るものを概念的に把握する作用との結びつきにおいてときおり登場する。とりわけほかの諸概念の規定との連関のうちで、その際にそれ自身は定義されることがないか、あるいは暫定的に定義されさらにほかの諸概念に取って代わられるものとしての役割を演じているとされる。[13] こうした概念史的事情は、なんらかのものについての非主題的な仮初の予描という意味を有する図式の一般的な機能に対する示唆を与えている。この図式機能を、簡単にいい換えるならば、対象とその対象に対応する概念のあいだにあって両者を結びつける媒介の役割を果たすものであるといえる。

カントの批判哲学の枠組みのなかにおいても、図式は媒介の役割を演じている。すなわち、純粋悟性概念と感性的直観のあいだで両者を媒介する役割である。というのもこの両者は、カントの言葉でいうなら「同種的 gleichartig」ではなく、「異種的 ungleichartig」であって、[14] 前者が後者を包摂する場合には両者のいずれに対しても同種的であるような「第三項」(KrV, A 138, B 177) が必要となると考えられるからである。要するに、「一面では知性的であり、かつ他面では感性的である」(KrV, A 138, B 177) ような「媒介する表象 vermittelnde Vorstellung」(KrV, A 138, B 177) が必要になると考えられるのである。純粋悟性概念と感性的直観を媒介するこの第三項が、「超越論的図式」(KrV, B 177, A 138)[15] と呼ばれるものである。

ハイデガーは、存在者にかかわる「存在的認識」(GA 3, 11) を可能にする「存在論的認識」(GA 3, 11)、つまり (存在者ではなく) 存在にかかわるある種の「認識」について語っている。まずもって存在論にとって問題となるのは、当然この存在論的認識およびその可能化である。超越論的図式とは、まさにこの問題にかかわるものである。さきに述べたように、ハイデガーのカント解釈は――たとえ明示的に表明されていないとしても――、超越論的図式機能をカント的主観から現存在の次元へおき移すことを主要な仕事としていた。もはや単に認識過程における概念把握が問題なのではない、ということである。別言するならば、超越論的図式機能を存在一般の了解の可能化ないし可能性の条件として解釈することが課題となっている。ここで時間が問題となる。

時間との関連を示唆するものとして、ハイデガーが『カント書』で言及する『純粋理性批判』のつぎの箇所を指摘できる。「それゆえ、諸現象へのカテゴリーの適用は、悟性概念の図式としてカテゴリーのもとへの諸現象の包含を媒介するものとしての超越論的時間規定を媒介にして可能となる」(KrV, B 177 f., A 138 f.)[16]。この箇所は、カテゴリーと諸現象を媒介する悟性概念の図式としての「超越論的時間規定」の媒体機能に対するカントの洞察を示している。それでは、「時間規定」とはなにを意味するのか? ハイデガーが引用している『純粋理性批判』の箇所はつぎのようなものである。「図式とは、それゆえ規則にしたがったアプリオリな時間規定にほかならず、この諸規則は、カテゴリーの秩序にしたがってすべての可能的な諸対象を顧慮した時間順序、時間内容、時間秩序、最後に時間の総体に向かう」(KrV, B 184 f., A 145)[17]。この場合のカテゴリーについて説明すべきだろう。カントの示すカテゴリーは、量のカテゴリー (単一性・数多性・総体性)、質のカテゴリー (実在性・否定性・制限性)、関係のカテゴリー (内属と自存

（実体と偶有性）、原因性と依存性（原因と結果）、相互性（能動者と受動者のあいだの交互作用）、様相のカテゴリー（可能性－不可能性、現存在－非存在、必然性－偶然性）である。(18)

その説明によれば、量の図式は、「ある一つの対象を継起的に把握するなかでの時間そのものの産出（総合）」（KrV, B 185, A 145）である。質の図式は、「感覚（知覚）と時間の表象の総合」（KrV, B 185, A 145）ないし「時間の充実」（KrV, B 185, A 145）である。関係の図式は、「あらゆる時間における（すなわち、時間規定の規則 Regel にしたがった）知覚相互のあいだの関係」（KrV, B 185, A 145）である。様相の図式は、「対象が時間に属すかどうか、またどのように属すかという対象の規定の相関者としての時間そのものをふくみかつ表象する」（KrV, B 185, A 145）ものである。(19)こうしてカントが示そうとするのは、カテゴリーがまさに時間規定の機能によってその意味を獲得するということである。カテゴリーがその意味をもっぱら時間によって獲得するとは、カテゴリーが時間に基づいて諸対象に関係するということである。この時間規定は、カテゴリーにとってアプリオリなものである。よって時間は、カテゴリーの概念把握の可能性の条件だということになる。こうした意味でのアプリオリな時間規定を、カントは悟性概念――いい換えれば存在概念――の図式として理解するのである。しかし、ハイデガーから見た場合には、こうした図式理解には根本的に不満足な点が存しているのは一目瞭然であろう。要するに、カントにおいては、図式のはたらきは主観的－認識論的領域に限定されているという点、そしてこれに連関するものとして、カントの時間理解がアリストテレス以来の通俗的時間理解の枠内に留まっているものだという点である。

こうしたカントの主観主義的枠組み、伝統的時間理解を乗り越えるための突破口として登場するのが、感性と悟性の共通の根として解釈された超越論的構想力を人間の現存在の時間性であるとするハイデガー独自のカント解釈にほかならない。この意味における「超越論的構想力」（GA 26, 272）は「時間性そのもの」（GA 26, 272）として、ある種の「オリゴ [o]rigo」（GA 26, 272）、つまり根源の位置に据えられる。ハイデガーによるこうした「根源的」や「オリゴ」といった言葉使いが念頭に置いているのは、カントが述べるところの神の直観作用としての根源的直観（intuitus originarius）であると見て間違いない。

> 「根源的 ursprünglich」という表現は、〈根源的直観 intuitus originarius〉というタイトルのなかの「根源的 originarius」に対応する。この「根源的」という表現が意味するのは、〈発源させる entspringen lassend〉である。
> （GA 3, 141）

ここで「根源的 ursprünglich」の語が「根源的直観」の「根源的 originarius」に対応する。そうであるとはいえ、当然ながら、これによって、ハイデガーのいう時間性（＝超越論的構想力）の有する根源性が、神的直観の有する根源性とおなじものを意味すると見なされているのではない。神的直観の根源性とは、「存在的な仕方で創造的 *ontisch schöpferisch*」（GA 25, 417）であることに存する。要するに、創造者（creator）としての神が被造物（ens creatum）として存在者を無から（ex nihilo）創造する（creare）ことである。神の根源的直観（intuitus originarius）に明確に見出されるのは、創造‐被造関係、より一般的な仕方でいい換えるならば、主観‐客観関係、能動‐受動関係である。これに対してハイデガーのいう時間性の根源性は、「存在論的な仕方で創造的 *ontologisch schöpferisch*」（GA 25, 417）であることにこそ存している。時間性は存在者を創造するのではない。

> 〔超越論的構想力による〕この根源的描出は、しかし、その直観のなかで存在者そのものを創り出す〈根源的直観 intuitus originarius〉のように「創造的 schöpferisch」であるわけではない。産出的構想力は、ただ単にある可能なそして特定の条件のもとでこちらへとおくことができる、つまり現前性へもたらすことができるような対象の眺め Anblick を形成する bildet だけである。
> （GA 3, 130）

繰り返すが、時間性の創造性は存在者を創造するものではない。[20] 時間性の創造性は、〈発源させる entspringen lassend〉という根源性である。別のいい方をすると、「眺め Anblick」を形成するのである。これは、存在者を発源させるものではなく、むしろここで発源するとされているのは、一九二七／二八年冬学期講義（『カントの『純粋理性批判』についての現象学的解釈[21]』）での表現にしたがえば、「普遍的な時間地平」（GA 25, 417）であり、一九二八年夏学期講義での説明にしたがうならば――結局はおなじことをいっているのだが――、世界である。

> 世界は、それが存在者ではないという意味で無 nichts である。存在者でない。それにもかかわらず、〈それが与える es gibt〉なにか或るものである。〈この存在していないもの dieses Nicht-Seiende〉を与える gibt ところのその「それ es」は、それ自身存在するものではなく、おのれを時間化する時間性 sich zeitigende Zietlichkeit である。そしてこの時間性が脱自的統一として時間化するものが、時間性の地平の統一、すなわち世界である。世界は、根源的におのれを時間化する無であり、時間化のうちでそして時間化によって発源するものそのものである――わたしたちは、それゆえ、これを〈根源的無 *nihil originarium*〉と呼ぶ。（GA 26, 272）

要するに、「時間性の固有で内的な産出性 Produktivität」（GA 26, 272）は、「その産出物 Produkt が、固有な無 Nichts、つまり世界である」（GA 26, 272）ということに存している。世界とは、ここでは存在了解の超越論的地平と同義と見てよい。これは、「純粋悟性概念の図式は、〔……〕構想力の超越論的産物 transzendentales Produkt である」（KrV, B 181, A 142）という事態と対応している。とりあえず、注意を払うべきなのは、時間性が普遍的地平としての世界、存在了解の地平を〈発源させる entspringen lassen〉ことは、世界や存在を無から（ex nihilo）創造する（creare）ことを意味するものではないということである。一九二八年夏学期講義からのさきの引用では、時間性は〈それ es〉と呼ばれ、時間性の時間化という産出性ないし根源性の有する〈発源させる〉という運動は〈与える gibt〉

ことと呼ばれている。つまり時間性が〈発源させる〉という事態ないし動態が、ここで〈それが与える es gibt〉という表現に託されているものにほかならない（ところで、この es gibt という周知のハイデガー的表現は、形而上学期の時点では現存在の時間性と超越に対して使用されている。これとは対照的に、後期思想圏では、存在史（Seinsgeschichte）における存在の贈りとどけ（Schicken）としてのゲシック（Geschick）（＝運命）という意味で「自己を贈与する Sichgeben」（GA 9, 334）存在そのもの（Sein selbst）の（対格の）再帰性の別表現として、あるいは存在と時間を贈りとどけるエルアイクニスのはたらきを指すものとして es gibt が使用されている。よって形而上学期のそれと後期のそれでは意味が異なる。そのため、ここでは現存在による Geben は「付与」、存在そのものないしエルアイクニスによる Geben は「贈与（する）」と訳しわけている。「与える」は両方に用いている）。現存在に属す〈与える〉はたらきは、すでに何度も述べたことだが、存在者を創造することではない。かといって、（存在者ではなく）世界や存在を無から創造することでもない。それではこれら〈発源させる〉ことや〈与える〉ことはなにを意味しているのだろうか。

　ひとまずここでこの〈発源させる〉および〈与える〉には、能動でも受動でもない動態として、中動態を看取することができるのではないかということを考えてみたい。ジョン・ルウェリンは、ハイデガーが『カント書』において動詞 lassen（させる）をさまざまな仕方で多用することに関してつぎのことを指摘する。

> *lassen* を用いたいくつもの動詞形を手助けにして、これ〔＝「時間‐生産的構想力」〕を取り返そうとするハイデガーの企ては、古典ギリシア語の中動態の力を復活させようとする企てなのである。　（Llewellyn 1999, 45）

ここで、ルウェリンもまた、『カント書』における lassen（させる）の語の中動的性格に注目している。ここで中動態は、ギリシア的‐現象学的な根源的動態を名指すものとして提示されている。しかも、キリスト教的‐形而上学的伝統に属する神的直観の能動‐受動関係に対立するものとして示されている、と考えられる。くわえて、ここで同時にことさらに注意を喚起しておかなければならないのは、そのlassenの中動‐媒体機能である。これはもちろん『存在と時間』のロゴスの説明でいわれていたlassenに見出されていたものである。ここで問題となる媒体機能とは、存在と存在者を区別すること、両者の差異化である。そのようにここでは暫定的に主張しておきたい。本書におけるこの主張にしたがうならば、ハイデガーによる現象学的な仕方での根源的解釈におけるカントの構想力および図式機能の媒介（Vermittlung）作用とは、存在と存在者のあいだの（超越論的かつ地平的な）差異化のはたらきにほかならないということになる。カントにおいては別々にある二つの項を結びつけるものとして理解される構想力およびその産出物たる超越論的図式の媒体機能が、ハイデガーにおいてはむしろ存在と存在者のあいだの区別をはじめて生じさせ、そのようにしてはじめて両項が相関的関係へともたらされるものとして思惟しなおされているということである。このことを次節以降で具体的に確認してゆく。

第三節　一九二七年夏学期講義における存在論と現在の地平図式

一九二七年夏学期講義において明確に地平図式として挙げられるのは、現在の地平図式のみである。それは、ラテン語で現在などを意味するプラエセンス（praesens）ないしプラエセンティア（praesentia）に由来すると考えられる術語「プラエゼンツPraesenz」（GA 24, 435）である。これは『存在と時間』において挙げられた現在の地平図式〈用途のために〉でない。その理由はおそらく用途という性格に回収されないより広い意味での存在者を視野に入れるための変更であると考えられる。そして、「プラエゼンツを顧慮した現在Gegenwart」（GA 24, 436）が、単に現在の時間性であると同時に術語的に現在のテンポラリテートと呼ぶことができるものとされる。(22)

この現在の地平図式であるプラエゼンツの語は、語として現在をも意味するように見えるが、内世界的存在者の内時間性の時間位置としての現在からは区別される。たとえば〈今は時間がない〉という日常的な発言において考えられている〈今〉ないし計算可能な時間系列のなかの今点という現在の形式から区別されるということである[23]。この通俗的な意味での現在とは異なり、テンポラリテートの地平図式としてのプラエゼンツは、現存在の超越に応じたものとして把握されるべきものである。

そしてこの際にさらに、プラエゼンツはまた現存在の超越を特徴づける時間性としての現在からも区別される[24]。たしかにすでに述べたようにプラエゼンツの語自体がラテン語で現在を意味する語に由来するが、ハイデガーのいう意味での時間性の現在とプラエゼンツはおなじものではないのである。この区別をどのように理解すべきだろうか？この問いに答えることは難しくない。このためには、すでに『存在と時間』に依拠して説明した脱自態としての現在とその向かい先としての現在の地平図式との区別をおもい起こしさえすれば十分である。一九二七年夏学期講義でハイデガーが現在と呼ぶものは、「現在化 Gegenwärtigen」（GA 24, 433）であり、これは内時間的存在者を出会わせるものである。ハイデガーはこの現在を、「時間性の脱自態の一つ」（GA 24, 435）とする。つまり、『存在と時間』におけるのと同様に、現在とは脱自態のなかの一つである。この意味での現在の脱自態は、ハイデガーによれば、「プラエゼンツへの投企」（GA 24, 435）である。別様にいい換えるなら、存在者をわたしたちに出会わせるはたらきをする超越である。要するに、プラエゼンツとは、この現在の脱自態、超越の向かい先としての――存在論的観点から見て名づけた――地平図式にほかならない。つまりそれは、その存在者の存在の「図式的な予描 *schematische Vorzeichnung*」（GA 24, 435）である。

これは、繰り返しになるが、わたしたちに出会われる存在者は、あらかじめ「プラエゼンツに向けて auf Praesenz hin」、ないしは「現前性に向けて auf Anwesenheit hin」（GA 24, 436）了解されているということである。わたしたちに出会われる存在者の存在は、「プラエゼンチアル praesential」（GA 24, 436）、つまり「テンポラール」（GA 24, 436）な仕方で、「プラエゼンツへすなわちテンポラリテートへ向けて」（GA 24, 459）投企されている。別言するならば、現存在でない存在者の存在は「プラエゼンツとして了解」（GA 24, 438）される。プラエゼンツという地平図式からこそ、存在は現前性という存在論的意味から了解されうるということである。存在者の存在の存在論的意味は、プラエゼンツであるということである。プラエゼンツからこそ、存在は存在論的に了解され、解釈され、概念的に規定される。

『存在と時間』のいくつかの箇所でハイデガーは、パルメニデス（Παρμενίδης, c.520/515–c.460/455 B.C.）の断片B三、すなわち、「なぜならノエインと存在はおなじであるから（*τὸ γὰρ αὐτὸ νοεῖν ἐστίν τε καὶ εἶναι*）」（Parmenides, Frag. B 3）に論及している。[25] それは、歴史的にさまざまに解釈されてきたこの断片を、彼は存在と時間の本質的つながりに関する洞察を示す最古の証言であり、かつ、その後の西洋哲学にとって規定的な役割を演じたと見なすからである。[26] ここでのハイデガーによるパルメニデス解釈の根幹はつぎの点に存する。すなわち、パルメニデスが洞察していたものとは、本来的に存在するものとしての手前存在にかかわるノエインは、「なにか或るものの純粋な「現在化 Gegenwärtigen」」（GA 2, 34）というテンポラールな構造のうちを動いているという事態であった、と理解する点である。つまり、このハイデガーの解釈によれば、ノエインと存在の相関的同一性は、ノエインの現在化作用における時間の「現-在 Gegen-wart」（GA 2, 35）を隠れた仕方で前提しており、パルメニデスが述べる両者の同一性はこのことを——明確にではないが——示している、ないし暗示している、ということになる。

これにくわえて存在と時間の連関に関する証言として重要なのは、手前存在がアリストテレスにおいて概念的に「現前性 Anwesenheit（ウーシア *ousia*）として」（GA 2, 35）把握されることとされる。ここでハイデガーは、ウーシアというアリストテレスの存在規定を、存在了解の可能化としてのテンポラリテートに関する洞察の「外的な証拠」（GA 2, 34）だと述べる。それによれば、ウーシアは、「存在論的-テンポラールな」（GA 2, 34）意味において現在という特定の時間様相への眼差しによって現前性を意味するということになる。つぎのようにいわれる。

存在者は「現前性」というその存在において把握されている、すなわち、その存在者は「現在 *Gegenwart*」と

いう特定の時間様相への顧慮によって了解されている。（GA 2, 34）

この際ハイデガーは、アリストテレスのウーシアの現在的性格を単に「外的な証拠」だと述べるに留まっている。たしかにそうである。だが、彼が一貫して現前性としてのウーシアへ言及するところを見れば、それは実のところ単なる「外的な証拠」に留まるものではなかっただろう。むしろ、まさにウーシアとしての存在の規定こそが、存在論における時間のはたらきに関する彼の洞察の決定的な拠り所の一つであったといっていいはずである。

こうしてパルメニデスやアリストテレスに見られる存在と時間の現在との本質的連関の背後にあって、この存在了解を根本的に規定し、それどころかそもそもそれを可能にしていたものこそ、ハイデガーが時間性ないしテンポラリテートと呼び、その解明を試みたものにほかならないことがわかる。存在の了解は、この時間性に基づき、存在者の了解はその存在に基づく。存在者をその存在にしたがって了解する場合、わたしたちは、その存在者をその存在へ向けて投企していることになる。存在者を了解することが意味するのは、それゆえ、その存在者をその存在へ向けて投企することである。存在者の了解および解釈は、このような了解ないし投企の連関に依拠する。とはいえ、その際により根源的な意味において了解されているものは、存在である。存在の了解は存在者の了解に先立つ。ハイデガーによれば、存在者の了解が、存在者を存在へ向けて投企することであったのとおなじように、存在の了解も存在を投企することに基づく。存在はどこに向けて投企されるのか。いうまでもなく時間に向けてである。もっとハイデガーの術語に即して厳密にいうならば、テンポラリテートに向けてである。存在者の根拠は存在であり、存在の根拠は時間、テンポラリテートである。現存在でない存在者の存在の了解に即してより詳細に述べるならば、その存在は現在の地平図式であるプラエゼンツに向けて投企されるということである。「存在者の了解作用は存在への投企」（GA 24, 437）であり、「存在の了解作用は時間への投企」（GA 24, 437）だということなのである。存在者と存在、そして、存在とテンポラリテート。ここに見られる二重の了解の可能化は、存在者と存在の了解の可能化である。それゆえシュネルは、この二重の機能を、「可能化構造の二重化」(Schnell 2011, 83) と特徴づける。存在の意味としてのテンポラリテートは、存在者の了解を可能にする存在了解の可能化である。

第四節　一九二八年夏学期講義における形而上学と将来および既在の地平図式

ハイデガーは、現在の地平図式であるプラエゼンツについて説明したあと、それに「対応するものは、ほかの脱自態、つまり将来と既在(反復、忘却、把持)にも妥当する」(GA 24, 435) と述べる。これによるならば、プラエゼンツに対応する地平図式は、将来と既在の時間性にもあるということになる。だがそこでこれらに関する具体的な説明なり術語なりが示されるわけではない。ハイデガーは、「いずれにしても把握することが難しい時間性の現象への眼差しを混乱させないため、わたしたちは現在の提示とその脱自的地平、プラエゼンツの提示に限定する」(GA 24, 435) と述べるのである。しかし、この両地平図式はどのようなものか? もしもここで両図式——テンポラリテートの将来の図式と過去と既在性の図式——に関してそれらがどのようなものであるのかを示すことができるのなら、示されるべきである。

繰り返しになるが、テンポラリテートとは、脱自態の向かい先である地平図式を顧慮したかぎりでの時間性である。いい換えれば、世界としての存在了解の超越論的地平を顧慮したかぎりでの時間性のことであった。つまり、時間性と地平、ないし時間性の地平を問題にすることは、時間性と図式の問題、別言すればテンポラリテートの問題構成を扱うことと同義である。このことを顧慮するなら、将来と既在性の地平図式のうちで、さしあたり将来の地平図式に関して示すことは難しいことではない。というのもすでに述べたように将来の地平図式は〈現存在のために Umwillen seiner〉だったが、この術語は『存在と時間』から形而上学期を通して変化することなく使用されているからである。つまり将来の地平図式に関するハイデガーの言葉づかいおよび発想には特に際立った変更はないと考えられるのである。

とはいえその内実がまったくおなじだとも考えられない。たしかに一九二七年夏学期講義における〈そのためにUmwillen〉の説明は、『存在と時間』におけるそれと特に目につくような変更点はない[27]。だが一九二八年夏学期講義になると、〈そのためにUmwillen〉について、「この〈そのためにUmwillen〉は、現存在の形而上学的構造として把握されなければならない」(GA 26, 246)と述べられることとなる。ここに明示的に看取できるのは、この将来の地平図式が、『存在と時間』における基礎存在論の実存論的分析の問題構成から、形而上学期における現存在の形而上学的構造として形而上学の問題構成のなかにおきなおされたということにほかならない。

この変更ないし移行は、一九二八年の講義で語られている「存在論の転換」(GA 26, 200)、すなわち「基礎存在論の徹底化」(GA 26, 200)による基礎存在論から「メタ存在論」(GA 26, 200)への「根源的な形而上学的変容」(GA 26, 199)の具体的内容の一つ——しかも根本的な問題の一つ——であると考えられる。この哲学史的背景は、アリストテレスが、『形而上学』のある箇所で哲学を「存在者としての存在者」(Metaphysica 1003a21)の学として規定すると同時に、別の箇所では「神的なもの」(Metaphysica 1026a20)の学であると述べたことにある。このアリストテレスにおける哲学の二義性を、ハイデガーは独自の観点から継承し、みずからの基礎存在論とメタ存在論の区別として組みたてなおす。この転換において問題となるメタ存在論の対象である「神的なもの」をハイデガーはまた、「存在者そのもの das Seiende schlechthin」(GA 26, 13)、「圧倒的なもの Überwältigende」(GA 26, 13)、「もっとも卓越的なもの [das] Vorzüglichste」(GA 26, 13)[28]等々と表現している。ハイデガーは、こうした多様にいい換えられるものとプラトンの善のイデア(ἰδέα του ἀγαθοῦ)を等置し、これを将来の地平図式である〈そのために〉と同一視するのである[29]。この事態を端的にいいなおすなら、メタ存在論とは、「全体としての存在者 das Seiende im Ganzen」(GA 26, 199)を主題とする形而上学であるといえる[30]。

しかしながら、ふつうに考えれば、こうした説明にはいささか腑に落ちないところがあるのを否めない。なぜか。

それはメタ存在論の対象が、一方では存在者であると述べられているのに、他方ではまた善のイデア――つまり将来の地平図式――であるといわれるからである。この問題をどう整合的に説明することができるだろうか。ひとまずいえることは、存在者ということでたとえば机や林檎の木のような個々の存在者、あるいは数や三角形のような抽象的存在者ではなく、あくまで全体としての存在者が問題であるということである。これは存在者の全部、つまり、一、二、三と数えたその総和としての全部ということではない。存在者の全部ということで考えられているのは、やはりあくまで机や林檎の木のような個々の存在者にすぎないだろう。これに対して、この形而上学構想の意味における全体としての存在者ということで考えるべきは、じつのところそもそも存在者ではなく、全体である。強調は全体におかれている。全体とはなにか？　それは、普遍的地平のことにほかならない。この意味において、この全体性は〈そのために〉と等置可能となる。別言すれば、「そのためにUmwillenは、現存在の自己性に構成的なものとしてこの普遍的な拡がりuniversale Spannweiteをもっている」（GA 26, 246）ということである。そしてこの普遍的な拡がりは、そのまま世界と読み替えてもよい。

〈そのために〉という、自由の対持Widerhaltは、〔……〕超越として、事実的にfaktischそして事物事実的にtatsächlich存在するものを飛び越えるという性格を有する。超越するものとしての現存在の本質的かつ内的な諸可能性の全体としての世界は、あらゆる現実的存在者を凌駕する*übertrifft*。（GA 26, 248）

ここでいう〈そのために〉の「自由の対持Widerhalt」とは、可能性としてある意味で現存在に向かいあっている世界のことである。[31]現存在の「超越と自由はおなじ」（GA 26, 238）ものであり、これは、「あらゆる現実的存在者」を飛び越える、凌駕する（übertreffen）というかぎりで、ここでは形而上学的意味を有するものとなっているのである。〈そのために〉とは、この超越、自由の向かい先として地平図式の役割を担っている。〈そのために〉は、単に現存在の実存にかかわるだけではなく、本質的に世界にかかわるとされるのである。「自由があるところに、〈そのために Umwillen〉があり、ただそこにのみ世界がある」（GA 26, 238）。いい換えれば、「〈そのために〉のうちに存する拘束の全体が世界である」（GA 26, 247）。それゆえ、〈そのために〉は「世界の第一の性格」（GA26, 282）である。わたしたちは、ここで自由と拘束という一見して――単純にアリストテレス的な意味での自由理解の見地からするなら――矛盾対立する言葉の組みあわせに困惑する必要がないことを知っている。困惑の代わりにここでなされるべきは、つぎのことを確認することである。それはすなわち、（最）初期ハイデガーに規定的意味を有していたアウグスティヌスの自由意志に関する理解が、プラトン・アリストテレスに近い意味での形而上学というギリシア的コンテクストにおいてもなお生き長らえて、ハイデガーの思索に対して決定的な役回りを演じているということにほかならない。ここでの本来の自由、本来の超越とは、拘束された自由、拘束された超越のことなのである。[32]

この〈そのために〉は、そのつど、意志の、自由の、すなわち超越する〈自己自身にかかわる存在 Zu-sich-selbst-sein〉の〈そのために〉である。これ〔＝超越する〈自己自身にかかわる存在〉〕は、〈自己自身へ到来することAuf-sich-selbst-zu-kommen〉の内的可能性を、根源的な期待の時間化において、すなわち将来において、よりよくいうなら、現存在の回帰性 Rückläufigkeit がそれとしておのれを構成するものにおいて有している。

（GA 26, 273）

超越は、現存在自身でない存在者にかかわるものである前に、まずもって――『存在と時間』における将来の地平図式と同様に――現存在自身の自己をめぐる自己回帰的動態を形成するものである。現存在による〈そのために〉へ向けた投企は、「根源的な自己投企 Selbstentwurf そのものである」（GA 24, 436）。現存在の〈自己自身にかかわる存在 Zu-sich-selbst-sein〉、そして〈自己自身へ到来すること Auf-sich-selbst-zu-kommen〉、〈そのために〉は、まさに現存在の「回帰性 Rückläufigkeit」をかたちづくっているのである。

自由なものとしての現存在はみずからを、彼の存在可能の本質に応じた可能性の全体としての〈彼のために Umwillen seiner〉へ向けて投企する。この〈彼のために〉をみずからの前に保持しながら、この保持することのなかで実存しつつ、この存在者は彼のやり方でみずからを自己自身のために使う verwendet sich [...] für sich selbst のである。 (GA 26, 252 f.)

形而上学構想のうちに、さきに明らかにした『存在と時間』における関心(Sorge)の再帰的動態の構造が形而上学的構想の枠組みのなかに継承されていることを見ることができる。すでに確認したように、『存在と時間』における現存在の関心の現在の時間性の動向は、自己自身でない内世界的存在者に向かう脱自態として現在の地平図式に向かうものであり、これに対する将来と既在性の時間性は、基本的に自己自身をめぐる再帰的動態を形成するものとして考えられていた。一九二七年夏学期講義においても、現在の時間性とその地平図式であるプラエゼンツは、その現存在自身でない存在者の存在を投企する、その投企の向かい先として、シュネルのいう「可能化構造の二重化」(Schnell 2011, 83)のなかの最終的なアプリオリを意味するものだった。本節で論じている一九二八年夏学期講義のなかで世界地平の根本的な構成契機とされる〈そのために〉も、将来の脱自態の向かい先としての地平図式として理解可能である。

さて、ここで形而上学期における既在性の地平図式について簡単に示すべきだろう。というのも、『存在と時間』によれば現存在の脱自態の将来へ向かう動態は同時に既在的な自己の存在へ帰還する動態を意味するもののはずだからである。おなじことが形而上学構想における脱自態にもいえるはずである。これについてこの時期のハイデガーがどう考えているのかを確認してみたい。

形而上学構想における将来へ向けた超越は、自然ないし存在者を全体として乗り越えるものである。それゆえ、この将来への超越が回帰するところは、ただ単に事実的な自己存在であるわけではない。自己自身に帰還することは変わらないのだが、帰還の向かい先は、本質的に全体としての存在者をふくみ込んだものとなる。いい換えれば、全体としての存在者のなかに存在している自己自身がその帰還の向かい先となるということである。その場合は、既在性ないし被投性の地平図式は、『存在と時間』のなかでいわれていた〈それを前に Wovor〉とは異なるはずである。すでに述べたように、形而上学期のテクストで将来と既在性の地平図式はそれとして明示的に規定されない。けれども、いま述べたような事情を勘案すれば、形而上学構想において既在性の地平図式にあたるものがなんであるのかを看取することは不可能なことではない。むしろある意味簡単といえる。端的にいってしまえば、形而上学構想における既在性の地平図式とは、〈のただなかに inmitten von〉である。一九二九年に公刊された『根拠の本質について』からこれに関する範例的説明を引用しよう。

この「……のただなかに Inmitten von...」が意味するのは、けれども、ほかの存在者のなかで起こる出来事でもなければ、ことさらに存在者へ——それに対してふるまいつつ——みずからを向けることでもない。そうではなく、この〈……のただなかにあること Inmitten-sein von...〉はむしろ超越に属している。乗り越えかつそのようにみずからを高めるものは、存在者のなかにみずからを見出さ *sich befinden* ねばならないのだ。（GA 9, 166）

この記述によれば、「……のただなかに Inmitten von...」とは、存在者のなかの「出来事」ではない。さらに、存在者に対するかかわりでもない。この「……のただなかに」はそもそも存在者とのかかわりにおけるなんらかの出来事や状況を意味するものではないのである。そうではなく、それは、むしろ超越に属している、とはっきり述べられている。このことが注目に値する。というのも、これは別言すれば、現存在という本質的に超越する存在者とは、本質必然的に存在者のただなかにみずからを見出すものであるということであり、現存在が現存在であるかぎり現存在の超越に属する本質的なものだということだからである。つまり、将来の〈そのために〉へ向かう動きは、本質的に同時にこの全体としての存在者の〈ただなかに〉へと帰還する動きであるが、この場合には、この〈ただなかに〉は、地平図式――ハイデガー自身が形而上学期のなかでこの語の使用を控えるようになることからして、この語用の適切さはそれ自体問うに値するものだとしても――の一つとして、時間性における統一的地平の構成に参与する本質的契機であると考えてしかるべきものなのである。

第五節　人間中心主義と存在論的差異

この第五節では、初期および形而上学期に特有の人間の地位の特異な中心性、すなわち人間中心主義を、主に一九二八年夏学期講義に即して明らかにしたい。ここでいう人間中心主義とは、認識論的枠組みにおける認識過程の中心にその超越論的条件をなすものとして人間が位置するというカント的意味におけるプトレマイオス的人間中心主義(33)と直接的に等置されうるものではない。むしろここでとりわけ取りあげたいのは、ハイデガーの形而上学期の形而上学的‐現象学的試みにおける人間中心主義である。そこで問題となるのは、人間の現存在の超越論的時間性・脱自態・超越が織りなす存在と存在者の差異化、そして存在者の現象の超越論的条件の形成ということになる。要するに、ここで明らかにしたい人間中心主義とは、人間の位置が認識過程の中心に位置するということではなく、存在論的差異の差異化の過程、その現象化の過程の中心に位置するということである。

ただまさにすでに存在者が現のうちにある ist ことによってのみ、〈それが存在を与える es Sein [...] gibt〉の

> で、基礎存在論のうちには根源的な形而上学的変容への傾向が潜んでいる。この変容は、存在がその問題構成全体において理解されている場合にはじめて可能となる。存在論がそこから発したところに打ち返すことの内的必然性は、〈「人間」という存在者が存在を了解する〉という人間的実存の原現象において明確にできる。存在を了解することのうちには、同時に存在と存在者の区別の遂行が存する。〈それが存在を与える es gibt Sein〉のは、もっぱら現存在が存在を了解する場合である。別の言葉でいうなら、〈それが存在を了解作用のうちに与える es Sein im Verstehen gibt〉可能性は、現存在の事実的 faktisch 実存を前提し、さらにまたこの事実的実存は、自然の事実的 faktisch 手前存在を前提する。[34]（GA 26, 199）

人間存在の「原現象」は、〈存在を了解する〉ことにある。ここで〈存在を了解する〉ことは、存在と存在者の区別の遂行と同義である。この遂行のなかで「存在論的差異」（GA 26, 193）が生起する。これが、「わたしたち自身が存在の理念の源泉である」（GA 26, 110）という言葉の意味である。存在論的差異に関する記述を『カント書』のつぎの箇所に見てみたい。

> それゆえまた根源的に統一するもの、つまり、超越論的構想力の、一見すると単に媒介するだけのあいだの能力 das vermittelnde Zwischenvermögen も、根源的な時間にほかならない。時間のうちに根づくことは、それのおかげで超越論的構想力がそもそも超越の根でありうるところのものなのである。（GA 3, 196）

ここに見られる「一見すると」別々の二項を「単に媒介するだけ」の超越論的媒体機能の統一機能は、存在論的差異の区別の遂行といい換えることができる。ハイデガーの解釈にしたがえば、カントのいう感性と悟性という二つの幹の「共通の、しかし未知の根」（AA 46）は、時間性としての超越論的構想力であり、この根ないし根源（origo）から受容的（情感的）な感性と自発的な悟性という二つの幹が発源するということである。

時間性としての超越論的構想力から、存在者を存在へ向けて乗り越える超越は発源する。この超越の時間化が時間的地平を形成する。地平の投企が意味するのは、「差し出されたもの Angebothaftem 一般を〈先形成してみずからの前に‐保持すること ein vorbildendes Sich-vorhalten〉」（GA 3, 90）である。別言するなら、存在者との可能的な出会いの先行的な可能化である。それゆえ、地平的時間化としての構想力は、存在と存在者のあいだの存在論的差異の媒介者、媒介作用にほかならないのである。

存在と存在者を区別するとは、『カント書』における対向（Zuwendung）ないしみずからを対向させること（Sichzuwendung）の機能ないしはたらきとして把握可能である。もし動詞 zuwenden（向ける）を他動詞として通常の文脈で用いるとするなら、たとえば、ich *wende* ihm das Gesicht *zu*（わたしは彼に顔を向ける）、あるいは再帰表現で用いるなら、たとえば ich *wende mich* der Sonne *zu*（わたしは太陽のほうに向かう・わたしはわたしを太陽のほうに向ける）というい方ができる。これらの表現は、経験的な次元での例である。対してハイデガーはこの動詞をもっぱら sich（みずからを）とともに再帰的意味で超越論的次元において用いる。再帰的な自己対向は、人間にとって偶然的な特徴づけではない。そうではなく、人間は本質的に「みずからを対向させる sich zuwendende、有限な存在者」（GA 3, 90）である。この意味での自己対向は、その先行性から、「先行的な自己対向 Sichzuwenden」（GA 3, 91）と性格づけられる。この先行的性格は、自己対向が「経験の可能性の条件」（GA 3, 118）の役割を演じるという意味でのアプリオリ性をいっている。自己対向は、それゆえ、具体的な諸対象に直接的な仕方で注意を向けることではない。そうではなく、むしろ先行的な「対立してくるようにすること Gegenstehenlassen」（GA 3, 77）という媒体機能、別様にいえば、「表象されたものを非主題的な仕方でみずからの前に保持すること Sichvorhalten」（GA 3, 151）を意味する。

これ〔＝超越の構造〕は、みずからを対向させることで対象的に立ってくるようにすること Gegenstehenlassen

そのものが対象性一般の地平を形成する。有限な認識において先行的にいつでも必然的な仕方で超え出てゆくことHinausgehenは、それによれば、……へ向けて絶えず超え出て立つことHinausstehen（エクスタシス）である。けれども、本質的な仕方で……へ向けて超え出て立つことは、まさに立つはたらきにおいて地平を形成し、そこにおいてみずからの前に地平を保持するのである。（GA 3, 119）

現存在の超越は、存在（世界）まで存在者を越えてゆくことである。この超越は、存在者との可能的な出会いのために、自身に対する「向かいあいDawider」[35]としての地平を形成するのである。地平を形成する超越は、この際、存在と存在者を差異化し、両者のあいだを媒介する役割を演じる。ここには、自己対向によって形成される「わたしはできる」（GA 3, 79）という能力のための地平、向かいあい（Dawider）の領域がある。この地平は、「時間化のなかで時間化によって発源する」（GA 26, 272）「根源的無*nihil originarium*」（GA 26, 272）という意味での世界として把握されなければならない。世界は無である。だがこれが意味するのは、〈世界がない〉ということではない。しかしまた〈世界がある ist〉ということでもない。そうではなく〈世界がある es gibt die Welt〉ということ、いい換えれば〈それが世界を与える es gibt die Welt〉ということである。ここで、es gibt die Welt における es（それ）が意味するのは、ハイデガーによれば、根源（origo, Ursprung）としての「時間化する時間性」（GA 26, 272）である。この根源をハイデガーは、カントの超越論的構想力と見なすのである。そしてその表現における〈与える gibt〉が意味するのは時間化であり、この根源的遂行が存在と存在者を区別して、現存在が彼自身（のため）に存在了解の地平を〈与える gibt〉ということである。存在者の現象の条件を形成するところの超越をここでは超越論的‐地平的媒体性と名づけることとしたい。これは、それによって、それを条件として、そもそもはじめて存在者が現象することができるとされるものである。

こうした超越論的‐地平的媒体性に基づいた自体的存在者の現象性を捉えることが、ハイデガーの形而上学構想の有する主要な課題であった。この問題を軸にして、さらにハイデガーの人間中心主義の内実をより詳細に明らかにしたい。

『存在と時間』にしたがうなら、現存在でない存在者は、もっぱら環境世界の内世界的存在者として現象することとなる。これに対して、ハイデガーの形而上学期においては、現存在でない存在者の内世界性は、ある意味偶然的につけくわわる（zufällig）ものとして説明されることとなる。これによって自体的存在者が超越論的条件のもとで考察可能となる。ハイデガーは一九二七年夏学期講義[36]のなかでつぎのように述べている。

現存在の存在体制には世界内存在が属している。これは一つの構造であり、この構造は手前存在者の内世界性とは鋭く区別されなければならない。それというのは、内世界性というのは、とりわけ自然においては手前存在者の存在に属しているものではなく、そうではなく、この自然にただ単に偶然的につけくわわる zufällt ものにすぎないからである。自然は、世界があることなしに、また現存在が実存することなしにでも、存在しうる。（GA 24, 249）

ハイデガーは、これとおなじ講義のなかで書いている――「非現存在的存在者の存在は、より豊かでより複雑な構造を有しており、それは物連関 Dingzusammenhang としての手前存在者の通常の特徴づけを越え出ている」（GA 24, 249）。ここに登場する「物連関」という表現は、『存在と時間』において主としてデカルトのレス（res）との関連において用いられる物（Ding）概念とおなじ意味では理解されえない[37]。それが意味するのは、むしろ「物の道具連関」（GA 24, 232）である。つまり、この引用がいわんとしているのは、非現存在的存在者がもっている特徴づけは、通常の有意義性における道具全体のものよりももっと豊かで複雑だということである。ここに認められるハイデガーの意図は、現存在でない存在者の存在を道具の有意義性に還元ないし制限しないということであり、別言するなら、自体的存在者の有意義性からの独立性を解明するということである。一九二八年夏学期講義では、この問題に本質的な仕方でかかわるつぎの三つのテーゼが定式化される。

(一) たとえ現存在のようなものが実存することがなくても、存在者は、それ自身において an ihm selbst、なんであり、どうあるかという仕方で存在しているものである。

(二) 存在は、「ある ist」のではなく、〈それが与える gibt es〉のだが、それは、ただ現存在が実存するかぎりにおいてである。——実存の本質には超越が、すなわち、内世界的存在者にかかわりそしてそのもとにあるよりまえの、そしてそのための世界の付与 Geben が存している。

(三) 実存する現存在が自己自身に存在のようなものを与える (das existierende Dasein sich selbst so etwas wie Sein gibt) かぎりで、存在者は、その自体性において in seinem An-sich おのれを告げる sich bekunden ことができる、すなわち、同時にそもそも第一のテーゼが理解され認識されうる。(GA 26, 194 f.)

第一のテーゼでは、人間の実存から独立した(非依存的)自体的存在者の可能性が主張されている。これは、ハイデガーの素朴実在論ないし古い意味での実在論への賛同を意味しない。それは二番目のテーゼとかかわる。第二のテーゼは、現存在の超越が存在、世界を与える(gibt)役割を演じ、それゆえ存在(世界)は現存在に依存的(非独立的)であると述べている。この現存在はみずからがみずからに付与した世界のうちでこそ、はじめて存在者に出会うことができる。世界は経験可能性の普遍的地平である。この場合、第一のテーゼと第二のテーゼが矛盾しているようにも見える。だが、両者のテーゼのうちに矛盾を見る必要はない。そこで問題なのは、存在者がその自体性においてわたしたちにおのれを示すという現象の仕方が、超越論的‐地平的媒体性を通してであることを解明しようという試みだからである。第三のテーゼがいわんとするのはこうした事態にほかならない。要するに、第三のテーゼで述べられていたのは、まず現存在、より厳密にはその時間性（＝「それes」）が、当の現存在自身に存在を与える（gibt）ということであり、くわえてこの存在了解の地平、換言すれば、その超越論的‐地平的媒体性のおかげで存在者が、それ「自身の自体性において」わたしたちに現象できる、ということである。自体的（非依存的）存在者の現象は、超越ないし存在了解、あるいは超越論的‐地平的媒体性に依存している。

　自体的存在者のこの現象は、存在者の「世界侵入Welteingang」（GA 26, 274）と呼ばれる。この表現「世界侵入」は誤解されやすいものではあるが、これは世界の外部と世界の内部、あるいは人間的世界と自然の世界といった区別が前提されていることを意味するのではない。むしろ問題は、存在者の覆蔵性にある。「世界侵入がそもそも生起しないかぎり、存在者は端的に覆蔵されている」（GA 26, 281）のであり、「超越の生起、超越論的真理の生起によって、すでに存在者も脱隠蔽されているのである」（GA 26, 281）。世界侵入が意味するのは、「ますさしあたりながらく〔……〕覆蔵されている」（GA 26, 281）存在者の非‐覆蔵性を意味するものである。こうした現象、真理理解に対応する仕方で、ハイデガーは、ヘラクレイトス（Ἡράκλειτος, c.535–c.475 B.C.）の断片B一二三の「フュシス・クリュプテスタイ・フィレイ *φύσις κρύπτεσθαι φιλεῖ*」[38]を、「自体的存在者とそれの本質は、隠れることを好む、覆蔵性のなかに留まることを好む」（GA 26, 281）と翻訳して示すこととなる。

　〈与えるgibt〉とは、〈それes〉でおき換えられる現存在が――厳密には時間性が――〈与える〉ことであり、これは存在と存在者の差異化の遂行そのものを意味するとともに――おなじことだが別の角度からいうなら――、現存在が存在の世界地平を現存在自身に〈与える〉ことを意味する。現存在みずからが現存在みずからに存在の地平（世界）を与え、もっぱらその地平のなかを動くのである。ここには、地平の有する循環的な閉域性を認めることができる。J・ロゴザンスキの一九八六年の論文「世界の贈与（Le don du monde）」のつぎの一節は、そうした意味での閉鎖性に関する説明の一つとして受け取ることができる。

ハイデガーが記述した存在論的総合が問題である場合、超越の投企が世界地平を自分自身の前に投げ対立させるのは、主体としてのみずからに再帰するためにほかならない。実際、構想力が自身の自己触発の円環の外に出ることはほとんどないのであり、それはそれ自身がすでに先行的に形成して保持している ait [...] pré-formé もの以外にはなにも受け取らないのである〔……〕[39]。

ここでいわれているのは、現存在の超越が世界という地平を投企することがもっぱらその現存在の自己再帰のためであり、現存在自身のために世界を現存在の前に投げて前に保持する（vor-halten）ということである。もちろん現存在のためにとは、自己利益のためにということではなく現存在の超越論的構造、動態にとっての構成契機を示している。これがロゴザンスキの述べる、現存在の自己自身への――本書の洞察に従えば、自己自身へかかわるという再帰的、中動的な意味をもつ――循環運動である。問題はこの循環運動の閉鎖性である。この地平の循環構造のうちに存在者との出会いの可能性の超越論的条件としての存在了解が存している。つまり、存在者との可能的な出会いのための存在ないし存在了解が、超越論的構想力（時間性）を通してつねにすでに先行的な仕方で先行‐形成されて（pré-formé）いるというのである。要するに、現存在は、彼が彼みずからのために地平的な「対向 Dawider」（GA 3, 123）として、もっぱら、投企した先行的に形成される可能性の円環の内部を動くしかないことになる。この場合、存在と存在者のあいだの存在論的差異の媒体は、ただ単に超越論的な差異化を遂行するのみならず、それによって形成される存在了解の超越論的地平の再帰的円環運動の閉鎖性のうちへとみずからを押し込めてしまうこととなるのである。

しかし実のところハイデガー自身も、一九二七年の『存在と時間』の現存在分析以来ついて回った人間中心主義という批判を表面的な誤解、つまり実存的・存在的誤解という点では拒絶しながらも、同時にその批判の隠された意義をかぎ取って、ひとしれずみずからの問題として認めていたようにおもわれる。たとえば、主に一九二八年夏学期講義に基づいて書かれた一九二九年刊行の論文「根拠の本質について」のなかのある箇所に付された注釈において彼はつぎのように述べている。

そして、そのような誤解と連関する『存在と時間』における「人間中心主義的立場」という咎め立てに関していえば、いまやあまりに熱心に手から手へと渡されているこの〔人間中心主義的立場という〕異議申し立ては、『存在と時間』における問題の展開の端緒と行程全体と目標を考え抜くなかで、どのようにしてまさに現存在の超越を仕上げることを通して「人間」が「中心」のうちに来るのであり、その非性が存在者の全体のうちでまずもって問題となることができ、また問題とならねばならないのかが把握されるのでないかぎりは、無内容なままである。それでは、現に「中心のうちに」立つ現存在の本質が脱自的 ekstatisch すなわち「脱中心的 *exzentrisch*」であること、そして、だがそれゆえまた、〔そういうものがあると〕誤って考えられている立場からの自由 Standpunktsfreiheit が、実存の本質的に有限な一つの可能性としての哲学することのあらゆる意味に反して妄想に留まるということ、まさにただひたすらこれらのことを示すことにあらゆる努力を傾注するような〔ハイデガー自身の立場に擬せられる〕「人間中心主義的立場」は、どのような危険をみずからのうちに隠しているというのか？(40)

ここでまずいわれる「誤解」とは、ひとことでいうなら、たとえば現存在が存在者を存在的（ontisch）な意味で創造する、あるいは構成するのだという極端な誤解のことである。ハイデガーは当然ながらこうした誤解は断固として拒絶する。この記述は引用の大筋としてはこの誤解に対する反論の意味をもっている。こうした誤解と結びつく「人間中心主義的立場」という咎め立てが『存在と時間』の現存在の議論に対して繰り返しなされてきたという。だがハイデガーは、一方でそうした極端な誤解と等置されるつよい意味での人間中心主義は退けるとはいえ、他方では人間中心主義という名称ないし批判を端的に拒絶しているのではない。むしろ現存在は全体としての存在者の「中心」に立つのだという彼自身の形而上学構想における人間の中心性からして、人間中心主義という特徴づけをひとまず、仮初に受け入れる態度を見せてつぎのように問うのである。すなわち、人間はその有限性からしてたしかに「中心」に立つと同時に脱自的という意味で「脱中心的」であるのだが、そのような意味での留保つきの「人間中心主義的立場」は、一体どのような危険を孕んでいるというのか、と。この問いに対するハイデガー自身の回答は記されていない。しかしこの問いは単なる反語であり、みずからの人間中心主義的立場にはいかなる「危険」も隠されていないのだという断然たる否の回答が省略されているようにはみえないのが正直な印象である。むしろ問いは開いたままおかれている、というのが正しい見方であるようにおもう。人間存在の有限性は形而上学、哲学の可能性の根源であるというのは、少なくとも当時のハイデガーの確信であった。人間が中心性という立場、自己の事実的なパースペクティヴからまったく自由であるというような考えは、そうした確信とは相容れないものである。しかしこの注釈には、そうした中心性に対する疑念の萌芽が見いだされるようにおもわれる。

本書が述べるところの人間中心主義との関係について説明しておくと、本書のそれは、ハイデガーのいう「誤解」と等置されるような人間中心主義的立場のことではなく、むしろハイデガーが仮初にレトリックのうえで自身の立場の呼称として受け入れるものの内実に近い。ただしハイデガーはここで脱自的性格を「脱中心的」性格とほとんど等置しているが、本書の見解からするなら、現存在の脱自的性格は超越の超越論的地平の回帰的性格を構成するものであって、これは本書が指摘するところの人間中心主義の一契機、一側面にほかならず、形而上学期の現存在の中心性に対する本質的な反論と見なすことはできない。なんといっても本書でいうハイデガーの人間中心主義の要点は、存在論的差異化の再帰（回帰）的な遂行という権能があくまで現存在の脱自的な超越に帰せられている点にある。これはハイデガーが反論する「誤解」としての人間中心主義とは根本的に異なり、ハイデガーがここで説明している人間の中心性に関する内在的かつ批判的な解釈だといえる。

第六節　地平の限界としての無

前節でみた脱自的＝脱中心的動向は、現存在の超越において開かれる地平に対する閉域性という批判に対する再度の反論という意味をもつものであるようにも見える。ハイデガーの意図もそこにあったのだと考えることもできるかもしれない。そこで、すでに論じた一九二八年夏学期講義のなかで世界は「解放されたままの地平」（GA 26, 266）だとされ、疑問符の「?-」（GA 26, 266）によってその解放性が示されていたことがひきあいに出されるかもしれない。なんとなれば、将来の「そのために」へ向けた超越は、この「?-」へ向けた超越であり、それは閉鎖的ではなくむしろ開放的であるのだから、と。なるほど、たしかにそのようにいわれている。そしてこの意味での地平の開放性は否定すべくもない。しかしながらあらかじめ述べておくと、こうした反論は、ここでは本質的なものとはならない、というのが本書の立場である。以下、本節ではこのことを理解し、そこからさらに地平的問題構成の限界を無（Nichts）に見定めることを試みる。

そこでまず、〈そのために〉が「根拠一般の原現象」（GA 26, 276）としてそれ自身根源的な意味での「根拠」（GA 26, 282）と呼ばれていることを手がかりとして指摘することからはじめたい。この根拠はまた同時にいわれていたように疑問符「?-」で示されるべき解放性を有している。そのためこの根拠はまた脱根拠である。

現存在自身を跳び越えることではじめて脱根拠 Abgrund が開かれる。この脱根拠は現存在自身にとっての für 現存在である。ただ自己存在のこの脱根拠が超越によってそして超越において開かれるがために、この脱根拠は隠され見えなくなることもある。（GA 26, 234）

だがこの脱根拠の意味は、なにか？　これは自己存在の脱根拠と呼ばれる。自己存在の超越とは、いい換えれば、現実的な存在者を、現実化された可能性をつねに越え出る可能性の領域を担保するはたらきである。この可能性の領域にはそれゆえ本質的に底が抜けている。つまり脱根拠である。自己存在の可能性の領域は、つねに現実性を越え出ており、決して現実化され尽くされることがないということである。ハイデガーが『存在と時間』のある箇所でそう呼ぶように、「最根源的な「なにか或るもの Etwas」」（GA 2, 248）としての世界[41]の絶えざる未規定性が問題である。このような絶えざる自己存在の可能性を意味する脱根拠性こそが、ハイデガーによれば――哲学史的にはライプニッツによってはじめて明確化された――根拠律にかかわる形而上学的な問いを可能にしたものであった。

（一）なぜ、無よりもむしろなにか或るものがあるのか。
cur aliquid potius existit quam nihil.

（二）なぜ、あれよりもむしろこれがあるのか。
cur hoc potius existit quam aliud.

（三）なぜ、別様であるよりもむしろこのようであるのか。
cur sic potius existit quam aliter.
（GA 26, 141）

脱根拠として特徴づけられるべき根拠としての〈そのために〉は、あらゆる〈なぜ・なんのために〉という問いを生み出す根源である。脱根拠であるからこそ、そもそもそこからあらゆる〈なぜ〉の問いが立てられることとなる。ここに挙げた三つの問いのうちで、最初の問いは、うしろの二者と比して原理的意味においてよりラディカルな問いである。第二の問いでは〈これ〉の現実的存在に対する〈あれ〉という可能的な「なに存在 Was-sein」（GA 9, 169）が問われ、第三の問いでは〈このよう〉である現実的存在に対する別様性という可能的な「いかに存在 Wie-sein」（GA 9, 169）が問われている。つまりこの両者は、別の観点から存在の可能性を問うている点では異なるものではない。これに対して、最初の問いは、ハイデガーによれば、「存在（無）一般 Sein（Nichts）überhaupt」（GA 9, 169）の可能性を問うものである。この点で最初の問いはほかの二つに比してラディカルな方向性を有している。つまり存在者がなに（Was）であるかそしていかに（Wie）あるかではなく、そもそも存在者が存在しないという意味での無（Nichts）の可能性を問うているからである。

この違いは、世界という事象を考慮に入れた場合により明確な問題として姿をあらわすようにおもわれる。ここで、世界とは存在了解の地平である。これは一九二八年夏学期講義では、〈存在者でない〉という意味で〈根源的無〉（nihil originarium）つまりある種の無とされていた。しかし、さきの問い〈なぜ、無よりもむしろなにか或るものがあるのか〉において問題となっている無は、〈存在者でない〉という意味での無ではなく、〈存在者がない〉という意味で無である。ここで明確に指摘すべきは、ごくごくふつうに考えれば、世界は存在可能性の地平ではあるが、無の可能性の地平とは考えられないということがある。このことの意味は、〈存在者がない〉という意味での無がことさらに主題化されることがなかった一九二八年夏学期講義と、無の問題が顕在化した一九二九年の『形而上学とはなにか？』における超越の説明の異なりに注目するとよりわかりやすくなる。まず、すでに見たように一九二八年夏学期講義で、超越は存在者を乗り越えることとされ、存在者が乗り越えられる先は世界であった[42]。この構図は『根拠の本質について』でもかわらない[43]。現存在の超越が存在者を乗り越えて世界へ向かうという動向は、全体としての存在者（das Seiende im Ganzen）という術語にもあらわれている。つまりこの全体として（im Ganzen）が世界をあらわしている[44]。世界へ超越するとは、世界を投企することと同義である[45]。これに対して『形而上学とはなにか？』では、現存在の超越は、世界への超越というよりもむしろ、「現存在が無のうちに取り込まれ保たれていること」（GA 9, 118）とされる。そしてこの意味での超越は、単に存在者を乗り越えるものというより、むしろ「全体としての存在者を超えるüber das Seiende im Ganzen hinaus」（GA 9, 115）ものとされるのである。つまり、ここで超越とは、全体としての存在者を乗り越えてさらに無へ赴く。存在者を乗り越えるはたらきがもたらす存在者と存在の差異が、存在論的差異と呼ばれていたことを顧慮するなら、ここには、全体としての存在者と無とのあいだのいわば存在＝無論的差異とでも呼ぶべきものが出来しているようにも見える。しかしながら、つぎのような疑問が当然出てくる。すなわち、全体としての存在者を無へ乗り越える超越はどこかに赴くのだろうか？　どこかに到達したのか？　無へ到達したこと、これはいい換えれば、どこにも到達していないということではないのか？　この疑問に対して、つぎのような反論も予想される。無へ到達するとき、どこにも到達していないのではなく、むしろ存在に到達しているのではないかと。ところで最初の問い「なぜ、無よりもむしろなにか或るものがあるのか」は、ハイデガーの表現に即して書き換えれば、〈なぜそもそも存在者があるのであって、むしろ無があるのではないのか？〉となる。たしかに、ハイデガーが、この形而上学的な問いを取りあげる際、ときにヘーゲルのテーゼ〈純粋な存在と純粋な無はおなじものである〉を改釈してその傍証としながら[46]、存在と無を等置ないし同一視する[47]。しかし、そうだとすると、話は振り出しに戻ってしまう。なんとなれば無への超越は、存在了解の地平としての世界、全体性をいってみれば一歩でも半歩でも踏み出しているように見えるからであり、その点を無視するわけにはいかないからである。一九二九年のE・カッシーラーとのダヴォス討論でも、ハイデガーはつぎのように述べていた。「ただ無 Nichts を了解する場合にのみ〔……〕、わたしは存在を了解する可能性をもつのです。もし無が了解不可能であるなら、存在は了解不可能です」（GA 3, 283 f.）。この場合たしかに、無の了解が、存在の了解のある種の前提になっており、両者には一定の差異が認められているように読める。このことは認めなければならない。けれども両者はいずれにしても現存在の了解作用によって把握されるものとされる。だとすれば結局は、存在といっても無といっても、現存在によって投企された地平的な了解のはたらきの内部を動いているにすぎないことになるのではないか。それもやはり認めざるをえないのではないか？　あるいは、存在は投企可能であるが、無は現存在が投企できるものではないのではないか、と問うこともできる。そう問えるかもしれない。しかしそう問えるかもしれないにもかかわらず、ここでいわれる無は、存在と同様にあくまで地平的に了解されたかぎりでの無である、ということにかわりはない。ハイデガー自身の自己了解はどうだったのかといえば、彼は『形而上学とはなにか？』のために記された一九四三年の後書きのなかで、つまり彼の後期思想の立場から、「無の脱根拠」(GA 9, 312) としての、またおなじことだが、存在者に対する「他なるもの」(GA 9, 312) としての無 (Nichts) は、存在が纏う「ベール」(GA 9, 312) である、と述べている。これは、ベールにすぎない、と読むべきである。だが、この存在を、いま述べた地平的に了解された存在として理解し、無がそのベールにすぎないとするならば、ハイデガーの記述は意味がとおらない。そのベール（無）を了解することで、存在も了解できる、ということになるからである。むしろベール（無）を取り去ったほうがよりよく存在を了解できそうである。だがむろんそのように理解されるべきではない。というのは、ここではそもそもすでに存在という語の意味が変化しているからである。無が存在のベールであるといわれるときの存在とは、地平的に了解された存在ではなく、むしろ存在そのもののことであると理解すべきなのである。それゆえ、形而上学期の最後期にハイデガーが到達したのは、存在のベールであり、存在そのものではない、ということになる。

このことをつぎの二点からより明確に押さえておきたい。まず一点目は、一九四三年という年代からしてもそうだが、ここで存在と名指されている事象は、『存在と時間』や形而上学期における存在、すなわち地平的に了解された存在、別言すれば、時間性ないしはテンポラリテートに投企された存在、あるいは、現存在の超越の差異化作用によってもたらされる存在ではない、と考えるのが自然だということである。そうではなく、むしろ自己差異化する存在そのもの、自己退去する存在そのものと考えるべきである。二点目は、ここでいわれる無は、あくまで『形而上学とはなにか？』の無、つまり一九二〇年代の形而上学期の枠組みにおける無だということである。換言すれば、あくまで地平的に了解されたかぎりでの、地平的な立場から見られたかぎりでの無だということである。以上の二点から、この無は、地平的に了解された存在のベールではなく、後期思想でいわれるところの存在そのもののベールである、ということができる。ここから同時に導き出せるのは、地平的に了解された存在もまた、存在そのもののベールだということである。形而上学期の最終段階に位置する『形而上学とはなにか?』における無の解明は、後期ハイデガーの立場、見解からするなら、地平的に了解されたかぎりでの存在と無に到達したということである。それゆえ、存在そのもの、エルアイクニスには到達していないということである。というのも、無の向こう側にはさらになにか或るものを求めることはできず、そこにおいて思索はひとまず歩みを止めなければならないからである。

むすび

以上、本章でまず明らかにしたのは、『存在と時間』において明確に打ち出された現存在の時間性と、おなじく『存在と時間』で存在一般の地平として解明されるはずであったテンポラリテートの問題であった。この問題は、本質的に、カントが『純粋理性批判』における超越論哲学で提起した図式論と構想力の問題を背景にしたものであった。本章では、ここにハイデガーにおける人間中心主義の超越論的位置づけの直接の由来を見定めた。より具体的にいえば、人間の現存在(の時間性および超越)の地位が有する特異な中心性に関して三点指摘できる。まず一点目は、存在者と存在を区別するという差異化としての媒体機能である。そして二点目は、この差異化において生じる存在了解の地平(世界)の超越論的閉鎖性、その閉鎖的円環のうちに現存在が閉ざされてしまうことである。三点目として、この存在了解の地平が、存在者全体の現象の超越論的条件として機能するということが挙げられる。主としてこれら三点に、わたしたちはハイデガーの形而上学構想における——より大きく見れば『存在と時間』とその後の形而上学期をふくめた広義の初期思想における——存在の思索の人間中心主義を見ることができるようにおもわれる。

これにくわえて、本章では、ハイデガーは形而上学期の最後の時期において存在論的差異を半歩ばかり踏み出した、いわば存在＝無論的差異とでもいうべき次元に達していたことを見た。つまり形而上学の根本の問い〈なぜそもそも存在者があるのであって、むしろ無があるのではないのか？〉を手がかりに、現存在の地平的超越を基軸として形而上学的思索を遂行したハイデガーが到達したものは、無であった。そしてこの無は、同時にその思索の運動のゆき止まり、地平の閉鎖的円環運動の最極端を体現するものだと考えることができる。いってみれば、このように地平的な思惟の道行きではそれとして把握されえないものに突き当たるとき、すでに非地平的なもの、脱地平的なものがそこに示されているといえる。のちに『哲学への寄与』においてこの形而上学的問いは、「移行の問い」(GA 65, 509) と呼ばれている。このことは、この問いにおける無、形而上学的思索の運動において見出された無が、形而上学的次元、地平的次元からの思索の移行の動きそのものとなることを述べようとしているようにおもわれる。それゆえ、この移行は、存在者と存在の〈あいだ〉を生起させるかの形而上学における超越という意味での移行ではない。むしろそれは、現存在の超越を基軸として超越論的地平における存在論的差異の枠組みそのものからの脱出のようなものを指し示しているからである。よって、無という原理的限界に到達したということは、つぎのような推測を許すものである。すなわち、この無という限界への到達が――むろんすぐさまにではないにしても――、一九三〇年代初頭における地平的思惟の自己克服、自己変容とでも呼ぶべき転換、すなわち転回 (Kehre) へとつながる決定的な契機となったのではないかと考えることができる。

第二部

中期・後期思想における存在の中動媒体性と竈

第四章　人間の脱中心化と存在の中動媒体性

はじめに

第二部における最初の章であるこの第四章において、わたしたちはまずつぎのように主張したい。ケーレ（Kehre）と呼ばれる初期から後期への思索の転回とは、現存在を中心として鎖された円環を打ち破るための、そして、存在者と存在の存在論的差異をその本来の固有の根源ないし根源的な差異化のうちへと、存在と思索の固有の開けのうちへと連れ戻すための決定的な歩みのその一歩にほかならなかった、と。これに関して、すでに本書で論じたこととしてわたしたちはつぎのことを知っている。すなわち、その時間性に基づいて超越する「「人間」という存在者が存在を了解する」（GA 26, 199）ことが「人間的実存の原現象」（GA 26, 199）としてあること、そして、この「存在の了解作用のうちに、存在と存在者の区別の遂行が存する」（GA 26, 193）ことを、初期および形而上学期のハイデガーがみずからの構想の基幹となる思想と見なしていたということである。ここでハイデガーが、認識過程の中心に人間が位置しているというカントのプトレマイオス的な人間中心主義をそのままで継承しているのでないことはすでに論じたところから明らかであろう。ハイデガーにおいて問題となっている人間中心主義とは、むしろ現象学的‐形而上学的枠組みにおける存在と存在者の差異化という現象化の過程の中心に人間の現存在の時間性とそこから発する地平的超越が存しているという意味での人間中心主義である。本章では、この人間中心主義と、これに対する後期ハイデガーにおける思索の別の枠組み、その核心である存在そのものないしエルアイクニスと竈の意味を解明したい。具体的には、つぎのような手順を取ることとする。まず、人間中心主義に対するハイデガーの自己批判について、その内実を後期のテクストの記述を通して明確にしたい（第一節）。つぎに、後期思想の根本概念であるエルアイクニスにおける中動態ないし中動媒体性に関する解明を遂行する（第二節）。最後に、本書の第二部の視座となる竈をめぐる問題に関するシェリングの記述を参照しながら、竈と再帰的な中動媒体性との可能なむすびつきに光をあてることを試みることとなる（第三節）。

第一節　自己批判としての人間の脱中心化

ハイデガーの初期および形而上学期の根幹となる思想、すなわち現存在の超越に基づく地平的差異化こそが、後期のハイデガー自身による自己批判のもっとも先鋭化するところである。『存在と時間』の手沢本にはハイデガーのこの自己克服にかかわる覚書きが書き残されている。この覚書きが付されているのは、第一部と第二部からなるこの書の当初の構想全体が示されているそのなかの、未公刊となった第一部第三編「時間と存在」のタイトルの部分である。この覚書きはつぎのようなものである。

超越に応じた差異 transzendenzhafte Differenz。
地平そのものの超克。

由来へのひき返し。
この由来からの現前化。（GA 2, 53, Anm. a）

「超越に応じた transzendenzhaft」の語は、ハイデガーの造語である。超越とは、もちろん現存在の時間性に基づいた超越のことである。この「超越に応じた差異」の差異は、存在論的差異のことと考えられる。ハイデガーによれば、存在と存在者の異なりを、存在論的差異として思索しようという試みは、明示的には『存在と時間』以来のものである。[1]「超越に応じた差異」とは、これを超越に応じたものとして理解し、説明しようとするかぎりでの存在論的差異のことである。つまり、存在者を存在ないし世界へ向けて乗り越えるところ、すなわち超越するところに生起する差異である。そこで問題となる存在ないし世界は、地平的である。引用に見られる「地平」の語は、この存在了解の地平を指すものである。そして「地平そのものの超克」という言葉が意味するものは、文字どおり地平の超克であると同時に、それと本質的な仕方でかかわる人間の現存在の超越、そしてこの超越において、この超越を通して可能となるものとして把握されていた存在論的差異そのものの超克にほかならない。「由来へのひき返し」の「由来」が意味するのは、この意味での地平的な存在論的差異のいずれの項でもなく、この地平的な存在論的差異そのもの由来のことである。その由来へのひき返しは、この意味での存在論的差異の地平的次元に留まらないこと、そして、この次元を越えて、その由来へ赴くことを意味する。これが「地平そのものの超克」、また「由来へのひき返し」の意味するところにほかならないと考えられる。「この由来からの現前化」とは、地平的次元に媒介された存在者の現前化ではなく、地平的次元を乗り越えた別の次元からの現前化を意味し、後期ハイデガーの思索の主要な課題は、これに関する解明であると考えてよい。たとえば、『哲学への寄与』におけるつぎの記述は、この問題と本質的に連関するものとして参照することができる。

それゆえ、『存在と時間』とその枝わかれ（『根拠の本質』と『カント書』）における存在の問いの最初の開始を超克する試みにとっては、つぎのような変更の試みが必要となる。すなわちその試みとは、「存在論的差異」をコントロールすること、そして、存在論的差異の根源そのものとその真正な一性 *Einheit* を把握することである。

（GA 65, 250）

まず、形而上学期の基本文献『根拠の本質について』および『カント書』が、初期の主著『存在と時間』とその枝わかれとしての位置づけを与えられている。ハイデガーによれば、これらの書のなかで、「存在の問い」が開始されたことになっている。さらに、その初期から形而上学期に亘る存在の問いの試みが、『哲学への寄与』を書いているハイデガー自身にとっては超克の対象となっていることが述べられる。最後に、その超克の試みにとって必要なものが挙げられる。それは、存在論的差異のコントロール、そして、その存在論的差異のその「根源そのものとその真正な一性 *Einheit*」を捉えることなのだとされる。ここでいわれている存在論的差異とは、さきに述べた「超越に応じた差異」であり、超越論的‐地平的次元における存在論的差異のことであると理解できる。『哲学への寄与』のこの箇所で「根源」と名指されているものは、形而上学期に超越論的地平の「根源」（GA 24, 438）ないし「オリゴ」（GA 26, 272）と名指されていた究極のアプリオリとしての「テンポラリテート」（GA 24, 438）ないし「超越論的構想力」（GA 26, 272）、そして「時間性そのもの」（GA 26, 272）といったそれ自身が超越論的次元のものではなくて、むしろ、そうした地平‐超越論的次元の存在論的差異のその「由来」であると考えられる。よって、『哲学への寄与』でいわれる根源の「一性 Einheit」とは、形而上学構想における「時間性の地平の統一性」（GA 26, 272）としての世界ではなく、むしろその世界地平そのものの由来に存するそれよりももっと根源的なものと考えなければならないこととなるのではないか。もしそうだとすれば、ハイデガーが述べているのは、初期と形而上学期の存在の問いを超克するためには、そのような地平的次元における超越に応じた存在論的差異を乗り越えて、その「由来」ないし「根源」とその「一性」へ赴かなければならない、ということである。こうした問題の布置を顧慮したうえでつぎの引用を読むならば、ハイデガーの初期および形而上学期の思想と後期思想とのあいだに決定的な相違が存していること、そしてどこに存しているかということが明瞭な仕方で看取されうるとおもわれる。

> それゆえ、存在者を乗り越える übersteigen こと（超越）が問題なのではない。そうではなく、この区別〔＝存在論的差異〕を跳び越えること、それでもって超越を跳び越える überspringen こと、そして原初的な仕方で存在 Seyn から問うこと、真理から問うこと、このことが大事なのである。（GA 65, 250 f.）

繰り返そう。存在者を乗り越える（übersteigen）こと（＝超越）が問題なのではない。存在者を乗り越えること、これがすなわち超越である。これは、すでに何度も繰り返し述べたようにハイデガーの形而上学構想における地平的な存在論的差異の生起のはたらきそのものにほかならない。それほどまでに重要視されていたこの超越が、ここではもはや問題ではないと一蹴されているのである。ハイデガーの思想の変遷の意味を考えようとする場合に、このことの決定的な重要性はいうまでもない[2]。

もう一つ繰り返すと、そこではつぎのように述べられている。「この区別〔＝（地平的な）存在論的差異〕を跳び越えること、それでもって超越を跳び越える überspringen こと」が重要である、と。ここでは、一見しておなじように見える二つの語が根本的に違うことを述べている。まず一つ目の語とは、超越すなわち〈乗り越える〉ことであり、二つ目の語とは、〈跳び越える〉ことである。〈乗り越える〉とは、存在者を存在・世界・無へ向けて超越するという、形而上学構想の基幹的発想である。だが、二つ目の〈跳び越える〉は、これとは決定的に異なるものである。この〈跳び越える〉とは、存在者を超越することではなく、存在者を超越するこの超越そのものを跳び越えることにほかならない。別様にいうなら、地平的な存在論的差異そのものをいわば垂直方向に向けて跳び越えることである。これが示しているのは、さきに解釈をくわえた「地平そのものの超克」、そして「由来へのひき返し」という表現が意味するところと別のことではない。これに関してはもはや贅言を重ねる必要はないだろう。

ハイデガーの初期思想と形而上学期の思想は、人間の現存在とその超越を、存在と存在者の差異化、現象化のはたらき、そのプロセスの中心におくという点で、その思想は人間中心主義だといえる、という本書での主張に関してはすでに述べた。後期ハイデガーの自己批判は、まさにこの点に存している。要するに、存在と存在者のあいだの差異化のプロセスの中心に人間存在の地平的超越をおかないこと、その地平的次元そのものを――ハイデガーの表現を使うなら――跳び越えることに存している。このような意味において、ここではつぎのようにハイデガーの自己批判を理解し、規定することが求められている。つまり、それは、人間存在の脱中心化であるといえる。この人間の脱中心化を通して人間中心主義に取って代わるもの、それに対置されるべきものは、なにか？　それは、存在中心主義（Ontozentrismus）と呼ぶべき思想である。これが本書の第二部における主張である。本章ではこの思想に関して、以下の二点に焦点を絞って解明することにしたい。初期思想における人間中心主義において人間の現存在の時間性と超越による地平的次元における再帰的動態が問題であったのに対して、後期思想では存在そのものないしエルアイクニスを中心とした中動媒体性が問題となる。これが第一点目である。つぎに、この存在中心主義を象徴する視座として従来のハイデガー研究でほとんど顧みられることがなかった竈をめぐる問題がある。これが第二点目である。以下、この二点に関する具体的解明を遂行する。

第二節　エルアイクニスと中動媒体性

まず、第二節では、後期思想におけるエルアイクニスの現象に関してその動態をおなじく中動態の観点から明らかにする必要がある。すでに本書の第一部において『存在と時間』の現象およびロゴスに関するハイデガーの言語的ないし文法的理解を手がかりにして、それらの中動態の意味を明確にすることを試みた。これと同様に、本節でもエルアイクニスに関するハイデガーの記述における言葉のかたちを詳細に検討することで、エルアイクニスの中動媒体的含意を詳らかにしたい。エルアイクニスの現象様式が中動的再帰性に存することは、しばしばエルアイクニスの語と等置される表現――「おのれを覆蔵するはたらき Sichverbergen」(3)のなかに看取できるとおもわれる。ここでは、存在が〈隠しつつ示す〉ないし〈隠すという仕方で示す〉というエルアイクニスの現象様式が再帰表現に託されている。これは別のいい方をすれば、「おのれを去示する von sich wegzeigen」(GA 78, 73) ことである。しかしながら、エルアイクニスそのものを端的な意味での他動詞的と解釈する先行研究が国内外を問わず少なくない以上(4)、なんらの説明なしにこれを自明視するわけにはいかないだろう。そこで、以下では、エルアイクニスの他動詞的性格をつよく主張する典型例として一九四六年の『ヒューマニズム書簡』に関する渡邊二郎の論文(5)を取りあげ、批判的考察をくわえるなかでエルアイクニスの中動的性格を明らかにしたい。

単に文法的観点からいえば、『ヒューマニズム書簡』では、動詞エルアイクネンは、他動詞的にも再帰動詞的にも使用されている。再帰動詞的用法は五例確認できるが(6)、ここでの論及は控え、他動詞的とされる用法に限って確認してみたい。渡邊によれば、「動詞「エルアイクネン Ereignen」は、通常は、再帰動詞として使われる。しかし、ハイデガーは、この動詞をヒューマニズム書簡の四つの箇所で、純粋の他動詞として用いている」(Watanabe 1998/99, 11)。つぎの引用が、渡邊の指摘する四つの箇所の原文と渡邊による日本語訳である。

①

insofern das Denken, vom Sein ereignet, dem Sein gehört [...]. (GA 9, 316)

思索は、存在によって呼び求められ促されて〔vom Sein ereignet〕、存在へと聴従し帰属するものであるかぎり〔……〕。(渡邊訳、二二三頁)

②

[Sprache ist] das vom Sein ereignet und aus ihm durchfügte Haus des Seins. (GA 9, 333)

〔言葉は、〕存在によって呼び求められ促され〔vom Sein ereignet〕かつ存在にもとづいて隅々まで接合されて組み立てられた存在の家なのである。（渡邊訳、六四頁）

③

[das Denken] von ihr [= Geschichte des Seins] selbst ereignet [...]. (GA 9, 335)

〔思索は〕この歴史そのものによって呼び求められ促されて〔von ihr selbst ereignet〕〔……〕。（渡邊訳、六九頁）

④

insofern das Sein den Menschen als den ek-sistierenden zur Wächterschaft für die Wahrheit des Seins in diese selbst ereignet. (GA 9, 345)

存在は、人間を〔den Menschen〕、存在へと身を開き－そこへと出で立つ者として、存在の真理のための番人であるべく、この存在の真理そのもののうちへと、呼び求め促す〔ereignet〕ものであるかぎりは。（渡邊訳、九三頁）

それでは、最初の三つの引用から見てゆこう。まずは、ここで渡邊が前置詞 von を一貫して「によって」と訳していることを確認しておきたい。ereignet は、「呼び求められ促されて」という渡邊による独自の翻訳を付され、受動表現の過去分詞とされる。たとえば、能動表現〈わたしがそのパンを食べる ich esse das Brot〉の裏面が、受動表現〈そのパンはわたしによって食べられる das Brot wird *von* mir *gegessen*〉であるのと同様の事態である。〈存在によって呼び求め促されて〉を、（渡邊の解釈にしたがって）能動表現にいい換えるなら、〈存在が呼び求め促す〉となる。この文法的理解に対して異論を唱えるつもりはない。しかしながらここから、エルアイクニスそのものが渡邊のいうように「純粋」な意味で他動詞的だとする結論を導くのだとしたら、一面的であるといわざるをえない。

なぜか。まず後期ハイデガーにおける von の特異な多義性が指摘されねばならない。形而上学における存在の対象化を示すとされる前置詞 über（に関して）に対して、それから区別された von は、存在〈について von〉の思索と同時に存在〈から von〉の思索を特徴づける。(7) ハイデガーは『哲学への寄与』の冒頭部分で副題『エルアイクニスについて／から Vom Ereignis』の含意を説明するなかでつぎのように述べている。

> 存在と存在「の」語のうちへと、思索的にいいつつ聴従することは、エルアイクニスから／によってエルアイクネンする。
>
> Vom Ereignis er-eignet ein denkerisch-sagendes Zugehören zum Seyn und in das Wort »des« Seyns.（GA 65, 3）

ここの von は、〈から〉とも〈よって〉とも読める（あるいは、訳せる）が、いずれにしろ受動表現において単に作用主を指す von と異なることは明らかである。この特異なニュアンスは、エルアイクニスにかかわる受動表現における〈によって von〉にも認められなければならない。そしてまた、この引用において〈から／によって von〉と括弧に入れられた属格の定冠詞「の des」が同様の意味で使われていることが指摘できる。この両者の含意に関してより具体的に述べられる箇所が、『ヒューマニズム書簡』のなかに見られる。

思索は、存在による存在のための参与 l'engagement par l'Etre pour l'Etre です。この両者（「par」と「pour」）を一つにまとめていうことが可能かどうかわたしにはおぼつかないことですが、あえてそういうとすれば、〈思索、これは存在の参与である penser, c'est l'engagement de l'Etre〉、といえます。ここでは「の de l'…」という属格のかたちは、この属格が、同時に一つの主格的＝目的格属格 ein gen.［＝genetivus］subiectivus und obiectivus であることを表しています。この場合、「主格・主観 Subjekt」と「目的格・客観 Objekt」は形而上学の不適切な題目であり、この形而上学が西洋的な「論理学」や「文法」の形態において早い時期から言葉についての解釈を支配してしまったのです。（GA 9, 313 f.）

渡邊によれば、ここのフランス語の par は、「存在が」という主格を示し、pour は、「存在を」という目的格を示す。[8] この解釈は「存在の」の「の de l'…」が、主格的属格と目的格属格を同時に示すとするハイデガー自身の説明と合致する。渡邊はそれを、エルアイクニスを他動詞的とすることの論拠の一つとする。[9] とはいえ、そこで「主格・主観」と「目的格・客観」が形而上学的で不適切とされ、それが近代的な「文法」と関連することに対して、渡邊は自身の立場を明確にしない。[10] しかし、それよりも決定的に重要なのは、そもそもハイデガーの意図は、par と pour を一つにまとめていうことにあり、その場合、この属格は、同時に主格的属格と目的格属格を意味するということである。「の de l'…」は、この両者を一つにまとめて、いちどきにいうための言葉である。この意味における「の de l'…」がまた、vom Sein ereignet や Vom Ereignis などにおける von の意味にほかならないこととなる。[11]

ここから、この von を、受動表現における作用主を指すとする渡邊の解釈の問題性の所在が明らかとなる。両者（par と pour）の両者は、日本語の「が」と「を」におき換えられるが、この場合には、あくまで近代的な文法にしたがっている。けれども、ハイデガーの本来の意図は、むしろ、（存在）〈が〉と（存在）〈を〉を、一つにまとめて、いいちどきにいうことにあった。その場合、主格と目的格という近代的な文法上の区別はもはや不適切であり、〈が〉と〈を〉の区別もまた本来、厳密には不適切だといえる。もちろん、〈が・主格〉と〈を・目的格〉という表現上の区分が、エルアイクニスという事態をなんとか明示的に言語に乗せるために必要だというのはたしかである。しかしながら、渡邊がvonを受動態の作用主を示す主格のvonと理解するとき、本来同時にふくまれているはずの主格と目的格の一方、すなわち主格のみをそこに読み取っている。つまりエルアイクニスそのものを他動詞的とする解釈の問題性は、それがこの区分の片方である主格〈存在が〉のみに一面的に依拠する点に存しているのである。

それでは、四つ目として挙げられた箇所「存在は、人間を、存在へと身を開き-そこへと出で立つ者として、存在の真理のための番人であるべく、この存在の真理そのもののうちへと、呼び求め促すereignetものであるかぎりは」のなかの能動表現における対格の「人間を」の箇所についてはどうか？　この文の「存在は」は、par（存在が）に相当し、「存在の真理そのもののうちへ」は、pour（存在を）に相当する。ここで、「人間を」は、余分な要素に見えるかもしれないが、そうではない。むしろこの「人間を」があってこそ、〈存在が〉と〈存在を〉は、統一的事態・動態として成立可能である。なぜなら、〈存在が〉とは、〈存在が人間を思索させる〉ことを意味し、〈存在を〉とは、〈人間が存在を思索する〉ことを意味するからである。ここでもまた、目的格〈人間を〉と主格〈人間が〉はひとまとまりに、同時に成立している。けれども、その場合には初期の実存論的問題構成におけるように人間の現存在を起点とした地平的再帰関係〈現存在が現存在自身を〉ではなく、存在を起点とした再帰関係〈存在が存在自身を〉が成立している。人間はこの存在の再帰的動態に巻き込まれ、その仲介者として機能しているのである。

エルアイクニスにおけるこうした一連の動きは、それを統一的に見るなら、他動詞からよりも、中動態からより適切に――より事象に即して――理解可能であることは明らかである。[12]すでに見たように、中動態の主な三つの意味は、①〈自分のために……する〉、②再帰的、③相互的だった。たとえば、『存在と時間』で、現存在の「ロゴスは、なにか或るものを見えてくるようにするläßt etwas sehen（ファイネスタイ）、つまり、それに関して話題になっているものを、語り手の〈ために *für*〉（中動態 Medium）、ないし相互に語りあう者たちの〈ために für〉見えてくるようにする」（GA 2, 43）といわれるとき、この動詞「見えてくるようにすること Sehenlassen」は、①と③の意味での中動態である。それは、語り手が「自身のために für」（GA 17, 28）語ることである。これとあくまで類比的な仕方で、渡邊の四つ目の例が、①存在が存在自身のために人間をエルアイクネンする、もしくは、③存在と人間が相互になにかをする、という意味だとすれば、それは中動態として理解可能になる。そして、それはまさにそうなっている。すでに述べたように、エルアイクニスとは、〈存在が、人間を仲介として、存在の真理自身のために、思索させること〉にほかならないからである。『哲学への寄与』に見られる「おのれを覆蔵するはたらきの〈ための für〉明るみ」という表現も、〈存在それ自身のために〉をあらわすと考えられる。[13] この場合、②の再帰性は排除されない。存在と人間の相互作用は、存在のエルアイクニスとしての再帰的中動態のうちでのみ生起するからである。仲介者としての人間を省略した記述をひきあいに出すなら、「エルアイクニスとは、自分自身を見出しかつ媒介する媒体的中心 sich selbst ermittelnde und vermittelnde Mitte」[14]（GA 65, 73）であり、これが（人間を介した、あるいは人間における）自己退去しつつ自己自身を現出させるという存在現象の再帰的‐媒体的な動態にほかならない。

第三節　竈と中動媒体性――シェリングにおける「生命の竈」を手がかりに

つぎに本節では、後期ハイデガーにおける存在そのものの地位の特異性を象徴する竈とその現象動態として再帰的な中動媒体性、それも垂直的な再帰性を有する中動媒体性と呼ばれるべきものとのつながりに光をあてることを試みたい。

竈という言葉が喚起するのは、およそ静的なイメージではないだろうか。たとえば、日本の竈は台所の隅にどっかりと腰を据えている。それは、動き、運動とは、正反対ないし無縁なものではないだろうか。それと同様に、ギリシア語のヘスティアもまた留まるや住まうといったどちらかといぅと静的な動詞と結びついている。そうではあるが、つぎのこともまた真実であろう。すなわち竈は、絶えず燃えあがる火、炎との本質的連関において留まると同時に絶えざる垂直的な動きのイメージと関係する、ということである。ここで重要なのは、これらの背反する二つの性格——留まることと動くこと——を、竈という一つのイメージのなかに明確にすることである。この明確化のために、本節ではシェリングにおける竈と火の形象を参照することにしたい。

初期のシェリングは、一七九七年に公刊された『自然哲学に関する考案』の一八〇三年に出された第二版に、つぎのような初版にはない記述を書きくわえている。

> 古代のひとびとは、ウェスタ（ヘスティア）の名のもとに普遍的実体を崇拝し、火の形象のもとにこの普遍的実体そのものを崇拝した。かれらはつぎのような目配せをわたしたちに残している。それは、この火が、物体性のうちで突破しつつあらわれる純粋な実体ないし第三の次元である、ということである。これは、その根本現象が火であるところの燃焼プロセスの本性に関してあらかじめすでにいくらかの光を投げかける見方である。(15)

ここにまずシェリングの自然哲学における竈（ウェスタ・ヘスティア）のイメージを認めることができる。その後、一八〇九年の『自由論』の翌年の『シュトゥットガルト私講義』では熱の過程と火の元素の説明に「ウェスタ」（SW I-7, 450）の語が登場する。さらにその翌年の一八一一年の『世界年代』の遺稿にはつぎのようにある。

> 人間の平和な住まいは太古の火の竈 Heerd eines uralten Feuers のうえに建てられている。〔……〕この過去のものがいまなお根底に隠されている。それが活動するならばわたしたちを灼き尽くし、滅ぼすであろうおなじ原理がその無活動の状態においてわたしたちを担い、支えている。(16)

シェリングによればここでいわれる竈の火とは、ヘラクレイトスの断片B三〇でいわれる火であり[17]、この「火は最奥のもの、それゆえまた最古のものであり、火が鎮まることでまずもってすべてのものが世界へともたらされた[18]」。この消えることのない竈の火が世界を形成し、鎮まった火の竈のうえに現にある世界秩序は築かれている。この竈の火は世界を産出し、形成する「産み出すもの」であり、それは「その産物と調和している場合には、実際のところ内的な生命と動き、すなわち穏やかな鎮められた生命の炎 Lebensflamme にほかならない。その炎はあらゆる存在者のうちで、また見かけは死んだもののうちでも燃えている（慧眼なひとたちはそのことを見ている）。けれども〔産み出すものは〕、産み出されるもの d[as] Producirte［…］と対立し矛盾する場合には、灼き尽くす火 das verzehrende *Feuer*」（SW I-7, 448）である。後期シェリングの『世界年代』の草稿から彼の思索における竈とその火を理解するための範例的な箇所を参照したい。

> 対立が永遠に生じつづけるのは、統一によってたえずくりかえし灼かれんがためである。そして対立が永遠に統一によって灼かれるのは、たえずそれを新たに生き抜かんがためである。これは、フェステ die Feste（ヘスティア *ἑστία*）、すなわち、たえずおのれ自身を灼滅するとともにその灰からふたたび新たに甦る生命の竈（der Heerd des beständig sich selbst verbrennenden und aus der Asche wieder neu verjüngenden Lebens）なのである。
> （SW I-8, 230）

まずシェリングの語用についての説明をしておきたい。この箇所には、「フェステ die Feste」の語が登場し、ヘスティアと等置されている。フェステとはなんだろうか？　女性名詞 Feste は存在する。それは、〈固い〉、〈不動の〉を意味するドイツ語の形容詞 fest と同語源の語であり、〈要塞〉、〈砦〉、〈蒼穹〉、〈鉱柱・残柱〉を意味する。別のもっと簡単な解釈を示せば、〈堅固な〉、〈揺るぎない〉を意味する形容詞 fest の女性形が名詞化されたものと理解することもできるが、その場合フェステは〈揺るぎない者＝女神〉となるだろうか。だがここでヘスティアの語で念頭におかれているのは女神というよりむしろその竈（Herd）のように見える。ここでは最初に触れた女性名詞フェステとヘスティアの結びつきを推考してみたい。ヘスティアから推測するならば、のちに本書でみることになるヘスティアは〈ゼウスの城の見張り〉という意味と関連するが、その場合、つまり、フェステのもつ〈要塞〉や〈砦〉が〈城の見張り〉と結びつくからである。また、フェステに見られる柱のニュアンスも世界秩序を支えるものにふさわしいようにおもわれるので、ここではさしあたり、フェステの意味を一義的に確定するよりも、さしあたりカタカナにフェステに括弧した要塞・砦・支柱をつけて、フェステ（要塞・砦・支柱）と表記するという処置を取ることとしたい[19]。

引用の中身に話をもどすと、ここには、初期の自然哲学[20]から一貫して見られるヘスティアとその火へのシェリングの関心が範例的な仕方で示されているといってよい。シェリングによれば、この火は、ヘラクレイトスの哲学が述べていた「それが鎮まることで世界全体が創造された、飽くことを知らぬ火（アカマトン・プュル ἀκάματον πῦρ）」（SW I-8, 230）[21]である。注目すべきは、ここで説明される竈と火の動態である。この動態のなかには、一方では対立の契機があり、他方では統一の契機がある。別様にいえば、一方ではすでに燃えあがり下方へ消え去《ゆ》く炎と、燃えあがらんとする上方へ来たる炎の対立がある。それゆえ、この対立は、ヘラクレイトスが述べる「対抗しあう調和」（Herakleitos, Frag. B 51）にほかならないということになろう。対立と統一は時間を前後してあるのではなく、同時に、いちどきにある。生命においては、死と再生がいちどきにある。生命の火は、「みずからのうちを走るものとして、かつ、たえず後方へ向かいみずからを取返し反復するものとして、そして、ふたたびみずからの前を走るものとして」（SW I-8, 230）生命の活動、運動そのものである。

ここに見られるのは、生命の普遍的現象としての自己の絶えざる反復運動であろう。たとえば、檜垣立哉は、「反復するためには同一性がなければならないが、反復が普遍的なものであるためには、それは同一性を壊すあらたなものを含まないわけにはいかない」(22)と述べて生命の本質的動態としての反復＝取返しを記述する。みずからを灼き滅ぼすと同時にその焼き滅ぼしを生き抜くというシェリングの再帰性も基本的におなじことを述べている。つまり、生命は再帰する。あるいは、生命とは、絶えざる自己再帰運動そのもののことである。ここに見られるのは、常住性のなかにある更新運動であり、更新運動のなかにある常住性である。別様にいい換えるならば、常住性とは更新運動なくしてはありえず、更新運動もまた常住性なくしては更新運動ではありえない。両者は別個の運動ではなく、一つのおなじ運動を別の側面から表現している。ところで、あとで説明するように、古代ギリシアでは、神々へのあらゆる供儀は、竈の祭壇において、女神ヘスティアへの供儀から開始されたという。こうしたところから、古代ギリシア語のなかには、「女神ヘスティアから供儀を始める *ἀφ᾽Ἑστίας ἄρχεσθαι*」という慣用表現がある。これの意味するところは、「最初から始める beginn from the beginning」（GEL, 698）、（シェリングの翻訳でいえば）「最初の始まりから vom ersten Anfang」（SW I-8, 379, Anm. 34）、である。これとの関連から述べれば、竈が示す常住性と更新性は、生命や火の運動ないし存在に本質的なそのつどの原初、ないしいちどきの出来事としてのそのつどの終わりと始まりなのだといい換えられる。このようにして竈が象徴しているのは、そのつど新たな開始であるようなそのつど一回的な再帰性である。その再帰性とは、常住なる反復、新たなる反復、そのつど新たな開始である反復によって特徴づけられるべきものである。このようなそのつど一回的で原初的な反復である再帰性こそが、ここで竈とその火によって把握され、表現されている二重でありながら、一つのおなじものであるような動態にほかならない。

　生命は再帰する、別言すれば、生命はおのれを反復し取り返す。それは燃えあがる火が再帰し、絶えずおのれを反復するのと同様である。もちろんこれは、おなじことの単なる繰り返しや古いものの使い回しとは原理的に異なる。竈の火が象徴するものには、なにか新たなもの、一回的なものがふくまれているからである。こうした事態に関して、ハイデガーもまた一回的なもの、反復という語を用いて述べている——「ただ一回的なもの *das Einmalige* だけが反－復可能 *wieder-holbar* である。一回的なものはみずからのうちに、ふたたびそこに帰りゆき、それの原初性が引き受けられる必然性の根拠をもつ」（GA 65, 53）。そして「フュシスが唯一的かつ一回的」（GA 65, 385）なものである。これは存在史（Seinsgeschick）における原初（Anfang）の原初性（Anfänglichkeit）について、別言すれば、ハイデガーがいうところの別の原初（der andere Anfang）としての第一の原初（der erste Anfang）の反復、後者への帰りゆきとしての前者への移行について述べられたものである。このようにしてハイデガーは、うえで述べたような再帰性を、存在そのもの（フュシス）がおのれを贈与する運命、ゲシック（Geschick）に関して述べているのである。

ここでハイデガーもまた、存在そのものの動態を火の立ちあがりと消え去りの同時的現象として語っていたことが想起される。「「火」のうちには、照らし出し、赤々と灼熱し、ひろがり Weite を形成する諸連関がある。また同時に灼き焦がし、おのれのうちに打ち砕かれ、崩れ落ち、閉じ籠る、消え入るという諸連関も本質的である」（GA 55, 161）。ハイデガーにおいて火の動態は、存在そのもの、フュシスの動きである。「フュシス――おのずから立ちあがる輝き。これはほかのなにものにも媒介されず、それ自身が媒体的中心 Mitte である」（GA 53, 140）。フュシスが「竈」（GA 53, 140）、「竈の媒体的中心」（GA 53, 140）である。ここは、後期ハイデガーにおける竈と再帰的な中動媒体性との関連が明確に看取されるところである。竈とその火としての存在そのもの、フュシスもまた、生命と同様に、再帰するのである――あるいは、フュシスとはそのような常住性と更新運動に基づく再帰運動そのもののことである。ここにこそ、本書が竈と再帰性、つまり再帰的な中動媒体性とを一つの連関において論じようと目論む所以が存している。

簡略化しすぎとの誇りも覚悟のうえで、ここでは存在と竈の連関にもとづくフュシスの自己媒介性の思想を、存在中心主義（Ontozentrismus）と特徴づけることにしたい。初期・形而上学期の思想が、時間性の超越論的な地平の次元によって特徴づけられるのに対して、中期以降の思想は、竈とその火が象徴的に示すように垂直的次元をその根本特徴としている。これは存在史の視座からなされる、存在そのものの垂直的な中動媒体性の思想である。

むすび

以上、第二部の最初の章である本章の論述で意図されていたのは、つぎのことであった。それは、本書全体の視座である中動態と竈が、中期以降、いい換えれば、一九三〇年初頭以来のハイデガーの存在の思索に占める基本的な意味づけを明らかにすることであった。この作業は、第一部を受けるかたちで、本書のもう一つの視座である地平、すなわち初期・形而上学期の思索における超越論的な時間地平に対するハイデガー自身の自己批判を検討することから開始された。そこから明らかにされたのは、超越論的地平を基軸とした人間中心主義とでも呼ぶべき思想への自己批判としての人間の脱中心化であった。これが本章第一節の問題であった。ここからさらに、人間の占めていた中心的位置に、存在そのものがおかれるという思索の事序となっていた。そこで、この存在そのもの、エルアイクニスの本質的な動態を目指して、再帰的な中動媒体性の視座からの解明が遂行された。これが本章第二節における作業であった。さらにそこから問題となるのが、本書のもう一つの視座である竈がこの存在そのものの中動媒体性と関連するものであるとするなら、それはどのような結びつきなのか、ということであった。本章第三節は、この問題の解明にあてられた。この解明作業のなかで、まずシェリングの記述を手がかりとすることで、竈とその火が、生命、存在、フュシスの動態を示すものであること、そしてこの動態が中動的再帰性の垂直的な自己媒体動態の運動であること、以上のことを示すことができたようにおもわれる。

第五章　竃の精神史——ニーチェを手がかりとして

狂気の人間。——あなたがたはあの狂気の人間のことを耳にしなかっただろうか？——明るい昼前にランタンの火を燈しながら、市場に駆けてきて、「おれは神をさがしている！　おれは神をさがしている！」とひっきりなしに叫んでいた狂気の人間のことを？[1]

『悦ばしき知識』

はじめに

本章は、一九三〇年代以降のハイデガーの思索の人間の脱中心化および存在そのもの、ないしエルアイクニスの中心化と根本的な仕方で結びついていると考えられる竃の精神史の概略を主にニーチェの古典文献学研究に基づく仕方で解明することを課題としたい。すでに序論で触れたように、一八六九年から一八七九年までのバーゼル大学での文献学者時代のニーチェの講義録には竃への言及が見られる。これを見ていきたい。だが、ここで文献学者時代の研究がのちの哲学者ニーチェの思索内容にどのような影響を与えたのかという点に関する議論に立ち入ることはできない。ここでは、ただ両者は無関係であるはずはないといい添えておくだけである——このことは、ニーチェ研究が示しているように、彼の文献学講義の文章が後期の哲学的テクストにおき移されて使われていることからもいえる。[2]またこのニーチェとハイデガーの関係を直接的な仕方で文献的に実証することも叶わぬ相談である。というのも、周知のようにハイデガーが主に論じるのはもっぱら後期の哲学者ニーチェだからである。もちろんのことながら、このことは文献学者ニーチェとハイデガーの関係を否認、排除する類のものではない。ただ文献に基づいた実証的な仕方で肯定するものでないということである。それゆえここでわたしたちが示すことができるのは、あくまでひとりの古典文献学者の竈への論及であり、それは古代ギリシアにおける竈という重要事項に関する明快な理解をもたらさんがためである。そして望むらくはそうするなかで、ハイデガーの一九三〇年代以降の思索の精神史的背景を開陳したいと考えている。このような目論見から、本章ではニーチェが竈に論及しているテクストを取りあげる。竈への言及が見い出されるテクストとして、管見にはいるかぎり二つの講義録を挙げることができる。「プラトン以前の哲学者たち」と「ギリシア人の祭祀」である。――ちなみにこの両テクストは一九一三年に『ニーチェ・フィロロギカ』(第三巻)[3]においてはじめて公刊され、この書物はハイデガーの蔵書にふくまれている。

以下での本章の論述の具体的な手順を説明する。まず古代ギリシア以来の竈にかかわる基本事項を確認し、その精神史の概略を押さえる(第一節)。つぎに、ニーチェの古典文献学者時代の講義録「プラトン以前の哲学者たち」に見られるピュタゴラス学派の竈ないし中心火の記述の具体的内容を明らかにし、これに考察をくわえる(第二節)。つづけてニーチェの別の講義録「ギリシア人の祭祀」におけるギリシアの家の構造とそこにおける女神ヘスティアの祭壇(=竈)に関する説明を確認し、考察する(第三節)。さらにおなじく「ギリシア人の祭祀」におけるシュノイキア祭とアテナイの竈に関する記述から古代ギリシアにおける共同体と竈の関連に光をあてる。最後におなじく「ギリシア人の祭祀」において解明されている古代ギリシアにおける竈および火と神々との関連に関する記述を確認することとなる(第五節)。これによって、古代ギリシアにおける竈と火の基本的な意味とその全体像を浮かびあがらせたい。――いい添えておくと、ここでは古代の竈や家の構造に関する現代の考古学や歴史学の研究成果を参照することはない。[4]たとえばニーチェの竈に関する理解や説明が考古学の最新の実証的な知見と合致するかどうかは問題とはしない。むしろ、竈が精神史のなかで、どのような背景のもとでいかに理解されてきたのか、そしてそれが西洋の思索のなかでどのような動機づけ、役割を果たしてきたのかを見届けるある種の系譜学的な考古学がここでの基本的な作業となる。

第一節　竈、あるいは控えめな女神の精神史——古代ギリシアへ

まず、本節では、ハイデガーの哲学、その詩作的思索における竈の記述の背景となる竈の精神史に関して、主として古代ギリシアに関する神話学、古典文献学、詩学および哲学史の観点からその概観を明示してゆくことにしたい。古代ギリシアの神話には数々の神々が登場する。さしあたり、オリュンポス十二神を挙げると、稲妻の神ゼウス、その妻で結婚の女神ヘラ、女神アテナ、技芸の神アポロン、狩猟の女神アルテミス、愛や美の女神アフロディテ、軍神アレース、大地の女神デメテル、火山・鍛冶の神ヘーファイストス、交易・交通の神ヘルメス、海の神ポセイドン、そして十二番目にくるのが、女神ヘスティアもしくはぶどう酒の神ディオニュソスである。もともと女神ヘスティアが十二番目であったが、十二神にくわわれないことを嘆く甥ディオニュソスにその座を譲ったともいわれる。十二神の席をゆずったというエピソードは、いかにもこの女神らしい目立たなさ、目立つところから一歩身をひくという控えめさを示している。ゼウスをはじめとするこうした有名な神々のなかで、女神ヘスティアはあまりにも知られていない、目立たない、控えめな女神だといって間違いないだろう。また、彼女は彫像や絵画などで像として残されることがほかの神々と比べて著しく少なく、偶像化されぬ女神としても知られる。——このことは、あとで述べるように、ほかの神々の祭祀・礼拝に際して必要不可欠な媒介機能、すなわち人間たちと神々を媒介する第三項として極めて重要な機能を果たしていたにもかかわらず、否、むしろそれゆえにこそ、それ自身が崇拝の対象とされるよりも、その

媒介機能特有の目立たなさ、その控えめなふるまいのうちになかば忘却されていくという、彼女がたどらなければならなかった特異な運命を示しているようにおもわれる。

さて、ギリシア語のヘスティアは、固有名詞ヘスティア（Ἑστία）としては、オリュンポス十二神のひとりで、クロノスとレアの最初の子供として「最年長〔ないし最古〕の神」（Merkelbach 1980, 61）と呼ばれる竈の処女神である女神ヘスティアの名であり、普通名詞ヘスティア（ἑστία）としては家の竈を意味し、比喩的に家そのもの[5]や家庭、家郷を意味する[6]。そして女神ヘスティアの祭壇としての竈を意味する。

古典文献学者であるラインホルト・メルケルバッハ[7]によれば、まずもって古代には、各家々[8]や各神殿の中心にヘスティアの竈がおかれていた[9]。そこで、竈は、それ自体が祭壇として祭祀の対象であるが、家や神殿においてほかの神々と人間の共同のものとして両者をつなぐ媒介的な機能を果たした。時代が経るにつれて、竈は各ポリス、各植民都市の中心にもおかれるようになる。つまり、家庭の竈から、ポリスの竈が登場し、祭祀的かつ政治的機能を果たすようになる[10]。ポリスには、その評議会のための、プリュタネイオン（πρυτανεῖον）と呼ばれる集会場がおかれた。ヘスティアの火は、この建物の祭壇で絶えず守りつづけられなければならなかったとされる[11]。この竈は、コイネー・ヘスティア（κοινὴ ἑστία）、つまり公共の竈と呼ばれ、身分を問わずさまざまなひとびとの共同の竈という意味を有するようになる[12]。いずれにしても、家々でも各神殿やポリスにおいても、ヘスティアの竈は、その各々の構成員を統一的にまとめあげる統一化という根本的な意義、はたらきを有しており、たとえば、もし竈がなければ、たとえ家や神殿の建築物があったとしてもそれは真正なものとは認められなかったという。

この元来祭祀の文脈にあったヘスティア（竈・女神）は、やがて、古代ギリシアの詩と哲学の両分野において特異な意味を負わされるようになる。このことが文献資料的に確認できる最初期の例としては、悲劇詩人ソフォクレス（Σοφοκλῆς, 497/6–406/5 B.C.）、哲学者アナクサゴラス（Ἀναξαγόρας, c.510–c.428 B.C.）を師にもつ悲劇詩人エウリピデス[13]（Εὐριπίδης, c.480–c.406 B.C.）、ピュタゴラス学派の哲学者フィロラオス（Φιλόλαος, c.470–c.399 B.C.）まで遡ることができる。[14] ソフォクレスの断片は提示するには断片的すぎるのでここでの引用は控える。[15] エウリピデスの断片を示すと、つぎのようになっている。

（エウリピデス断片九四四）

死すべき者のうちの智者は、大地母を、エーテルのなかに座すものとして、[16]〔女神〕ヘスティアと呼ぶ。

Καὶ Γαῖα μῆτερ, Ἑστίαν δέ σ᾽ οἱ σοφοὶ βροτῶν καλοῦσιν ἡμένην ἐν αἰθέρι. (Euripides, Frag. 944)[17]

女神ヘスティアは大地母（*Γαῖα μῆτερ*）としてエーテルのなかに座すという。ちなみにエーテルは、近代では光や熱や電磁気などを伝える媒質として想定された物質を指す言葉である。ギリシアではエーテルは、雲のうえの澄んだ明るい天空・蒼穹・また天空を満たしていると考えられた物質、霊気を意味するが、ここでは天空ないし宇宙の意味で理解すべきとおもわれる。興味ぶかいのは、エーテルが動詞アイテイン（*αἴθειν*）に由来することである。この動詞は、なにか或るものに「火をつける light up, kindle」を意味し、中動態では（おのずと）「燃える〔焼ける・火が燈る〕burn」、「燃えあがる〔燃え立つ〕blaze」（GEL, 37）を意味する。つまり、エーテルをこの「燃えあがる」という意味と結びつけてよいなら、この女神ヘスティア、つまり竈は宇宙の燃えあがる炎のただなかに座している、と理解できることとなる。

話をもどすと、元来は処女神という性格を有する女神ヘスティアと大地母は、常識的にみれば相互に対立するものである――大地母はむしろペルセフォネーの母デメテルのことである。このかぎりにおいて、エウリピデスに明示的に認められるこの両者（ヘスティアと大地母）の矛盾を孕んだ同一視は、伝統的祭祀におけるヘスティアのイメージからは逸脱しているといってよい。古典文献学者たちによってヘスティアが哲学的文脈へおき移されたと見なされるのは、ほかでもなくこの同一視においてである。[18]

古典文献学者アウグスト・プロイナーによれば、エウリピデスによるこの同一視は、その師である哲学者アナクサゴラスから動機づけられたという。[19] より正確にいうなら、アナクサゴラスを介したピュタゴラス学派からの影響とされる。[20] たしかに、現在まで残されているアナクサゴラス自身のテクストにはこの同一視は見当たらず、アナクサゴラスとピュタゴラス学派の影響関係は証明できないということは正しい。[21] そうではあるが、たとえば三世紀のアナトリオス[22]は、両者の同一視は、当時の哲学者のなかでは広く知られていたものだという説を提示している。[23] このヘスティアのおき移しがピュタゴラス学派からの哲学的影響とされる主な理由は、フィロラオスの断片におけるヘスティア解釈との一定の共通性にある。[24] それはつぎの断片B七である。

τὸ πρᾶτον ἁρμοσθέν, τὸ ἕν, ἐν τῶι μέσωι τᾶς σφαίρας ἑστία καλεῖται. (Philolaos, Frag. B 7)

球体の中心で、まず調和的にまとめられたもの、一者は、ヘスティアという。

（フィロラオス断片B七）

ここでいわれる「球体」とは、ピュタゴラス（Πυθαγόρας, c.570–? B.C.）に由来するとされる概念コスモスとおなじである。フィロラオスは、ヘスティアを大地と同一視するのではなく、大地がそのほかの星々とともに、コスモスの中心にあるヘスティアの火をめぐって運動するというある種の地動説を取るとされる。[25] ヘスティアの火は、コスモスの運動・活動の「中心火 Centralfeuer」（Preuner 1864, 158）、「中心 *κέντρον* の真ん中の火」（Philolaos, A 16）のことである。[26] それゆえ大地としてのヘスティアは、もとよりフィロラオスの地動説と厳密に一致するものではない。だが、コスモスの中心という位置づけ、不動という性格、そして燃えさかる火と結びつくこと、おもにこの三点にヘスティアと大地母の対応関係を認めることができる。

この不動という性格は、〈建てる〉、〈創建する〉、〈うち建てる〉、〈住まわせる〉、〈留める〉などを意味する動詞ヒスタナイ（*ἱστάναι*）[27]とヘスティアの語との語源的および語感的連関からもたらされたとされる。[28] こうしたつながりから、ヘスティアは、不動のまま留まる中心の火、ないし大地、「基づける大地 gründende Erde」（Merkelbach 1980, 62）を意味するものとなり、のちにはシェリングにおいて「一切を立ち留まりのうちに保持する者 die alles im Stehen Erhaltende」（SW II-2, 626）と特徴づけられることにもなる。

こうしたヘスティア理解にとって——とりわけ哲学史的には（新）プラトン主義哲学におけるヘスティア理解にとって——重要なのは、つぎのプラトンの『ファイドロス』における記述である。

> 偉大なる指揮者ゼウス、翼ある馬車を駆り、万物を秩序づけ、万物を配慮しながら、さきがけて進みゆく。これにしたがうのは、十一の部隊に整列された神々とダイモーンの軍勢。これ〔十二神の部隊が十一しかないというの〕はつまり、竈を守る〔女神〕ヘスティアだけは、ひとり神々の住処に留まる *μένει* からである。
> （Phaedrus, 246e–247a）

五世紀ローマの著述家マクロビウス[29]は『サトゥルナリア（*Saturnalia*）』で、『ファイドロス』のこの記述を引用してつぎのように解説している。

> ヘスティアが神々の家にひとり留まる *μένει δὲ Ἑστία ἐν Θεῶν οἴκῳ μόνη* こと、これが意味するのは、わたしたちが大地であるとするヘスティアが、神々の家のなかに intra domum deorum、つまり宇宙の中心に intra mundum 不動のまま留まる manet inmobilis ということである。
> （Saturnalia I 23, 8）[30]

こうしたところからまたギリシア文明史家J－P・ヴェルナン[31]は、この箇所が象徴する（女神）ヘスティアの意味、役割についてつぎのように説明する。

ひとりヘスティアだけが、彼女の場所 place を決して去ることなく、不動のまま家に留まる〔住まう〕demeure。この点からつぎのことが明確になる。それは、そこから発して人間の空間が方向づけられ、組織化されるところの中心 centre、つまりヘスティアが、詩人と哲学者において、コスモスの中心にあって au centre du cosmos 不動であるところの大地 terre と同一視される、ということである。(Vernant 1963, 13)

こうしてヘスティアは、哲学(史)的文脈において、人間と神々、つまり存在者一切を包括するコスモスの中心に位置する不動のものとして、とりわけプラトンと彼の哲学を独自の仕方で受け継ぐ(新)プラトン主義において大地と同一視され、人間と神々の共同・共通のものという意味を獲得していることがわかる。たとえば、本書の第一部ですでに論及した新プラトン主義者のポルフュリオスの記述を一つの例として参照すると、そこではつぎのようにいわれている。

それ〔=大地〕は、神々と人間たちの共同のヘスティアである。
Κοινὴ γάρ ἐστιν αὕτη καὶ θεῶν καὶ ἀνθρώπων ἑστία. (De abstinentia II-32)[32]

ポルフュリオスによるこのヘスティア理解、すなわち、神々と人間たちの共同性を創設するものとしてのヘスティア理解は、本章であとから詳しく見るように、人間同士の共同性および人間たちと神々の共同性の基礎づけという、初期ギリシアの前哲学的文脈におけるヘスティア理解に淵源するものである。[33]

第二節　ピュタゴラス学派の竈とその伝統

つぎに本節でまず取りあげたいのは、「プラトン以前の哲学者たち」と題された一八七二年と一八七三年および一八七六年夏学期におけるニーチェの講義録[34]である。より詳しくいうと、ニーチェが竈およびそれと同一視される中心火について語っているこのテクストの第十六節「ピュタゴラス学派のひとびと」のなかの記述を取りあげたい。

前節で述べたように、古代ギリシア哲学の文脈において竈の理解に規定的役割を演じたのはピュタゴラス学派のひとびとであった。そしてこの伝統をプラトンおよび（新）プラトン主義の哲学者たちが受け継いだ。ニーチェのつぎの記述は、この歴史的経緯に関するものである。ニーチェによれば、ピュタゴラス学派のひとびとは、その宇宙生成《コスモゴニ》論において、宇宙は、世界全体の核にある火の発生にはじまると考えていた。具体的には、この火が、「いち〔一〕das Eins」ないし「モナス〔一〕」であると同時にまた、「宇宙全体の竈 Herd des Weltalls」、「ゼウスの城の見張りWache der Burg des Zeus」（KGW II-4, 347）[35]だと考えられていた。ニーチェはこの火の役割を、アナクシマンドロスのト・アペイロンを念頭におきつつ説明する。[36]それによれば、この火は――ここでニーチェはヘラクレイトスの火をも想起させている[37]――それに近いところのアペイロン、つまり限界を欠いたところ、規定を欠いたところをみずからにひき寄せて限界、規定ないし秩序を与えるというようにはたらく。つまり、火の力のおよぶ範囲が限界づけられ秩序をもった圏域として保持されつづけるということになる。「その圏域の火が、世界をまとまりのうちに保持するzusammenhalten という使命を有していた」（KGW II-4, 348）ということである。その火を通してこそ、コスモスとしての宇宙・世界は、まさにコスモス（＝秩序・調和）となる。逆に、「火の圏域の彼岸はアペイロン」（KGW II-4, 348）である。いい換えれば、コスモス（秩序・調和）の外部はカオス（＝無秩序・渾沌）である。そのため、ピュタゴラス学派のひとびとは、「その火をアナンケー〔＝必要・必然〕と呼んだ」（KGW II-4, 348）といわれる。[38]実際の宇宙の事象に即していえば、天の川が、その火柱であるという。[39] この火のはたらきは、エンペドクレス的ないしパルメニデスにおけるような球としての「世界建築 Weltgebäude」(KGW II-4, 347)の終焉のときまでつづくとされる。あるいは正確には、この火の完全なる消滅こそ、宇宙(世界)・コスモスの終焉であるということになるだろう。この世界建築の「中心点 Mittelpunkt」(KGW II-4, 347)にあるこの火は、また「中心火 Centralfeuer」(KGW II-4, 347)と呼ばれていた。この中心火をめぐって、土星、木星、火星、金星、水星、太陽、月、大地、対地星が公転する。対地星とは、ピュタゴラス学派のひとびとが、中心火と大地のあいだを運動すると想定する天体である。大地は、中心火と対地星に対してつねにおなじ側面を向けているとされる。また人間はこの側面の反対の側に住んでいるので、中心火と対地星を直接に目視することはできないと説明されていた。

だが——ニーチェをひきあいに出すまでもないが——、ピュタゴラス学派の述べる厳密な意味での中心火の説、ある種の地動説はやがて放棄されるにいたる。ニーチェの説明によれば、それとともに、大地中心説・天動説において、中心火は大地と混淆され、大地が「その固有の軸 ihre eigene Axe」(KGW II-4, 348)[40] をめぐって自転すると考えられるようになった。といっても、すでに見たように、竈と大地の混交は、ソフォクレスやエウリピデスにも見られるものであり、大地との混淆そのものは、天文学的な知見の変化と厳密な相関関係のもとに生まれてきたわけではないとおもわれる。だが、当然これもさきに見たように、哲学的文脈では大地と竈(ヘスティア)の混合は、プラトンにおいて顕著であり、これを新プラトン主義者たちも継承している。つまり、(自転する)大地を中心とした天動説——正確には大地中心説(geozentrische Theorie)へ移行したことがいわれているのである。

けれどもまたふたたび、コペルニクス[41](Nikolaus Kopernikus, 1473–1543)が、彼の「根本思想」(KGW II-4, 348)を、すなわち[42](ピュタゴラス学派の中心火説とは別の)地動説——正確には太陽中心説(heliozentrische Theorie)——を、キケロ(Cicero, Marcus Tulius, 106–43 B.C.)や、プルタルコス[43](Πλούταρχος, c.45–c.120)によるフィロラオスの説に関する説明から着想を得て唱えるにいたった。[44] これがニーチェの説明である。

要するに、ピュタゴラス学派のある種の（太陽中心説ではない）地動説における竈＝中心火は、最初はその周りを大地であれ、太陽であれ公転するものであった。それが次第に大地中心説としての天動説への傾きのなかで、不動の大地と同一視されるにいたる。しかし、さらなる天文学の発達によって、ピュタゴラス学派の地動説を参照するというある種の先祖返りを通して、大地が占めていた中心の位置に太陽がおかれることとなる。ここに、太陽中心説(heliozentrische Theorie) としての地動説が成立するということである。

——ところで現在では、いわゆる地動説が正しいということが、まだ、常識のようにいわれることがある。もし、不動ではなく動いているという意味で理解するなら、地動説は正しいだろう。しかし、そのような単純な意味でいうなら、天動説もまた正しいことになる。宇宙が膨張しているなら、大地から見あげる天＝宇宙・天体もまた不動だとはいえないからである。これに対して、もし、地動説をより厳密にヨーロッパ語 heliozentrische Theorie/heliocentric theory（＝太陽中心説）から理解するなら、また天動説もより厳密に原語 geozentrische Theorie/geocentric theory から理解するなら、両者はいずれももはや支持することができない学説である。というのも、地球も太陽も、実は宇宙の中心にはなかったというのが近代以降の天文学が見出した基本的見解だからである。かつて人間は、自分たちが宇宙の中心を占めていると、あるいは宇宙の中心（中心火・太陽）の近くを廻っていると固く信じていた。しかし、近代人は、自分たちが、宇宙の中心（大地）に立っているのでもなく、宇宙の中心（中心火・太陽）をめぐる軌道を動いているのでもなかった、ということをはっきりと認めていったのである。コペルニクスの太陽中心説はこうした近代人の自己認識の出発点だった。「——コペルニクス以来、人間は中心からXへ向け転げ落ちている」（KSA 12, 127）。こうして人間の人間としての自己認識と不可分な仕方で結びついた自然科学の知見の変遷、発展のなかで竈と太陽が等置されることとなるが、それはもはやほんとうの、真の中心ではないものと見なされる。その例として、シェリングのつぎの記述を参照したい。

あらゆる天圏の中心に［i］n der Mitte〔……〕不滅の光が燃えあがっていた。〔……〕天の技巧は、かの天体を、それがそっくり質量であり、そっくり光であり、世界の竈 Heerd der Welt であり、あるいはほかのひとびとのいうように、ゼウスの聖なる見張所 heilige Wache des Zeus であるように創造したのである。（SW I-4, 276）

ここで宇宙の中心に燃える火は、もはや本来のピュタゴラス学派の中心火でも、大地でもなく、むしろ太陽と考えなくてはならない。とはいえ、シェリングにとって宇宙の真の中心は、太陽ではない。プラトン主義とキリスト教的な神をも背景とする彼にとって、真の中心とは、もっとも高次の中心、統一性のみなもとと見なされるのは絶対者である[45]。ここでは、シェリングにおいて宇宙の中心にある竈としての太陽は、そうした絶対者の絶対的中心性との類比的連関において考えられているということはいえる。シェリングは『哲学と宗教』[46]でも同様に、自我性（Ichheit）が「中心 Centro」（SW I-6, 42）としての絶対者から離れる離心的運動およびそこへ向かう向心的運動を、太陽とそれをめぐるケプラー的な楕円運動をする惑星の運動になぞらえている[47]。ここには、古代ギリシア以来の哲学的－詩的形象としての竈（ヘスティア・ウェスタ）が、自然科学の発展のなかでさまざまな歴史的洗礼を受けながらもドイツ観念論の絶対者にかかわる議論にまで継承されているさまを見ることができるだろう。

第三節　ギリシアの家とヘスティア――ふたたび古代へ

さて前節までニーチェのテクストを手がかりに、いちど古代から近代までの竈をめぐる精神史をみてきたわけであるが、本節からは、ふたたび古代へ向けて遡行したい。取りあげるのは、ニーチェの一八七五／七六年冬学期の講義録「ギリシア人の祭祀」[48]である。本節以降では、そのテクストにおけるニーチェの竈に関する記述をつぎのように区分して順次論じてゆく。まず、古代ギリシアの家の構造とそこにおける竈の意味、役割に関して明示する（第三節）。

つぎにアッティカ地方全体の竈としてのアテナイの竈の意味と役割を、シュノイキア祭の集住の意味とともに明らかにする（第四節）。最後に、神々の臨在と立ち去り、そして誕生と死という出来事における竈の火の役割を解明することとする（第五節）。

まずこの第三節で論じるのは、いま挙げたニーチェのテクストの序論部分に相当する第一〇節である。はじめに、この第一〇節で竈が問題となるコンテクストについて簡単に説明する。このテクストのなかでは、古代ギリシアの氏族の祭祀がいかにして家単位の小さなものから各地方、そしてさらにはアッティカ地方全体を巻き込むような大きなものに拡大成長していったのかが説明されている。竈は、この説明に際して重要な鍵として登場してくる。当然ながらそのほかの要素も登場しているが、ここでは話を竈に限定して論じさせてもらう。

その第一〇節のはじめにおいて、祭祀のもっとも小さな単位である家庭、その家の構造についての解説がおこなわれる。古代ギリシアにおける家は、当然ながら現代のそれとは大きく異なるものである。

——ニーチェ曰く、「ギリシアの家は、玄関から奥にいたるまで聖所の列を擁している」（KGW II-5, 400）。まずは、講義のためにニーチェの手によって書き残された古代ギリシアの家の平面図を見てみたい[49]（次頁）。

単に家といったが、この平面図が示しているのは当然ながら庶民ではなく、都市における相当に富裕な貴族か商人の家と考えられる。図の下側に、表通りに面した家の玄関が見える。表通りには、「旅のヘルメス」が祀られている。この玄関先には、「道の守護者アポロン」がいる。そこから家に入ると、まず柱列によって方形に取り囲まれた中庭があって、そこに「中庭のゼウス」が祀られている。その向こうには左右に伸びた両翼の空間があり、その両端に「父祖の神々」が鎮座している。この空間を越えてさらに進むと、家の中央に男子の間が見える。ここに、女神ヘスティアがその祭壇（＝竈）に祀られている。そこからさらに進むと、女性の空間に立ち入ることとなる。まず婦人のための中庭があって、そこの先には右手奥にタラモスと呼ばれる小部屋がある。タラモスとは婦人の寝室、特に花嫁の寝室とされ、貴重品の収納にも使用されていた部屋であるが、ここには「結婚の神々」が祀られている。さらにそ

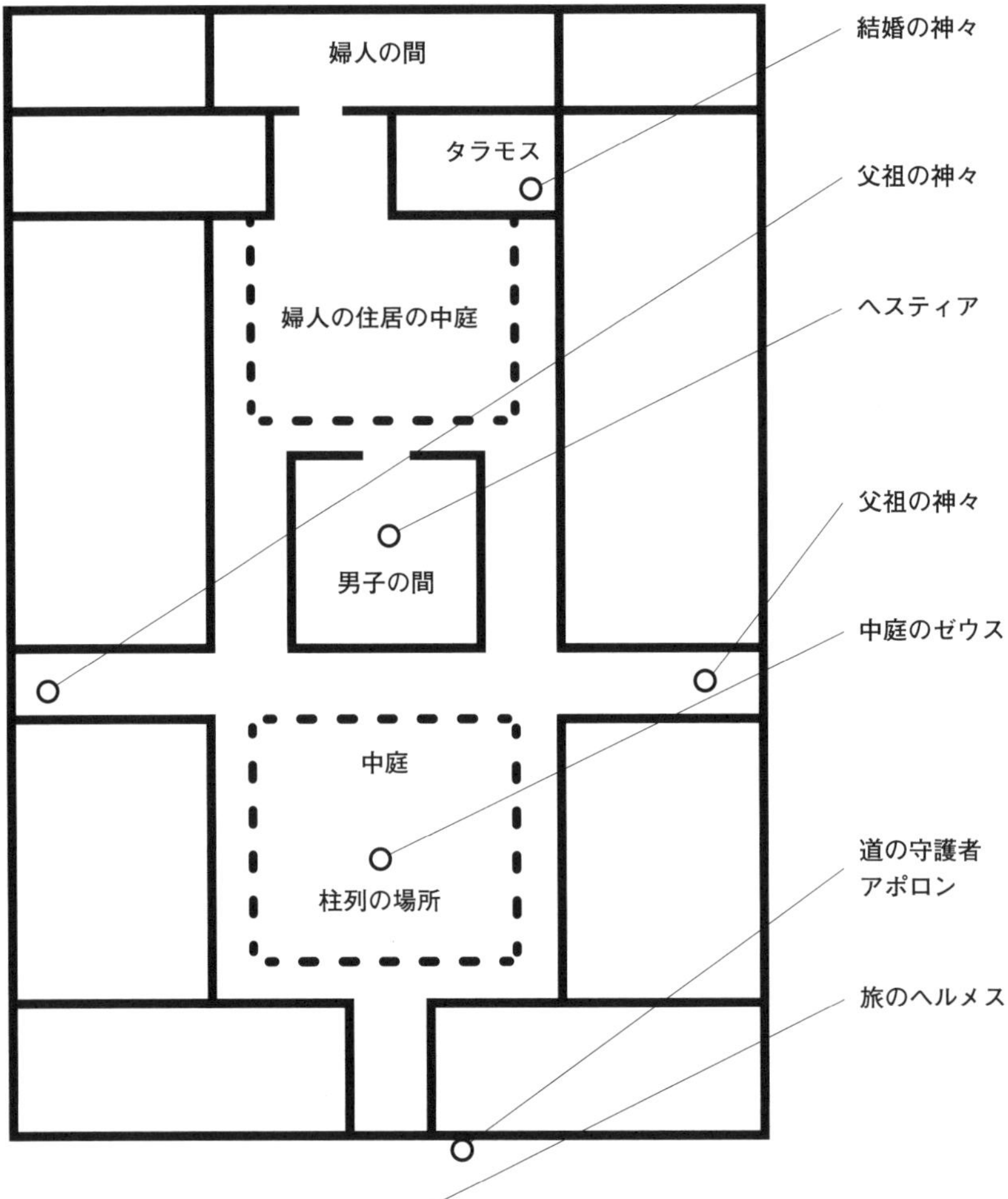

古代ギリシアの家の平面図

の奥にある婦人の間は、昼間の居室と考えられる。

ニーチェが述べるように、表通りの旅のヘルメスからはじまり、玄関先のアポロン、ゼウス、父祖の神々、結婚の神々など、実にさまざまな神々が家の各所に祀られていることが見て取れる。そのなかでも家の中心に位置しているのは、ほかでもなく女神ヘスティアの祭壇、すなわち竈である。これについてのニーチェの説明を以下に引用したい。

柱廊の両翼部のなかの神々〔＝父祖の神々〕を眺めたのちに、わたしたちは男子の間（家の中心 Mitte des Hauses）に歩みを進めることとなる。この男子の間の中心では、ヘスティアの円形の祭壇が純白の紐で飾られてひとびとの目を惹きつけていた。それは、主人が饗宴する場所であり、またみずからも犠牲を屠殺し食した、そういう時代のふるくからある竈 Heerd なのだった。この女神ヘスティアが呼びかけられることもっとも多く、供物が捧げられることもっとも多かった。女神ヘスティアに始まってほかの神のあらゆる供犠の儀式が執りおこなわれたのである。というのも、炎が供物を灼き尽すまえに、まずもって炎が燃やしつけられなくてはならなかったからである。最後の供物もまた女神ヘスティアに捧げられた。彼女に捧げられるものは、炎によって完全に灼き尽くされなければならず、なにものも運び出すことは許されず、なにものも卑俗な目的に利用することは許されなかった。日ごと食事の際には御神酒が捧げられた。ゼウス、ヘファイストス、ニンフ、ポセイドンなどなどがテオイ・エフェスティオイ *θεοὶ ἐφέστιοι*〔＝竈の傍らの神々〕として、女神ヘスティアとこの聖所〔＝祭壇としての竈の場所〕をわかちあった。旅立ち Abreise と帰還 Rückkehr に際して、また奴隷の場合でさえ、その者を家へ受け入れるに際し、またその者が家を立ち去るに際して、また誕生に際し、名づけに際し、結婚に際し、死に際して、この聖所の神々への礼拝が求められたのだった。また女神ヘスティアの祭壇はアシュロン *ἄσυλον*〔＝アジール〕であった。異邦人や家の敵はここに保護を見出した。自由人、奴隷、異邦人は、ここで家の同居人として一体化されたのである。

(KGW II-5, 404)

女神ヘスティアの円形の祭壇――つまり竈――は、純白の紐で装飾をほどこされて、「家の中心 Mitte des Hauses」、中央に据えられていた。ところで近代の天文学の進展は、宇宙空間から中心を取り除き、宇宙空間を中心のない無限なものとした。典型的にはニュートンの「絶対空間」がそうである。こうした宇宙理解と不可分な仕方でわたしたちがそのなかに生きている空間さえも、知覚的・歴史的な生きられた意味空間ではなく、むしろユークリッド幾何学の空間把握に対応する自然科学の対象となっていった。こうした自然科学の空間把握からするなら、この家の中央も単にどこまでも一様かつ無限に拡がる空間の一地点――そのほかのどの地点とも本質的に等価で等質であるような一地点――にすぎなくなってしまうだろう。そして、竈を家の中心におくということは、自然科学的真理につけくわえられるだけの空虚な迷信に基づくものでしかないことになろう。けれども、むろんギリシア人にとって、それはそのような空しいおもい込みではなかった。そのことを推し量ることは、現代のわたしたちの生活世界にとってまったく見当がつかないものというわけでもないだろう。ごくごく素朴な――けれども見方を変えればある種の普遍性を帯びた――いい方をするなら、竈が家の中心におかれていたことは、とりもなおさずそれが家のなかでもっとも重要な位置を占めていた、ということにほかならないのである。それでは、なぜ竈はそれほどまでに重視されていたのだろうか。ニーチェがこの竈（女神ヘスティアの祭壇）にかかわるものとして七つの要素を挙げていた。これらを再度確認してみよう。

(1) 竈（ヘスティア）の場所は、「主人が饗宴する場所」、「犠牲を屠殺し食した」場所であった。

(2) 女神ヘスティアが家のひとびとからもっとも多く呼びかけられ、彼女にもっとも多くの供物が捧げられた。

(3)　女神ヘスティアへの供犠が、ほかのすべての神々のための供犠の始まりと終焉にあった。

(4)　竈（ヘスティア）の火が、ほかのすべての神々への供犠に必要であった。

(5)　ゼウスなど主要な神々がテオイ・エフェスティオイ（＝竈の傍らの神々）として、女神ヘスティアと竈の場所を共有した。

(6)　家人の旅立ちと帰還、奴隷の家への受け入れと家からの立ち去り、誕生と死、名づけ、結婚の際に女神ヘスティアの竈（祭壇）が礼拝された。

(7)　女神ヘスティアの竈の場所はアジールであった。

このうちでもっとも基本的な要素は、(1)から(4)の火とそれによって調えられた食事および供物であろう。女神ヘスティアおよび祭壇（竈）としてヘスティアは、ほかの神々へ供物を捧げる際になくてはならないものであった。それはその火によって調えられた食事によって家のひとびとを結びつけると同時にまた、同様に火によって燃やされた供物によって神々と家人とを結びつけるものであった。もちろん女神ヘスティアだけに供物が捧げられることはあったが、むしろこのほかの神々と家人を結びつける媒介機能がこの女神およびその祭壇＝竈のもつ固有の性格として特筆すべきものであるといえる。ヴェルナンによれば、「竈のうえで香が焚かれたり、そこで供犠の肉が灼かれたり、食事の最中に神々へ捧げられる食物の一部を灼いたりする際には、家庭の祭壇〔＝竈〕のうえに燈された炎のなかで、ヘスティアが家族からの捧げものをオリュンポスの神々の住まいまで立ち昇らせる」（Grecs I, 168）のである。このことは⑸に見られる「エフェスティオイ」の場所つまり「竈の傍らの」場所がほかの神々との共同のものであることにもあらわれている。女神ヘスティアはその火によってほかの神々と家のひとびとをむすびつけ、またその固有の場所、竈の場所をかれらと共有したのだ。そしてまたこのことから、⑹と⑺についても説明できるようにおもわれる。⑹に見られる家人の旅立ち、奴隷の家からの立ち去り、死はいずれも家から離れること、家との関係の解消を意味する。おなじく⑹の家人の帰還、奴隷の家への受け入れ、誕生、名づけ、結婚は、家への統合、家との一体化を意味する。余談かもしれないが、すでに触れたようにヘスティアに関連する動詞ヒスタナイ（*ἱστάναι*）は〈住まわせる〉を意味する。そして名詞ヘスティアからつくられた動詞ヘスティアエイン（*ἑστιάειν*）は、客人を家の中心にある竈の場所へ招き入れてそこで〈歓待すること〉を意味する。たとえば、プラトン（主義）から強い影響を受けたノヴァーリス（Novalis/Georg Philipp Friedrich von Hardenberg, 1772–1807）の『青い花（*Heinrich von Ofterdingen*）』（一八〇二年）のなかの挿話『アトランティス物語』――アトランティスとはもちろんプラトンの『ティマイオス』[50]、『クリティアス』[51]に登場する、水没したとされる伝説上の大陸ないし巨大な島の名前である――のなかにもそうしたイメージの詩的反復が見られるようにおもわれる。

> 若者が急いで精霊の歌さながらに響く彼女〔王女〕の願いを満たそうとする一方、老人は質朴な恭しさで彼女の前に進み出て、家の中央に立ち mitten im Hause stand、そのうえでかろやかな青い炎が音もなく上方へ向け燃えあがる質素な竈の傍らの an dem einfachen Herde 席へ招き入れた[52]。

美しい一節ではあるが、ここでノヴァーリスにまで議論を拡げることはできないので、いささか余計な引用であったかもしれない。いずれにしろニーチェの説明によるなら、⑺のアジールとしての機能も、竈がもつ異邦人や敵の家への一体化のはたらきと考えられる。

以上が古代ギリシアの家における女神ヘスティアの祭壇、竈に関するニーチェの説明の大要である。

第四節　シュノイキア祭とアテナイの竈

本節ではさらに、より大きな意味での共同体におけるヘスティア＝竈の意味に関するニーチェの説明を確認したい。これに関する記述は、おなじテクストのおなじく第一〇節に見られる。説明は後回しにして、まず当該箇所の引用を示そう。

アテナイでは真正なる共同居住を記念したシュノイキア祭が祝われていた。この共同居住は、テセウスによって完遂されたということになっている。つまり、テセウスが、ポリスの竈を定礎した、ということである。アテナイは、このことによってこの地域〔＝アッティカ地方〕のなかで唯一の真正なる都市となったのである。これは、ほかのアッティカ人がその時にアテナイに移り住んだということでない。かれらは、かれらが定住していた場所に依然として住みつづけたままだった。けれども、いまや——新たなることが生じたのだ——。すなわち、アテナイが〔アッティカ地方全体の〕統治の中心地 Centralsitz となり、そこから von dem aus アッティカの残りの地方すべてが支配されることとなったのである。（KGW II-5, 406）

ここでまず問題となるのはシュノイキア祭である。シュノイキアとは寄り集まって住むこと、集住のことをいう。つまりシュノイキア祭とは、集住祭という意味であり、日本語ではそう呼ばれることもある。アッティカ地方はもともと小さな共同体がそれぞれ小さな単位で各自の経営、統治をおこなっていた。そこに、ミノタウロス退治の伝説で知られるアテナイの王テセウスが登場して、アッティカ地方を統一することとなる。これを記念してテセウスが始めたのがシュノイキア祭だと伝えられている。ニーチェが殊更に指摘するように、集住という表現にもかかわらず、これはアッティカ地方の他所の村や町からひとびとが都市アテナイに移動して、集まってきたということを意味するものではない。集まること、そして一緒に住まうことは、ここでは空間的な移動を意味するものではないということだ。

そもそも一緒にいるかどうかは、空間的に何メートル近くにいるかによっては判断できない。たとえば、わたしたちは、レストランでたまたま隣の席にいる赤の他人と集まって、一緒に食事をしているわけではないが、逆に不在の家族をおもって供えられる陰膳は、時間や空間の共有がないにもかかわらず、そこにある種の共同性をもたらす。――しかしレストランでの意図せぬ出会いが食事を介して一つの偶然的な親密さや共同性へもたらされることもよくある話である。

竈もこうした食事と類比的な役割を演じているようにおもわれる。アッティカ地方全体がそもそも集まること、そして一緒に住まうことのためのもっとも根本的な意味は、ニーチェが述べるところによれば、テセウスがポリスの竈を定礎したことにある。根源的な見方をするならば、ひとびとの居住の共同性は、都市の造営、家の建築、ひとびとの移動にあるのではない。それよりもむしろ、竈が据えおかれ、それが全アッティカの共同の竈として共有されることにあったということである。この竈に基づいてこそ、アッティカの各地方（のひとびと）が〈集まり〉、かれらが〈一緒に住まう〉ことの共同性、偶然的な出会いをも巻き込んだ共同性が創設されることができたのだった。この竈の定礎に基づいてこそ、アテナイは文字どおり全アッティカ統治の「中心地 Centralsitz」という位置づけを獲得することとなったのである。

ここに見出されるのは、もともとは各家の中心におかれ、その家族の居住および祭祀において家族を結びつける役割を果たしていたヘスティア（＝竈）が、次第により大きな共同体におき移され、そこでも同様に共同の居住と祭祀においてひとびとを統合し、集合させる共同化の機能を果たしていった歴史的経緯である。このことが暗黙のうちに含意するのは、この竈の火が消えること、もっといえば竈がなくなることは、逆に集住におけるひとびとのあいだのつながりの解消、統一における秩序の破壊をもたらすということである。

以上をまとめると、竈の火の明滅は、人間たちの集いと離散を支配するものである、ということになろう。このことは、人間同士にのみいえることではなく、また神々と人間のあいだの事柄としても考えなければならない。否、むしろまさに竈の火が神々と人間たちのあいだにあるからこそ、そもそもそこで人間たちもまたともに集うと考えるべきである。次節では、人間たちと神々のかかわりにおける竈の役割について見てゆきたい。

第五節　神々の臨在と立ち去り、あるいは誕生と死

本節ではおなじくニーチェの「ギリシア人の祭祀」の第一章「儀礼の場所と対象」の第四節の最後の部分と、第三章「宗教儀式」の第二節「戴冠およびこれに類するもの」の最後の部分に登場する竈およびその火と神々との連関に関する記述を取りあげて考察する。まず前者の当該箇所であるが、ここではまず古代ギリシアの神殿には、一般に火、「永遠の火」、「プュル・アスベストン」(KGW II-5, 445) が焚かれていたことが述べられ、とりわけ女神アテナが祭られていたアテナイのポリアス神殿の「永遠のランプ」、「アスベストン・リュクノス」(KGW II-5, 445) について説明がなされる。

ニーチェの解説を簡単にまとめるとつぎのようになる。このランプは、一年間のあいだにいちどだけオイルを充塡され、それによって燃えつづけることができるように工夫されていた。ランプの芯は「有名なカルパシアの亜麻」(KGW II-5, 445) からつくられており、ランプのオイルは、もっとも純粋なアッティカのオイル、おそらくは「アカデメイアの神聖なオリーブからつくられたオイル」(KGW II-5, 445) が使われていた。ランプそのものは、オイルが銅の酸化物によって劣化、変質しないようにするため純粋な黄金からつくられていたということである。[53]

ここでニーチェは、カリュンテリエンとプリュンテリエンの祭りにおけるこのランプの火の意味、役割を説明する。

カリュンテリエンとプリュンテリエンはともに、ギリシア語で磨く、掃き清める、掃除するなどといった意味をもつ言葉で、ここでは一括して〈掃き清め〉としておく。つまりそこでなされるのは、神殿の〈掃き清め〉であるが、それが一つの神事として執りおこなわれるということである。ニーチェはこの〈掃き清め〉の祭りと神殿のランプの関係についてつぎのように説明している。

神が神殿を立ち去るのは、特定の時、〈掃き清め〉の祭りの時である。——たとえば、女神アテナのカリュンテリエンとプリュンテリエンの祭り〔＝〈掃き清め〉の祭り〕がそうである。この時、女神アテナはその座から離去する。その際、神殿は忌中の家 Trauerhaus となり、神殿では光を放つ永遠の炎が儀式に則って消されるのである。(KGW II–5, 445)

〈掃き清め〉の祭りの際には、ランプに燃える永遠の火が消される。なぜか。それはその際、神が、つまり女神アテナがポリアス神殿から立ち去るからである。どこへ立ち去るのかはいわれていない。ともかくそこから居なくなるのである。ランプの火を消すことと〈掃き清め〉の祭りの関係から、ニーチェがさらに論を進めるのは、火を消すこと、ないしは火が消えることとこの女神の立ち去りとの関連についてである。〈掃き清め〉の祭り以外のときにあっても、女神が立ち去るときには、火が〔おのずと〕消えてしまうというのである。「この女神〔＝アテナ〕がこの特定のとき以外に神殿を立ち去るときも、そのつどいつでもその火が消えたのだった」(KGW II–5, 445)。その例として、ローマの軍人スッラ(54)が侵攻し、アテナイが陥落しようとするときポリアス神殿のランプが消えたという(55)。またそれ以前にも、ペルシア王クセルクセス一世(56)がアテナイに侵攻した際に、女神アテナがみずからのしたがえる蛇ともどもアクロポリスを立ち去ったときも同様にランプの火が消えたという(57)。

さらにこの〈掃き清め〉の祭りに際して「火を消すというふるまい」(KGW II–5, 445) は、アテナイの共同体全体の祭祀にかかわるふるまいに一つの「範例」（KGW II-5, 445）を与えることになったという。それは、その祭りの日には、あらゆる守護神の聖所、神々の神殿、家々の礼拝が停止され、プリュタネイオンの竈の火も消されたということである。

> 一切のものが不純不浄となり、清めの浄化を必要とするものとなっている。そしてその祭りの日がはじまるのだが、そこではひとはもっぱら冷たいものだけを食し、火によって調えられた料理は口にすることがない。この日は、アポフラデス・カイ・アプラクトイ・ヘーメライ〔不吉な無為の日〕であり、オリュンポスの神々は死をもって償いをしなければならない。かれらオリュンポスの神々は、地下の神々、ダイモーンの力に屈するのである。プリュンテリエンのこの祭りの日は、アテナイのひとびとにとってあらゆる日のうちでもっとも暗澹たる日である。（KGW II-5, 445）

ここに見い出されるのは、ランプ・竈の炎の消失と神々の不在および死との密接な連関である。この連関は、おなじテクストの第三章「宗教儀式」の第二節「戴冠およびこれに類するもの」の最後の箇所にも登場する。そこでは、ニーチェはふたたびアテナイのポリアス神殿にも言及しつつ、その言及の前後でつぎのように述べている。

> 祭祀は、聖別された炎なしには執りおこなうことができない。そのため、供物の奉献、祝祭の食事や行列には、蠟燭・ランプ・松明が使用される。〔……〕食事の際に明かりが燈されるとき、その瞬間は、そのつど厳粛な瞬間であり、ともに食事の席につく者たちは敬虔な態度で沈黙を守った。ひとびとは神々の臨在 Gegenwart der Götter を信じたのである。（KGW II-5, 518）

食事の際に明かりが燈されるときは、ひとびとは「神々の臨在 Gegenwart der Götter」を信じた。そこに炎が燈っているときは、その姿は見えないとしても、神々もまた、自分たち人間とおなじ食卓に集い、一緒にそこに座しながら食事をともにする。食卓に燈された炎は、このような食事という日常の生活そのもののうちにある、素朴で簡素な小さな祭祀の機会においても、あるいはそこにおいてこそ決定的に重要な役割を果たしていた。つまりそこでは、炎を燈し、守るという人間のふるまいと神々の臨在との本質的連関が決定的であった。ニーチェがまた、「聖なる炎の更新は、通常は、神の誕生日と関連していた」(KGW II-5, 445) と述べるとき、明らかに彼は、炎の更新と神々の誕生を炎の点燈における神々の臨在とをパラレルな仕方で、本質的に同様のものと考えている。そして炎の点燈と神々の臨在ないし誕生との本質的連関は、もちろん、すでに述べた炎の消え去りと神々の立ち去りないし死との本質的連関とコインの裏と表の関係にあると考えられていた。この両面を捉えてこそ、古代ギリシアにおける炎と神々の臨在および不在との連関が一定程度十分な仕方で把握されたといえるのである。ニーチェはつぎのように述べている。

神殿の火の意義は、その火が消えることが神の立ち去りないしはその死を告げ知らせ、再度の点燈が神の帰還 Rückkehr ないしはその再生 Wiedergeburt を告げ知らせることをひとが察する場合において、その全体像が示されるといえる。(KGW II-5, 519)

竈の火の明滅が人間同士の集住と離散を司ったことと、竈の火の明滅が神々と人間たちのあいだの集いと離散を司ったことは、単なる類比関係にあるのではない。むしろ祭祀的文脈において竈の火が神々と人間のあいだを媒介し、竈の火の傍らにおける両者の近さをつなぎとめたからこそ、そこに——家のなかにおいてであれ、ポリスにおいてであれ、アッティカ地方においてであれ——人間同士の集いの必然性が生じたのである。このように理解すべきである。このことは、古代において、そもそも人間同士の集いにとって、単なる衣食住といった経済性のみならず、むしろ根本的には、祭祀における神々とつながりが重要な意義を有していたことを考えれば、ある意味で当然といえる。

むすび

本章は第一節で、ヘスティアに関する主にメルケルバッハの説明を緒とすることで始められた。そして第二節以降では文献学者時代のニーチェのテクストを主題的に取りあげて、それに基づくかたちで古代ギリシアのヘスティア、竈の有する精神史の概貌を論述してきた。第二節で示したように、哲学史的見地からいえば、ピュタゴラス学派における竈の意味が決定的に重要であった。次章でも論及することだが、ハイデガーと竈のかかわりを考える際もピュタゴラス学派は重要な役割を果たしている。従来の一般的な研究では、ハイデガーとピュタゴラス学派の関係はほとんど取りあげられないか、取りあげても両者のあいだに積極的な連関を認めない傾向が支配的であった(58)。しかしながら、本章でも取りあげたピュタゴラス学派のフィロラオスは、ハイデガーが竈に論及する際につねに積極的・好意的に論及する哲学者のひとりであることはここで強調しておかなければならない。

第三節では、哲学以前の次元に遡及して古代ギリシアにおける竈の意味に光をあてることを試みた。ここでは竈のもっとも基本的な意味を、すなわちギリシアの家における竈の意味を明らかにした。つまり竈は家の中心にあり、家のなかでもっとも重要な位置におかれていた。そこで、竈はその家の家族の統合と離散にかかわるのみならず、奴隷や異邦人さらには家の敵といった家族以外の人間たちと家族との統合と離散にかかわるという特異な権能を有していたことがわかった。第四節では、こうした家における竈の原初的な意味機能の展開形態をシュノイキア祭とアテナイの竈に関するニーチェの記述に基づいて解き明かした。

最後の第五節では、古代ギリシアの神殿などにおける火の明滅と神々の生き死にとの結びつき、そしてそこへの人間のかかわりに光をあてた。これによれば竈およびその火は、単に人間たちの統合と離散にかかわるのみならず、あるいはむしろ本来的には人間たちと神々の集いと離散にかかわるものであり、また神々の到来と臨在、立ち去りと再来、そしてその死と誕生ないし再生（復活）にかかわるものであった。このように、竈の女神ヘスティアとは、彼女自身が女神でありながらも、竈とともに人間たちと神々のあいだの媒介機能としての第三項的な役割を担うものである。それは、みずからは目立たなさのうちに身をおきながら、人間たちと神々を一つの目に見えぬつながりのうちにもたらす控えめな（verhalten）はたらきである。

こうした神々にまつわる竈の意味は、なによりも哲学者ニーチェにおける神の死やニヒリズムをも想起させずにはおかない。とはいえ、本書では、ニーチェにおける竈とニヒリズムないし神の死との連関に関して具体的になにかを云々することはできない。そうではあるが、次章で見るようにハイデガーにおける竈は明確に存在史的な意味における歴史における神々の去来と結びついたものとなっており、そのかぎりで――ニーチェとの関連は別としても――竈が神ないし神々の死と到来そしてニヒリズムの問題とむすびつくという事態に疑いを容れる余地はないとおもわれるのである。

第六章　ハイデガーにおける竈の概観

はじめに

前章では、主にニーチェのテクストに見られる竈に関する記述を参照しつつ、竈の精神史的背景を哲学以前の文脈からたどりなおしてきた。本章では、こうした精神史的背景を念頭におきつつ、ハイデガーにおける竈の登場とその帰趨に関してその概略を明らかにしていきたい。詳しくいうと、本章では、文献的確認の意味を込めて、まずハイデガーにおいて竈の語が術語的に登場しはじめる一九三〇年代初頭の『黒ノート』を取りあげる。これによってハイデガーにおける竈の最初期の姿をその意味とともに明確にする。同時に、竈の精神史とハイデガーにおける竈の意味とのつながりに関する解明をおこなうこととする（第一節）。つぎに、ハイデガーの竈の意味について、さらに一九三五年夏学期講義（『形而上学入門』）における竈の語の登場を確認して、その含意するところを明示する（第二節）。最後に、ハイデガーの最後期といってよい一九六〇年代のテクストのなかに女神ヘスティア、竈への論及を確認することとなる（第三節）。以上によって、一九三〇年代初頭から一九六〇年代にいたるまでハイデガーのなかに竈の問題をめぐる思索が一貫して維持されつづけていたことを明確に示すことにしたい。

第一節　一九三〇年代『黒ノート』における竈

本節の目的は、ハイデガーにおける竈に関して、その語が登場しはじめる一九三〇年代のテクストを中心に取りあげて、そこで竈が有する意味、そして後期思想に繋がるコンテクストにおける位置づけを明らかにすることである。一九三〇年代のテクストのなかで竈の語が登場するものを管見の及ぶかぎりで挙げると、ハイデガー全集第九四巻に収められた『考察Ⅱ－Ⅵ（黒ノート・一九三一―一九三八年）』(1)、一九三四／三五年冬学期講義（『ヘルダーリンの讃歌『ゲルマーニエン』と『ライン』』(2)）、一九三五年夏学期講義（『形而上学入門』(3)）、一九三六年から一九三八年にかけて書かれた『哲学への寄与』がある。その後一九四〇年代以降で竈の語が登場するのは、一九四二年夏学期講義（『ヘルダーリンの讃歌『イスター』』(4)）を代表とするヘルダーリン（Johann Christian Friedrich Hölderlin, 1770–1843）にかかわるテクスト、そしてヘラクレイトスにかかわるテクストである。そしてそのほかのテクストでは、竈が明示的な語としてはあまり頻繁にはあらわれなくなるという経過をたどる。このことが意味するのはなにか。おもうにそれは、一九三〇年代初頭からハイデガーの思索の生成において本質的な役割を演じた竈が――古代ギリシア以来の特異な精神史的背景を担ってきた竈が――後期ハイデガーの物（Ding）や四方域（Geviert）、そして言葉（Sprache）、そしてフュシスなどに関する特異な思索のうちへと昇華されていったということだと考えられる。したがって、このことを、竈の重要性の後退と考える必要はない。たとえば、ハイデガーの最後期といってよい一九六〇年代のテクストのヘラクレイトス解釈にヘスティアが登場するが、このことが意味するのは、遅くとも一九三〇年代初頭以来晩年にいたるまで、ハイデガーの思索の遂行のうちにはたえず竈、ヘスティアがありつづけたということにほかならない。

本節では、後期思想につながる意味を有する竈の語が登場するテクストのうちもっとも初期のものと考えられる

『考察Ⅱ－Ⅵ（黒ノート・一九三一―一九三八年）』における記述を中心に見てゆきたい。管見の及ぶかぎり、このテクストのなかで竈の語を確認できるのはつぎの四箇所である。すなわち、一九三一年から翌年にかけての「考察Ⅱ」の断片一七四と断片二二七、そして一九三四年から翌年にかけての「考察Ⅳ」の断片一二七、最後に一九三〇年代中盤から後半にかけての「考察Ⅵ」の断片一である。以下、これらの箇所を年代順に新しいと考えられるものから引用しながら、そのつど考察をくわえてゆく。

まず最初は、「考察Ⅱ」の断片である。

「考察Ⅱ」の断片一七四

よそ者 Fremdling（人間）と *und* 大いなる偶然 Zufall（存在）。
言葉としての存在のうちへの投げ Wurf と、言葉としてのその本質のうちへの被投性の震え。
言葉：世界の竈 *Sprache: der Herd der Welt*〔……〕。ここ [*h*]*ier* に、現存在の単‐独性 Allein-heit の単純さ Einfachheit への露呈しつつ‐匿う entbergend-verbergend 単独化〔がある〕。（一なる響き Ein-klang。）

(GA 94, 71)

この断片は理解が容易であるとは決していえない。だが、述べられている内容に関しては一九三〇年代以降のことに『哲学への寄与』へひき継がれてゆくハイデガーの思想の中核をなすものを示していると見てよい。この断片からまず取り出すべきは、当然ながら「言葉：世界の竈 die Sprache: der Herd der Welt」の箇所である。これによれば、言葉とは、「世界の竈」である。ここからひとまず、〈言葉＝竈〉という等式が成立する。そしてつぎにこの箇所の直後の「ここ」が強調されているのが目につく。この「ここ」とは竈としての言葉の場所のことであると考えて間違いないだろう。この「ここ」にあるのは、現存在の「露呈しつつ‐匿う単独化」である。「ここ」には、露呈と匿いの二重動向がある。「単純さ」や「一なる響き」という表現は、その二重動向が二項の分裂や対立ではなく、根源的な一性のうちに存することを示そうとしている。そこ（＝竈としての言葉の場所）で露呈されるもの、そして匿われるものとは、「大いなる偶然」としての存在である。この露呈と匿いの二重動向と竈の結びつきは、『哲学への寄与』では、「大地的‐世界的な仕方で erdhaft-weltlich」という二重動向と〈あいだ〉としての竈の場所が一つの結びつきのうちで記述される。その箇所を引用して見てみよう。

この火は、みずからの固有の竈をはじめてその炎の場の接合された厳格さのうちへと灼き出す。この炎の立ち昇る燃えあがりは、炎の光の明るみのうちへと灼き焦がれ出る sich [...] verzehrt、その明るみのうちで煥の暗闇 Dunkel ihrer Glut を輝かせる。そのようにして、竈の火 Herdfeuer としての〈あいだ Zwischen〉の中心 Mitte を守る hüten のである。この〈あいだ〉が、神々にとって、欲したものではない〔意図せざるものだ〕ungewollt とはいえ、必要な住処となる。けれども、その〈あいだ〉は、人間にとっては、真なるもの das Wahre を保ちつつその自由のうちで、存在者として〈大地的‐世界的な仕方で erdhaft-weltlich〉成立しかつ消え去るものを守ることとの自由な開け das Freie となるのである。（GA 65, 486）

さきの断片に戻ると「大いなる偶然」という表現が注意をひく。これはいささか当惑させるものである。だが、M・ガブリエルが、シェリングとの関連からハイデガーの『哲学への寄与』における最後の神（der letzte Gott）の傍過（Vorbeigang）に（アプリオリ的な必然性に対する）存在そのものの偶然性を示唆していることは[5]一つの重要な手がかりであろう。ガブリエルの論及自体はいささか表面的であり、かならずしもふかく考察されたものではない。とはいえ、一つの示唆として受け取ることは可能である。ここでもハイデガーは、〈あいだ〉としての住処を神々の意図せざるものだとする。つまり、〈あいだ〉が神々の意図に根拠づけられたものではなく、神々にとってさえおもいもよらぬ偶然の賜物だというのである。それでもそれがもたらされてからは必要なものとなる。つまりそれなしで済ますことができないがために求めざるをえないものとなる。これは偶然であるとともに必要な住処である。ハイデガーは別のテクストで、「人間の介入 Dazwischenkunft」を要求するところの存在が、「エルアイクニスに応じた偶然の落ちかかり Zu-fall」（GA 70, 30）であると明確に述べている。[6] この問題は、『哲学への寄与』でつぎのように述べられていたことと関連するとおもわれる。

> エルアイクニスそのもの：存在への真理の割り当て、真理の倒壊、真理の非本質（正しさ Richtigkeit）を固定することと、存在が存在者から立ち去ること、みずからの真理への存在の入り込み Einkehr、最後の神の傍過の孤独な場 einsame […] Stätte des Vorbeigangs des letzten Gottes としての竈の火 Herdfeuer（存在の真理）を燃えあがらせること、存在の非類のなき唯一性の閃光。
> （GA 65, 227 f.）

「存在への投げ」とは、この意のままにならない存在への言葉のかかわりをあらわすと見てよい。そして、そこ（＝竈としての言葉）は同時に現存在がそのうちへ投げられている被投性の場所である。この場所では、人間は「よそ者」とならざるをえないというのである。被投性とよそよそしさ（不気味さ）は『存在と時間』以来のものだが、ここで人間が投げられる場所は世界や現存在自身の事実的な存在ではなく、言葉であると読める。これが意味するものはなにか。それは、人間が、存在へのかかわりのうちにある言葉のうちに――つまり「大いなる偶然」としての存在の露呈と匿いの二重動向のうちに――投げられているということである。ここから竈としての言葉とは、「よそ者」としての人間と「大いなる偶然」としての存在の（統）一的なかかわりを媒介するものであるということになる。正確にいえば、言葉のうちで存在、つまり神々と人間を一つのかかわりへもたらす偶然的な火が守られるのである。――存在の偶然的な到来は、人間の超越論的な条件のようなものと依存関係にあるのではない。「存在は人間に依存する」ものでもなければ、「人間の表象作用の対象性という意味におけるそのつくりもの」（GA 70, 30）でもないのである。

そしてまた、人間と存在のあいだにある「と *und*」は、竈としての言葉とおなじものである。「と」と竈としての言葉は、いずれも人間と存在の〈あいだ〉として両者を媒介するものとして考えられている。ところで、存在を露呈することと匿うことは、人間を補っていい換えるなら、存在を（人間に）露呈することと（人間から）匿うこととなる。それゆえ、この「と」ないし竈としての言葉は、人間と存在の媒介的な〈あいだ Zwischen〉そのものであると同時に、本質的に露呈することと匿うことの（統）一的な二重動向の中心（Mitte, Zentrum）を意味する。さらにいうなら、この言葉のうちに守られる存在ないし火を通して神々と人間が媒介される。ここでは言葉（竈）と存在（火）がその〈あいだ〉として両者を媒介する。

ここでは詳論しないが、ここに見られるのは、ある種のロゴス中心主義であるといってよい。だがこれは、人間は言葉をもつ動物である、という伝統的なゾーオン・ロゴン・エコン、アニマル・ラツィオナーレの表象から一般に理解される思想、あるいはJ・デリダがいうような意味での人間中心主義としてのロゴス中心主義[7]と同一視すべきではないことは、つけくわえて注意を促しておきたい。むしろ、ここで問題になっているのは、いうなれば非人間中心主義的なロゴス中心主義である。

それではつぎに「考察Ⅱ」の断片二二七の考察に移りたい。

「考察Ⅱ」の断片二二七

哲学とは、まさにみずからの偉大な原初においては、デカルト以来の近代的学問の支配を考える際に哲学と結びつけられるような主導的立場といったものを有していたわけでは決してない。

　重要なのは、この空虚で不毛な見せかけの主導的立場から哲学を取り出して哲学すること――哲学にそれみずからの位階のたしかさ Sicherheit の偉大さをふたたび与え返すことである。このたしかさは、熟慮された仕方で後ろへ身をひく――すなわち存在の竈 Herd des Seins へ身をひく――ことができることを通した指導のうちに存している。しかしながらこのことは、近頃好まれている、新しくなったと称するプロテスタンティズムの側からの哲学の「限定」や排除といったものからはかけ離れている――ともかくこのことは、「知性主義」や「理性主義」に対立する同様に盲目的な闘争とはなに一つ共通するものをもっていない。

　哲学のこの撤退 Zurücknahme は、けれども、「否定的なもの」やましてや哲学の自己去勢ではない――そうではなく、哲学の力をたしかなものにすること――それ以上にまた――それは哲学の本質のうちへ、それでもってその原初――「存在の生起 *Seinsgeschehnis*」――のうちへの還りゆき Zurückfinden である。(GA 94, 97)

　この断片の記述は、さきに示したおなじ「考察II」の断片一七四の内容と比較すれば難解さの程度はそれほど高くないだろう。ここでハイデガーは、近代的表象から哲学を救い出すことの重要さを述べている。つまりデカルトに象徴的に看取できるような、諸学問を指導すると称する見せかけの優位性から身をひくことで、哲学はその「位階のたしかさの偉大さ」をふたたび獲得すべきだというのである。この際に、哲学がそこへ向けて身をひくべきその場所が、「存在の竈 Herd des Seins」として名指されている。哲学が帰るべき先としてのこの「存在の竈」は、断片の後半で、哲学の「原初」や「存在の生起」と呼ばれているものと考えてよいだろう。ところで断片一七四では、言葉（Sprache）としての竈が問題であった。これに対してこの断片二一七で問題となっているのは、むしろ存在（Sein）としての竈である。存在としての竈とは、なにを意味しているのか、この断片でもその前後の断片でも説明されてはいない。この問題はのちほど究明することにしたい。

つぎに「考察Ⅳ」の断片一二七を見てみたい。

「考察Ⅳ」の断片一二七

> 存在それ自身が苦境 Not のうちにある。その苦境とは、存在の本質化の家郷喪失と竈の喪失 Heimat- und Herdlosigkeit der Wesung des Seins として、ある。わたしたちはいつこの苦境を把握するのか？　もっとも比類なきものが、もっとも親密なるものをしたがわせなければならないということ！　存在、現－存在！　創造することと創造しつつ守ることとの親密性のうちで。存在の家郷喪失——これは、まさに「思索」のうちへの割り当て *Zuweisung* においてみずからを示す。——前に－立てること〔表象作用〕Vor-stellen やそのほかのなんらかの「能力」！は、存在へのあらゆる問いの欠如においてあらわれてくる——「存在論」は別として。
>
> （GA 94, 247）

この断片は、「存在それ自身が苦境 Not のうちにある」という印象的な記述で始まる。「存在それ自身が」という表現は、人間ももちろん苦境のうちにあるが、存在もまた苦境のうちにあることだと理解できる。その苦境の意味として具体的に挙げられるのが、「存在の本質化の家郷喪失と竈の喪失 Heimat- und Herdlosigkeit der Wesung des Seins」である。周知のように、後期ハイデガーでは、現代が家郷喪失の時代であるとはよくいわれる。くわえてここでは、それが人間の家郷喪失であるばかりでなく、より根源的には、存在自身の家郷喪失だというのである。この家郷喪失が「竈の喪失」と等置されている。存在の「家郷喪失と竈の喪失」とはなにか？　これを考えるためには、存在の「本質化 Wesung の家郷喪失と竈の喪失」という表現が鍵になる。ここで家郷や竈と呼ばれているのは、存在の本質化の家郷であり竈である。本質化（Wesung）の語は後の『哲学への寄与』で頻出することになる語であるが、そこで存在の本質化はしばしばエルアイクニスと等置される。これと共に重要だとおもわれるのは、一九三五年夏学期講義で指摘されるように、本質化（Wesung）の語が語源的に住まう、滞在するといった意味と結びついていることである。ここから、存在の「家郷」、「竈」とは、存在がそこに住まい、滞在する場所を意味するということがいえると考えられる。あるいは、別の点からいえば、それは存在がそこへと帰ってくる、帰郷する場所であるといえる。ここから考えるなら、存在の家郷喪失、竈の喪失が意味するのは、存在がそこへ帰ってきて（再帰して）、そこへ滞在し留まる場所が失われている、あるいは忘れ去られているという事態であり、それが存在の苦境であると理解できる。ハイデガーは、ここでは、竈を存在や言葉と等置してはいない。解釈をくわえるなら、ここで竈（と家郷）とは、存在がそこに留まり、そこにおいておのれを再帰的に示す場所であり、その意味では（詩人における）言葉であるといってもよいし、物（Ding）であるといってもよいものであるようにおもわれる。

さて、最後に「考察Ⅵ」であるが、これの成立は『哲学への寄与』と同時期と考えられる。イプシロンを用いた存在（Seyn）の表記もそのことを物語っている。この断片は三つの部分にわかれているが、ここでは竈の語が登場する最後の部分のみを引用する。

「考察Ⅵ」の断片一

存在Seynの接合Fugeの暗闇のなかに立つ存在者はますます明るくなる。この明るみLichtungのなかで内立性Inständigkeitはますます単純になってゆく。この明るみのうちで、わたしたちではなく存在者の本質の勢いに属すものが輝きへと到来する。断念Verzichtが、ますます必然的な仕方で、唯一的なものの奇異さのための準備の根本形態となる。〔唯一的なものの奇異さのための準備とは〕すなわち、存在Seynのための〔準備である〕――〔いい換えれば〕「存在者」の立ち去られてverlassen［…］動揺した家、この家のなかにある静寂なる竈の火 das stille Herdfeuer のための〔準備である〕。もっとも暗いものとは、火 Feuer と燠 Glut である——。

(GA 94, 420)

ここでは、まず、存在の「接合の暗闇のなかに立つ存在者」が、その「内立性」つまり明るみのうちに立つことのうちで存在によって明るくされることがいわれる。そこにまずもってあるのは、存在者が存在に立ち去られているという事態である。この場合に求められるのは、まず存在ないし「唯一的なものの奇異さのための準備」である。この準備が「断念」[8]であるとされる。断念とは、態度としてはおそらくは後の放下(Gelassenheit)につながるものであり、ここでは存在ないし神々の立ち去りをそれとしていったん受け入れて、再度その「大いなる偶然」として到来(帰還)を準備する態度としていわれていると考えてよい。こうした記述の最後に登場するのが、「静寂なる竈の火 das stille Herdfeuer」、「もっとも暗いもの」、「火 Feuer」、「燠 Glut」という表現である。見てわかるように、これらの語は存在(Seyn)と等置されている。ハイデガーがしばしば用いる「燠 Glut」の語は、炎を出すことなく赤く燃える火のことであり、ここでは燠と訳したが、灰のなかに埋もれて隠れている残り火のようなものを念頭におくべきであろう。つまり、「竈の火」ということでおもい描くべきなのは、単純に燃えあがっている炎にかぎられるものではなく、こうした残り火のような目立たない燠である。これが、存在、神々に立ち去られ、見捨てられた時代の「竈の火」なのである。それは完全に消え去ってしまったわけではないとはいえ、ほとんど隠れた仕方で残っているにすぎない。それは目立たず、隠れている。『哲学への寄与』によれば、それはまずもって見つけ出されなければならないものである。

どのように存在 Seyn を見つけるのか? その火 Feuer を見つけるために、わたしたちはなんらかの火をともさなければならないのか? あるいはむしろ、わたしたちは、まず夜を守る Nacht zu behüten ようにしなければならないのではないのか?

(GA 65, 487)

火を見つけるためには、別の火をかざすよりも、夜の闇のなかにそのまま留まるべきである。闇のうちでこそ、その仄暗い閃きがわかるようになるのだから。それゆえ、まず夜を守らなければならないのである。この夜を守ることが、さきにいわれていた断念という態度としての準備にあたる。この十全なる準備をしてこそ、いずれその時――「大いなる偶然」としての最後の神の傍過の時――が来たときに、竈の煥の火をふたたび大きく燃えあがらせることができる、そこに人間と神々との邂逅が成就するということである。

以上のように、一九三〇年代はじめの竈に関する言及は、すでに『哲学への寄与』における記述内容にほぼそのまま連続する内容を有している。その内容からここで強調しておくべきは、竈が〈あいだZwischen〉の中心(Mitte)として、人間と神(々)、人間と存在、露呈と匿い(ないし覆蔵)、世界と大地といった(統)一的な二重性、二重動向の中心に存する媒体性を示すものとして理解されているということである。一九四一年の「目くばせWinke」のなかの「別の思索」という題名が付されたまとまりの一節にはつぎの記述がある。

恵みの最後の煥を取れ
はじめて存在の暗い竈から vom dunklen Herd des Seyns、
煥が、神たるものと人間たるものとの一なる対会 Entgegnung を
燃えあがらせるように。

(GA 13, 23)

ここで人間たちと神々をわかち、またふたたび出会わせる、あるいは存在者を取り集め、結びつける媒体機能はもはや人間の現存在の時間性(超越論的構想力)のうちに存するものではないことは一目瞭然であろう。以上のような

一九三〇年代から登場しはじめる竈の概念形象——あるいは詩作的思索の言葉とでもいったほうが適切かもしれない——にこそ、ハイデガーの自己批判として人間の脱中心化の思索が明確に看取できるのである。

第二節　一九三〇年代の講義における竈

一九三四／三五年冬学期講義以降で、竈が比較的顕著にあらわれるのは一九三五年夏学期講義（『形而上学入門』）においてである。まずは、そこにおける存在の語の語源学的解明——ここにおける竈についての記述は分量的にも内容的にも目立たないが——はその一つである。当該箇所では、存在（Sein）にかかわる三つの語幹が論究される。⑴イスト（ist）、エスティン（ἔστιν）、エイミ（εἰμί）、エイナイ（εἶναι）の語幹エス（es）、⑵フュオー（φύω）、フュシス（φύσις）、フュエイン（φύειν）、ビン（bin）、ビスト（bist）の語幹ビュー（bhû）、⑶ヴェーゼン（wesen, Wesen）、ヴェザン（wesan）の語幹ヴェス（wes, ves）、である。ここで、竈を意味するギリシア語のヘスティア（ἑστία）とラテン語のウェスタ（vesta）が、この三番目の語幹ヴェス（ves）に属すると指摘される[9]。また同時に、このヴェス（ves）が意味するのが、留まる（verweilen, bleiben）、住まう（wohnen）、滞在する（sich aufhalten）などであることが指摘されている[10]。ここから、ハイデガーにおいて、これらひとまとまりの動詞群とヘスティアの語が、おなじ統一的な意味的連関のうちで理解されていたことがわかる。一九三五年夏学期講義では、ソフォクレスの悲劇『アンティゴネー』に登場する竈の語も論及されるが、これについてはのちほど触れることにしたい。

つぎに、一九四二年夏学期講義における前哲学的文脈と哲学的文脈両方における竈の記述を見てみたい。まず、前者の前哲学的意味での竈についての記述を示す。

〔ヘスティアの〕火は、神々のあらゆる神殿と人間のあらゆる住居のうちにおのれの確固とした場所 Ort を有し、かつこの場所として、出来する sich ereignet ものおよび捧げ物のすべてをおのれの周囲に集める sammelt。

(GA 53, 130)

つぎに、後者の哲学的意味における竈がある。この講義では、竈とのかかわりから、ピンダロス、[11] ヘシオドス、そして『ホメロス風讃歌』にも触れられるが、[12] 具体的にひきあいに出されるのは、ピュタゴラス学派のフィロラオスとプラトンである。まず、フィロラオスの断片B七を原文で引用しよう。

τὸ πρᾶτον ἁρμοσθέν, τὸ ἕν, ἐν τῶι μέσωι τᾶς σφαίρας ἑστία καλεῖται.

（球体の中心で、まず調和的にまとめられたもの、一者は、ヘスティアという。）

(Philolaos Frag. B 7)[13]

これのディールスによるドイツ語訳とそれを元にした日本語訳はつぎのようになる。

Das zuerst zusammengefügte, das Eins, in der Mitte der Kugel heißt Herd.

球体の中心で、まず調和的に纏められたもの、一者は、竈という。

(FV I, 410)

これに対して、ハイデガーによるドイツ語訳とそれの日本語訳はつぎのようになっている。

Das als der anfängliche Einklang Wesende, das einigende Eine, in der Mitte der Kugel wird ›Herd‹, genannt.

球体の中心において、原初的な調和として本質化するもの、統一する一者は、「竈」と呼ばれる。(GA 53, 140)

このようにハイデガーは、一般的なディールスの翻訳にはない、〈本質化する Wesen〉はたらきと、〈統一する einigen〉作用をことさらにこの断片から読み取っている、ないしそこに読み込んでいる。これによって、「ヘスティアと存在の本質的連関」(GA 53, 143) が指摘され、その重要性が強調されている。当然のことながら、ヘスティア(竈)と存在をつなげる理解は、すでに触れたプラトンにおける論及、つまりプラトンが『クラテュロス』のなかでヘスティアの語がウーシア (οὐσία)・エシア (ἐσσία)・オーシア (ὠσία) という存在をあらわすいくつかの語と関係づけている箇所[14]を想起させるものである。ハイデガーがここでそれに言及しているわけではないとはいえ、この存在にかかわるプラトンの重要な論及が念頭になかったなどということはありえないだろう。ここからハイデガーは、背後でプラトンを参照しつつも、竈=存在という等式のもとに(新)プラトン主義的文脈のなかにみずから身をおこうというのではない、という意図が読み取れる。ハイデガーが竈と結びつけたいのは、むしろプラトン以前の初期ギリシア的な意味でのフュシスのほうである。

竈 Herd は、それゆえ、存在者の中心 Mitte であり、この中心へとすべての存在者が――それが存在しているがゆえに、また存在するかぎりで――原初的に anfänglich 関係づけられて留まる bleibt のである。存在者のこの竈という中心は、存在である。存在は、竈である。というのも、存在の本質とは、ギリシア人にとってフュシスだからである――フュシスは、おのずから立ちあがる光輝く動態 das von sich aus aufgehende Leuchten であり、これは、別のものを通して媒介されるのではなく、それ自身そのものが媒介的中心 Mitte である。この中心は、〈原初的に留まるもの das anfänglich Bleibende〉であり、〈すべてをおのれへと集めるもの das alles

Umsichsammelnde〉、つまり、そこにおいてすべての存在者がそれ自身の位置をもち、存在者として家郷的 heimisch であるところのものなのである。

（GA 53, 140）

この箇所で「おのずから立ちあがる光輝く動態 das von sich aus aufgehende Leuchten」、「中心 Mitte」、「原初的に留まるもの das anfänglich Bleibende」とされるフュシスは、おのずと一九三五年夏学期講義（『形而上学入門』）の記述を想起させる。そこでは、ハイデガーは印欧祖語の語幹「bhû, bheu」（GA 40, 76）との関連から、「立ちあがること aufgehen」（GA 40, 76）、「おのずから立ち留まりへと到来しかつ立ち留まりのうちに留まること」（GA 40, 76）という意味とされるギリシア語の「フュオー *φύω*」（GA 40, 76）を示し、くわえて「ファイネスタイ」（GA 40, 76）との連関において「フュシス *φύσις*」（GA 40, 76）の意味を「光のうちへ立ちあがるもの das ins Licht Aufgehende」（GA 40, 76）として示していた。これはもちろんヘラクレイトス解釈でいわれる「純粋な立ちあがり das reine Aufgehen」（GA 55, 103）としてのフュシスにほかならない。ヘラクレイトスの断片B一二三「自然は隠れることを好む *φύσις κρύπτεσθαι φιλεῖ*」の翻訳も、一九四〇年代の講義では「立ちあがりは自己覆蔵に好意を贈る Das Aufgehen dem Sich-verbergen schenkt's die Gunst」（GA 55, 110）と翻訳されることとなる。ハイデガーが、竈としての存在ということを述べるとき、そこにはこのたえず立ちあがりつづける（aufgehen）はたらきと、そのようにたえず立ちあがりつつ、そのことを通してたえず立ち留まりつづけるという二つの動的性格が示される。つまり、燃えあがりつづける（立ちあがりつづける）ヘラクレイトス的な火焔現象というより動的な性格と、そこにおいて留まりつづけ、立ち留まりつづけ、動かない、住まうという竈に関連する性格という対立的な二つの側面からなる一つの動態が示されているのである。

第三節　竈とアレーテイア――一九六二年のテクストから

だが玉座は、いずこに？　神殿は、ネクターで満たされるべき
酒甕は、神々を楽しませる歌はいずこに？

いずこに、はるか遠くまで射当てる神託は輝くのか？

デルフォイはまどろんでいる。それではいずこに、大いなる運命が鳴り響くというのか？

(GA 75, 215)(15)


一九六二年、ハイデガーは、夫人のエルフリーデをともなってはじめてギリシアを訪れている。おなじ一九六二年のテクスト「滞在地（Aufenthalte）」は、この旅に際して記された全体で三一頁ほどの覚書きである。旅の覚書きといっても単なる旅行記ではなく、同時に思索ノートの性格をも有している。思索ノートといっても、おもい浮かぶがままに徒然に筆を走らせたのではなく、晩年のハイデガーらしい素朴な単純さと入念さが同居する、思索的かつ詩作的な論述、叙述となっている。

本節の冒頭に引用したのは、ヘルダーリンの悲歌『パンとぶどう酒』第四詩節のなかの一節であるが、この箇所をハイデガーは、この覚書きの冒頭にモットーとして掲げている。かつてのギリシアに想いを馳せつつ歌うヘルダーリンを道連れとして、ハイデガーもまたとりわけ初期ギリシアの思索に想いを馳せようというのである。そこでハイデガーは、初期ギリシアのヘラクレイトス――このテクストで彼が取りあげるのはひとりヘラクレイトスのみである――の断片についての解釈を示すなかでヘスティア、竈に論及する。本節でこれを取りあげる目的は、一九六二年という最後期に属すテクストにもヘスティア、竈が登場することを確認し、これによって一九三〇年代初頭から最後期にいたるまでハイデガーの思索のなかに竈が生きつづけていることを明示しておくことにある。

ハイデガーは、その覚書きのなかで表向きは初期ギリシアの哲人ヘラクレイトスに想いを馳せ、彼に寄り添いつつの彼の思索を繙くという風を装う。つまり、表向きはみずからの思索を披瀝しようという意図を明示することはない。しかし、そこではむしろヘラクレイトスの文献学的解釈というよりも、ハイデガーがヘラクレイトスのうちに読み取っていたもの、ないしむしろ読み込んでいたといってよいものが、率直に語り出されている。

そこで論及されるヘラクレイトスの断片は、四つある。取りあげられる順番に挙げると、断片B三〇、断片B九〇、断片B六四、断片B九三である。最初の断片B三〇は、彼の断片のなかでもっともよく知られたもののうちの一つであろう。それはつぎのようなものである。

κόσμον τόνδε, τὸν αὐτὸν ἁπάντων, οὔτε τις θεῶν οὔτε ἀνθρώπων ἐποίησεν, ἀλλ᾽ ἦν ἀεὶ καὶ ἔσται πῦρ ἀείζωον, ἁπτόμενον μέτρα καὶ ἀποσβεννύμενον μέτρα.
(Herakleitos, Frag. B 30)

ディールスのドイツ語訳をもとに翻訳するとつぎのようになる。

すべての存在者にとってのこのコスモスの秩序は、神々のうちのひとりが創ったのでも、人間が創ったのでもない。そうではなく、それは、いつでもそこにあったのであり、またあるのであり、これからもあるだろう永く生きつづける火であり、一定程度燃え、一定程度消える。
(Herakleitos, Frag. B 30)[16]

ハイデガーは、まず、「現前するものの一切」(GA 75, 229)を、ピュタゴラス的概念を用いてコスモスとするヘラクレイトスの理解を取りあげる。それによれば、コスモスとは、「飾りSchmuck、装飾Zier」(GA 75, 229)のことである。装飾の機能は、「なにか或るものを、輝象する動態Scheinenへもたらす」(GA 75, 229)こととされるが、この

「輝象する動態 Scheinen」は、各々のものが相互の区別をもちつつもなおかつ「唯一的な取り集め Versammlung」（GA 75, 229）へ一緒に属していることといい換えられる。ハイデガーの説明によれば、コスモスをこの意味で理解した場合にこそ、いったいどのような意味で、ヘラクレイトスがコスモスを「常に立ちあがりつづける aufgehende 火、輝かせ－燃えあがる火」（GA 75, 229）、つまり「永く生きつづける火 *πῦρ ἀείζωον*」として把握するのかがわかる。その場合には、「一定程度燃え、一定程度消える *ἁπτόμενον μέτρα καὶ ἀποσβεννύμενον μέτρα*」の語句は、「尺度の充実と尺度の喪失のいつまでもつづく対抗遊戯」（GA 75, 229）を意味する。これによれば、火の燃えるはたらきとは、尺度を、与えるものであると同時に失わせるないし奪うものだということになる。ここからまた、別のよく知られた断片B九〇の意味も示される。

> 火に対するすべての物、またすべての物に対する火の相互に応答しあう交換は、すべての品物に対する黄金の、そして黄金に対するすべての品物の交換にひとしい。
> *πυρός τε ἀνταμοιβὴ τὰ πάντα καὶ πῦρ ἁπάντων ὅκωσπερ χρυσοῦ χρήματα καὶ χρημάτων χρυσός.*
> （GA 75, 229）

つまり、火と黄金は、それ以外のほかの存在者を輝かせ、現象としてあらわれさせる、という点において一致している。だが、火それ自体、黄金それ自体は、まさにほかのものを輝かせる、見えるようにするなかでみずからを隠すという自己覆蔵性においてはたらく。これが尺度を与えることにほかならず、ここでは現象させることと同義である。そして、こうしたところから、つぎのような仕方で、（女神）アレーテイアすなわち非覆蔵性としての真理と（女神）ヘスティアの関連が語られることとなる。

女神アレーテイア *Ἀλήθεια* が、〈コスモスの女神ヘスティア *Ἑστία τοῦ κόσμου*〉——すなわち、「一切を透き貫き輝いて明るくし、尺度を贈与しかつ拒絶する輝象の動態の竈（der Herd des Alles durchscheinenden, be-leuchtenden, die Maaße gebenden und Maaße versagenden Scheinens）」、現前してくる動態の火の竈 Feuerherd ——と呼ばれる場合にはじめて、火 πῦρ としてのコスモスについてのヘラクレイトスの言葉を女神ヘスティアとしての女神アレーテイア Ἀλήθεια から解釈するという試みは、彼の言葉にふさわしい意味を獲得することとなる。竈が輝象 Scheinen の輝く炎に保護を与えかつ与えないことによって、竈はコスモスを取り集め versammlet かつ守る hütet のである。

(GA 75, 232 f.)

この箇所は、⑴存在（フュシス）の非覆蔵性、⑵古代ギリシアにおけるヘスティア（竈）、そして⑶ヘラクレイトス哲学の三者の関連についての思想が——これは、一九三〇年代のはじめからすでにハイデガーが温めはじめていたと考えてよい——、管見の及ぶかぎりでは、おそらくもっとも率直な仕方で打ち明けられた記述である。

さらにここにフィロラオスをもくわえることができるとおもわれる。それというのは、このなかの括弧でくくられた箇所：「一切を透き貫き輝いて明るくし、尺度を贈与しかつ拒絶する輝象の動態の竈（der Herd des Alles durchscheinenden, be-leuchtenden, die Maaße gebenden und Maaße versagenden Scheinens）」に関して、ハイデガー全集のテクストには特に出典などは明示されていないが、H・フェッターは、この箇所に対して、これがすでに見てきたフィロラオスの断片B七の翻訳であるとする指示を付している。[17] このことは括弧内の文章がその断片B七の翻訳であることを確定するものではないが、その可能性を示唆するものといえる。この可能性について精査してみたい。つまり、括弧内の箇所が、フィロラオスの断片B七と対応するのかどうかを確認してみたい。具体的には、ここでは別のテクストのハイデガーによるドイツ語訳「球体の中心において原初的な調和として本質化するもの、統一する一者は、「竈」と呼ばれる（Das als der anfängliche Einklang Wesende, das einigende Eine, in der Mitte der Kugel wird ›Herd‹, genannt）」（GA 53, 140）と対応するのかどうかをたしかめてみたい。[18]

順番に見てゆくと、まず「竈 Herd」の語は、ハイデガーのドイツ語訳（もともとのギリシア語）にも見られる。「一切 Alles」の語は、ハイデガーの訳とギリシア語の原文にはないが、これと意味的に対応するものとしては、「球体」（＝コスモス）の語を認めることができる。しかし、それでは、「透き貫き輝いて明るくし（durchscheinenden, be-leuchtenden）」と「尺度（Maaße）を贈与しかつ拒絶する（gebenden und Maaße versagenden）」の語句はなにを対応するのか？　もしこれを、自己覆蔵によって一切（＝コスモス）を現象させるはたらきと捉えるなら、ハイデガー的に、「調和」や「統一する」という語に対応するものとして理解可能である。というのも、彼にとっては、ロゴスの統一的に一切を取り集めるはたらきは、一切を現象させるアレーテイア（非覆蔵性）のはたらきにほかならないからである。そして最後の「輝象の動態（Scheinen）」は、「本質化するもの」に対応すると考えられる。「本質化するもの」は、また「統一する一者」であり、つまり一切を輝かせる（現象させる）ものだからである。

こうして両者――すなわち、ハイデガーによる括弧内の一文とフィロラオスの断片Ｂ七――を比較検討してみると、つぎのことが明らかとなる。つまり、まず、ハイデガーの「一切を透き貫き輝いて明るくし、尺度を贈与しかつ拒絶する輝象の動態の竈（der Herd des Alles durchscheinenden, be-leuchtenden, die Maaße gebenden und Maaße versagenden Scheinens）」の箇所に登場する言葉の一つ一つは、フィロラオスの断片内の語彙とはかなり違ったものが使用されていることがわかる。だがそれにもかかわらず、それと同時に、ハイデガー的な意味においては、両者の内容とほぼ一致するものとなることがわかるのである。ここからいえることは、ハイデガーの括弧内の文章は、フィロラオス断片Ｂ七のハイデガーによる彼一流の翻訳（意訳）と見てよいということである。

ここからさらに、断片Ｂ六四「雷光 Blitz がすべてを操る〔τὰ δὲ πάντα οἰακίζει Κεραυνός〕」（GA 75, 236）の「雷光」もいま述べた火との連関で理解されることとなる。またくわえて、断片Ｂ九三「彼〔＝デルフォイの神託所の主（アポロン）〕は見せもせず隠しもせず、彼は示す〔οὔτε λέγει οὔτε κρύπτει ἀλλὰ σημαίνει〕」（GA 75, 239）も、つぎのように咀嚼される。

示すことZeigenは、見えてくるようにすることであり、見えてくるようにすることとそれ自体は、同時に隠すことでありかつ隠されたものを守ることである。そのような示すことが、女神アレーテイアの領域の本来の秘密であり、この女神アレーテイアが聖なるものの前庭に滞在地をうち建てるstiftetのである。（GA 75, 239）

ここでいわれる〈示すことZeigen〉とは、単純に見せることでもなく、また単純に見せないことでもない。とはいえ、これは単なる暗示でもない。それはむしろ、隠すことによって見せること、あるいは逆にいえば、見せることで隠すことなのだといえる。要するに、ここで隠すことと示すことはいちどきのものであり、両者はおなじ動態現象の二つの側面にほかならない。このことで具体的に考えるべきは、真理における言葉のはたらきであろう。「留まるものをしかし、うち建てるのは詩人Was bleibet aber, stiften die Dichter」（Andenken. v. 59. StA 2-1, 189）である。このはたらきは、本来、真理がおのれ自身を言葉のうちにうち建てることにほかならないのである。

ひとまずここにおいて、ハイデガーの最後期の思想圏に属すといってよい一九六二年のテクストのうちに、ヘルダーリン、ヘラクレイトスそしてフィロラオスに彩られた、ヘスティア（竈）、アレーテイア、うち建てること（Stiften）、こうした思索の言葉、意味の絡みあいを見とどけておきたい。

むすび

以上のように、本章では、第一節で一九三〇年代初頭の『黒ノート』における記述からはじめた。その後、第二節では、おなじく一九三〇年代の講義のうちに、ハイデガーにおける竈の語の登場する（最）初期の記述を確認した。そして、最後に、一九六〇年代のテクストにおけるヘスティア、竈の語を確認した。これによって、一九三〇年代初頭から一九六〇年代の最後期にいたるまで、竈をめぐる問題がハイデガーにおいて一定の一貫性ないし連続性のうちに維持されつづけていたことを明示することができた。

同時に、つぎのような竈の意味内容を、第四章におけるシェリングをめぐる議論に即しつつ究明した。それは、この竈が象徴的に示す常住性と更新運動が一体となった現象動態が、ハイデガーにおいては、アレーテイアにおける自己覆蔵と非覆蔵運動の一体性として示された、ということである。そして、本書第五章で主にニーチェを参照するかたちで示した竈の媒介的性格、すなわち人間たちと神々を一つの邂逅のうちに結びつけるという第三項的な媒介機能もハイデガーの竈理解のなかに明示的に確認することができた。これにくわえて、ハイデガーの竈には、世界と大地を対立のうちに結びつけるという媒介的性格も顕在的な仕方であらわれていた。これは当然——本書では直接論じないが——一九三五／三六年のテクスト『芸術作品の根源』で語られた世界と大地の抗争的調和を想起させるものであり、実際これにつながるものと考えて差し支えないとおもわれる。[19] さらには、これに人間たち（死すべき者たち）と神々をくわえて、世界を天空におき換えるならば、〈天空と神的なもの〉そして〈大地と死すべき者たち〉からなる四方域（Geviert）としての世界というハイデガーの後期思想圏における根本概念へつながるものであることが見て取れる。くわえて注目すべきは、一九三〇代初頭の『黒ノート』の記述にあらわれる竈と言葉の関連であろう。とりわけヨーロッパ語では、竈の語は比喩的に家庭や家を意味する。このことからして、竈としての家という彼の発想が、一九四六年の『ヒューマニズム書簡』でいわれる存在の家（Haus des Seins）としての言葉へつながるものであることは間違いない。——すなわち、一九三〇年代前半のハイデガーは、言葉を竈として捉えたが、これが意味するのは、言葉とは、存在がそのうちに燻り、あるいは燃え盛るものだということである。ここにあるのは、人間と言葉（＝竈）そして存在という三つの項のつながりである。言葉（竈）は、第三項として人間と存在のあいだにある。これに対して、一九四〇年代にあらわれた存在の家という表現は、竈と火が殊更に区別されずに存在と見なされ、それが家すなわち言葉のなかにある、というイメージである。ここには竈、家のイメージをめぐるハイデガーの思索の一定の変化が表れている。一九四〇年代では、言葉ではなく、存在が家のなかの竈および火と見なされ、よって、一九三〇年代においては言葉が占めていた中間的な第三項としての役割が、ここでむしろ存在それ自身によって果たされているということである。このことは、まだ一九三〇年代には、存在が人間との相関関係においてより対象的に把握されていたのに対して、一九四〇年代においてはより存在（＝ロゴス）中心主義的に把握しなおされているということを意味していると考えてよいだろう。

ただこうした表現および思索の若干の変化にもかかわらず、存在と言葉の緊密な結びつきが、竈そして家という〈住まう〉ことにかかわる連続的イメージにおいて思惟されていることにかわりはない。そこには、媒介的な第三項へ向けて、たえずおのれを深化させていったハイデガーの思索の軌跡がみえるといってよい。このことの実質的な重要性は、竈や家に見られる常住性、つまり絶えず留まりつづけるという性格が言葉との連関において考えられているということに存する。ここには、存在の常住性、あるいは存在のアレーテイアの動態にみられる常住性と言葉との本質的かつ根源的な連関が示されている。もちろんこれは、ヘルダーリンの詩作との連関を示唆してあまりあるものであり、[20] さらには天の火（Feuer vom Himmel）と描出の明晰さ（Klarheit der Darstellung）という[21]――ニーチェのディオニュソス的なものアポロン的なものの先駆けとも見なされる――ヘルダーリンの洞察における区別をも想起させるものである。では、以上のことを心に留めて、次章に移ることにしよう。

第七章　『アンティゴネー』における竈めぐる彷徨
――あるいは人間の離心性について

はじめに

本書では、すでに、一九三一年から翌年にかけて成立したとされるハイデガーの『黒ノート』の「考察Ⅱ」の断片一七四を取りあげ、そこにおける当時の竈の基本的な意味を確認しておいた。まずそこで竈とは、人間たちと神々、世界と大地、非覆蔵性と覆蔵性といった対のあいだ（Zwischen）、ないし中心（Mitte）としての存在の二重動向そのもの、根源的真理としてのアレーテイアのはたらきそのものをあらわすものだった。ここからすぐに、後期ハイデガーにとってもっとも重要な詩人ヘルダーリンの詩作の解明にうつることもできる。だが、ここではまずハイデガーのソフォクレスの解釈を見ておきたい。というのも、「ソフォクレスのコロスとヘルダーリンの河流の詩作は、おなじものを詩作している」（GA 53, 153）とハイデガーが述べているからである。ハイデガーの中期・後期思索そしてヘルダーリンの詩作を見ていくためにも、いちどソフォクレスに寄り道していくことは無益ではないはずである。

そういうわけで取りあげるのは、ギリシアの詩人ソフォクレスの悲劇『アンティゴネー』のなかにあり、「人間讃歌」としても知られる第一スタシモンのコロス（Antigone. v. 332–375）である。アリストテレスが『詩学（*De poetica*）』のなかで『アンティゴネー』よりも『オイディプス』を（主にミュートスの観点から）高く評価する[1]のとは逆に、ハイデガーにとっては前者がより重要であり、それにより多くの注目と考察を残している。その理由として、W・マクニールは、仮象とより多く関係づけられるオイディプスに対して、アンティゴネーのほうに「デイノン」へのより直接的かつ明示的な関係が見出される点を指摘する。[2]本章の課題は、これにくわえて、アンティゴネーのコロスにおける竈の決定的な重要性を主張し、明確化することにある。

だが問題は、単にコロスに登場する竈だけではない。ここでは、同時に、詩作の言葉としての竈という視座をも忘れないでおきたい。というのも『黒ノート』では、竈はまた言葉であるともされていたからである。どのような言葉が竈であるのかという点に関してハイデガーはなにも述べていない。だが、思索と詩作の言葉がとりわけ重要であることは疑いを容れない。とりわけすぐれた意味で竈だと呼べるのは詩作の言葉であると考えていたことは想像に難くない。「留まるものをしかし、うち建てるのは詩人 Was bleibet aber, stiften die Dichter」（Andenken. v. 59. StA 2-1, 189）なのである。これとの連関で、一九三五年夏学期講義（『形而上学入門』）では、パルメニデスとヘラクレイトスの詩作的思索に関する解明に関連して、「ギリシア人の思索的詩作、〔……〕そのうちで存在とギリシア人の現存在が本来的に〈おのれをうち建てた sich stiftete〉ところの詩作、すなわち悲劇」（GA 40, 153）が問題にされるべきだといわれ、問題の第一スタシモンのコロス（Antigone. v. 332–375）の解釈が遂行される。それにあたってまずつぎのように述べられる。

〔コロス解釈の〕最初の歩み。わたしたちは、〈支えるもの das Tragende〉と〈全体を貫いて聳え立つもの das Ganze Durchragende〉を探そう。（GA 40, 157）

〈支えるもの〉と〈全体を貫いて聳え立つもの〉とは、単に重要なものという意味ではない。ある箇所で、ハイデガーは、コロスのなかのある語が、「まるでこの詩行という建物のなかの一本の円柱 Säule のように立っている」(GA 40, 163) と述べる。「円柱」は、支えるものでありかつ聳え立つものである。また、「一つの歴史的民族の言葉の本質には、ちょうど一つの山脈におけるように、〔……〕類い稀な頂き Gipfeln をもって近寄りがたい高み Höhen のうちへと聳え立つこと hinaufzuragen が存する」(GA 53, 76) とも述べられる。一九四五年の講演『貧しさ』で、ハイデガーは、ヘルダーリンの「偉大な詩人は、彼が望むだけ自分自身を越えてみずからを〈高みへ押しあげる erheben〉としても、決して自分自身から離れ去ることがない。ひとは、深み Tiefe へ落ちるように、また高み Höhe へ落ちる fallen こともある」(Reflexion. StA 4-1, 233) という言葉を念頭におきながら、[3] つぎのように述べている。

この高み Höhe の高いものとは、それゆえ、それ自身において同時に zugleich 深み Tiefe である。〈高みへ押しあげられたかかわり〉は、すべての諸対象と人間たちを超えて聳え立つ überragt と同時にこれらすべてを支える trägt のである。[4] (Armut, 76)

ハイデガーは——ヘルダーリンが当該箇所でそう明確に述べるわけではないが——深みと高みへのかかわりを同時的なものと見なし、高みに対応する超えて聳え立つ (überragen) はたらきと、深みに対応する支える (tragen) はたらきとが同時的なものだとする。(ヘルダーリンに即して)「高みへ押しあげられたかかわり」と呼ばれる、この高みと深みへのかかわりは、一切のものから聳え立つと同時に一切のものを支えるものである。[5] つまり、支えると全体を貫いて聳え立つという表現は、一対のものとしてこうした同時的な事態を指すために術語的に使用されていると考えられる。それゆえ、その詩作の言葉は、人間と神々、世界と大地、非覆蔵性と覆蔵性といった対のあいだ (Zwischen)

をつなぎ、その関係を支える中心（Mitte）だとも考えられるのである。よって、ハイデガーのコロス解釈においては、ソフォクレスによってうち建てられた言葉、円柱や山の頂のように、支えると同時に聳え立つ竈のような詩作の言葉が問題だという想定が成り立つ。

先んじて端的にいってしまうと、詩人、詩作されるべきこと、そして詩人が詩作されるべきことを詩作するところの詩作がある。詩人はここでは当然ソフォクレスである。詩作されるべきことはハイデガーによれば存在そのもののことである。そして詩作はといえば、存在の動きに貫かれたアンティゴネーということになる。存在そのものとそれを留める言葉を一体的なものとして捉えれば、ソフォクレスの詩作の言葉もまた竈ということになる。ソフォクレスは存在の言葉、竈をうち建てる詩人ということになる。アンティゴネーはといえば、存在の動向に貫かれた詩作そのもの、別言すれば、詩人ソフォクレスの竈、存在に対する関係そのものといえる。本章は、このことを具体的に解き明かすことを目的とする。

一九三五年夏学期講義と一九四二年夏学期講義におけるコロスの解明は、支えるものないし全体を貫いて聳え立つものだとされる主に四つの箇所を手がかりにして進められる。そこで本章でもこれにしたがって、まず、『アンティゴネー』の有名なデイノンの語で知られる冒頭の箇所（Antigone. v. 332 f.）に関する解釈を、従来あまり顧慮されてこなかったペレインの語に注目して明らかにしたい（第一節）。つぎに、パントポロスとアポロスの対語で知られる箇所（Antigone v. 360）に関する解釈を、この対語を軸に解明する（第二節）。そして、それらとのつながりにおいてフュプシポリスとアポリスの対語で知られる箇所（Antigone v. 368–371）の解釈を究明する（第三節）。最後に、竈の語、正確にはパレスティオスの語が登場するコロスの最後の箇所（Antigone. v. 374 f.）を取りあげ、そこでの竈の意味を解き明かすこととしたい（第四節）。

なお第一節に入るまえに、本章が依拠するテクストについて説明しておきたい。このコロス解釈が遂行されたのは、主に一九三五年夏学期講義（『形而上学入門』）と一九四二年夏学期講義（『ヘルダーリンの讃歌『イスター』』）においてである。両講義でハイデガーは、みずからギリシア語のコロスをそのつどドイツ語に翻訳している。よってこの二つの講義でなされたドイツ語への翻訳は本来おなじものではない。だが、ハイデガー全集の編集にあたって、第四〇巻に収められた一九三五年夏学期講義の翻訳は、一九四二年夏学期講義で使われた翻訳をもとにしたものにおき換えられており、それゆえ全集に収められた両講義のドイツ語訳はほぼおなじものとなっている。[6] 一九三五年夏学期講義で実際に使用されたと推定されるドイツ語訳も確認することはできるが、[7] 煩雑さを避けるためにここでは主に同講義が収められた全集第四〇巻の翻訳に依拠して解明を遂行することとする。

第一節　ディノンとペレイン

一九三五年夏学期講義で、支えるものと全体を貫いて聳え立つものだとされるのは主に三箇所ある。最初の箇所は、コロス冒頭の一節である。

> 不気味なもの das Unheimliche 〔τὰ δεινά〕はさまざまにあるが、
> 人間たちを超え出てより不気味に聳え立って動くものはない über den Menschen hinaus Unheimlicheres ragend sich regt 〔ἀνθρώπου δεινότερον πέλει〕[8]。
> （GA 40, 155, Antigone. v. 332 f.）[9]

周知のようにハイデガーはこの箇所から、恐ろしい、危険な、巧みなを意味する形容詞ディノンを重要語として取り出し、それに unheimlich というドイツ語を対応させる。形容詞 unheimlich は、Heim（＝我が家）に由来する heimlich（＝ひそかな）に、否定・反対を意味する接頭辞 un がついたもので、〈不気味な〉と意味する。この場合、ディノンは、まず全体としての存在者としての「圧倒的なもの das Überwältigende」（GA 40, 159）を、つぎに暴力を使いこなし、「暴力－活動的 gewalt-tätig」（GA 40, 159）であるところの「暴力的なもの das Gewaltige」（GA 40, 159）、不気味なものとしての人間を指すという意味で二義的である。そして「人間たちを超え出てより不気味に聳え立って動くものはない（über den Menschen hinaus Unheimlicheres ragend sich regt〔ἀνθρώπου δεινότερον πέλει〕）」がゆえに、人間は最上級形の「ト・ディノタトン」、すなわち「もっとも不気味なもの das Unheimlichste」（GA 40, 158）ないし「もっとも暴力的なもの das Gewaltigste」（GA 40, 159）、それゆえ〈もっとも高く聳え立って動くもの〉となる。

「聳え立って動く（ragend sich regt）」と訳される動詞は、ペレイ（*πέλει*）――不定形ならペレイン（*πέλειν*）――である。語源学によれば、ペレインは「回転する sich drehen」「回って動く sich herumbewegen」などを意味する語幹 kwel- に属し[10]、意味的に存在（Sein）、成る（Werden）と関連し、「回転する turn」「動く move」（GEL, 1358）、「生ずる」、「あらわれる」[11]などを含意する。動詞ペレインに近い別の動詞ポレエウエイン（*πολεύειν*）は、「転回する turn about」のほかに、「土を鋤き返す turn up the soil with the plough」を意味し（GEL, 1433）、おなじくペレインに近い別の動詞ポレエイン（*πολέειν*）は、「〔ものを探して〕歩きまわる・さまよう range over」や「回転する revolve」、「大地を鋤き返す turn up the earth with plough」[12]を意味する。[13]

こうした関連する辞書的意味を参照すると、ペレインに付加された聳え立つ（ragen）という意味は、ハイデガーによる無理強いに見えなくもない。たしかに、そうした面は否定できないだろう。だがここでは、この「聳え立つ」という訳が属すとおもわれる特異な文脈に注意を促すことで、ハイデガーの念頭にあったものを推察することを試みたい。kwel- には、ポロス（*πόλος*）の語も属す。ポロスとは、「軸 Achse」、「回転の中心点 Drehpunkt」（IEW I, 639）を意味する名詞である。ポロス＝軸は、ドイツ語ならポール（Pol）である。ドイツ語でポールといった場合には、南極（Süd*pol*）の場合のように極というニュアンスがつよいが、英語でポール（pole）といった場合には、棒や柱、竿なども意味する。ギリシア語辞典がポロス（*πόλος*）の語義として第一に挙げるのも、「天球の軸 axis of the celestial sphere」（GEL, 1436）である。語源的にはこうした軸の意味から、さらにその先端を意味する極の意味が生じ、

「この〔天球の〕軸の極 *pole* of this axis」、さらに極に位置する「天の蒼穹 vault of heaven」、「天空 sky」、「星の軌道 orbit of a star」（GEL, 1436）という意味を獲得していった。軸と極の二義性は、ラテン語のポルス（polus）も同様である。ハイデガーが、ペレインに聳え立つという意味を付加するときも、ポロスの有する軸（および極）の垂直的な、そして回転をともなった渦のようなイメージがある。ここから聳え立つこととしてのペレインは、軸そのものないし軸をめぐって神々の領域、天空へと上昇する動向を指すと考えられる。地上から天空へ聳える軸の二極性があるといってもよい。この二極性はまた垂直的な不在と現前の二極性ともいえる。一九四二年講義ではつぎのようにいわれる。

> ペレイン *πέλειν* とは、〔……〕〈隠されていない絶えざる不在と現前〉における、つまり変転の現象における、〈静けさと落着きの隠された現前〉をいう。〔……〕ペレインとは、〔……〕留まり Bleiben をいうのであり、これはまさにそれがそれであるところのさすらい Wandern と流れ Strömen のうちにある。（GA 53, 88）

この箇所によれば、ペレインは、留まりとさすらいという動向をふくむ。別の箇所でペレインは、また「来ること Kommen と去《ゆ》くこと Gehen」（GA 53, 135）とされる。この来ることと去くことの運動は、ポロス＝中心軸を基点とした来復と去往の運動である。つまり、ペレインとは、留まると同時に、不在と現前のあいだを去きつ帰りつする動態のことである。結論を先取りして述べるなら、ペレインとはもっとも不気味なものとしての人間存在の動向のことであるが、より厳密にいい換えるなら、これは存在に貫かれた人間が、存在そのものにかかわる動向のことであり、それはここではアンティゴネー、すなわち詩作の動向を意味するものということになる。

第二節　パントポロスとアポロス

コロスの冒頭の一節の解釈につづいてつぎのように述べられる。「最初の行について、この最初の行を顧慮しつつ、〈第二の支えかつ聳え立つ語 das zweite tragende und ragende Wort〉が三六〇行でいわれる」（GA 40, 160）。その語とは、つぎの箇所のパントポロスとアポロスである。

到るところを Überall〔παντοπόρος〕駆けずり回るそのなかで、〈経験もなく、途方にくれて erfahrungslos ohne Ausweg〔ἄπορος〕〉人間は無へと zum Nichts〔ἐπ᾽ οὐδὲν〕やってくる。[14]
（GA 40, 162, Antigone v. 360）

「到るところで überall」の原語パントポロス（παντοπόρος）は、ふつうは〈あらゆる手段をもった〉という意味である。これは、パン（παν）とポロス（πόρος）の合成語である。このポロスの語は、意味的には道や方法を意味するホドス（ὁδός）の語に近く、おなじく意味的には日本語の〈方途〉の語に近いとおもわれる——注意が必要だが、この方途としてのポロス（πόρος）の語は、軸を意味するポロス（πόλος）とはつづりが異なる別の語である。

ハイデガーは、このポロス（πόρος）の空間的含意を強調して「到るところで」と訳す。コロスの内容に即せば、人間がみずからの家郷から出てゆき、海に漕ぎ出して漁をすること、田畑を耕すこと、野山で獣を狩ること、馬や牛を捕えて飼い慣らすことといった〈暴力－活動的な〉営みを指す。人間は、「そのさしあたりたいてい慣れ親しんでいる家郷的なもろもろの境界 heimischen Grenzen から出てゆき、〔……〕暴力－活動的なものとして家郷的なものの境界 Grenze を踏み越えて überschreitet」（GA 40, 160）、「圧倒的なもの」という意味での「不気味なもの」つまり全体としての存在者のただなかに「みずからの本質をもたらす」（GA 40, 160）とされる。ハイデガーが付加する〈聳え立つ〉の含意を顧慮すれば、踏み越えとは、渦のように幅をもった動きであり、神々の領域（天空）の高みへ向けた垂直的な踏み越えとなる。

ハイデガーは、パントポロスについてつぎのように述べる。「到るところへ向けて Überallhin、人間は道をつくる。存在者の、つまり、圧倒的な支配のすべての領域へ向けて人間は突き進み、まさにここですべての道から投げ飛ばされる」（GA 40, 161）。最後の「まさにここですべての道から投げ飛ばされる」とは、アポロスのことである。原文の語順は *παντοπόρος. ἄπορος* であり、対語となっている。ハイデガーはこの二つの語を「本質的な語」（GA 40, 161）とする。アポロスの語は、ポロスに欠如の接頭辞のア（ἀ-）が付いたもので、ハイデガーはこれに〈経験もなく、途方にくれて erfahrungslos ohne Ausweg〉という表現をあてる。〈途方にくれて ohne Ausweg〉とは、全体としての存在者のただなかで、家郷へ帰る〈方途のない〉こと、帰るべき家郷を見失ってゆき所がない、ということである。

> 人間がすべてにおいてまずもってもっとも不気味なものであるのは、彼がいまや〈すべての途上において途方にくれた者 der auf allen Wegen Ausweglose〉として、家郷的なものへのあらゆるつながりから投げ出され、アテー〔＝身の破滅・災禍〕が彼にやってくるかぎりにおいてである。
> （GA 40, 161）

一九四二年夏学期講義のアポロスにかかわる文脈ではつぎのようにいわれる。

> デイノタトス〔＝もっとも不気味な者〕とは、〔……〕その固有の本質から締め出されまま留まり bleibt、この固有の本質の中心 Wesensmitte へ入る方途がない ohne den Ausweg という仕方における非家郷的本質である。[15]
> （GA53, 91）

「途方にくれて」とは、「本質の中心」へ帰る「方途がない」ことである。家郷的なものと「本質の中心」はおなじものを指す。一九四二年講義では、ポリスと竈がそれぞれ中心（Mitte）と名指されている。[16] とはいえ、ニーチェの記述を手がかりにしてすでに示したように、中心の意味が古代から結びついてきたのは、後者の竈であり、ポリスの中心性もまた竈に基づく。ハイデガーもそのことを十分に承知していた。家郷的なもの、家郷的な存在の核心は、竈にある。ポリス、家（οἶκος）、祖国（πατρίς）、これらはみな家郷的であるが、これらの家郷性の本質的な根拠とは、竈なのである。[17] ヨーロッパ語では、たとえば、sich am heimischen Herd wohl fühlen（＝わが家でくつろいだ気分になる）、eigener Herd ist Goldes wert（＝わが家に勝るところなし）、Heim und Herd（＝家庭）という。フランス語では、竈（foyer）は、家庭や家を意味する語であり、英語にも hearth and home（＝家庭）という慣用表現がある。こうした意味連関はすでに古代ギリシア語に見られ、たとえばヘスティアの語に欠如の接頭辞 ἀ- がついた形容詞アネスティオス（ἀνέστιος）の語は、文献的にはホメロスまで遡り、[18] ソフォクレスにも見られる。[19] それの意味するところは、ギリシア語辞典によれば、「家庭のない without hearth and home」「家のない homeless」（GEL, 135）、「家郷のない」[20]、である。初期ギリシアまで遡及できる、竈と家庭・家・家郷の意味連関は、ハイデガーがヘルダーリンの不遇に対する一般的な理解（通俗的な誤解）について、「仕事もなく、家も竈もなく ohne Haus und Herd、成果も名声もなく」（GA 39, 6 f.）と述べる際の慣用句的ないい回しにも認められる。

ハイデガーがポリスを中心とするのはなぜか。それは、ポリスを規定するのが竈であり、彼がポリスを竈から理解しているからにほかならない。そしてその際その中心性をなしているのは、ハイデガーによれば存在そのものなのである。人間がアポロスであるとは、もっとも不気味なものとしての人間が、存在の竈の重力圏に留まりつつも、その中心からは逸れ、はみ出す離心的な動向、離心的な立ち位置にあるということである。この動向および立ち位置が、もっとも不気味なものとしての人間存在に特有のものであり、先取り的にいうならば、アンティゴネーの竈（存在）に対する立ち位置、すなわち、詩作の存在に対する立ち位置ないしそれが留まるべき離心的な住処を述べている。

第三節　フュプシポリスとアポリス

一九三五年夏学期講義では、パントポロス、アポロスにつづいて、「第三の聳え立つ語 das dritte ragende Wort」(GA 40, 161) として、つぎの箇所のフュプシポリスとアポリスの詩句が取りあげられる。

地上の決まりごと Satzung der Erde〔νόμους γεραίρων χθονὸς〕と
神々に誓った掟〔正義〕beschworenen Fug der Götter〔θεῶν τ' ἔνορκον δίκαν〕のあいだを Zwischen、人間はとおり抜けてゆく hindurch fährt。
〈その居場所は、高く聳え立ち Hochüberragend die Stätte〔ὑψίπολις〕〉、
〈その居場所を、人間は失う verlustig der Stätte ist er〔ἄπολις〕〉、かれがいつも存在しないものを存在するとなす dem immer das Unseiende seiend〔ὅτῳ τὸ μὴ καλὸν〕
果敢さのために Wagnis zugunsten〔ξύνεστι τόλμας χάριν〕。
(GA 40, 156 f., Antigone v. 368–371)[21]

「地上の決まりごとと神々に誓った掟・正義のあいだを、人間はとおり抜けてゆく」という箇所のギリシア語原文には、「あいだを zwischen」という語や「とおり抜けてゆく hindurch fährt」に直接・厳密に対応する語は見当たらない。よって、ここには、ハイデガーの翻訳、解釈の独自性があらわれている。この箇所にある〈あいだ〉とは、天上と地上のあいだ、人間と神々のあいだである。この〈あいだ〉は、つぎに来る詩句〈その居場所は、高く聳え立つ ὑψίπολις〉につながる。単に地上でも天上でもなく、地上から〈高く聳え立つ〉、天に近い場所こそ、両者の〈あいだ〉である。ここには、ペレインに見られた垂直的イメージが反復されている。〈あいだ〉は、〈もっとも高く聳え立

って動くもの〉としての人間の〈高く聳え立つ居場所〉である。そしてフュプシポリスに対置されるアポリスの語は、〈高く聳え立つ居場所〉に対する深淵（Abgrund）を指し、フュプシポリスとアポリスの対が、高みと深みの対として解釈される。「歴史的な現存在の頂きが聳え立てば聳え立つほど、それだけいっそう〈途方にくれた、同時に居場所のない混乱のうちに漂う非歴史的なもの〉へ突然墜落する深淵がよりふかく開く」（GA 40, 170）というのである。一九四二年講義では、そこでの「人間の存在者へのかかわりは、〈その歴史の居場所を会得しようとする最高の高み〉と〈その歴史の居場所を失う最深の深み〉のあいだの zwischen 緊張ある懸隔のうちに張り渡される」（GA 53, 110）といわれる。

アポリスの語のつぎに来る「かれがいつも存在しないものを存在するとなす dem immer das Unseiende seiend〔ὅτῳ τὸ μὴ καλὸν〕／果敢さのために Wagnis zugunsten〔ξύνεστι τόλμας χάριν〕」という文句に関しては、つぎのような解説がなされる。

> 暴力－活動的な者、創造者、これは、いわれざることを表現し、考えざることへ侵入し、起こらざることを起こし、見えざることを現象せしめる。この暴力－活動的な者は、いつでも果敢さ Wagnis（トルマ、三七一行）のうちに立つ。（GA 40, 170）

〈いわれざることを表現すること〉〈見えないものを現象させる〉などといったトルマと呼ばれる営為は、詩人の言葉による営みのように存在者をはじめて不在から存在へと連れてくることと考えられる。そうして存在者は存在するものとなり、歴史的となる。このように〈そこへ向けて〉存在者が〈存在・現前して来る〉ところがポリスであり、ポロス＝軸（πόλος）である。

おそらく、ポリスとは、そこをめぐって um den〈すべての問うに‐値するものと不気味なもの alles Fragwürdige und Unheimliche〉が、ある際立った意味において回転する sich dreht 場所であり領域である。ポリスとは、そこにおいて in dem そしてそこをめぐって um den、すべてが〈回転する sich dreht〉ところのポロス πόλος、つまり軸 Pol、渦 Wirbel なのである。この二つの語〔＝ポリスとポロス〕において本質的なことがいわれている。それは、コロスの第二行の動詞ペレイン πέλειν が述べていること、つまり、存続的なもの das Beständige と変転 Wechsel である。ポリスに本質的な「軸的なもの das Polare」は、全体としての存在者へかかわる。この〈軸的なもの〉が存在者にかかわるのは、〈そこをめぐって worum〉その存在者が明らかなものとして〈回転する sich dreht〉ところにおいてである。

(GA 53, 97)

ポリスとは、ポロス＝軸（πόλος）である。このポリスとポロス＝軸の同一視の根拠・由来はどこにあるのか。両者に語源的つながりはない。ハイデガーもそうはいわない。だがこれについて、まず動詞ペレインとポロス＝軸（πόλος）の連関を指摘できる。〈もっとも不気味なもの〉としての人間のペレイン、つまり〈もっとも高く聳え立って動く〉動態は、ポリスという場所において、そしてポロス＝軸をめぐって〈回転する sich drehen〉（渦・竜巻のような）運動である。たしかに〈回転する〉という含意に関して、コロス冒頭の解釈で注意が促されることはなかった。とはいえ、実のところ、こうした意味的連関がハイデガーの念頭にあったことをここに確認できる。

だが、ポリスとポロス＝軸の等置を、ペレインとポロス＝軸の関連のみに還元するべきでもない。というのも、引用では、そこをめぐって（人間だけではなく）全体としての存在者が〈存在して来る〉とともに〈不在へ消えて去く〉というその運動の基点が、ポリス、ポロス＝軸だとされていたからである。このようにポロス＝軸をめぐって一切の存在者が全体として〈回転する〉といわれるとき、これは、コスモスのポロス＝軸という意味において理解できる。このポロス＝軸の理解は、すでに触れた「天球の軸 axis of the celestial sphere」というギリシア的意味へ近づいている。このことはもちろんハイデガーの意図するところであったはずである。その際、彼はまた、「天球の軸」というポロス＝軸の意味がまず典拠とする用例が、プラトンの『ティマイオス』のつぎの一節であることも十分に承知していたはずである。

> さらに神は、大地 *γῆν* を、われわれの養い手として仕組んだ。また同時に、〈すべてを貫いて伸びているポロス＝軸 *διὰ παντὸς πόλον τεταμένον*〉をめぐって *περὶ* 自転 *ἰλλομένην*[22] することで、夜と昼 *νυκτός τε καὶ ἡμέρας* をつくり出すものとして仕組み、これ〔＝夜と昼〕を見張るもの *φύλακα* として仕組んだ。そしてこの大地は、天空 *οὐρανοῦ* のなかで生じた神々〔天体〕*θεῶν* のなかで最初のもので最年長 *πρώτην καὶ πρεσβυτάτην* であった。
>
> （Timaeus 40b–c）[23]

この箇所は、プラトンが大地に関して言外に（女神）ヘスティアを念頭においているとされ[24]、プロクロス[25]（Πρόκλος, 412–485）をはじめとする後世の註解者もそのように理解してきたところである[26]。大地は、〈すべてを貫いて伸びているポロス＝軸〉を〈めぐって〉自転して、夜と昼をつくり出すようにされている。これによれば、宇宙の中心にあって、宇宙全体を貫いてその上方の端と上方の端のあいだを伸びている（*τεταμένον*）ポロス＝軸（*πόλος*）があり、それを〈めぐって〉宇宙ないし天体が回転運動していることになる。別様に述べるなら、「輪・環 ring」、「円 circle」、「車輪 wheel」、「天の蒼穹 vault of the sky」、「天体 the heavenly bodies」、「円運動 circular motion」、「天体の軌道 orbit of the heavenly bodies」[27]などを意味するキュクロス（*κύκλος*）[28]や、縁を意味するステファネー（*στεφάνη*）[29]の語で呼ばれる天圏が回転運動をすると考えられている。こうしたコスモスの構造は、『国家』[30]の最後におかれたエルの物語の一節にも看取できる。

〔牧場から〕旅立って四日目に、かれら〔＝死者たちの魂〕はある一つの地点に到着したが、そこからは、〈上方から天空と大地の全体を貫いて伸びている *ἄνωθεν διὰ παντὸς τοῦ οὐρανοῦ καὶ γῆς τεταμένον*〉、柱のような *οἷον κίονα*、まっすぐな光 *φῶς εὐθύ* が見えた。

(Res publica 616b)

ここで、魂たちは、「柱[31]のような、まっすぐな光」を見たが、それは、〈上方から天空と大地の全体を貫いて伸びている〉という。この記述は、『ティマイオス』の〈すべてを貫いて伸びているポロス＝軸 *διὰ παντὸς πόλον τεταμένον*〉という表現と合致する。[32]つまり、コスモス全体の中心を垂直に貫いて、その周縁部の公転運動の中心軸となっているという点で、両者は合致するのである。『国家』の記述はつぎのようにつづく。

そこからさらに一日の行程を進んだのち、かれらはその光のところまで到着した。そしてその光の中心に *μέσον* 立って、天空から光の綱の両端が伸びてきている *τεταμένα* のを見た。というのは、この光は、まさしく、天空をしばる綱であったから。それは、あたかも軍船（三段櫂船）の船体をしばる締め綱のように、回転する天球の全体を締めくくっている *συνέχον* のである。

(Res publica 616b–c)

プラトンは、中心軸が宇宙の全体を貫いて、その全体の秩序と運動を統御するこうした構造を説明するために、必然の女神アナンケーがその娘たち（＝モイラ・運命の女神）と糸を紡ぐ紡錘の構造を例に出す。そうしてプラトンは、この宇宙を貫く中心軸を、紡錘の軸棒を意味するへーラカテー（*ἠλακάτη*）と呼ぶ。

その〔光の綱の〕端から、女神アナンケーの紡錘 *ἄτρακτον* が伸びている *τεταμένον* のを見ることができ、〈それによって *δι᾽ οὗ*〉天球全体が回転する *ἐπιστρέφεσθαι* ようになっていた。その紡錘の軸棒 *ἠλακάτην* と鈎とは金剛でできていたが、〔紡錘の〕はずみ車 *σφόνδυλον* はこれとそのほかの材料とが混じりあってできていた。〔……〕つまり、それらのはずみ車は全部で八つあり、お互いに内に収まり、うえから見るとその縁がいくつもの車輪 *κύκλους* として見えるようになっていて、〔……〕軸棒は、〔一番内側の〕八番目の車の中心を *διὰ μέσου* 貫き通している。

(Res publica 616c–e)

コスモスの中心に座し、コスモス全体を統御する。こうしたイメージは、パルメニデスの断片B一二にもみられる女神[33](ダイモーン)とともに、フィロラオス、ピュタゴラス学派のヘスティアを想起させるものである。それゆえ、フランスの哲学史家P－M・シュールは、エルの物語のアナンケーが、より一般的かつ具体的な女神ヘスティアの抽象化形態だと指摘する。[34] シュールとは別に、ヴェルナンもまた同様につぎのように述べている。

聖なる物語や古い神話の教えにかなり忠実だったプラトンだが、すべての女神のなかで、家庭にいて不動の女神ヘスティアの形象だけは、『国家』の最後の物語において、〈宇宙の中心に au centre de l'univers〉座して糸を紡ぐ大女神アナンケーと重ねあわせた。アナンケーは膝のうえに紡錘 fuseau をもち、それの動きがすべての天圏 sphères célestes の回転 rotations を統御している。紡錘それ自身は、〈太い光の軸 grande axe de lumière〉に取りつけられている。アナンケーは、その中心に座っており、その軸はマスト mât や円柱 colonne のように〈上方から下方へ天空と大地のすべてを貫いてまっすぐに de haut en bas à travers tout le ciel et la terre〉に伸び、〔……〕コスモスを統一的につなぎとめている。〔……〕不動でありながら彼女の周囲を回る gravitent 運動を司り、中心でありながら機械のその拡がりとそれを貫く軸 axe であり、部品たちをつなぎとめて一緒に保持する。これが、プラトンがギリシアの一番古い神話たちからひき継いだとおもわれるヘスティアのイメージである。[35]

(Grecs I, 169)

ここで、ヘスティアの祭壇は、天上（および地下）の神々と地上の人間たちを媒介する機能を有するとされたこと、また、詩作・哲学的文脈においてコスモスの中心に座すものとされ、同時にコスモスの中心の火や大地と同一視されていたことが想起されるべきだろう。この詩的・哲学的文脈に属すヘスティアについての記述として、プラトンの『ファイドロス』の一節を挙げることができる。ハイデガーの訳をもとに引用する。

> 天空の偉大な支配者ゼウスはしかし、翼のある馬車を駆り、出陣における第一の者であり、万物を支配しつつ、万物を配慮する。これに、神々のそして善意または悪意をもった霊たちの十一に整えられた部隊がしたがう。それ〔十二神の部隊〕が十一だというのは、ひとり女神ヘスティアだけはつねに神々の家郷の場所 Heimstatt〔οἴκῳ〕に残り留まるからである。 (GA 53, 141)[36]

とりあえず、この箇所に関するハイデガーの解釈を述べておこう。『ファイドロス』のなかで、女神ヘスティアが神々の家に残り留まるとされることからハイデガーが導き出すのは[37]、竈が存在であるということである[38]。彼は、プラトンの「ヘスティアと存在との本質的連関に関する洞察」(GA 53, 143) をそこでのもっとも重要な事柄とする。ところで、ヘスティア（竈）と存在のつながりに関しては、プラトンの『クラテュロス』で、ヘスティア（ἑστία）の語が、ウーシア（οὐσία）、エッシア（ἐσσία）、オーシア（ὠσία）という存在をあらわす語との語源的・語感的関連において論じられていた。ハイデガーはそこでこれに関する言及こそしていないが、このプラトンの記述が彼の念頭にあったことは間違いないだろう[39]。この存在と竈の等置は、新プラトン主義を代表するプロティノス[40]（Πλωτῖνος, 204–270）のテクスト[41]やプロクロスのテクストに確認できる。プロクロスは『プラトン「パルメニデス」註解[42]』につぎのような記述を残している。

彼〔＝パルメニデス〕が、存在の多〔義〕性についてなにも知らなかったというようなことはなく、これら多数のものの全体が、〈一なる存在から *ἐκ τοῦ ἑνὸς ὄντος*〉あらわれ出てきたことを洞察していた。そこ〔＝多を統一する一なる存在〕というのは、〈存在の根源 *πηγὴ τοῦ ὄντος*〉、〈ヘスティア＝竈 *ἑστία*〉、〈秘密の存在 *κρυφίως ὄν*〉であり、〈そこから *ἀφ᾽ οὗ*〉、〈その傍らをめぐって *περὶ ὅ*〉、すべての諸存在者 *τὰ ὄντα* がその統一化に与りそこを守ったところなのである。
(PPC-I, 106–107, 708 C)

パルメニデスの周知のテーゼ、「ある *ἔστιν*、そしてないはない *οὐκ ἔστι μὴ εἶναι*」(Parmenides, Frag. B 2) からは、存在が生成消滅せず不生不滅であること、多ではなく一なるものであることが導出される(43)。見てわかるように、プロクロスからの引用ではパルメニデスが存在を一義的にしか見ておらず、存在の多〔義〕性を認めていないという一般的な解釈が誤解だと批判されている。それによれば、パルメニデスの主張とは、むしろ存在の多〔義〕性が〈一なる存在〉において統一的である、ということなのである。この統一化の根源、〈存在の根源〉が、また〈ヘスティア〉や〈秘密の存在〉と呼ばれている。これは、そこからさまざまな存在者が全体として統一的な意味を獲得する宇宙ないしコスモスの隠された原理である。これは、一つづきの箇所でおなじくパルメニデスが洞察したものとして語られる「存在そのもの *αὐτὸ τὸ ὄν*」、「一切から抜きん出たもの *τὸ πάντων ἐξῃρημένον*」、「存在の最高の頂点 *τὸ ἀκρότατον τῶν ὄντων*」、「そこにおいて始源的な仕方で存在が輝きあらわれてきたところのもの *ἐν ᾧ πρώτος ἐξεφάνη τὸ ὄν*」(PPC-I, 106–107, 708 C) とおなじものと考えられる。こうした記述をハイデガーが読んでいたか、念頭においていたかどうかはわからない。しかし、たとえ読んで念頭においていたとしても、ハイデガーを直接的に、厳密な意味で新プラトン主義の系列に位置づけることができるのか、その必要があるのかをここであえて問うことはしない。いえるとしたら、巨視的にみるなら、ハイデガーの自己理解にかかわらず彼もまたプラトンを軸としたこうした精神史的伝統のなかに否応なく巻き込まれている、と理解することは可能だということだ。精神史とはそうしたものである。

ところでハイデガーは存在としての竈を、存在者を全体として集める中心（Mitte）だと見なしている。一般的な理解では、『ファイドロス』における女神ヘスティアは、そのほかの神々（天体）に対する大地と見なされている。[44]『ティマイオス』においてコスモスの中心に位置づけられる大地とポロス＝軸とヘスティア（竈）の結びつきは、こうした精神史的事情およびプラトン自身のほかの記述との関連に基づいている。たとえば、ヴェルナンは、ヘスティアの前哲学的意味とプラトン哲学における神話的要素などを念頭におきながら、つぎのように述べている。

> ヘスティアを通して黄泉の世界への通路が開かれるように、大地と天空の接触が創設されるのもヘスティアからである。〔……〕オイコスのメンバーにとって、竈、家の中心はまた、地下の神と天上の神の交流ルートであり、宇宙の端から端までそのあらゆる部分とつながる軸 axe なのである。[45]
> （Grecs I, 168）

ここでもまたヘスティア（竈）は、「軸 axe」として理解されている。すでに見たように、ハイデガーではヘスティア（竈）は存在と等置されていたが、これにくわえて彼にはヘスティア（竈）とポロス＝軸の結びつきも確認できる。

> 歴史的人間存在において本質的なことは、全体としての存在者のただなかにおける滞在地、すなわち家郷的なものの場所 Stätte へと、すべてのものが〈軸に集いかつそのまわりをめぐる仕方で polhaft〉かかわることのうちに基づく。
> （GA 53, 101）

ここで、「滞在地」、「家郷的なものの場所 Stätte」と呼ばれているところは、ポロス＝軸の場所とおなじところである。つぎの引用からは、この場所、ポロス＝軸の場所が紛れもなく竈の場所であることがわかる。

竈とは、〔……〕すべての居場所のなかの居場所 Stätte aller Stätten であり、〈そこへ向けて auf die zu〉すべてのものがお互いに肩を寄せあって一緒に集まって〈現前して来る anwest〉、すなわちそもそも〈存在してくる ist〉ところの〈家郷の場所 Heimstatt〉そのものである。（GA 53, 130 f.）

ハイデガーは、すでに見た『ファイドロス』の一節においてオイコスの訳語として用いたのとおなじ家郷の場所（Heimstatt）の語によって竈を名指す。ここを中心にして、すべてのものが〈集まって来る〉つまり〈現前して来る〉というのである。ところで、わたしたちは第五章第二節のニーチェに関する論述のなかに、アペイロンの混沌《カオス》に対立するコスモスに秩序を付与しそれを保持する中心火の役割を確認した。ハイデガーにおける竈はこれとある種パラレルな仕方で、存在するということに関する尺度、つまり非存在に対立する存在の尺度を与える役割を担っているといえる。またここで、ハイデガーにおけるポロス＝軸もまた、竈と見なされうることがわかる。これはプラトンの『ティマイオス』におけるコスモスの中心軸とヘスティアの結びつきと合致する。このように、天空と大地、神々と人間たちの共同のもの[46]、地下と天上、ないし大地と天空を〈つなぐもの〉というヘスティアの形象は、『国家』と『ティマイオス』においてコスモス全体を貫くポロス＝軸（πόλος）に結びつくものであり、ハイデガーのコロス解釈でもこのヘスティア・竈とポロス＝軸の結びつきが見られる。このことは、彼がヘスティア・竈の精神史的背景を踏まえていることから結果したものだと考えて差し支えないだろう。そして、一九四三年夏学期講義（『夕べの国の思索の始まり』）のヘラクレイトス解釈に、「ポリスは、つねにギリシア的に考えるならば、本質に応じて存在するものがあらわれ出て来ること Erscheinen が、そしてそれゆえまたあらゆる存在者の非本質が〈それをめぐって um〉回転する軸 Pol であり場 Stätte」（GA 55, 11 f.）であるという記述を認めるとき、また一九四四／四五年の対話篇『放下の場所究明について』において、安らい（Ruhe）が「あらゆる運動の竈」（GA 13, 48）であるとされるのを認めるとき、一九三〇年代半ばにおいてなされた、旋回運動ないし渦動性の中心としての竈の意味を基盤とすることでポリスとポロス＝軸（πόλος）を等置する解釈が一九四〇年代においてもなお変わることなく堅持されていることを知ることができる。こうしたポリス理解を背景とするフュプシポリスとは、もっとも不気味なものとしての人間、いい換えればアンティゴネーそして詩人が、存在の渦動性のなかで常人から抜きんでたその高き居場所を占めるということ、その場所を意味するといえる。そしてその高みが高くなるほど、アポリスの深淵もまたふかくなる。ちょうどイカロスのように、高みにあがればあがるほど、墜落の危険もまた増すのである。それは詩作の歴史的な高みの場所といってよい。

第四節　パレスティオス——竈をめぐる非家郷者

一　竈についての知

本章第一節から三節までは、もっとも不気味なものとしての人間、つまりアンティゴネーに関して、詩作の根本動向、その立ち位置という点から解明してきた。最後に本節ではこの詩作にとっての詩作されるべきものとしての存在そのものの意味を、詩作の存在そのものへのかかわりという点とともに解明する。そのために、パレスティオスの語が登場するコロスの結びの一節を取りあげる。この一節がわたしたちにとってもハイデガーにとってももっとも重要なものだといってよい。一九四二年夏学期講義では、この箇所にかかわる記述のなかでつぎのようにいわれる。「詩人〔＝ソフォクレス〕は、すべてを支える alles tragend コロスの歌の結びの詩句において竈を言挙げすることによって、そのこと〔＝存在〕をいうのである」（GA 53, 150）。問題の箇所をハイデガーの訳をもとに引用する。

そのようなことを為す者が、〈竈の傍らの dem Herde〔παρέστιος〕〉わたしの親しい者 Trauter とならないように、
そのような者の妄想がわたしと考えをわかちあわないように。
（GA 40, 157, Antigone. v. 374 f.）[47]

ここで〈竈の傍らの dem Herde〉と訳されているのが、パレスティオス（παρέστιος）の語である。これは、パラとヘスティアの二語からなり、〈竈の傍らの〉を意味する。一九三五年夏学期講義によれば、この一節がいわんとするのは、「そのような〔＝もっとも不気味なものである〕存在者は、竈 Herd と民会 Rat から締め出されなければならない」（GA 40, 173）、ということである。一九四二年夏学期講義によれば、コロスの結びの一節には「非家郷者」を、一方では家郷的なものの外部へと「投げ出す」が、他方では「家郷的なもののうちへ差し向ける」という「不気味な二義性」（GA 53, 146）が響いている。この一節は、「非家郷者に対抗して語っている」（GA 53, 146）とはいえ、その場合にも、非家郷者一般を無条件に排斥しようというのではない、ということである。詳しくいうなら、「非家郷者がただ単にもっぱらその非家郷的な存在に固執し、存在者のなかを落ち着きなくさすらうそのかぎりで、その非家郷者がいつか家郷者となることがないように」（GA 53, 146）というのである。要するに、この結びの一節は、不気味な人間に向かって、単なる非家郷者にならないように、そして非家郷者でなくなるなら、ふたたび家郷的なもののもとへ帰って来るようにと呼びかけながら歌っている。この一節は、「非家郷者を投げ出しかつ同時に彼の本来的な本質に関する知のなかへ呼び込んでいる」[48]（GA 53, 146）。それゆえ、ハイデガーによれば、この結びの詩句は、「人間の本来的な非家郷的存在と非本来的な非家郷的存在を区別し、決定する」（GA 53, 146）という意図をふくむ。そこで、その非家郷者をそれとして知り、非本来的か本来的かの区別をつけることができる知がいわれる。この知は、家郷的なものについての知であり、これは竈についての知にほかならない。結びの詩句は「竈についての知の明確な響き」（GA 53, 146）をもっているのである。

二　竈についての知と家郷的なもの

この竈についての知に関してもうすこし詳しく見てゆこう。ハイデガーはつぎのように述べる。「もし不気味なものはもっぱら家郷的なものから知ることができるならば、ディノンについてのすべての語りは、すでにこのディノンを乗り越えて考えている。だが、どこへ向けてか？　家郷的なもの、すなわち竈へ向けてである」（GA 53, 134）。それによれば、「竈とは、家郷的‐存在 Heimisch-sein の居場所」（GA 53, 130）であり、「〈それをめぐって um den herum〉、すべてのものが、そしてとりわけ人間が家郷的でありうる」(49)（GA 53, 136）ところのものである。この竈、家郷的なものによってこそ、そもそも家郷的なものと非家郷的なものの区別が生じる、別言すれば存在するものと存在しないものの区別が生じる。

> それゆえ、すべての存在者のうちのもっとも不気味なものを家郷的な竈から追放することができる者は、竈そのものについて知っていなければならないはずである。この知は、それが本物であるならば、竈への帰属性から発源し、家郷的存在のある仕方に由来していなければならないはずだ。〔……〕この知は、すべてを乗り越えて〈聳え立ちながら動く ragend sich regt〉――ペレイ πέλει ――ものを考えているはずである。竈から追放するこの知は、すべての存在者の存在について知っていなければならないはずなのだ。〔……〕すべての存在者のうちのもっとも不気味なものを竈から追放する語は、竈を家郷的なものとして知っていなければならないはずであり、またすべての存在者の存在をも知っていなければならないはずなのである。
> （GA 53, 137）

ここで問題になっているのは、家郷的なもの、つまり存在についての知であり、これは竈についての知を意味する。この知からこそ、非家郷的なものとその本来的および非本来的動態の区別がなされうる。「ディノン、つまり不気味なものについてのすべての知は、竈について知っている知によって担われ、導かれ、明るくされ、接合されている」（GA 53, 133）。このようにディノンについての知は、それ自体が竈についての知のうえに基づいている。それは、竈からの、そして竈への帰属的・属格的関係性のうちにこそ、このディノン、そしてもっとも不気味なものの存在、非家郷者の存在が存しているのであり、そこにしか存しないからである。

> 「竈」が、家郷的なものを規定し、ディノンがその最高の形態においては竈から締め出されて留まらなければならないものであるならば、ディノンが不気味なものでありうるのは、それが非家郷的なもの das *Unheimische* の本質様式をもっているときだけである。（GA 53, 133）

もっとも不気味なものの存在は、竈つまり存在そのものとの関係にうちにしかない。だが、この関係は、単純に竈につながっているという関係ではなく。すでに不気味な（unheimlich）、そして非家郷的（unheimisch）の un（不・非）に示されているように、〈なしにある〉という非性を孕んだ関係である。

> 非家郷者は、家郷的なもののなしにある。このなしにある Entbehren とは、非家郷者が家郷的なものを所有する besitzt その仕方である。厳密にいうなら、〔逆に〕後者つまり家郷的なものが、前者つまり非家郷者を所有するその仕方である。（GA 53, 92）

家郷的なものとは、竈、存在そのもののことである。非家郷者は、これをそれ「なしにある」という仕方で所有しているという。奇妙ないい回しである。あるひとが家を所有しているのは、その家なしにある、という仕方においてだといっているにひとしい。それは所有していないことではないのか、と問いたくなる。おそらくここで念頭におくべきはオデュッセウスのような彷徨のうちにある帰郷者である。彼は、イタケーの家郷に帰ることができず、さまざまな困難に阻まれているという仕方で、そこを目指す帰郷の途上にある。あるいは、「身をえうなきものに思ひなして、京にはあらじ、あづまの方にすむべき國もとめにとてゆきけり」（『伊勢物語』第九段）と出郷を遂げざるをえなかった男のことを考えてもよい。かれらは旅の途上に家郷なしにあるなかで、同時にそれを希求するという仕方で家郷を所有しているのである。だが他方で、ハイデガーは、所有されているのは家郷的なものというよりも、むしろ人間であり、家郷的なものが人間を所有しているともいう。これは人間が家郷的なものを所有していることを否定しているのではない。より厳密に、より根源的にいえば、家郷的なものが人間を所有しているということである。まず家郷的なものが人間を所有しており、同時に人間が家郷的なものを所有している。ここにも第四章第二節で確認した、存在を起点、中心として人間を巻き込んだ再帰的な中動媒体性をふたたび確認することができよう。つまり、もっとも不気味なもの、非家郷者の竈に対する関係とは、その者が竈としての存在そのものから発するとともに、ふたたび竈へと回帰する帰属的関係である。それは、より根源的には非家郷者（人間）とは、竈（存在）の非家郷者（人間）であるという（非的な）属格的関係である。この属格的関係は、秘匿された所有ということもできる。というのも、非家郷者（人間）が家郷を所有するという動態がより前景にあらわれるとするなら、家郷が非家郷者を所有するという根源的動態は、むしろより後景的なものとして前者の背後に身を隠すからである。ところでこのもっとも不気味なものとしてのアンティゴネーの形象に託されているものは、詩作のことである。それゆえ、ここでの詩作とは、単に人間がなにか或るものを詩作する、ということではなく、存在からの、そして存在へのかかわりのうちに詩作することである。非家郷者の竈との、存在そのものとの関係は、詩作にとっての「真に詩作されるべきもの」（GA 53, 150）としての存在からの、そして存在への詩作の存在へのかかわりにほかならないこととなる。

三　非家郷者の本来的意味

そうであるならば、本来的な非家郷者とは、存在そのものからの、そしてそこへの本来的なかかわりにおける詩作ということになるだろう。本来的な非家郷者とは、どのような者か。むろんこれはアンティゴネーのことにほかならない。「彼女〔＝アンティゴネー〕が、「本来的に」非家郷的である」（GA 53, 146）。では、いかなる意味で彼女の非家郷的存在は本来的とされるのか。まず、非本来的な非家郷者の意味をはっきりさせることにしよう。

> 冒険者 Abenteurer は、単純に家郷的で－ない lediglich nicht-heimisch。〔……〕冒険者は、まさにつねに単に家郷的で－ないもののうちに、異郷的なものそれ自体のうちに、家郷的なものを見出している。より厳密にいうなら、冒険的心情には、家郷的なものと非家郷的なものの区別がそもそも失われてゆくのだ。（GA53, 91）

ハイデガーがここでそう明言しているわけでないが、この「冒険者」が非本来的な非家郷者と考えられる。とはいえ、これを厳密に捉えた場合、その者はもはや非家郷者でさえないともいえる。というのも、その者に対しては、「非家郷的 *un*heimisch」ではなく、「単純に家郷的で－ない *lediglich nicht*-heimisch」という表現が使われているからである。非家郷的（unheimisch）の語の非（un）が、所有に対する喪失・隠蔽・忘却などの非性を指すとするなら、冒険者における〈家郷的でない〉の〈ない〉は、ハイデガーがいうように家郷的と非家郷的という区別そのものの端的な否定である。これは所有と喪失といった区別そのものの否定であり、さらにはこうした区別に基づいてはじめて可能になるはずの、迷う、途方にくれる、忘却する、想起する、探す、見出す、帰還するといった事態の抹消をも意味する。そこでは存在からの関係も、存在への関係もほとんど断たれているように見える。

ここから本来的な非家郷者の意味も明確になる。つまり、本来的な非家郷性とは、非家郷性と家郷性、喪失と獲得、忘却と想起、隠れとあらわれ、出立と帰郷という二重動向の〈あいだ〉にその本質的存在動態を有する者のことである。このことは、この動態が取る〈さすらい〉や〈迷う〉、〈途方にくれる〉というかたちが、なにか非本来的なものを意味するものでないことを告げている。[50] それらはむしろ本来的非家郷性を告げている。家郷からの「出立は、単に〔家郷を〕背後におき去りにすることではない。出立は、すでに家郷への帰還の最初の、それゆえ決定的な動作である」（GA 53, 166）。家郷から出立しようとして踏み出されるその最初の一歩それ自体が、同時にすでに家郷へと帰還しようとする歩みのその最初の一歩だというのである。その道程がたとえどれほど迷いに満ちて、途方にくれた彷徨であったとしても、そうである。そのようにして、彼はつねに、不在と現前、家郷性と非家郷性のあいだを彷徨いながらも、ポロス＝軸としての竈をめぐる存在の重力圏に留まりつづけるのである。

この結びに詩句は、竈をひきあいに出すが、竈とは〈そこから von dem〉もっとも不気味な存在者が追放されたまま留まらなければならない bleiben soll ところである。(GA 53, 129)

これを、〈追放されたままである〉と理解（翻訳）するのは不十分であろう。むしろ、〈非家郷者〉が〈追放される〉と同時に〈そのまま留まらなければならない〉と読むべきである。追放された者は糸の切れた凧ではなく、「家郷的なものにかかわったまま留まる bleibt」(51) (GA 53, 135) からである。「非家郷的－であることは、家郷的なものからの単なる逃亡ではない。そうではなく、むしろ反対に、ときにはおのれ自身を知らぬまま家郷的なものを探し求め、尋ねゆくことなのだ。〔……〕本来的な非家郷者は、まさに家郷的なものへ、そしてただひたすら家郷的なものへ遡ってかかわっている bezieht sich [...] zurück〉」(GA 53, 91) ということである。

こうして、竈をめぐるもっとも不気味なものの本来的な動向が明らかとなる。この動向には、二つの異なる方向性があるが、実のところこれは一体的な一つの動向である。つまり、竈をめぐって、一方ではそこからの離脱において家郷者が非家郷的になるという動向があり、他方ではそこへの帰還において非家郷者が家郷的となるという動向がある。より正確にいうならば、この帰還にこそ家郷的であることの本来の意味があるのであり、そもそも非家郷的であることなしに、本来の家郷的であることはない。竈を軸（ポロス）とした去きつ帰りつするペレインの二重動向こそ、ハイデガーの考える本来的な非家郷者の存在であり、非家郷者の存在そのものへの本来的な関係である。「家郷的なることのうちにおいて非家郷的であることUnheimischsein im Heimischwerden。これが存在そのものへの帰属性である」(GA 53, 150)。そのような帰属性が、アンティゴネーつまり詩作の竈（存在そのもの）へのかかわりだということになる。「アンティゴネー自身が、〈非家郷的であるなかで家郷的となることHeimischwerden im Unheimischsein〉の詩作である。アンティゴネーが、最高の本来的な非家郷的であることの詩作である」(GA 53, 151)、というわけである。

むすび

本章では、ハイデガーのコロス解釈における四つの主要箇所を順に取りあげた。第一節では、もっとも不気味なものとしての人間の存在、つまりはアンティゴネーの動向、詩作の動向を、動詞ペレインを手がかりとして明らかにした。第二節では、パントポロスとアポロスの対語を手がかりとして、このもっとも不気味なもの、つまりアンティゴネー、詩作の離心的な立ち位置を明確化した。第三節ではフュプシポリスとアポリスの対語を手がかりとして、もっとも不気味なもの、いい換えればアンティゴネー、つまりは詩作の位置する高みとその高さに応じて開かれる深みとしての深淵の意味を明示した。第四節では、コロスの結びの詩句に登場する鍵語、パレスティオスを軸にして、詩人ソフォクレスの詩作としてのアンティゴネーと竈（存在そのもの）とのかかわりに関して、その詩作および詩作における人間存在の離心的なふるまいを解き明かした。

以上の解明からはつぎのようにいうことができるようにおもわれる。『存在と時間』において、現存在の立ち位置ないし住処は、端的に世界内存在（das In-der-Welt-sein）の内（in）に見出されていた。そこでは、世界の内側がそのまま脱自（Ekstase）が示すところの外側ということになっている。その場合は、内部は外部であり、外部は内部であって、つまるところ世界という意味空間の内部が問題になっているにすぎなかった。その内部に対する外部や外部に対する内部は、それゆえまた両者の〈あいだ〉ということは、ことさらに議論の対象とされる問題設定にはなっていなかった。また、『存在と時間』では、慣れ親しんだ日常性と不気味さ（Unheimlichkeit）の区別が論じられていた。だが、一方が本来的で他方が非本来的であるとする問題設定は、先駆的覚悟性と頽落（Verfallen）という両極を豊かに論じることを可能にしたものの、両者の中間、両者の〈あいだ〉という問題領域をもて余し、結局は本来的時間性と非本来的時間性の関係の如何、両極間の移行や同時性といった問題に曖昧さや難点を残すことになったことが知られている。

これに対して、『アンティゴネー』解釈における〈住まう〉という人間の本質的動向は、むしろ〈あいだ〉の事象を積極的に評価し、むしろこうした〈あいだ〉の領域にこそ、詩作の本来の在り処、人間の本来の住処が求められている。つまり、それは、家郷と異郷という区別の単に内（家郷）であるのでも、外（異郷）にあるのでもなく、むしろ家郷と異郷の〈あいだ〉にこそ、そこにおける移行の動態にこそ見定められている。否、むしろ、そのような〈あいだ〉からこそ家郷と異郷は互いにそのようなものでありうるのである。ここで竈の場所は、世界の外に向かう離心的拡大化の中心であり、また世界の内に向かう集中的な統一化の中心という本質的な役割を果たす。この二重の動きに巻き込まれるところに、人間が忘却し彷徨い、あるいはまた想起し、探しまわるというあり方が生まれる。この動向が、人間の、そして詩作の離心的動向である。

以上のことを念頭において、次章のヘルダーリンにおける竈をめぐる問題の解明へうつっていきたい。

第八章　ヘルダーリンと竈

はじめに

ヘルダーリンは後期ハイデガーの哲学を考えるうえでもっとも重要な詩人である。よってヘルダーリンの竈の形象にいちど探りを入れることが、ハイデガーと竈のつながりを究明するためにも不可欠だとおもわれる。本章の目的は、ヘルダーリンの初期から後期のテクスト全般を概観することで、そこにおける竈の姿を浮かびあがらせることにある。もしかすると、ヘルダーリンを読んだことのある読者は、彼の詩に竈など出てきただろうかといぶかしくおもうかもしれない。だがたとえば、ハイデガーの講義においてはじめて竈の語が登場するのが、管見のおよぶかぎりでは一九三四／三五年冬学期講義のヘルダーリン解釈においてである。そしてその講義では、竈の語はハイデガー自身の言葉としてではなく、ヘルダーリンの詩作からの引用として登場するのである。ここから導き出されるのは、ハイデガーにおける竈の語は、目立たない仕方においてではあるが、ヘルダーリンの詩作と緊密に結びついたものであったという推測的仮説であろう。ハイデガーにおける竈の問題と同様に、ヘルダーリンの詩作における竈に関しても管見に入るかぎりこれを主題的に取りあげた先行研究は見当たらない。またヘルダーリンにおける竈は、シェリングにおけるほどには顕在的な仕方であらわれていない。このことから、ハイデガーの竈の語の使用にとって直接の示唆となったのは、ヘルダーリンやほかの哲学者ではなく、実はシェリングだったのではないか、という推定も成り立つ。もしかするとこちらの推定のほうが自然かもしれない。とはいえ、それはハイデガーの文献資料からは確証できない。さしあたりシェリングの重要性は無視できないところである。だが、ハイデガーにとってのヘルダーリンの唯一的な重要性を鑑みた場合、彼の詩作における竈の意味の解明を等閑にしておくことは許されないだろう。

ギリシア・ローマの悲劇や詩に通じ、翻訳も残したヘルダーリンがヘスティアの形象に精通していたのは当然であり、そのほか哲学・宇宙論《コスモロジー》・天文学などからの影響も考えられる。ヘルダーリンが、さまざまなテクストから竈に関する知識を獲得してゆき、次第に独自の詩作的文脈に組み込んでいったということは間違いないだろう。だが、これに関する彼自身の説明は残っていない。よって、本章では、そもそもヘルダーリンのテクストにおいて竈の語がどのような文脈でどのような意味を帯びて登場するのかに関して、文献的な確認をしつつそれに考察をくわえるという資料的な基礎作業を遂行することにする。翻訳作品に関する考察までは本書では展開できないので[1]、考察対象は彼の詩作品、小説、悲劇に限定する。

具体的には、それぞれ以下の順序で取りあげてゆく。ヘルダーリンの一七〇〇年代の初期詩作における竈の語を確認する（第一節）。書簡体小説『ヒュペーリオン』を取りあげて同様に確認作業をおこなう（第二節）。さらに、未完の悲劇『エンペドクレスの死』の草稿についても同様に確認してゆく（第三節）。そして、一八〇〇年代以降の後期詩作のなかに竈の語を確認してゆきたい（第四節）。くわえて、ヘルダーリンの詩作における臍と竈の関係についても考察をほどこしておく（第五節）。最後に、ヘルダーリンの代表的な悲歌『パンとぶどう酒』と竈（ウェスタ）のつながりを、関連する先行研究を批判的に考察するなかで明示することにしたい（第六節）。

第一節　初期詩作における竈

一七〇〇年代の初期詩作では竈ないしウェスタの語が、五つの詩にそれぞれ一箇所ずつ登場する。従来これを主題的に論じた先行研究は見られない。その大きな理由の一つとして、竈の語が普通名詞としてもっぱら日常的な意味連関からのみ理解されてしまうことがあるようにおもわれる。ここでは、とりあえず、通常の意味連関と詩的および哲学的意味とが絡みあっていること、ないし結びつきうることを明示しながら、ヘルダーリンにおける竈の形象を確認していきたい。まず、五つの例を成立年代順に引用して示す。

引用(1)
『人類に寄せる讃歌（Hymne an die Menschheit）』

そして、鋤をふるうひとの穢れなき竈の傍らで an [...] unentweihtem Heerde
人類は婚姻するのだ。(2)

（Hymne an die Menschheit [1771]. v. 23–24. StA 1-1, 146）

引用(2)
『ギリシア（Griechenland）』

ああ、ヘラスがめぐりおどっていた黄金の季節ならば、

きみは年々の過ぎ去りを感じることもないだろう、
ウェスタの炎 Vesta Flamme のように、勇気と愛が、
かの地ではだれの胸にも、永遠に赤く燃えつづけていた Ewig [...] glühte、
ヘスペリデスの果実のように、かの地では
青春の楽しみが永遠に咲き誇っていたのだ blühte / Ewig。[3]

（Griechenland [1793–94]. v. 27–32. StA 1–1, 180）

引用(3)

『友のねがい（Freundeswunsch）』

かつてのはるかに遠い竈の傍ら am fernen Heerde のように、
わたしに太陽が甘くひかり輝き、
そしてその光線 Stral が大地の心臓 Herz der Erde のうちへ、
そして大地のこどもたちの心臓のうちへとどくとき[4]

（Freundeswunsch [1794?]. v. 5–8. StA 1–1, 187）

引用(4)

『わがもの（Mein Eigentum）』

幸いなのは、おだやかな妻をしずかに愛し、

みずからの竈の傍らで Am eignen Heerd、誇るべき家郷に暮らす者、
自信にみちた男には、
揺るがぬ土地のうえに、天空がひときわ美しく輝くのだ。[5]

(Mein Eigentum [1799]. v. 21–24. StA 1–1, 306)

引用(5)
『夕べに想う（Abendphantasie）』

おのが小屋のまえで、日影のうちに安らかに
農夫が腰をおろしている。この満足した者のために、かれの竈が煙をあげている。[6]

(Abendphantasie [1799?]. v. 1–2. StA 1–1, 301)

まずいっておくと、引用(2)に見られるように、ヘルダーリンはギリシアについて詩をつくる際にも、ギリシア語のヘスティア（ἑστία）ではなく、むしろラテン語のウェスタ（vesta）の語を用いている。このことは、ヘルダーリンのギリシアへの熱心な憧憬にもかかわらず、彼の詩作のみならずギリシアの古典作品の翻訳に際しても終始一貫している。この点については、シェリングがむしろギリシア語のヘスティアをより多く用いる傾向があるのと比較した場合、ヘルダーリンの語用の一つの特徴をなしているといってよい。この語用についての発見はあとの議論にもかかわるので、心に留めておいてもらいたい。

さてこれらの引用に見られる竈の語に関して、特に引用(2)と引用(3)に関していえば、そこで古代ギリシアの竈が念頭におかれているのは明白である。そして、〈竈の傍ら〉とは、引用(1)によれば、そこにおいて人類が「婚姻する

〔＝むすびつく〕」場所であり、引用(3)によれば「太陽が甘くひかり輝き、〔……〕その光線が大地の、心臓のうちへ〔……〕とどく」場所であり、また引用(4)によれば「揺るがぬ土地のうえに、天空がひときわ美しく輝く」場所とされる。これらの表現は、伝統的なヘスティア理解に通じるものと理解できる。特に、引用(3)のなかの「大地の心臓」という表現は、のちに未完の悲劇『エンペドクレスの死』にも登場する詩句として重要である。[7]

一方で、とりわけ引用(1)、引用(4)、引用(5)における竈のイメージは、生活や家庭とむすびつき、詩的・哲学的というよりもむしろ通常の日常的な意味あいがつよい印象を受ける。すでに先に引用した慣用表現、sich am heimischen Herd wohl fühlen（わが家でくつろいだ気分になる）、Heim und Herd（家庭）などといって表現も、そのことを示している。こうした意味連関は当然ながら古代ギリシアに淵源するものである。ここで、すでに言及したヘスティアの語に欠如の接頭辞 ἀ- がついた形容詞アネスティオス（ἀνέστιος）の語を例に挙げることができる。

眷族も、法も、竈もなき（ἀνέστιός）者は、身の毛もよだつ同士討ちを好む者。（Homeros, Ilias. IX 63–64）

子も、妻も、竈もなき（κἀνέστιος）者として。（Sophokles, Frag. 4）[8]

ここでは、「竈もなき」と翻訳したアネスティオス（ἀνέστιός, κἀνέστιος）の語に注目したい。この語は、すでに言及したように、「家庭のない without hearth and home」、「家のない homeless」、「家郷のない」を意味する。このように竈と家庭、家、家郷の意味的なつながりは、すでに初期ギリシアの詩人たちに確認できる。すでに触れたように、ハイデガーも、ヘルダーリンの恵まれなかった境遇に対する一般的（通俗的）な理解（誤解）について叙述する際に、「仕事もなく、家も竈もなく ohne Haus und Herd、成果も名声もなく」（GA 39, 6 f.）というなかば慣用句的ないい回しを用いる。だが、こうした慣用句的な表現は、詩的および日常的文脈にかぎられるものではない。たとえば、プロクロスの『プラトン「パルメニデス」註解』にはつぎのような記述がみられる。

> 魂のすべての諸力は、けれども〈おなじ竈から *ἐκ τῆς αὐτῆς ἑστίας*〉・〈おなじ家郷から［*ἐκ*］*τῆς αὐτῆς πατρίδος*〉、すなわち、それらはみな〈精神的なものから *τοῦ νοητοῦ προελήλυθε*〉あらわれ出てきたのである[9]。

ここに、哲学的文脈における竈と家郷ないし家・祖国とのむすびつきを確認できる。竈の語がふくみこむ通常の意味・詩的意味・哲学的意味はそれぞれが絡みあっているものである。ヘルダーリンの初期詩作における竈に、哲学的背景を読み込む必要はかならずしもないだろう。けれども、だからといって、単に通常の日常的な意味からのみ解釈するなら、初期ギリシア以来竈が保持してきた含意を無視することになってしまい、そのふくみを著しく損なうことになってしまうだろう。なんといっても、ヘルダーリンの詩作の背景としてプラトン哲学およびそこから発した精神史的伝統はいつでも忘れてはならないはずのものだからである。このことをつよく顧慮しておくことは重要であり、必要である。

第二節　『ヒュペーリオン』における竈

つぎに本節では『ヒュペーリオン、あるいはギリシアの隠者（*Hyperion oder der Eremit in Griechenland*）』[10]（以下では『ヒュペーリオン』と略記する）とこれに先立って書かれた『若きヒュペーリオン（Hyperions Jugend）[11]』における竈の語の用例を確認したい。具体的には、まず両テクストにおけるディオティーマと竈のつながりを明らかにする。そのつぎにこれと関連すると考えられる初期ヘルダーリンの生の離心性の思想を見てゆきたい。

一　ディオティーマと竈

一七九〇年代後半に書かれた『ヒュペーリオン』は、初期のヘルダーリンを代表する詩的な書簡体小説であり、ソフォクレス悲劇の二つの翻訳を除けば、生前に独立して刊行された唯一の作品である。まず物語の背景、登場人物、構成、大まかな筋書きを説明しておく。

モデルとなった舞台は、一七七〇年頃のロシアとトルコの戦争の渦中にあって、トルコと対峙し、これに抵抗するギリシアである。主人公は、ギリシアの青年ヒュペーリオンである。ヒュペーリオンの名前は、ギリシア神話のウラノスとガイアのあいだに生まれた息子たちのなかのひとりである、太陽神ヘリオスの父のものとされるが、ホメロスではヘリオスの別名ともされる。小説はヒュペーリオンがドイツの友人ベラルミンに宛てた書簡という形式を取っている。名前を挙げておくべき主な登場人物は、ベラルミンのほかに、ヒュペーリオンの若き日の導き手であるアダマス、ギリシアの友人アラバンダ、ヘルダーリンが家庭教師として勤めていたフランクフルトの銀行家ゴンタルト家の夫人ズゼッテ・ゴンタルトをモデルにしたとされるヒロイン、ディオティーマである。ディオティーマの名前は、プラトンの『饗宴』のなかでソクラテスが愛をめぐる問答を交わす巫女ディオティーマから取られている。ほかに名前が見られるノタークとは、ヒュペーリオンの年輩の助言者であり友人である。

『ヒュペーリオン』の構成は、第一巻（一七九七年公刊）と第二巻（一七九九年公刊）からなる。第一巻は、序言、第一部、第二部からなり、第二巻も第一部と第二部からなる。第一巻ではアダマスやアラバンダとの日々の叙述が主な内容となっている。本書で取り上げるのはこの第一巻ではなく、第二巻である。第二巻で竈の語とディオティーマが登場する。ヒュペーリオンは彼女と出会うが、ロシアとトルコのあいだに勃発した戦争に義勇軍として従軍するためにディオティーマのもとを去ってしまう。しかし戦争で彼が体験したものは、みずからの部下たちの残虐な略奪行為であった。ヒュペーリオンはそのなかで負傷する。それから回復した後も、自分自身にふかく絶望し、ディオティーマに決別の手紙を書いて、ロシア艦隊の海戦に身を投じ、そこで深手を負って生死の境を彷徨う。アラバンダの看病のお陰もあって回復したヒュペーリオンは、ディオティーマからの手紙を受け取るなどして、ギリシアに帰郷し、彼女とともに生活したいという感情が芽生えるが、その前にディオティーマは亡くなってしまう。それを知らせる手紙を受け取ったヒュペーリオンは悲嘆にくれ、イタリアのシチリアへ、さらにドイツへ放浪の旅に出る。だがヒュペーリオンはドイツとその国民の野蛮さや支離滅裂さに憤慨し、ドイツを去ってギリシアへ帰り、ギリシアの自然のうちに、その自然とともに生きようとする。以上が極々大雑把な『ヒュペーリオン』の概略である。この物語の背景には絶えずギリシアがある。このギリシアは古代の栄華を失い、無残にも荒廃してしまったみすぼらしい姿を晒している。それでもまだなお、自然は、その生命を失わず、ひそかに生きつづけている。そうしたギリシアである。

『ヒュペーリオン』と『若きヒュペーリオン』に登場する竈の語は、管見のおよぶかぎりでは、以下に示すように五つある。これらの箇所は、主にヒュペーリオンから見たディオティーマの姿――そういう荒廃したギリシアを背景にしながらも、そこで潑剌とした生活を営むディオティーマの姿とその居場所を描写している。

引用(1)

『ヒュペーリオン』

わたし〔＝ヒュペーリオン〕がいくども心から楽しく笑ってしまったのは、高貴な精神をもつひとは野菜の調理の仕方なんかわかるはずがない、とおもっているひとたちがいることだ。ディオティーマは、ふさわしいときに、ほんとうにこころをこめて火の竈 Feuerheerd のことを話すことができた。そしてなによりも気高いのは、恵みぶかい炎 allwohlthätige Flamme に気をくばり、自然にも似たしかたで、心から嬉しくなるような料理をこしらえてくれるひとりの気高い乙女なのだ。[12]

(Hyperion oder der Eremit in Griechenland. StA 3, 56 f.)

引用(2)

『ヒュペーリオン』引用

わたし〔＝ヒュペーリオン〕は〔丘を〕くだっていった。そして、いとしい乙女〔＝ディオティーマ〕を竈の傍らに am Heerde 見つけた。この日にあって家事に心を配ることを、彼女は巫女の聖なる仕事と考えていたのだ。(13)

(Hyperion oder der Eremit in Griechenland. StA 3, 99)

引用(3)

『ヒュペーリオン』

その〔ディオティーマの〕青ざめた頬は竈の炎 Flamme des Heerds で赤く輝いて、大きく開かれた真剣な眼は涙でひかり輝いていた。

(Hyperion oder der Eremit in Griechenland. StA 3, 99)

引用(4)

『若きヒュペーリオン』

ノタ－ラの家の窓は赤く燃え、そしてかれの竈 Heerde からは煙が立ちのぼっていた。すぐにわたしは見た、庭へ通じる扉がひらき、ディオティーマが大理石の階段を降りてゆくのを。[14]　(Hyperions Jugend. StA 3, 222)

引用(5)

『若きヒュペーリオン』引用

また静寂な竈の傍らで am stillen Heerde、清らかな心づかいでみずからのつとめを果たしたひとたちのことも、わたし〔=ディオティーマ〕たちは決して忘れません。[15]　(Hyperions Jugend. StA 3, 224)

両作（『ヒュペーリオン』と『若きヒュペーリオン』）において具体的な仕方で竈と結びつくのは、つねにディオティーマである。そのことは、最初の箇所で明確に見て取れる。そして、『ヒュペーリオン』の引用(2)と引用(3)の一つづきの箇所は、ディオティーマが〈竈の傍らに〉居るということを印象づけるものとなっている。引用(4)の箇所でも、竈は、ディオティーマと結びついている。引用(4)の箇所は、ディオティーマの台詞である。このなかで、彼女は、彼女と同様に〈竈の傍らで〉みずからのつとめを果たすひとびとの徳を称えている。引用(5)の箇所では、〈静寂な・揺るぎない竈〉という語が登場する。〈静寂な still〉の語は、〈立てる stellen〉〈動かない unbeweglich〉を意味する語幹〈シュテル stel-〉に属し、[16]〈ひそかに im Stillen〉という用法もある。この語 still は、竈と関連すると考えられるヘルダーリンおよびハイデガーのテクストのいくつかの箇所[17]に登場することを指摘できる。

ここではさしあたり、ヒュペーリオンの台詞である引用(2)の箇所で、〈竈の傍らに〉居るディオティーマに関して、「彼女は巫女の聖なる仕事と考えていたのだ」と述べられることに注目しておきたい。「巫女」という言葉と〈ディオティーマ〉という彼女の名前から連想されるのは、まずプラトンの『饗宴』におけるディオティーマである。プラトンの巫女的な性格を有するディオティーマは、愛（エロス）の巫女といえる。『ヒュペーリオン』のディオティーマもまた、「愛の巫女」（StA 3, 116）[18]と呼ばれている。ほかには、ヘルダーリンは、ヒュペーリオンに、ディオティーマが「ドドナの巫女」[19]（StA 3, 180）のようだともいわせている。ここから、ヘルダーリンが、ディオティーマにギリシアの神々の巫女の性格を本質的なものとして付与していることがわかる。しかし、ここで、プラトン的な「愛の巫女」の性格のみに注目すべきではない。というのも、ヘルダーリンは、〈竈の傍らに〉おけるディオティーマの仕事を、「巫女の聖なる仕事」だとヒュペーリオンにいわせているからである。ここで、念頭におかなければならないのは、各神殿で、あるいはそれぞれの家々でそこに祀られた神に対して執りおこなわれた供儀において火を燃やし、守り、犠牲を灼いたひとびとのことである。ギリシアには、ヘスティアの祭壇で奉仕した女性たちがいた。またとりわけローマには、原則的に処女から構成されるウェスタの巫女[20]がいた。彼女たちにはギリシアにおけるよりもより高い権威と地位を認められていた。神から贈られた神聖な火を見守るというモチーフは、『ヒュペーリオン』と同時期にデッサウの公女アマーリエに献じられた詩にも登場している。「あなたは尊い方でした、巫女よ！　というのもあなたはかしこで[21]／ひそかに Im Stillen 神の火を守っていたのですから」（An eine Fürstin von Dessau［1799］. v. 13–14. StA 1-1, 309）。

古代においてヘスティア・ウェスタの祭祀は、絶対ではないが主に家の未婚の娘たちの務めであると考えられていた[22]。家々でもヘスティアの祭祀の務めを果たすのは主として家の娘であり、竈と一家の主婦を結びつけるのは近代的な連想とされる[23]。それゆえ、ヘルダーリンの（『ヒュペーリオン』の）ディオティーマが、ウェスタの巫女ないしは竈（の火）と結びつくのはごく自然なことである。ウェスタの巫女は、女神ウェスタと同様に神殿において火を守るのが主な務めであった。ここで、一世紀から二世紀頃、すでにローマの支配下にあったとはいえ、まだギリシアの神々の祭祀が執りおこなわれていたエフェソスにおいて、プリュタネイオンでプリュタニスとしての務めを果たしたとされるトゥリアという名前の女性が残した頌詩の一節を参照することができる。

女神ヘスティア、神々のうちでもっとも古くもっとも尊ぶべき神、おんみは、永遠に花咲く火の域をポリスに占めるよう最高の神ゼウスが与えた不滅の火を守る。

(Tullia. 03/02/38 Ephesos. v. 1–3. Steinepigramme I, 324)

また、西暦九二年から翌年にかけておなじくエフェソスでプリュタニスとしての役目と同時に女神ヘスティアに奉仕する役目を果たしたとされるクラウディアという名前の女性が残した頌詩の一節は、つぎのようなものである。

おんみ〔=女神ヘスティア〕は、至福なる神々に楽しみを与え、故国 *πατρίδος* に咲き誇る恵みぶかい火の光を守る。もっとも愛すべき女神、コスモスの花、おんみ女神はその祭壇で天からの残り火を守る。

(Claudia Trophime. 03/02/37 Ephesos. v. 1–4. Steinepigramme I, 322)

ここには、女神ヘスティアが、ポリスにある神殿のなかの祭壇としての竈で、天から降ってきた火を絶えず保護し、養う役割を担うものであることが示されている。「故国に咲き誇る恵みぶかい火の光」と歌われているように、ここでポリスの中心で燃やされている火のことがいわれている。しかも同時に、「コスモスの花」という言葉からは、存在者全体の中心に咲き誇り、コスモス全体を輝かせ、その秩序を保持するピュタゴラス学派における中心火としてのヘスティアと同様の――おそらくはそこからの影響も受け継いだ――ヘスティア理解が示されていることが指摘できる。メルケルバッハが述べるように、ここでは、「プリュタネイオスの竈のひとにぎりの燠が、ほんとうは、天の火の写しないし火花」(Merkelbach 1980, 64) であり、そしてこの天の火において、いい換えれば「ヘスティアの輝く燠において、コスモス全体のハルモニア〔=調和的秩序〕が把握されて」(Merkelbach 1980, 64) いるのである。神話において、女神ヘスティアが果たす、火、燠を守る勤めを、プリュタネイオンや神殿で実際に果たしていたのは、トゥリアヤクラウディアのようなプリュタニスたちであった。ここで、ヘルダーリンが、ディオティーマについてヒュペーリオンに述べさせたつぎの言葉をひきあいに出すことができる。

「あなたが留まるのもまたよいことです、ディオティーマ!」と、わたしはいった。巫女は、神殿から出てはいけません。あなたは聖なる炎を、ひそかに im Stillen 美しいものを守って bewahrst、わたしがそれをあなたの傍らに bei dir ふたたび見い出すことができるようにしてください。

(Hyperion oder der Eremit in Griechenland. StA 3, 100)

ここで、「留まるのもまたよいこと」だとヒュペーリオンからいわれるディオティーマが守っているのは「聖なる火」であり、この火は、ディオティーマがその「傍らに」居るところの竈の火である。ここから、ディオティーマが「愛の巫女」であるのと同時に、ヘスティア(竈)につかえる者、古代ローマでいうところのウェスタの巫女であることを明確に見て取れる。そして、ここで重要なのは、この「聖なる火」と等置されている「美しいもの」である。このディオティーマが守るのは、「聖なる火」=「美しいもの」である。『ヒュペーリオン』の有名な一節はつぎのように述べる。

最高のものと最善のものを探し求めているあなたがた。知の深みに、営為のごった返しのなかに、過去の暗闇のなかに、将来の迷宮のなかに、墓のなかに、あるいは星々を越えてそれを探し求めているあなたがた! あなたがたは、その名を知っているのか? 〈一にして全〉の名を? その名は美である。

(Hyperion oder der Eremit in Griechenland. StA 3, 52 f.)

「美しいもの」、「美」とは、〈一にして全〉のことである。このことは、つぎの二つの箇所でも明確にいわれている。

「わたし〔＝ヒュペーリオン〕は、まったくかれら〔＝アテナイ人〕に近しいのです」と、わたしはいった。「ヘラクレイトスの偉大な言葉〈ヘン・ディアフェロン・ヘアウトー〉（自身において多様な一者）、これは、もっぱらギリシア人のみが見つけることができたのです。それは、これが美の本質だからです。それが見つけられる以前には、哲学はなかったのです。」

(Hyperion oder der Eremit in Griechenland. StA 3, 81)

とはいえ、もし神的な〈ヘン・ディアフェロン・ヘアウトー〉、求めてやまない理性の美の理想が光り輝くならば、理性は盲目的に要求するのではなく、なぜ、なんのために要求するのかを知るのである。

(Hyperion oder der Eremit in Griechenland. StA 3, 83)

ここでヘルダーリンがヒュペーリオンにヘラクレイトスのものとしていわせる〈ヘン・ディアフェロン・ヘアウトー *ἕν διαφέρον ἑαυθτῷ*〉という言葉は、ヘラクレイトスの断片・伝承には見られない。これと似た表現として、たとえば以下の二つを挙げることができる。

おそらく自然は反対のものを好み、それら反対のものから調和をつくり出すのであって、おなじものからではない。〔……〕このことと暗い人ヘラクレイトスによって語られていることはおなじことである。すなわち、「もろもろの全体ともろもろの全体でないもの *ὅλα καὶ οὐχ ὅλα*〔Ganzes und Nichtganzes〕、和合するものと和合しないもの *συμφερόμενον διαφερόμενον*〔Einträchtiges Zweiträchtiges〕、共鳴するものと共鳴しないもの *συνᾶιδον διᾶιδον*

〔Einklang Zwieklang〕は結びあっている *συνάψιες*。万物から一が生じ、一から万物が生じる *καὶ ἐκ πάντων ἓν καὶ ἐξ ἑνὸς πάντα*〔und aus Allem Eins und aus Einem Alles〕。」

(Herakleitos, Frag. B 10, Pseudo-Aristoteles, De mundo 396b 7–22)

他方イオニアのムーサ〔＝ヘラクレイトス〕たちや、少しあとになるが、シチリアのムーサ〔＝エンペドクレス〕たちは、両者〔の話〕を結びあわせて、存在は〈多〉でありかつ〈一〉であり *τὸ ὂν πολλά τε καὶ ἓν ἐστιν*、憎しみと愛によって統合されている *συνέχεται* というのがもっとも安全であると考えた。なぜなら、「それはつねに不和であることによって和合する *διαφερόμενον γὰρ ἀεὶ ξυμφέρεται*」と、ムーサたちのより張り詰めた方のムーサ〔＝ヘラクレイトス〕はいうからである。

(Herakleitos, A 10, Sophistes 242d)

ここには、〈対立による調和〉というヘラクレイトスに特徴的な思想が語られている。当時ヘルダーリンがヘラクレイトスに関する理解を得た主なテクストとして、当時一般的だった『ポイエーシス・フィロソフォス』[24]が知られている。

わたしの過去はしばしば弦の遊《すさ》びのように響いた。そこでは名人がすべての音を貫き通し、争いと協和音を隠された秩序によって mit verborgener Ordnung 相互にかさねあわせるのだ[25]。

(Hyperion oder der Eremit in Griechenland. StA 3, 47)

という『ヒュペーリオン』の一節には、

隠されたハルモニア ἁρμονίη ἀφανής のほうが眼に見えるものよりもつよい。

(Herakleitos, Frag. B 54, VF I, 162)[26]

というヘラクレイトスの断片B五四からの影響が見られるとD・ブレマーが指摘している。[27] ブレマーは、ほかにもヘラクレイトスからの影響を指摘する。それとは別に、ブレマーがそう述べているわけではないが、ヘラクレイトスの断片B三〇に登場する「永遠に生きる火 πῦρ ἀείζωον」(Herakleitos, Frag. B 30, VF I, 158)[28] からの影響をつぎの箇所、すなわち『ヒュペーリオン』の最後の一節にも指摘できるようにおもわれる。

「世界の不協和音は、愛しあう者たちの反目に似ている。和解はその争いのただなかにある。そしてすべての別たれたものはふたたびおたがいにめぐり逢うのだ。」

「血管は心臓で別れ、また心臓へ帰る。そしてあらゆるもの Alles は、〈一なる永遠の赤く燃える生命 einiges, ewiges, glühendes Leben〉なのだ。」

(Hyperion oder der Eremit in Griechenland. StA 3, 160)

「心臓」からの乖離は「争い」であり、これはあとで触れる「離心的軌道」とも関連すると考えられる。そこへの回帰が和解であり、これも「離心的軌道」の本質的動向と考えられる。そしてこうした一連の動向は、すべてそれ自身が〈一なる永遠の赤く燃える生命 einiges, ewiges, glühendes Leben〉の動向であるということになる。ヘラクレイトスとは別に、プラトンの『饗宴』にも『ヒュペーリオン』の思想に通じる記述を見出せる。

それは、人間たちから神々へ、また神々から人間たちへ解釈して伝えるのです。すなわち一方からは願いと供物を、他方からは命令とその報償を。また〈あいだ〉の存在として両者を結び満たし *συμπληροῖ* そうしてト・パンが相互に結びつくのです *τὸ πᾶν αὐτὸ αὑτῷ συνδεδέσθαι*。　(Symposium 202e)

この一節は、プラトンのディオティーマが神々と人間たちの中間の存在としてのエロスを説明しているところである。ここでは、神々と人間たちの中間の存在としてのエロスに関して解釈・伝達というその巫女的な性格が述べられている。つぎにいわれているのは、エロスがまた、神々と人間たちの中間を〈満たす〉、ないし両者が〈完全なものとなる〉〈成就する〉ことを助けることで、「ト・パン」を結びつけるということである。「ト・パン」とはギリシア語で〈全体〉、〈宇宙〉を意味する。それゆえ、神々と人間たちの中間とは、いい換えれば、天空と大地の中間であり、エロスは、両者の中間を〈結び満たす〉ことによって、両者すなわちコスモスという全体を統一的となすものとしても考えられている。エロスが、単に神々と人間たちの〈あいだ〉として両者を結びつけるだけではなく、それによって「ト・パンが相互に結びつく」という点で、ヘルダーリンおよび彼のいうヘラクレイトスの思想とも通じるものである。ヘルダーリンも当然こうしたところを念頭に置いていたものとおもわれる。

ここでとりあえず、『ヒュペーリオン』の「聖なる火」「美」「愛」の三者が、おなじもの、つまり〈一にして全〉を指して使われていることがわかる。そして、ディオティーマにあてられる「聖なる火」を守る「巫女」という表現も、「愛の巫女」という表現も同様におなじことを述べていると考えることができる。つまり、彼女は〈一にして全〉を守る者である。「ディオティーマ」と題された初期の詩によれば、彼女のいる場所とは、「わたしたちが〈一〉と〈全〉になるところ」(Diotima. v. 99. StA 1-1, 219) である。『ヒュペーリオン』でも、〈全〉が一的な調和へと集い・結びつく場所とは、ほかでもなく、ディオティーマがそこに居る場所である。

すべてのものが彼女〔＝ディオティーマ〕に向かって蝟集した。すべてのひとびとが彼女の本質の一部に与っているようにおもわれた。親切なきまじめさ、柔らかな気づかい、こころからの親密さがすべてのひとびとのあいだにもたらされた、そしてどうやってそうなったのかをかれらはだれも知らなかった。

(Hyperions Jugend. StA 3, 218)

わたし〔＝ヒュペーリオン〕は知っています。天空は寂れはて、うつろなものになってしまい、かつては美しい人間の生に満ち溢れていた大地は、ほとんど蟻塚のようになってしまいました。けれども、昔ながらの天空と昔ながらの大地がわたしに微笑みかけてくれる場所がまだ一つあるのです。それは、天空のすべての神々と大地のすべての神的な人間たちを、わたしはあなた〔＝ディオティーマ〕のうちに忘れるからなのです。

(Hyperion oder der Eremit in Griechenland. StA 3, 87)

最初の引用では、ディオティーマが、彼女を中心にして「すべてのひとびと」が調和的に集うようなひとであることがいわれる。つぎの引用では、かつてあった天空と大地（神々と人間）の調和、自然と人間の調和がいまでは失われてしまったことがまずいわれ、それにもかかわらず、ディオティーマにおいては両者の調和がまだ保持されている、ないし回復されるといわれているのである。

二　生の離心的軌道

ところで『ヒュペーリオン』ないしヘルダーリンにおいて多くの場合そうであるが、ここでいわれる「かつて」および「昔ながらの」は二義的である。一方では、天空と大地の調和のうちにあったが〈今〉はもはや没落し荒廃してしまった西洋・ギリシアにとっての〈かつて〉、〈昔〉であり、他方でそれは、かつて子ども時代にはおなじく調和のうちに暮らしたが成長するにつれてそうした調和から抜け出してしまった（ヒュペーリオンの）個人的生にとっての〈かつて〉、〈昔〉である。ヘルダーリンにおいて人類の歴史的経過と人間的生の経過は、パラレルないし類比的なものとなっている。

たとえばヘルダーリンは、ヒュペーリオンにつぎのようなことを語らせている。つまり、子供時代には、子供は人間ではなく、むしろ「神的存在」（StA 3, 10）であり、そこには「天空の安らかさ」（StA 3, 9）、「平和」（StA 3, 10）がある。それというのも、子供は「まだ自分自身と決裂していないから」（StA 3, 10）である。けれども、子供は成長とともに必然的にこうした安らかさ・平和から抜け出し、それを失ってしまう。『ヒュペーリオン』の草稿の一つは、つぎのように述べている。

> わたしたちはみな、一つの離心的軌道 exzentrische Bahn を走りつづけている。そして、子供時代から完成へ向かう道は、これよりほかにはないのである。
> (Hyperon. Die vorletzte Fassung. StA 3, 236)

また、『ヒュペーリオン』の最終稿のための序言の草稿の一つでも同様につぎのように述べられる。

> 全体としてまた個人として、人間が一つの点（程度の差こそあれ純真な単純さ）から別の点（程度の差こそあれ完成された教養）へと走りつづける離心的軌道 exzentrische Bahn は、その本質的ないくつかの方向にしたがって、いつもおなじようなものであるようにおもえる。
> (Fragment von Hyperion. StA 3, 163)

これによれば、「離心的軌道」(29)とは、人間的生の本質的動向を示している。それはいい換えれば、子供が自分自身と決裂してゆく行程、別言するならば、自己自身から離反してゆく行程である。

「愛の時 Zeit というものがあります」と、ディオティーマは、親しみのこもったまじめさでいった。「幸せな揺りかごのなかで生きる時代 Zeit があるのとおなじように。けれども、生きることそのものがわたしたちをそこから追い出してしまうのです。」

(Hyperion oder der Eremit in Griechenland. StA 3, 87)

ここで、「生きることそのものがわたしたちをそこから追い出してしまう」といわれるのは、「離心的軌道」のいう生の本質的動向とおなじと考えられる。生がそこから追い出されるのは、「幸せな揺りかごのなかで生きる時代 Zeit」である。この「時代」から抜け出してしまった生は、これとは別様な仕方で同様の平和的・調和的な時代、つまり「愛の時」を再帰的に求める。自分自身からの決裂は、単に自分自身から離れてゆくという単純な一方向的運動を有するだけではないということである。この再帰的軌道は、人間の生が（分裂してしまった）自分自身へと、いい換えれば、かつての調和的な平和へと再帰しようとする軌道でもあるということができる。当然、子供時代への単純な単線的回帰は考えるべきもなく不可能である。どこへ帰るのか？　生がそこへ向けて再帰するところは、美、〈一にして全〉であり、それはまた神性とも呼ばれるものである。

そこにはただ、一なる美 Eine Schönheit があることになる。そして人間と自然は、〈すべてを包む一なる神性 Eine allumfassende Gottheit〉のうちへ向けてたがいを一つに調和させる。

(Hyperion oder der Eremit in Griechenland. StA 3, 90)

それは、また一つの聖なる火でもある。この「一つの聖なる火は、わたし〔＝ヒューペーリオン〕を清め、わたしのなかの不純物を永遠に灼き滅ぼす」(Hyperions Jugend. StA 3, 234) ものである。後期詩作の草稿の一つでは、「生

Leben」が「集められ versammelt」るという向中心的動性は、「竈」の「焦点 Brennpunct」へ向かうとされる。[30] これも同様の事態を述べていると考えられる。

ハイデガーもまた、ヘルダーリンの後期讃歌を解釈するなかで、ヘルダーリンが『ヒュペーリオン』の草稿で述べる「離心的軌道」に論及している。そこでハイデガーは、その離心的軌道を「人間存在の離心性という思想」（GA 52, 189）と呼ぶ。「人間もまた、歴史的には彼の存在の中心 Zentrum にいることはない」（GA 52, 189）のだとハイデガーは述べる。「人間もまた」、つまり存在そのものの歴史（存在史）と同様に、人間の生（存在）の歴史的行程もまた、その離心的動向から免れることはない。ここに表明されているハイデガーの解釈は、この初期の『ヒュペーリオン』における離心性の思想が主として「人間存在」にかかわるものであって、後期ハイデガーにとっての根本的な洞察である存在史（＝存在の自己贈与の歴史）に直接的にかかわるものではないというものである。それゆえ、ハイデガーによるなら、この離心性の思想は、「歴史の本質をより根源的に考え抜くこと〔……〕と合致するものではない」（GA 52, 189）ことになる。存在そのものの歴史の行程と人間の生（存在）の（歴史的）行程を一緒くたにすることはできないというのがハイデガーの理解である。だが、これと同時にいわれているのは、人間の生であれ、存在の歴史、存在の贈与の生起であれ、いずれにしてもそれぞれの仕方でその離心的軌道を動くということなのである。

第三節　悲劇『エンペドクレスの死』におけるウェスタ

本節では、『ヒュペーリオン』の完成前から着手されていた未完の悲劇作品『エンペドクレスの死（*Der Tod des Empedokles*）』を取りあげる。遺された草稿から、ヘルダーリンがそこでも、ウェスタのもつ精神史的意味を背景においていたことがうかがわれるからである。この悲劇は、シチリアに生まれ、みずからが神にならんとしてエトナ山の火口に身を投げたという異様な伝承が語り継がれてきた古代ギリシアの哲人エンペドクレス（Ἐμπεδοκλῆς, c. 493–

433 B.C.）を主人公とする。舞台は、シチリアの植民都市アクラガスである。古代が舞台であるとはいえ、この悲劇もまた、『ヒュペーリオン』と同様の主題をさらに展開したものであり、かつての天空と大地、神々と人間、自然と人間の美しい調和が破れてしまっている時代にあって、それらの対立をふたたび和解させ、そこに調和をもたらす主人公の犠牲が主題となる。その意味でこの悲劇もまた近代に即したものである。

まず、解明の糸口として、すでに挙げた初期の詩『友のねがい』を参照したい。

かつてのはるかに遠い竈の傍らのように、
わたしに太陽が甘くひかり輝き、
そしてその光線が大地の心臓 Herz der Erde のうちへ、
そして大地の子どもたちの心臓のうちへとどくとき

（Freundeswunsch［1794］. v. 5–8. StA 1–1, 187）

ここで、「かつてのはるかに遠い」とは、〈かつてのギリシアにおけるように〉という意味だと推察される。そこでは「太陽が甘くひかり輝き」、「その光線」が、「大地の心臓」へととどいていた。ここには、〈天空の太陽〉、〈大地の心臓〉、〈大地の子ども〉という契機が、〈竈の傍ら〉で調和的に結びつく様がうたわれている。

『エンペドクレスの死』の草稿は全部で三つある。いずれにおいても、エンペドクレスもまたエーテル・天空・光の息子とされている。[31] この場合、母親は大地のことだと考えてよい。テクスト『エンペドクレスの根底』によれば、「そこにおいてもろもろの対立が一者になるという仕方で、内密的に統一されるところの人間」（Grund zum Empedokles. StA 4–1, 154）が、エンペドクレスなのである。ここで、右に示した詩において「竈の傍ら」で調和的・統一的に結びつく「光線」と「大地の心臓」というイメージが、この悲劇でも（より深刻な気分のもとで）繰り返されているのを示すことができる。

『エンペドクレスの死』（第三稿）

大地の心臓が嘆き悲しみ、
昔の合一を忘れず、その暗き母が
エーテルに向かって火の腕をひろげ、
そこに主は光線となって降り来るとき

(Der Tod des Empedokles. Dritte Fass. v. 475-478. StA 4-1, 139)

大地と天空、人間たちと神々は、両者だけでは調和を回復させることができない。そこには両者の中間的存在が必要とされる。

『エンペドクレスの死』（第三稿）

だが、うえから発する炎は、火をつけるだけで、
下から立ち昇るものは、荒々しい争いである。
だが、一者、新たな救済者は
天空からの雷光を安んじてつかみ取り、愛をもって
死すべき者を、その胸に抱き寄せ、
こうして、彼において世界の抗争は穏やかになる。
人間たちと神々を彼は和解させる

そうして、両者はかつてのようにふたたび近くに生きるのだ。

(Der Tod des Empedokles. Dritte Fass. v. 381-388. StA 4-1, 136)

この和解を成就させる「救済者」とは、もちろんエンペドクレスのことである。そして、それは、エンペドクレスがエトナ山の火口に降りてゆき、この和解のための犠牲となる、という仕方において成立する。これが、悲劇『エンペドクレスの死』の構想の核心部分であった。

『エンペドクレスの死』(第三稿)

あの山の頂きから vom Gipfel 底なしの谷へ Ins bodenlose Thal 降りてゆかれ、
大地の心臓 Herz der Erde が耐え忍びながら陽光から隠れていて、
暗い母がその苦痛をあなたに語りかけてくる、
あの深淵のなかの聖所 Heiligtum des Abgrunds へ敢えておもむかれるにしても、
おお、夜の者であるあなた〔＝エンペドクレス〕！
エーテルの息子であるあなた！　わたくし〔＝弟子のパウサニアス〕はあなたについて降りてゆきます。

(Der Tod des Empedokles. Dritte Fass. v. 238-243. StA 4-1, 129)

「山の頂から」とは、エトナ山の山頂から、ということである。「底なしの谷へ」とは、「火の杯」(Tod des Empedokles. Dritte Fass. v. 9. StA 4-1, 121) とも呼ばれる火口のなかへということである。こうした垂直的イメージは、ヘルダーリンそして後期ハイデガーの特にヘルダーリン解釈に頻繁に登場し、天空と大地が相互に結びつく仕方、ないし相互に開かれる仕方を表していると考えられる。うえで示した初期の詩によれば、これは竈の傍らにおいて成就するものであった。ここで、竈に比せられるのはエトナ山であると考えられる。(32)

この推測を裏づけるものとして、ハイデガーが使用していたヘリングラート版の第一稿の冒頭に、最初の登場人物であるパンテアとデリアというふたりの女性に関する「ウェスタのふたりの巫女」という説明書きがあることを指摘できる。(33)ところが、バイスナー（シュトゥットガルト）版のおなじく第一稿の冒頭には、「第一幕」「第一場」という説明と「パンテア」と「デリア」の名前が書かれているのみである。(34)フランクフルト版を確認すると、ヘルダーリンの書いた元の原稿のこの箇所には、「ウェスタのふたりの巫女」という説明書きを確認することができる。(35)バイスナーは、この説明書きを自身の全集版には反映させていないことになる。

この編集について、バイスナーはつぎのように説明している。このおなじ第一稿の冒頭から始まるパンテアとデリアの掛けあいの第五行のデリアの台詞にも、もともと「わたしたちはウェスタの巫女です」（StA 4-2, 437）という台詞があったが、こちらの方はヘルダーリン自身によって抹消され、「パンテアさん！　わたくしは、やっと昨日、〔父と〕一緒に」（Der Tod des Empedokles. Erste Fass. v. 5. StA 4-1, 235）という台詞におき換えられている。バイスナーによれば、この「五行目の抹消にしたがって〔冒頭の人物の「ウェスタの巫女」という説明書きも〕根拠のないものになった」（StA 4-2, 437）、というのである。バイスナーはつぎのように述べている。

> 最初、この〔第五行の〕掛けあいでは、このふたりの娘たちがウェスタの巫女である、といわれる。〔……〕この〔ウェスタの巫女という〕特徴づけは、しかしその後すぐに〔ヘルダーリン自身によって〕抹消される。そのため、この〔第五行の抹消された〕不明瞭なモチーフとは別に登場場面の表記に残されていたその〔ウェスタの巫女という〕特徴づけも抹消するのが首尾一貫している。（StA 4-1, 334）

バイスナーはこのように述べるが、うえで明示したように、初期の詩作における竈や聖なる火の形象そして『ヒュペーリオン』におけるディオティーマが竈（の火）を守る者としてウェスタとの関連から理解可能なものであった。このことを背景として念頭に置いて読むならば、『エンペドクレスの死』における「ウェスタの巫女」という形象は、決して「不明瞭なモチーフ」ではない。またたとえばほかの神々の巫女によっておき換え可能な偶然的なものではないし、第五行の抹消のみによって完全に根拠を失うものでもないはずである。

ヘルダーリン自身による抹消は、あくまで詩的な作品の表現上そうしたほうがよいと考えただけだと見ることも十分に可能なものである。三つの草稿のいずれにおいても、「ウェスタの巫女」というモチーフがなんらかの仕方でそこにあったとしても、この悲劇の意味にとって問題はなかった。むしろ、そのほうが——文学作品としての出来栄え、構成、完成度といった観点を顧慮せずにいうならば——、この悲劇の意味、『ヒュペーリオン』などそれ以前の作品との連関、そしてヘルダーリンの精神史的背景を明らかにしようとする立場からすれば、ずっと首尾一貫したわかりやすいものになっていたようにおもわれる。

第四節　後期詩作における竈

つづいて本節では、一八〇〇年以降の後期ヘルダーリンの後期詩作を見てゆきたい。まず一八〇一年頃に成立したと考えられる『宥和する者よ……』の第一稿の火にかかわる表現と第二稿の竈にかかわる表現を指摘できる。以下に引用する。

①『宥和する者よ……（Versöhnender der du nimmergeglaubt…）』（第一稿）

というのもすべては供犠の炎 Opferflammen のなかに燃え尽き
聖なる火 das heilige Feuer は消え入るばかりだった
そこに父が速やかに火を燈し schnellentzündend
父がもつなかでもっとも愛に満ちたものを贈り
炎をさかんにする〔……〕。

（Versöhnender der du nimmergeglaubt... Erste Fass.〔c.1801〕. v. 61–65. StA 2–1, 132）

②『宥和する者よ……』（第二稿）

〔……〕感謝は
そのような贈り物に決してすぐになされることはない。
あまりにも難しいのだ、かのものを捉えること zu fassen は。
というのも、もしも神がそれをおしみなく与えようものなら
とうのむかしに、竈の恵み Seegen des Heerds によって
わたしたちの山の頂 Gipfel も地上 Boden も燃えてしまっていただろう。

（Versöhnender der du nimmergeglaubt... Zweite Fass.〔c.1801〕. v. 57–62. StA 2–1, 134 f.）

③『平和の祝い（Friedensfeier）』

そしてそれは運命にかなったことなのだ、けれども感謝は、
決してただちに神からの贈り物になされることはない。
それはふかい吟味によって捉えられるべきだからだ。
また、贈る者が惜しむことがなかったならば
すでにとうの昔に竈の恵 Seegen des Heerds によって
わたしたちの山の頂も地上も燃えてしまっていただろう。

(Friedensfeier [1802]. v. 58–63. FHA 8, 643)

『宥和する者よ……』第一稿では、「供犠の炎 Opferflammen」、「聖なる火 das heilige Feuer」、「速やかに火を熾し schnellentzündend」て、消え入りそうだった地上の「炎をさかんにする」ところの天空の「父」のことがいわれている。この「供犠」というヘスティアのキーワードからしても、この「炎」によって考えられているのは竈の火だといえる。天空からの父とは雷ないし天の火を落とすゼウスを想起させる。第二稿で「贈り物」や「恵」と呼ばれているものはこのおなじ火のことである。三番目に引用した『平和の祝い』は、②の『宥和する者よ……』(第二稿)の内容の改良版といえる。この贈り物が地上に、人間に贈られるのであるが、それは贈られたそのときには気づくことがなく、感謝が捧げられることはない。むしろ感謝は、いまにも消え入りそうな地上の残り火をわずかによりどころとした、かつての贈与への想起のうちで生じるということである。

つぎに引用するのは讃歌『さすらい』の一節である。

④『さすらい(Die Wanderung)』

そして白い花、赤い花を咲かせる樹々も、
小暗く野生のままに深緑の葉に満ち満ちた樹々も豊かに、
スイスのアルプスの山脈《やまなみ》も隣国のあなたに影を投げかけている。
なぜなら、あなたは家の竈の近くに nah dem Heerde des Haußes
住まい、耳を澄まし、山の奥懐で
白銀の供犠の水盤から
泉が、清らかな手によって
ふりまかれてざわめく音を聴いている。

（Die Wanderung［1801］. v. 5–12. StA 2–1, 138）(36)

この讃歌に関する詳しい解明は次章でおこなうが、以下、簡単な考察を付しておく。初期の詩作、『ヒュペーリオン』、『エンペドクレスの死』においては、ウェスタに奉仕する者（巫女）の性格はもっぱら人間の女性に割り当てられていた。これに対して、後期の主に讃歌では、この巫女的な者の位置づけを付与されているのは、たとえばこの讃歌『さすらい（Die Wanderung）』のなかの（女神）「スウェヴィア」（Die Wanderung. v. 1. StA 2–1, 138）である。あるいは讃歌『ゲルマーニエン（Germanien）』において「巫女、神のもっとも静寂なる stillste 娘」（Germanien. v. 49. StA 2–1, 150）(37)や「聖なる大地の娘」（Germanien. v. 97. StA 2–1, 152）と呼ばれる（女神）「ゲルマーニエン」（Germanien. v. 103–110. StA 2–1, 152）もそうである。『さすらい』では、「家の竈（Heerde des Haußes）」（Die Wanderung. v. 8. StA 2–1, 138）たる「アルプスの山脈」（Die Wanderung. v. 7. StA 2–1, 138）の傍らを「去る」（Die Wanderung. v. 18. StA 2–1, 138）ことがないスウェヴィアに関して、「それゆえ／あなたには誠実さが生まれながらのものなのだ」（Die Wanderung. v. 17–18. StA 2–1, 138）とうたわれる。讃歌『ゲルマーニエン』では、「昼と夜のあいだに／突如として真なるもの ein Wahres が輝きあらわれなければならない」（Germanien. v. 92–93. StA 2–1, 151 f.）、そのような「時の中心」（Germanien. v. 103. StA 2-1, 152）にあって、「巫女」（Germanien. v. 103–110. StA 2-1, 152）の役割を果たすのがほかでもなくゲルマーニエンであるとされる。ここから、かつて『ヒュペーリオン』などで、ディオティーマなどの女性が担っていたウェスタ（の火）への奉仕、あるいはウェスタ（＝竈・祭壇）の傍らでの奉仕の役割が、スウェヴィアやゲルマーニエンなどの神話的形象に移されていることがわかる。ひとまずそのようにいうことができるとおもわれる。

つぎの⑤と⑥の詩『半神や族長の生涯に……』はかなり混乱したものとなっており、全体として意味のつながりが定かではない。具体的な解釈はかなり困難であり、竈の語が登場する箇所のみ以下に引用するに留めておく。

⑤『半神や族長の生涯に……（Und mitzufühlen das Leben...）』（元来は無題）

一つの焦点のうちへとin einen Brennpunct
集めるversammelt。金色の砂漠。あるいは、生の暖かな竈Heerdの
火の光線Feuerstrahlさながらによく守られて、
やがて夜の火花を、昼の磨かれた岩から、
そして薄明りのあたりにまだ打ち鳴らし
弦の遊《すさ》びが響くのだ。

（Und mitzufühlen das Leben... v. 5–10. StA 2-1, 249）

⑥『半神や族長の生涯に……』（元来は無題）

〔……〕だがエジプトの乙女は、胸をはだけて

労苦のためにふしぶしに痛みをおぼえながら
たえず歌いながら、森のなかで火の傍らに Im Wald, am Feuer 座っている。〔……〕

(Und mitzufühlen das Leben... v. 10–12. StA 2–1, 249)

つぎの『森のなか』と題された詩的なテクストは、ハイデガーもしばしば論及する一節、すなわち言葉を「財宝のうちのもっとも危険なもの」と呼ぶ有名な一節をふくむものである。

⑦『森のなか (Im Wald)』

だけれど、小屋 Hütten のなかに人間は住まい、恥じらいの衣装に身をつつんでいる hüllet。それというのは、そのほうが心のこもった用心ぶかいことでもあるし、巫女 Priesterin が天の炎 himmlische Flamme を守るように、人間はその精神 Geist を守る bewahre からだ。これこそが、人間の知性なのだ。そしてそのため、この神に似た者に、失敗しまた完成する恣意と、より高いちからが与えられ、人間に、財宝のうちのもっとも危険なもの der Güter Gefährlichstes、言葉 Sprache が与えられている。それは、人間が創造し、破壊し、没落し、永遠に生きる女匠 Meisterin、母へふたたび回帰し wiederkehrend、彼女から学び、相続すべきもの、彼女のもっとも神的なもの、あらゆるものを保持する愛 allerhaltende Liebe を証しするためなのだ。

(Im Wald. v. 2–10. StA 2–1, 325)

言葉は、人間に与えられた「財宝のうちのもっとも危険なもの」である。それは、創造・破壊・没落・回帰・学び・相続・証すること、こうした人間の営為にかかわりそれを可能にするものである。ハイデガーは、しばしばここに論及するが、たしかにここには言葉についての洞察が語られているようにおもわれる。ハイデガーの解釈によればこの回帰とは、「女匠ないし母——大地への人間の下降 Untergang ないし帰還 Wiederkehr」(GA 39, 60 f.) である。つまり〈女匠＝母＝大地〉へ（大地からいちど天上へ向けて昇ったそのあとにふたたびそこから）「下降」し、「帰還する」こと、「成功しまた失敗しそしてふたたび根源へ帰還する zurückkehrt」(GA 39, 61) という上下の垂直的な再帰的動態に言葉が本質的な仕方でかかわっているということである。このような上下方向における非地平的再帰運動に巻き込まれている人間存在を記述するハイデガーの表現をひきあいに出すならば、「最極端の抗争の中心 Mitte に曝し出され、かつもっとも単純なる内密性 Innigkeit の包摂のうちで本質化する、存在の立会人〔＝証人〕*Zeuge des Seyns* としての人間」(GA 39, 61) となる。

ハイデガーは、この「財宝のうちでもっとも危険なもの」という言葉の規定との連関で、言葉につぎの五つの点を認める。まず一つ目の点。

> 言葉は人間にとって〈財宝のうちでもっとも危険なもの〉である。というのも、言葉は人間をまずもって存在のそして非存在の、そしてまたありうる存在の喪失と存在からの脅かしの領域へ曝し出すからなのだ。
> (GA 39, 74)

一つ目の点がもっとも明確でわかりやすい。つまり、存在であれ非存在であれ、あるいは存在を喪失する可能性であれ、存在から脅かされる可能性であれ、そうした現前と不在とのかかわりに身をおくことができるのは言葉においてなのだということである。存在とは天空の神々からの火だと理解できる。ここに明確に言葉における存在の動きの媒体的はたらきを認めることができる。

二つ目の点は、『存在と時間』をおもわせるいい回しで指摘される言葉による脱根源化の極端化としての「頽落」、

「おしゃべり」（GA 39, 74）という言葉の孕む危険である。『存在と時間』で「おしゃべり」ないし言葉にかかわる「頽落」は、各自的な現存在の根源的な了解と解釈が「ひとdas Man」に受け渡され、一般化ないし公共化するという意味で脱根源化する事態として記述されていたといってよい。これに対するヘルダーリンに即したかたちでいわれる言葉の脱根源化は、どのように説明できるだろうか？　ひとまずいえるのは、ここで言葉の本来性とは、現前と不在への同時的なかかわり、そして神々の目くばせ、火の受け取りないし受け渡し、そしてその火、精神を守ることにある。よって、これの頽落したあり方とは、たとえば言葉が現前のみにかかわること、そして神々の目くばせを受け取ることなく、その火ないし燠を守ることなく、忘却にまかせてしまうことだと考えることができる。

三つ目の点は、言葉は、人間の現存在を「担い」、「基づける」（GA 39, 74）ものだということである。人間は言葉のうちに担われ、基づけられるとは、つまり人間の存在は、言葉（ここでは小屋）のうちにこそ留まり、住まうことができる、そうしてこそ人間は人間であるということである。

四つ目の点は、神々と人間との関係に関することである。言葉には、「神々からの目くばせを包み隠した仕方で〔人間たちに〕受け渡すこと」（GA 39, 74）と同時に、「神々に対立して冒瀆的に向かう」（GA 39, 74）性格があるとされる。ここに見られるのは、〈天空の神々から受け取り、地上の人間に目くばせを渡す〉という方向性と、それとは逆に神々へ反抗的に向かうという方向性である。言葉はこの二つの方向性における運動を媒介する。速やかに火を熾す「捉えること」が難しい神々に対抗して冒瀆的であるとは、まさにそのような速やかな捉えることが難しいものを捉え、言葉のうちに留めようとすることにほかならない。留まり難きものを捉えて留まるものとしてうち建てるもの、それが言葉だというわけである。それはいわば神々の目くばせの残り火を言葉（竈、家、小屋）のうちに留めることである。

五つ目の点として、結論的につぎのようにいわれる。「言葉はそれゆえ人間がもつものではない。そうではなく、反対に人間をもつものである」（GA 39, 74）。いい換えれば、言葉は人間のうちで保たれる、保《も》つのではなく、逆に言葉のうちでこそ、人間の存在はそれとして保たれる、それとして保《も》つ、ということである。つまり存在は、天空の神々、父が地上へと贈り与えるものである。言葉はこの天からの炎を守る。いい換えれば、とりわけ詩作の言葉は、「存在 Seyn をうち建てる stiftet」（GA 39, 74）ことで、速やかに火を燈す捉えがたい神々の「目くばせ」（存在・精神・火）を守り、それが言葉のうちに留まり、保《も》つようにするのである。ここに、その火（存在・精神）に、人間の人間たる所以もまた存する。留め難き神々の眼差しの火花とそれを（記憶に）留めようとする人間との対立的関係のうちでこそ人間は人間なのである。言葉の「頽落」や「おしゃべり」は、そのような言葉のはたらきの脱落として理解できる。このような意味で、ハイデガーは、言葉をもつ動物が人間であるとする伝統的な表象、ゾーオン・ロゴン・エコン、アニマル・ラツィオナーレの表象を明確に拒絶するのである。言葉こそが、天空と大地、神々と人間たちのかかわりを、それゆえそれらの存在と不在を保持するからである。

第五節　竈と臍

本節ではさらに、後期詩作および翻訳作品における臍と竈のつながりについても考察しておきたい。

讃歌草案『深淵から……（Vom Abgrund nemlich...）』

フランクフルトはけれども、
自然の写しである人間のからだに
なぞらえるなら、この大地の
臍 Nabel であり、この時はまた

ドイツの輝かしい時なのだ。

(Vom Abgrund nemlich... [1800] v. 13–17. StA 2–1, 250)

頌詩『縛められた河流(Der gefesselte Strom)』

森はうごめき、裂け目は
伝令使を遥か遠くから聞きつけ、そして身震いしながら
大地の胸 Busen der Erde のなかでよろこびがふたたび蠢動する。

(Der gefesselte Strom [1801]. v. 18–20. StA 2–1, 67)

右の詩の改作、頌詩『ガニュメデス(Ganymed)』

森はうごめき、奥ぶかき土地は
河流の精神を遥か遠くから聞きつけ、そして身震いしながら
大地の臍 Nabel der Erde において精神はふたたび蠢動する。

(Ganymed [c.1802]. v. 18–20. StA 2–1, 68)

『ギリシア(Griechenland)』(第三稿[38])

というのも、大地の臍 der Erde Nabel はゆるぎない fest。
つまり草の岸辺のあいだに炎 Flammen となべての自然力が捉えられている。
だが純粋な思慮にエーテルは生きている。

(Griechenland [Dritte Fass.] v. 16–19. StA 2-1, 257)

オットー・ペゲラーは、最初に示した詩『深淵から……』の一節に関してつぎのように述べている。

フランクフルト、つまりディオティーマとの出会いの場所――この出会いにおいてヘルダーリンは神的なものの直接的なエピファニーを体験した――、このフランクフルトがデルフォイと等置されているのである。そしてこのデルフォイは、ピンダロスにおいて大地の臍といわれる。

(Pöggeler 1990, 9)

アポロンの神託所があるデルフォイが古代から世界の臍と呼ばれてきたことはよく知られている。ペゲラーのいうように、ヘルダーリンの臍の語もまた、デルフォイとの関連でいわれている。まず、ピンダロスがピューティア祝捷歌で「大地の臍」という表現を用いる箇所のヘルダーリンによる翻訳を見てみたい。

『ピューティア第四祝捷歌(Pythische Ode IV)』

樹々も豊かな母〔なる大地〕の中心点から Vom Mittelpuncte bäumereicher/ [...] der Mutter [*πὰρ μέσον ὀμφαλὸν εὐδένδροιο* [...] *ματέρος*]。

(Pythische Ode IV. v. 131–132. StA 5, 85)

『ピューティア第八祝捷歌（Achte Pythische Ode）』

大地の中心点 Erde Mittelpunct［*γᾶς ὀμφαλὸν*］（Achte Pythische Ode. v. 84–85. StA 5, 99）

『ピューティア第一一祝捷歌（Eilfte Pythische Ode）』

大地の中心点 Erde Mittelpunct［*γᾶς ὀμφαλὸν*］を褒め称え（Eilfte Pythische Ode. v. 17. StA 5, 110）

これにくわえて、ヘルダーリンが翻訳したソフォクレスの悲劇『オイディプス』にも「大地の臍」（「大地の中心」）の語が登場する。

つまり白き雪の〔デルフォイのある〕パルナッソスからいままさに輝きあらわれ出た、
その隠れた男をくまなく探すのだという言葉が。
かれは荒々しい森のなかを
洞窟や岩間を、牡牛さながらにさまよい歩く。
この不運な脚をもった不運な男は、孤独なみなし児となって、
大地の中心からもたらされ aus der Mitte der Erd'［*μεσόμφαλα γᾶς ἀπονοσφίζων*］、
たえずはっきりと飛びまわる
その予言から逃れんがために。（Oedipus der Tyrann. v. 480–489. StA 5, 143）

以上のピンダロスとソフォクレスの引用には、ギリシア語で臍を意味するオンファロスの語が登場している。ここで注目すべきは、ヘルダーリンがこれに対応するドイツ語として、「中心点 Mittelpunct」ないし「中心 Mitte」という語をあてていることである。臍を意味するギリシア語のオンファロスを、単純に「臍」(Nabel)とは訳さないことは、ふつうの感覚ないし現代人から見れば奇異であり、誤訳とまではいえないまでも、あまり詩的でない余計な解釈に見えなくもない。それゆえこれについてはペゲラーも、「ピンダロス翻訳においてヘルダーリンは、「オンファロス」のかわりに、また「中心点 Mittelpunkt」〔という語〕も置いている」(Pöggeler 1990, 9) とつけくわえて、つぎのように述べる。

とはいえ、「臍 Nabel」が〔オンファロスの〕より厳密〔な訳語〕である。というのも、この中心点はまた母なる大地とつながる位置として名指されているからである。(Pöggeler 1990, 9)

ここでペゲラーは、ヘルダーリンの「中心点」という訳語を厳密ではないものとする。はっきりといい換えてしまうなら、ペゲラーは「中心点」の語を意図の不明瞭な(不適切な)訳語であると見ているのである。それは、本来、オンファロス、つまり臍が「母なる大地」とつながるものだから、ドイツ語でも「臍」(Nabel)と訳したほうがよいという至極真っ当な解釈である。たしかに解剖学的にみれば、臍は母親につながるものであり、この含意が否定されるべきいわれはない。だがペゲラーがこのように述べるとき、彼はヘルダーリンの翻訳の可能的な背景に関して十分な注意を払っていないようにおもわれる。

ペゲラーも述べるように、臍と見なされるフランクフルトはディオティーマの居る場所である。すでに見たように、ディオティーマはヘスティアの火を守る者、ウェスタの巫女的な存在であった。これらのことを考えあわせれば、ヘルダーリンが「母なる大地」のオンファロスを「中心点」ないし「中心」と訳すとき、初期ギリシア以来コスモスの中心に座すものとして「母なる大地」と同一視されていたヘスティア〔ウェスタ〕を念頭に置いていたと推測することは、自然なことであるようにおもわれる。この推測に関連して、ヘスティアとデルフォイのオンファロスの詩作における結びつきが、ピンダロスなど初期ギリシアまで遡ることも指摘できる。

ヘスティアと、デルフォイのオンファロスとが非常に似通った根本イメージに遡ること、そしてそこからまた同時に詩の表現方法においてこれらの文句が一定程度同義語として使用されることも習わしとなることは、説明するまでもない自明なことである。〔これに関して〕、両者の実際的な同一性や目に見えるような結びつきを考える必要はない。 (Paulys I-15, 1292)

これによれば、ヘスティアとデルフォイのオンファロスを結びつけることは、詩作において初期ギリシア以来、よくなされていた。ピンダロスなどギリシア古典に通じ、その翻訳も残しているヘルダーリンがこのことを知っていたと推測することは可能である。こうした事情は、「母なる大地」のオンファロスをわざわざ、「中心点」「中心」と訳すヘルダーリンの背景として考えることができるはずなのである。だとすれば、この訳語は——表現としての良し悪しを別にして——、ヘルダーリンからすれば、彼の初期詩作以来の首尾一貫した筋の通った語用だということになるだろう。これについて文献的に確定的なことはいえないが、ここではさしあたりペゲラーがまったく注意を払っていないこうした詩学的・精神史的背景に対して注意をうながしておきたい。

第六節　Vesta／vest／Veste

さて、バイスナー版のヘルダーリン全集では、悲歌『パンとぶどう酒（Brod und Wein）』の八一行[39]の校異《ヴァリアント》として、「天空の者たちはみずからそれを揺るぎないものにする Selbst bevestigen das die Himmlischen」（StA 2-2, 603）という表現が示されている。このなかの bevestigen（揺るぎないものにする）のつづりは、辞書にしたがえば、vではなく、fによって befestigen とつづるのが一般的である。ヘルダーリンのフランクフルト版全集によれば[40]、ヘルダーリンも当初は be*f*estigen とfによってつづっていたが、あとからvによって be*v*estigen と書き換えている[41]。ヘルダーリン研究者のW・グロデックは二〇一五年に公刊した研究書[42]――これは悲歌『パンとぶどう酒』の研究書としては現在までのところ最大のものである――で、この書き換えに関して、より詳細に考察をくわえるべきだとする[43]。グロデックがほどこした考察の概略はつぎのようにまとめることができる。

まずグロデックは、ヘルダーリンが同音同形異義語の Fest（祝祭）と fest（揺るぎない）を一定の意味的な絡みあいのうちで用いることを指摘する。それの具体例として、『パンとぶどう酒』の四三行「Fest bleibt Eins 一つのことは揺るぎなく留まっている」（Brod und Wein [1800/01]. v. 43. StA 2-1, 91）を示す。グロデックによれば、ここの Fest の語には、ディオニュソスの祝祭（Fest）と揺るぎない（fest）という二つが含意されている。

つぎにグロデックは、通常ではfを使ってつづる fest（揺るぎない）にかかわる語が、vを使ってつづられることが偶然ではないことを示す。たしかにそのvがヘルダーリンのなんらかの意図によるものであることは、彼がソフォクレス悲劇の翻訳（『僭主オイディプス（*Oedipus der Tyrann*）』と『アンティゴネー（*Antigonä*）』）の出版社のF・ヴィルマンスに宛てた書簡[44]のうちに――そのvの具体的意味が記されているわけではないが――確認することができる[45]。

それとともに、おなじく『パンとぶどう酒』の九七行から九八行「神殿や都市は／揺るぎなく高貴に、岸辺に聳え建つ Tempel und Städte / Vest und edel, sie gehn über Gestaden empor」（Brod und Wein［1800/01］. v. 97 f. StA 2–1, 93）のなかの Vest（揺るぎなく）の語を例示する。これは fest（揺るぎなく）と同音異形の同義語である。くわえて、『パンとぶどう酒』一四七行の校異「神が大地の Veste を保持するなかで indeß die Veste der Erde der Gott hält」（FHA 6, 257）[46]が示され、このなかの（fest と同語源の）Veste（要塞・砦・支柱）と Erde（大地）の直接的な結びつきが指摘される。曰く、「ここで「vest〔揺るぎない〕」と「Erde 大地」との連関が明確になる」（Groddeck 2015, 140）。またこれにくわえて、讃歌草案「深淵から」の二六行「揺るぎない歌 bevestigter Gesang」（Vom Abgrund nemlich… [c.1804] v. 26. StA 2–1, 250）と後期讃歌『パトモス』の二二四行から二二六行「揺るぎない文字、／そして存続するものがよく／釈きあかされること daß gepfleget werde / Der veste Buchstab, und bestehendes gut / Gedeutet」（Patmos [c. 1802]. v. 224–226. StA 2–1, 172）のなかの bevestigt（揺るぎない）vest（揺るぎない）と文字の「不変性 Unveränderlichkeit」（Groddeck 2015, 140）の意味的な結びつきを指摘する。

いずれにせよヘルダーリン自身においては、*f*est のつづりと *v*est のつづりの違いにはなんらかの意味があると考えるべきことはたしかである。グロデックの考察は、この両者のあいだの表記の揺れ、つまり『パンとぶどう酒』の校異における be*f*estigen と be*v*estigen のあいだの表記の揺れは、パンとぶどう酒の二重性に対応していると結論する[47]。これはいい換えれば、ケレス（デメテル）とバッカス（ディオニュソス）の二重性であり、また大地と夜の二重性である。この考察によるなら、be*f*estigen（揺るぎないものにする）が、祝祭的なもの（das *F*estliche）・ディオニュソス的な夜、ぶどう酒に関係することになる。これに対して、be*v*estigen（揺るぎないものにする）においては、「天空の者たちがもういちど「大地」に、ケレスの領域に、また「根底 Grund」——あるいは「深淵 Abgrund」に向けて振り返る」（Groddeck 2015, 141）のである。つまり、be*v*estigen の語は大地に、大地的な揺るぎなさ（Vestigkeit）に、揺るぎないもの（das Vestliche）に関係する。そして大地は、ギリシア神話のデメテルに関係し、デメテルはローマ神話のケレスと同一視される。そしてデメテルとケレスが——特に後者が——穀物に関係するので、パンと結びつく、という理解である。

ここでこのグロデックの論述にもう少し考察をくわえてみたい。彼の解釈の前提として、パンとぶどう酒の区別ないし対比がある。この対比を敷衍してみよう。まず、〈パン・デメテル・ケレス・穀物・大地・揺るぎなさ・根底・深淵〉という——もちろん同義語ではないが——近しい語群をつくることができる。これに対するものとして、〈ぶどう酒・ディオニュソス（バッカス）・祝祭・天上からのもの・天空・雷・ゼウス〉という語群をつくることができる。両者の語群が、大地と天空という垂直的な対比を形成していることは一目瞭然だろう。これに対して異論を唱える理由はない。あえて指摘するとすれば、なぜvを用いたbe*v*estigenが大地や揺るぎなさへつながるのかという根拠がもっと明確に示されなければならないという問題がある。

見てきたように、グロデックが本論中で根拠づけとして挙げているのは、詩句におけるVeste（要塞・砦・支柱）の語と大地（Erde）の直接的な結びつきである。つまりグロデックの説明は、通常ならbefestigenとつづるところをbe*v*estigenとつづることで、vを用いたVesteの語に通じる揺るぎなさの含意が込められる、というものである。だがVeste（要塞・砦・支柱）の語はfestと同語源であり、Festeともつづられるが、むしろFesteのほうが一般的なつづりである。

ここでつぎの二つの疑問が当然出てくる。つまり、一つ目として、fest（揺るぎない）の語とFest（祝祭）の語の結びつきに関する論証がかならずしも十分ではない。二つ目として、ヘルダーリンにおいてFesteでなくVesteであることの理由の説明をグロデックがおこなっていないことを指摘できる。というのも、通常のようにbefestigenとつづったほうが、ふつうのつづりであるFesteにつながりやすいはずだからである。そして揺るぎなさという含意は、fを用いたfest場合にも当然あり、わざわざvを使う理由の説明がないのである。be*v*estigenだからこそ、Vesteにつながるというグロデックの説明は、ヘルダーリンのVesteのつづりを自明とするところに成り立っている。だが、Vesteのつづり自体が説明を要求するものなのである。

一点目の疑問は本書にとってさほど重要ではないので放念しておきたい。問題は二点目である。この二つ目の疑問に答えるためには、まずvの使用と揺るぎなさと大地の結びつきをよりつよく説明するものが必要になる。とはいえ、グロデック自身もこうした問題については自覚していたようである。より正確にいいなおすならば、そもそもvの字、vestの語が結びつくものとして別の事柄に対する洞察を有していた。別のことがらとはなにか。それについて彼が論及するのは、（本論中ではなく）つぎの脚注においてである。

詩「母なる大地に Der Mutter Erde」はつぎのようにいっている。「そして翳で暗い仕事場のなかで、大地の鉄のごときフェステ〔要塞・砦・支柱〕が鍛えあげられた（Und geschmiedet wurden in schattiger Werkstatt, / die ehernen Vesten Erde）」（FHA 7, 117; 328/2: 4 f.）[48]。――また考えられるのは、「vest」のつづりが、竈と家庭の女神、ローマのウェスタ Vesta の暗示を含んでいるということである。『エンペドクレスの死』の最初の出だしで、パンテアとレアがじぶんたちを「ウェスタのふたりの巫女 Zwei Priesterinnen der Vesta」（FHA 12, 46; 47/1: 1）[49]だと説明している。（Groddeck 2015, 149, Anm. 37）

この脚注は、本論中においてグロデックが、ヘルダーリンにおいてvest（揺るぎない）とErde（大地）の語が結びついていることを指摘する箇所につけられたものであり、この結びつきのありうる背景についての考察を述べるものである。可能的な背景として挙げられているのは、二つある。一つ目は、讃歌「母なる大地に」におけるVeste（要塞・砦・支柱）と「大地」の結びつきを示す一つの具体例を示すものである。だがこれは具体例の数を増やすだけで、言葉の使用の背景や根拠を説明するものとはいえない。むしろつぎに示される二つ目の点がここではより重要であるとおもわれる。その指摘によれば、vestの語は、「竈と家庭の女神、ローマのウェスタVestaの暗示を含んでいる」というのである。そしてこの指摘の証左として、悲劇『エンペドクレスの死』におけるウェスタの巫女への言及が挙げられている。ここでグロデックがそこまで述べているわけではないが、このウェスタを、vest と大地の結びつきの背景ないし根拠として理解することが可能である。むしろウェスタを念頭においてこそ、vest と大地の結びつきが至極自然なものとして理解できるようになるのである。残念ながらグロデックの女神ウェスタの理解は、「竈と家庭の女神」というごくごく素朴な意味にとどまっている。しかしすでに明らかにしたように、むしろウェスタこそ――その留まる、住まう、不動という語源的およびプラトニズム的意味のつながりを通して――、グロデック自身が強調してやまない vest（揺るがない）と大地（の揺るぎなさ）の結びつきを積極的な仕方で証するものだといえるはずである。

要するに、『パンとぶどう酒』の八一行の校異のなかの「揺るぎないものにする be*v*estigen」の語は、グロデックによるなら主としてディオニュソス・ぶどう酒との関連を示すものである。もちろん詩の語の多義性という点からいってもこの解釈を否定するいわれはない。だが本書では、この v の字に注目することで、その背景として女神ウェスタ（Vesta）の存在を明確に主張したい。たしかに、すでにみたように、シェリングは F の die Feste の語をヘスティア（ἑστία）と等置して理解しており、[50] die Feste にもヘスティア、竈との結びつきはすでに明示されているということもできる。ここではヘルダーリンがギリシアを歌う詩作においてさえ、ヘスティア（ἑστία, hestia）ではなく、もっぱらラテン語のウェスタ（Vesta）の語を用いたことを想起すべきであろう。ヘルダーリンにとってもフェステ（要塞・砦・支柱）が竈と結びつくならば、彼の場合にはフェステ（要塞・砦・支柱）は、Feste であるよりもむしろ Veste であるほうが自然であり、首尾一貫しているのである。こうしたところから、ヘルダーリンが bevestigen、Veste の語を用いるとき、ウェスタ、竈を念頭においていたと考えてしかるべきと推定できる。――だからといってヘルダーリンにおける f（F）の語用が、ウェスタ、竈の含意の排除を意味しないことはいい添えておきたい。

むすび

以上のように、本章では、ヘルダーリンのテクストを集中的に取りあげ、ヘルダーリンの専門研究でも主題的に論じられることがなかった、彼の詩作、小説、悲劇における竈の語をめぐる探索を遂行し、その含意を究明することを試みてきた。具体的には、ヘルダーリンのテクストに竈の語を探し、初期から後期のヘルダーリンに一貫して竈の語、特にウェスタ（Vesta）の語が見られることを確認することができた。そして、さらにこの竈の語がヘルダーリンの詩作において初期から後期まで一貫して用いられていること、目立たないながらも重要な――彼の詩作的思索の核心部にかかわる――位置づけを与えられていることを確認することができた。そして当然であるが、彼の詩作における竈の意味が古代ギリシアと古代ローマの竈、そしてプラトン哲学およびプラトン的伝統を背景としてそれを踏まえたものであることも明確になったとおもわれる。

不思議とハイデガーのテクストにも（ヘスティアだけではなく）ウェスタ（Vesta）やウェスタの巫女（Vestarinnen）の語が見られるとはいえ、(51) ヘルダーリンにおけるこうした個々の竈にかかわる語についてはほとんど何も触れていない。けれども、竈に特別な関心を有していたハイデガーがヘルダーリンの竈にかかわる語や表現に気づかなかったというのはおよそ考えられないことである。むしろこうした――ヘルダーリン研究者にさえそもそも気づかれないような――小さな目立たない語・表現を、ハイデガーが一つのしるし、目くばせとして受け取り、みずからの思索、彼のヘルダーリン解釈の道しるべとしたことは十分に考えられる。これらのことを踏まえて、次章では、ヘルダーリンの後期詩作におけるこの小さな語の一つにハイデガーが論及する講義を取りあげることにしたい。

第九章　ヘルダーリン解釈における根源と竈の場所

はじめに

前章では、ヘルダーリンのテクストに的を絞って竈つまりHerd、vestaにかかわるさまざまな表現を追跡、調査してきた。本章ではこれを踏まえたうえで、ハイデガーによるヘルダーリンの後期詩作の解釈における竈をめぐる問題の解明作業に取り掛かることにしたい。従来、ないし通常ヘルダーリンの精神史的背景として指摘される主なものとして、たとえば『ヒュペーリオン』に見られる「一にして全」(StA 3, 53)、ヘラクレイトスのものとして示される「自身において多様な一者 *ἓν διαφέρον ἑαυθτῷ*」(StA 3, 81)(1) という言葉と、F・H・ヤコービの『スピノザの学説に関する書簡』(2) におけるG・E・レッシングの言葉「ヘン・カイ・パーン (*Ἓν καὶ πᾶν*)」、すなわち「一にして全」との結びつきに顕著にあらわれているスピノザ主義などがある。とはいえ、ハイデガーとのつながりを考えようとするとき、いまのところこうしたそれ自身正当な指摘は、あまり生産的なものとはなっていない。対してここでの本章の試みは、竈というこれまでの研究で知られていたものとは別の精神史――むろんさまざまに異なる精神史的契機は互いに無関係なものではないであろうが——を背景として、ヘルダーリンとハイデガーのつながりを解き明かそうとするものである。この解明が本章の目的である。このために、ハイデガーによる後期ヘルダーリンの詩作に関する解釈を見ていき、そこにおけるヘルダーリンの根源と竈の場所の意味を論じる。

具体的には以下の手順で進めてゆく。まず一九三四／三五年冬学期講義における根源の場所の位置づけと竈との関連を示す（第一節）。つぎに根源の意味を、発現と覆蔵の二重動向として明らかにする（第二節）。そしてヘルダーリンの詩作において竈の有する位置づけと半神としての詩人の位置づけの連関を究明する（第三節）。最後に、竈の古典的意味と結びつく〈時〉の問題と、夜の時代における詩人の役割との連関を開明することとしたい（第四節）。以上の論述によって、ヘルダーリン解釈におけるハイデガーの竈への注目を浮き彫りにするとともに、そこにおいて竈が担っている意味、役割を解き明かしたい。

第一節　家の竈

ハイデガーの一九三四／三五年冬学期講義では、まずモットーとして、ヘルダーリンの詩『回想（Andenken）』から、「留まるものをしかし、うち建てるのは詩人 Was bleibet aber, stiften die Dichter」（Andenken. v. 59. StA 2-1, 189）の詩句が引用される。(3) そこでの中心的課題は、ヘルダーリンの詩作がうち建てたとされる「詩作の形而上学的場所」（GA 39, 288）、つまり「そこから aus dem her そしてそこへ向けて auf den zu［ヘルダーリンの］詩作の力がみずからを開き、威力をもって留まる場所 Ort を規定」（GA 39, 139）することであった。この課題の遂行のなかでつぎの詩節が引用される。

幸多きスウェヴェアよ、わが母よ、

あなたもまた、いっそう輝かしい姉妹なる
山のかなたのロムバルディアとひとしく、
あまたの渓流に貫かれている！
そして白い花、赤い花を咲かせる樹々も、
小暗く野生のままに深緑の葉に満ち満ちた樹々も豊かに、
スイスのアルプスの山脈《やまなみ》も隣国のあなたに影を投げかけている。
なぜなら、あなたは家の竈の近くに
住まい、耳を澄まし、山の奥懐で
白銀の供儀の水盤から
泉が、清らかな手によって
ふりまかれてざわめく音を聴いている。

また、結晶した氷が
暖かい日射しに触れられ、
雪をいただく山頂が
そっと触れる光に乱されて、大地に
澄みきった水をそそぐのを聴いている。それゆえ
あなたには誠実さが生まれながらのものなのだ。根源の近くに
住まうものは、その場所を去りがたい。
かくて、あなたの子なるもろもろの街は、

遥かに遠くまで霞む湖のほとりの街も、
ネッカーの草原《くさはら》の、またラインのほとりの街も
すべての街が想うのだ、どこにも
ここより住むによきところはないと。(4)

(Die Wanderung. v. 1–24. StA 2-1, 138)(5)

これは、F・バイスナー(6)がヘルダーリン自身の言葉を借りて「祖国の歌」として区分した一連の後期詩作群のなかにふくまれる讃歌『さすらい(7)(Die Wanderung)』の一節である。ハイデガーは、この箇所を、一九三四/三五年冬学期講義以降、たびたびひきあいに出すことになる。(8)なかでもとりわけ有名なのは、「それゆえ/あなたには誠実さが生まれながらのものなのだ　根源の近くに/住まうものは、その場所を去りがたい Darum ist / Dir angeboren die Treue. Schwer verläßt, / Was nahe dem Ursprung wohnet, den Ort」の箇所であろう。「あなた」とは、ヘルダーリンの故郷スウェヴェアつまりシュヴァーベンのことである。この母なるシュヴァーベンが、スイスのアルプスの山脈との関係から詩作されている。「アルプスの山脈」には、「根源」が隠されている。それゆえ、シュヴァーベンは「アルプスの山脈」が隠す根源の「近くに」住まっている。そしてこの根源は、前の箇所にすでに出ていた「家の竈 Heerde des Haußes」とおなじものを指している。そしてこれが、「家の竈」とされる。シュヴァーベンは、この「根源の近くに Nahe dem Ursprung」、別言すれば「家の竈の近くに nah dem Heerde des Haußes」住まっている。これに関しては、ハイデガーはつぎのように説明する。

アルプスの山脈は、故郷の国の隣に屹立しており、それは「家の竈」、故郷の大地の特定の中心、ドイツの河流のなかのもっとも高貴なものの根源の場所である。「アルプスの山脈」――それとの近さは根源との近さ Nähe、詩人がそこに結ばれていたいと願う存在の本質との近さなのである。(9)

(GA 39, 191)

ヘルダーリンの「アルプスの山脈」は、そこに「根源」、「家の竈」が存する場所（Ort）を意味する。ハイデガーは、この場所を、「故郷の大地の特定の中心 Mitte」と規定する。なるほど、「故郷の国」をシュヴァーベンとするなら、隣国スイスのアルプスは地理的に見て「故郷の大地」の「中心」にあるとはいえないだろう。けれども、それは「特定の中心」、いい換えれば、ある種の中心とされる。どのような中心か？　わたしたちは、ここで、場所（Ort）および中心（Mitte）の語の理解のために、センター（center）の語源であるギリシア語のケントロン（κέντρον）との意味的なつながりを参照してみたい。これは、円の中心を意味するが、ドイツ語の Ort（場所）と同様に元来は突き棒、槍の穂先を意味する。[10]ここから、中心（Mitte）が単なる平面上の中心点ではなく、槍の穂先や山の頂のように下方へ、そして上方（谷底から天空）へ向けて開かれた垂直方向を含意するものとしての中心であることが示唆できる。アルプスの山脈、根源の場所（Ort）は、まさにこうした意味での中心として理解できる。「高く聳える山岳、山々の頂き、これらは、孤独にエーテルのうちへ向けて、すなわち、神的なものの領域へ向けて聳え立つ」（GA 39, 52）[11]。エーテルに向けて聳え立つ大地の中心としてのアルプスの山脈は、天空と大地のあいだである。

第二節　根源の意味としての覆蔵と発現

ハイデガーは、この天空と大地から、根源（Ursprung）の意味を理解する。彼の解釈に従えば、大地とは、ヘルダーリンのいう「出生」（Der Rhein. v. 51）、「大地母 Mutter Erde」[12]であり、讃歌『ゲルマーニエン』七六行の「一切万有の母にして、深淵を孕み」[13]（GA 39, 12, 24）と歌われる大地のことである。ハイデガーは、この「深淵 Abgrund」という語に注目し、この深淵を孕む母なる大地を、「基づける深淵 der gründende Abgrund」（GA 39, 242）と規定する。それによれば、「深淵」とは、大地母の「おのれを覆蔵する覆蔵性」（GA 39, 250）を指す。「母なる大地は、根源的意味で隠されたものである。というのは、それが、覆蔵性それ自身、埋没させる母胎の閉鎖性だからである」（GA 39, 242）。この覆蔵性が、根源の根本的な性格の一つとしてある。

根源のもう一つの性格をあらわす天空（エーテル）は、ヘルダーリンのいう（ゼウスの）「雷電」の「光線 Lichtstral, Lichtstrahl」（Der Rhein. v. 52. StA 2-1, 143）[14]であるとされる。これはヘルダーリンが多用し[15]、彼自身も打たれたとされる[16]「天の火」とおなじものと考えてよい。この「光線のなかで、発源するものは、垣間見られる可能性を受け取る」（GA 39, 243）[17]。それゆえ、母なる大地が覆蔵性を指す一方で、雷電の光線は、根源から発源するものを見えるようにする光を意味する。このように、根源とは、母なる大地の隠すはたらきと、父なる天空の見えるようにするはたらきの二重動向に存する隠しつつ示す動態そのもの、つまりアレーテイアそのものである。

ここには、W・ビンダーが述べた、「エーテルと深淵との「ヒエロス・ガモス hieros gamos」、つまり聖婚における古い合体が新しくされている」[18]という言葉が当てはまるように見える。しかしながらこうした従来の解釈[19]は、両者を結びつける、ないし、両者がそこから開かれる〈あいだ〉[20]の問題を顧慮していない。このことは重大な欠落とおもわれる。こうした欠落は、またヘルダーリンの竈の等閑視とも軌を一にしているように見える。これに対して、ハイデガーは、ひそかに竈に注目しており、これが彼のヘルダーリン解釈においても決定的な役割を演じていた、というのがここでの見立てである。以下、この見立てのもと、そのヘルダーリン解釈を具体的に解き明かしていきたい。

第三節　半神の居場所としての竈と〈時〉

ヘルダーリンが、天空（エーテル）と大地（深淵）のあいだとしての「アルプスの山脈」を、「家の竈」とするとき、彼が、そこで、自覚的に初期ギリシア以来の精神史的文脈にみずからを連れ戻し、竈に対して独自の立場から詩作的意味を付与していると考えられる。

さきに見たように、ハイデガーはすでに一九三〇年代前半には、竈の前哲学的文脈と哲学的文脈の双方をかなり知悉したうえでこれに関する独自の理解を形成していたと考えられる。そのうえで、一九三四／三五年の講義で、ヘルダーリンのアルプスの山脈・根源としての「家の竈」を「大地の特定の中心 Mitte」と規定しているのである。この規定は、古典的なヘスティア理解からそう遠くにはない。同様に、古典的なヘスティア理解と結びつく問題として、〈時〉がある。

竈と〈時〉が結びつくのは、それが、コスモスの中心にあって、星々の運行、昼夜の交代に関係するという事情からである。[21] たとえば、大地としてのヘスティアが言外に念頭におかれているとされるプラトンの『ティマイオス』の一節（Timaeus 40a–c）では、大地が、昼と夜を「見張るもの *φύλακα*」とされるが、M・バルテス[22]は、これを「時の番人 Wächter der Zeit」と呼ぶ。[23] こうしたところから、ハイデガーないしヘルダーリンの特異な意味における〈時〉理解と、中心（Mitte）としての竈とのつながりを問題にしてみたい。

ハイデガーは、大地の中心を、『パトモス』の詩句にしたがって、「時の頂き Gipfel der Zeit」（Patmos. v. 10. StA 2–1, 165）[24]、ないし『ゲルマーニエン』の詩句にしたがって、「時の中心 Mitte der Zeit」（Germanien. v. 103. StA 2–1, 152）[25] と見なす。ここで、アルプスの山脈・根源の場所は、〈時〉の頂きとなり、大地の中心は、時の中心となる。この中心は、神々と人間の「存在の中心 Mitte」[26] としての「半神たち Halbgötter」（Der Rhein. v. 135. StA 2–1, 146）の存在ないしその居場所のことをいっている。

ハイデガーにしたがうならば、半神は、「純粋に発源せしもの」（Der Rhein. v. 46. StA 2–1, 143）[27] として理解されるべきものである。これは、「第一に、そこから発源するものが発源してくるところの根源そのもの、そして第二に、発源してあることにおける発源したものそれ自身、である」（GA 39, 247）という二重性においてある。根源へのこうした内属性は、半神が有する根源への「帰属性 Zugehörigkeit」（GA 39, 192）のことだとされる。この「帰属性」に、根源への「誠実さ Treue」（GA 39, 192）は基づく。誠実さとは、半神が、「彼自身の発源した存在のために umwillen seines *Entsprungenseins*、その根源を意志せざるをえない」（GA 39, 267）という、その根源との本質的関係のうちに存している。ここにあるのはある種の意志である。つまり、かつて発源した根源の動態にしたがって、根源と人間が乖離してゆくなかで、それでもなお根源との関係を保たんがために、換言すれば、根源を根源として保たんがために、かえって発源させるという本質的動態に逆らって、根源へと遡ろうとする意志である。この意志は、「発源してい、ある Entsprungen*sein* という使命を意志する」（GA 39, 267）ところの意志としては、「根源力に対立する反対意志 Gegenwillen」（GA39, 267）となる。この意志は、「神々に対する反抗と不遜」（GA 39, 267）と同時に、根源（覆蔵と発現・アレーテイア）からの遠ざかりに身を任せ、その遠ざかりに無頓着な「人間たちの軌道 Pfade に対する蔑み」（GA 39, 267）となる。それゆえ、半神は、神々と人間たちの「両方面に対して対向的」（GA 39, 267）である。この半神と神々の対向的な近さの高まりに、「神々との出会い Begegnisse der Götter」が生じうるのであり、半神と神々との敵対的・抗争的「内密性 Innigkeit」（Grund zum Empedokles. StA 4-1, 149 ff.）[28]と呼ばれる事態が生じうる。この半神の存在を介してこそ人間たちもまた神々の領域たる天空のもとで大地のうえに住まう。それゆえ、半神の存在の在り処は、「神々・人間・大地」（GA 39, 183）としての「全体としての存在者の中心 Mitte」（GA 39, 182）にある。

この半神の存在の神々への関係は、神々の二重の不在にひき裂かれたものとして理解されなければならない。ここにヘルダーリンないしハイデガーの〈時〉理解の独自性がある。[29] ハイデガーは、「半神一般」（GA 39, 190）を、ゼウスと人間の王妃セメレーとのあいだに生れたディオニュソスから説明する。それによれば、半神は、ディオニュソスの仮面に象徴されるように、[30]「一方であることによって他方である。すなわち彼は在ることによって同時に在らないのであり、在らないことによって在るものである」（GA 39, 189）、「この半神は現前しつつ不在であり、不在でありつつ現前している」（GA 39, 189）。つまり、いい換えれば、半神の存在とは、覆蔵と発現、アレーテイア、根源そのもののうちにある、そこに帰属する、別様にいえばそこに巻き込まれているという事態そのもののことである。

ところで、ここで問題となる不在は、かつての神々がすでに逃れ去ってしまったが、新たな将来の神々もいまだ到来しないという二重の不在であり、この不在のあいだが「現在〔現代〕Gegenwart」という「時の中心」になる（GA 39, 290）。現在ないし現代という言葉が意味するのは、ヘルダーリンないしハイデガーにとっては、ほかでもなく、二重の不在における「世界の夜の時代 Die Zeit der Weltnacht」（GA 5, 269）のことである。

不在と呼ばれる〈時〉は、ヘルダーリンのいう「ひき裂く〔ひきさらう〕時 reissende〔Zeit〕」（GA 30, 109）[31]であり、これは、ヘルダーリンが「時にほかならない」（StA 5, 202）[32]とし、「速やかに過ぎ去る schnell vergänglich」[33]とする神〈神々〉にほかならない。別言するならば、〈時〉とは、「過ぎ去り Vergänglichkeit」という「神々の現前の仕方」（GA 39, 111）を意味している。この〈神＝時〉のもはやないといまだないという二重の不在にひき裂かれた現在・現代が時の中心であり、半神の存在は、この二重の不在へ向けて〈ひき裂かれた＝ひきさらわれた〉中間の存在にある。ハイデガーは、この不在と現前の同時的な時を根源的な時と呼ぶ。「根源的な時は、われわれの現存在をその将来と往時のうちへと連れ去る entrückt」（GA 39, 109）。この時がまた、「諸民族のあいだの民族の時」、「われわれの時」（GA 39, 56）であり、「真の時 wahre Zeit」（GA 39, 50）だということになるのである。そして半神の存在の仕方は、この「時の威力によるひき裂きの中心に mitten 内立するという仕方で、その威力を経験すること」（GA 39, 110）を意味し、半神が立つこの時の中心は、「時の頂き」とも呼ばれる。

> 〈往時のものを忘れずにつねに新たに保持すること Bewahrung〉と〈将来的なものをつねに新たに待望すること Erharrung〉、このあちらとこちらへとひき裂かれる時の歩みのうちで、一つの民族にとっての時が熟してゆく。（GA 39, 109）

「時の頂き」とは、「神々と人間たちを媒介する中心 vermittelnde Mitte」（GA 39, 163）のことである。この中心は、大地と天空の垂直的なあいだのことだと理解される。神々の「過ぎ去り」という現前の仕方は、この場所の傍ら（ないし上空）を「過ぎ去る」という意味で、「傍過 Vorbeigehen」（GA 39, 111）と表現される。ここでの、その傍らでの半神の役割は、「世界の夜の時代」にあって、すでにかつて過ぎ去った神々を「保持する」と同時に、新たな神々の「傍過」を「待望すること」にある。そのために、うち建てられるのが、「傍過」のための場所である。こうしたところから、ヘルダーリンの詩作がうち建てたとされる形而上学的場所とは、神々と人間たちを媒介する中心としてうち建てられたもの、留まるもの、あるいは（記憶を）留めるものとしての竈の場所、根源の場所のことにほかならないことが明らかとなる。

第四節　詩人——あるいは夜を守り、夜を明かす者

すでに述べたように、一九三五年夏学期講義[34]の語源学的解明において、存在（Sein）にかかわる三つの語幹が挙げられている。ここではヘスティアとウェスタが、〈留まる〉、〈住まう〉、〈滞在する〉などを意味する三番目の語幹ヴェス（ves）に属すことがいわれる[35]。これにくわえて、ハイデガーは言及していないが、このヴェスには、〈夜なかに目覚めている〉、〈夜を明かす〉という意味もあるという語源学の見解をここで指摘することができる[36]。

この最後の意味とつながる語としては、動詞フュラテイン（φυλάττειν）がある。これは、他動詞としては、〈見張る〉、〈番をする〉、〈守る〉、〈待つ・待ちかまえる〉、〈保持する〉、〈心のなかに保持する〉、〈忘れない〉などを意味し、自動詞としては、〈ずっと留まる〉、〈寝ずの番をする〉などを意味している[37]。これの名詞形の一つとしてフュラケー（φυλακή）がある。これはギリシア語辞典によれば、「特に夜なかに」（GEL, 1960）における見張り、警備、守護や、保持などを意味する。フュラケーの語は、ヘルダーリンやシェリングが熟読していた『ティマイオス』のなかに見出される。

時が産み出されるために、太陽と月、そして「彷徨する星」と呼ばれるほかの五つの星が、時の数を区分し、これを見張るもの *φυλακὴν* として生じた。
(Timaeus 38c)

ここでは、太陽と月、そして五つの「彷徨する星」——これは、金星、水星、土星、木星、火星のことである——といったまざまな星々が時を区分してつくり出し、さらにこの時を「見張るもの」であるとされる。さらにここから後の箇所では、特に大地が昼と夜を生み出し、これらを「見張るもの」であるとされる。

さらに神は、大地 *γῆν* を、われわれの養い手として仕組んだ。また同時に、〔……〕夜と昼 *νυκτός τε καὶ ἡμέρας* をつくり出すものとして仕組み、これ〔＝夜と昼〕を見張るもの *φύλακα* として仕組んだ。そしてこの大地は、天空 *οὐρανοῦ* のなかで生じた神々〔天体〕*θεῶν* のなかで最初のもので最年長 *πρώτην καὶ πρεσβυτάτην* であった。[38]
(Timaeus 40b–c)

繰り返しになるが、すでに述べたようにこの箇所は、大地としてのヘスティアが言外に念頭におかれていると考えられ、プロクロスなどの後世の注釈者たちもそのように読んできた一節である。ここに登場する「見張るもの」を、バルテスは、「時の番人 Wächter der Zeit」と呼んでいた。アリストテレスは、これと関連する『天界について (De caelo)』の一節でつぎのように述べている。

またじっさいピュタゴラス学派のひとびとは、宇宙全体のなかでもっとも権威あるものはもっともよく守られる *φυλάττεσθαι* のがふさわしく、そして中心 *μέσον* とはそのようなものであるというので、その場所を占める火を〈ゼウスの見張り〔守り手〕*Διὸς φυλακὴν*〉と名づけている。
(De caelo 293b1–4)

アリストテレスがここで「ピュタゴラス学派」ということで具体的にだれを念頭においているのかは、明らかではない。少なくとも現在伝わっているフィロラオスの断片のなかに、あるいはヘスティアについて述べた文章のなかには、フュラケーやフュラテインの語は見い出されない。フィロラオスやほかのピュタゴラス学派の人間が、すでに失われたテクストでそう述べていたのかもしれない。いずれにしろ、アリストテレスのこうした証言は、『ティマイオス』とともに、後世のひとびとが、フュラケーやフュラテインの語とヘスティアとを関連づける際の主たる参照項となったようにおもわれる。たとえば、著者不詳（擬イアンブリコス）[39]の『数理神学（*Theologumena Arithmeticae*）』では、つぎのようにいわれている。

> かれら〔＝パルメニデスたち〕は、モナド〔一〕的なフュシスが、〔ピュタゴラス学派の語る〕ヘスティアのように中心に *ἐν μέσῳ* 座しており、均衡によっておなじ場所 *τὴν αὐτὴν ἕδραν* を保持する〔見張る・留まる〕*φυλάσσειν* と述べている〔……〕[40]。

この記述のなかで、〈保持する〉ないし〈見張る〉を意味する動詞〈フュラセイン *φυλάσσειν*〉が使用されている。この語の使用には、いま述べたプラトンおよびアリストテレスのテクストからの影響がつよいのではないかということが推測されてしかるべきである。新プラトン主義に属するとされるシンプリキオス[41]は、『アリストテレス「天界について」註解（In Aristotelis de caelo commentaria）[42]』のなかで、ここで「中心」とされる場所を、「ゼウスの塔 *Ζηνὸς πύργον*」（CAG VII, 512. v. 12）、「ゼウスの座 *Διὸς θρόνον*」（CAG VII, 512. v. 14）、そして「ゼウスの見張り *Διὸς φυλακήν*」（CAG VII, 512. v. 13）[43]——すでに述べたように、こうした意味のつながりから、本書では、ヘルダーリンやシェリングのテクストに登場し、ヘスティアと等置される Feste ないし Veste に要塞や砦の意味を見て取ろうとしたのである――と呼んでいる。ここで守る、見張るというはたらきは、右のアリストテレスからの引用にしたがって、ゼウスないしその場所を守ることであり、また見張ることだと理解できる。しかし、もし『ティマイオス』におけるように、フュラケー、フュラテインの本来の含意が〈時〉とかかわるものであるとするなら、すでにアリストテレスの時点でそうした含意は失われてしまっている。

ここで、ヘルダーリンにおいて、「時にほかならない」(Anmerkungen zum Oedipus. v. 12. StA 5, 202)とし、「速やかに過ぎ去る schnell vergänglich」(Versöhnender der du nimmergeglaubt... Zweite Fass. v. 49 f. StA 2-1, 134)とする神(神々)、そして雷電との結びつきで語られる神(ゼウス)を想起することができる。またあわせて、彼が自身の属す時代を、神々が過ぎ去った夜の時代だと考えていたことも想起されるべきところである[44]。ヘルダーリンの意味における夜の時代を考えるうえで重要な後期の悲歌『パンとぶどう酒』には、つぎのような詩節が見出される。

『パンとぶどう酒(Brod und Wein)』第一二行

そして夜警は時刻を忘れずにその数を告げる[45]

Und der Stunden gedenk rufet ein Wächter die Zahl[46]。

(Brod und Wein [1800/01]. v. 12. StA 2-1, 90)

『パンとぶどう酒(Brod und Wein)』第三一―三六行

けれども、夜は、わたしたちに、またその逡巡する時の間《あわい》Weileにあっても、
暗闇のなかにあっても、わたしたちのためのいくらかの支えとなるよう、

わたしたちに忘却と聖なる酩酊をゆるし、
流れる言葉を、恋する者たちのように、
眠ることも知らず、よりゆたかに満たされた杯と大胆な生と、
聖なる記憶をも授けるのだ、夜にあって目覚めたまま留まるようにと wachend zu bleiben bei Nacht[47]

（Brod und Wein［1800/01］. v. 31–36. StA 2-1, 91）

『パンとぶどう酒（Brod und Wein）』第一一五―一二二行

生は神々へ向けて夢をみる。けれども迷うことは、
まどろみのように助けとなり、困窮と夜とはつよくさせるのだ、
やがて英雄が青銅の揺りかごのなかで十分に育ち、
心の力が、かつてのように、天空の者たちと比べうるほどになるまで。
そこに神々は雷を轟かせて来たる。そうはいうものの、わたしには、しばしば、
このように仲間もなく、こうして待ちつづけているよりは、
眠ってしまったほうがよいともおもわれるのだ。
このようなときに、なにを為すべきか、いうべきであるのかを、
わたしは知らない。そして乏しき時代にあってなんのための詩人であるのかを。[48]

（Brod und Wein［1800/01］. v. 115–122. StA 2-1, 93 f.）

これらの詩節には、夜にあって神々の到来を、眠らずに、目覚めたまま、忘れずに、待ちつづけるという仕方で、フュラテイン（φυλάττειν）に意味的に関連する語群が登場することを確認できる。ヘルダーリンにおいて神々は〈時〉なので、ここでは、これらは、〈時〉を見張る、忘れないでいる、待ちつづけることでもあり、これは『ティマイオス』の記述とつながる点として指摘できる。「天空の者たち」とは、神々のことであるが、古代ギリシアでは、天体がまた神々と呼ばれていたこと、そして天体がまた神々であるがために、天体の一つである不動の大地が神々の家、その竈の在り処と見なされたということも想起しておくべきである。『パンとぶどう酒』では、ギリシアの地が、「なんじ、すべての天空の者たちの家 Haus」（Brod und Wein [1800/01]. v. 55. StA 2-1, 91）と呼ばれていることもおそらく無関係ではない。また、アリストテレスが、「大地」が（太陽の光を遮るために）「夜」と呼ばれていると述べるように[49]、大地は夜とも同一視されてきた。ここから、神々（諸天体）が隠れるところの夜および大地の関連も指摘できる。そして、『哲学への寄与』に頻繁に見られる「最後の神の傍過の静寂さ Stille の番人 Wächter」（GA 65, 23）、あるいは「存在の真理のため für の見張り Wächterschaft」（GA 65, 43）という表現との関連も指摘できるだろう。そこでは、存在は竈およびその火と関連させられていたのである。「どのように存在を見つけるのか？　その火を見つけるために、わたしたちはなんらかの火をともさなければならないのか、あるいはむしろわたしたちは、まずは夜を守らなければならないのではないのか？」（GA 65, 486）。ヘルダーリンの理解ないし自己理解によるならば、詩人は、かつて過ぎ去った神々の記憶[50]を保持しつつ、新たな到来を待つ者であるといえる。その者は、その特異な歴史的意味における夜と昼、大地と天空のあいだに立って両者を結ぶ者である。神々の不在という時代の夜を守り、その夜にあって目覚めたまま神々の到来を見張り、夜明けを待望しつつその夜を明かさんとする者である。いい換えれば、詩人は、夜と昼との間《あわい》にあって時（時代）の移行を媒介する者なのだ。ここから、大地と天空の和解がまた、時（時代）の移行という歴史的意味、存在史的意味と結びつくものであることもおのずと了解されるであろう。

むすび

本章では、ハイデガーの一九三四／三五年冬学期講義を取りあげて、そこにおいて遂行されたヘルダーリン解釈に見られる竈への注目を浮かびあがらせるとともに、そこでの竈の意味、役割に関する解明が試みられた。この解明は、本書の第五章から第八章までの竈をめぐる論述を踏まえたものである。すなわち、古代ギリシアにおける竈、ハイデガーにおける竈、ヘルダーリンの詩作と関連するとされるソフォクレス解釈における竈、そしてヘルダーリンにおける竈について確認したうえで、ハイデガーがヘルダーリンの詩作における竈に関してどのような解釈を遂行しているのか、これに関して明らかにすることが課題であった。

そこでまず「根源の近くに住まうものは、その場所を去りがたい」の詩句によって知られる後期ヘルダーリンの讃歌『さすらい』のなかで等置される根源と竈の場所に対するハイデガーの注目を明確にした。そしてそこでハイデガーの解釈における根源の意味を天空と大地の対、その両極性によって示される露現と覆蔵、つまりアレーテイアとして解き明かした。そしてその根源の場所、家の竈の場所が、同時に存在史的な〈時〉にひき裂かれた半神の居場所であることをも明らかにした。これにより、ヘルダーリンの詩作に登場する竈の形象がこの当時すでに醸成されつつあったと考えられる彼の存在史の思索においてアレーテイアや時間（時代）の問題にかかわる核心的な意味、役割を担わされていたことが明らかになった。その後、悲歌『パンとぶどう酒』を取りあげ、プラトンの『ティマイオス』などのテクストも参照しつつ、そこにおける竈（ヘスティア、ウェスタ）の意味に探りを入れ、おなじ存在史の時間（時代）の究明にかかわる一定の成果を手にすることができたとおもわれる。以上で本章の課題は果たされたものとしたい。

第一〇章　イプノスの傍らで――ヘラクレイトスの竈の意味

はじめに

前章では、ハイデガーによるヘルダーリンの詩作の解釈に関してそこにおける竈の存在史的な意味、役割を論じた。本書第二部においてこれまで見てきたように、一九三〇年代初頭からハイデガーのテクストに登場するようになる竈のモチーフは、存在史にかかわるとともに、主として『存在と時間』で展開した実存論的立場における人間中心主義に対するハイデガー自身の批判的立場の拠り所として、枢要な役割を演じたと考えられる。

そこで本章では、第二次世界大戦後、一九四六年の『ヒューマニズム書簡』を取りあげ、このことをより具体的に示すことにしたい。ここで主題的に展開されるヒューマニズム批判の議論のなかに目立たないながらも、実に印象ぶかい仕方で竈のモチーフが登場する。この竈のモチーフは、本書ですでに何度も論及したヘラクレイトスにかかわるものである。――それゆえ、ここでの論述はハイデガー哲学における竈と初期ギリシア哲学における竈とのつながりに関する究明という意味をも有する。このヘラクレイトスと竈の結びつきは、とりわけハイデガーの後期思想の展開の隠された着想であり、その思索の重要な駆動力の一つであったと考えられる。その竈とは、すなわちアリストテレスの『動物の諸部分について（De partibus animalium）』によって伝えられるヘラクレイトスに関する伝承に登場するイプノスとしての竈のことである。本章の目的は、このイプノスとしての竈の意味を、その背景であるところのヘスティアとしての竈の意味から解明することにある。

具体的には以下の手順を取る。イプノスが中心的役割を担うこの伝承に関するハイデガーの解釈を『ヒューマニズム書簡』のうちに確認する（第一節）。ヘラクレイトスのイプノスおよび彼の哲学と、古代ギリシアにおけるヘスティアとのつながりを、古典文献学の諸研究に依りつつ明示する（第二節）。最後に、ソフォクレスの『アンティゴネー』のコロスに登場する「パレスティオス」の語とヘラクレイトスのロゴスの結びつきを、主に一九三五年夏学期講義および一九四二年夏学期講義のなかに確認することとする（第三節）。以上により、ハイデガーの解釈におけるヘラクレイトスの竈の意味を、その精神史的背景とともに明らかにする。

第一節　ヘラクレイトスに関する伝承の解釈

ヘラクレイトスについての伝承がひきあいに出されるのは、アリストテレスの『動物の諸部分について』第一巻第五章のはじめにおいてである。アリストテレスは、そこでつぎのように述べている。たしかに天体のような高貴でありかつ神的なものについて知ることはもっとも快いものである。それについて知ることができることは少ないが、たとえば愛する対象を少しでも見ることが、ほかのものをより多くより正確に見ることよりも快いのと同様に、快いものである。これに比べて、わたしたち人間の身近にあるものは、天体に比して高貴という点では劣るが、身近にあり、本性のうえでは人間に近しいだけ、それらについてより多くを知っており、天体に比してよりよい学的認識をもつことができる。そこで、それほど高貴でないものであれ、より高貴なものであれ、様々な動物にも例外なく学的考察の目を向けなければならない。「自然物のすべてに、なにか驚くべき事柄が含まれている」(De partibus animalium 645a)からである。

> ちょうどヘラクレイトスについて、彼のところを訪ねてみたいとおもった見知らぬ客人たちにヘラクレイトスがある言葉を発したと伝えられているように。――入っていってみると、その客人たちは、ヘラクレイトスが〈イプノスの傍らで *πρὸς τῷ ἰπνῷ*〉、体を暖めているのを見た。そのときかれらは、立ちどまってしまった。そこでヘラクレイトスは、躊躇しているその客人たちに、ためらうことなどないと語りかけ、つぎのようにいい放って、その客人たちに入ってくるように促したのであった。すなわち、〈というのも、ここにもまた神々は居られるのだから *εἶναι γὰρ καὶ ἐνταῦθα θεούς*〉、と。(De partibus animalium 645a)[1]

ジャン・ボーフレ[2]はハイデガーへ宛てた手紙のなかで、存在論と、何らかの倫理学との関係について考えていると書き、ハイデガーはそれに対して、存在論と倫理学のような分野別の学問諸学科の区別はもはや無効であり、倫理について考えようとするならば、そうした諸学科の成立以前に遡ってエートスの意味を明らかにしなければならないと述べる。その際、ヘラクレイトスの断片B一一九の言葉、「エートス・アントローポーイ・ダイモーン *ἦθος ἀνθρώπῳ δαίμων*」(Herakleitos, Frag. B 119) を提示する。[3] ハイデガーは、この言葉の通常の訳、つまりディールスの「みずからの固有な性格は、人間にとって、みずからの守護霊である Seine Eigenart ist dem Menschen sein Dämon」(FV I, 177) という訳を非ギリシア的な現代的解釈として退け、つぎのように解説する。

> エートスとは、滞在地 Aufenthalt、住処 Ort des Wohnens を意味しているのです。この言葉は、そこに人間が住まう開けた領域を名指しています。この人間の滞在のための開け das Offene が、人間の本質 Wesen へとふ

りかかって来て、そのように来着しながら人間の近さ Nähe のうちに滞在する sich aufhält ものを現象させる läßt［…］erscheinen のです。人間の滞在地は、人間がその本質においてそこへ帰属しているところのものの来着をふくみ、保護します。こうしたものが、ヘラクレイトスの言葉によれば、ダイモーン、神なのです。

（GA 9, 354）

ここからハイデガーは、断片B一一九が意味するのは、「人間は、みずからが人間であるかぎり、神の近くに in der Nähe Gottes に住まう」（GA 9, 354）ことだと述べる。人間は神々の近くに滞在し、神々は人間の近くに到来し、そこに滞在する。両者の滞在の場所は、人間からすればダイモーン、神々が現象（現前）し来たり、滞在する場所である。この断片の意味と一致するものとして提示されるのが、最初に示したヘラクレイトスに関する伝承である。

まず、この伝承に関するハイデガーの解説の要点をまとめておく。単に興味本位からヘラクレイトスを訪ねてきた見知らぬ客人たちは、そこで見た光景に幻滅し、困惑する。それは、思索者というものがふつうの生活とはちがった、めったに見られない珍しい姿、刺激的で興奮させるような様子を見せてくれるはずだ、という期待が裏切られたからである。期待したものの代わりに待ち受けていたのは、ヘラクレイトスが「パン焼き窯の傍らで an einem Backofen〔πρὸς τῷ ἰπνῷ〕」（GA 9, 355）暖を取っている平凡でみすぼらしい姿である。ハイデガーによって「パン焼き窯 Backofen」と訳されているのは、ギリシア語のイプノス（ἰπνός）であり、これは、オーブン（Ofen）に近い意味をもつ。この〈イプノスの傍ら〉は、「日常的な、見栄えのしない場所」（GA 9, 355）である。ヘラクレイトスは、そこで、パンを焼くわけでもなく、ただ暖を取って、生活の貧しさを示しているにすぎない。ここで、訪問客たちは、もうそれ以上ヘラクレイトスに近づこうという好奇心を失い、すぐにも帰ろうとしている。それをみて取ったヘラクレイトスが、「というのも、〈ここにもまた〉神々は居られる〔現前する〕のだから（εἶναι γὰρ καὶ ἐνταῦθα θεούς）」（GA 9, 356）[4]といい放ち、ためらうことなくもっとなかに入ってくるようにかれら客人たちを促したのであった。〈ここにもまた

καὶ ἐνταῦθα〉の〈ここ〉とは、すなわち、イプノスの場所、その傍らのことである。

ハイデガーは、この〈ここ〉とは、「どんな事物、どんな状態、どんな思索も、慣れ親しんだ、親しい geheuer もの」（GA 9, 356）であるような「当たり前の場所」（GA 9, 356）だという。それゆえ、〈ここにもまた〉とは、この「親しいもの das Geheure の領域」（GA 9, 356）にもまた、神々は現前し来たり、居られるのだ、という意味だと説明される。そこから、「エートス・アントローポーイ・ダイモーン」の意味が、「（親しい geheuer）滞在地は、人間にとって神（途方も‐ないもの das Un-geheure）の現前のための開け」（GA 9, 356）であるという解釈が示されるのである。「途方も‐ないもの」が、ハイフンつきで書かれることの重要さを見逃してはならない。ハイフンが意味するのは、イプノスが有する「日常性」の否定ないし欠如こそが、神々の現前にとっては本質的だということである。通常人間にとって日常的な「親しい」場所こそが、同時に、非‐日常的な「途方も‐ないもの」の現前し来たり、滞在する場所なのである。つまり、〈イプノスの傍ら〉とは、日常性が非日常性へと、人間が神々へと媒介される、そして逆に、非日常性が日常性へと、神々が人間へと媒介される〈あいだ〉そのものといえる場所のことである。これの意味は、その精神史的背景としてのヘスティアから理解されるべきである。次節ではこれについて確認する。

第二節　イプノスとヘスティア

本書第二部第五章で詳しく説明したように、竈（ヘスティア）と本質的な結びつきを有するものとして永遠の火ないし不滅の火――ニーチェでいえばプュル・アスベストン、シェリングでいえばアカマトン・プュル――があった。それゆえ、実は、すでに論じたニーチェのテクスト「プラトン以前の哲学者たち」では、ピュタゴラス学派の中心火の思想からヘラクレイトスの火の思想へと一定の連続性のうちに論じられていた――この際、またピュタゴラス学派の数学的な比とヘラクレイトスのロゴスの意味も一定の連続性のうちにおいて把握されている。このようなピュタゴラス学派からヘラクレイトスへという精神史的な流れを考える場合に、想起されてしかるべきものは、ほかでもなくヘラクレイトスの断片B三〇である。

> すべての存在者にとってのこのコスモスの秩序は、神々のうちのひとりが創ったのでも、人間が創ったのでもない。そうではなく、それは、いつでもそこにあったのであり、またあるのであり、これからもあるだろう〈永く生きつづける火 *πῦρ ἀείζωον*〉であり、一定程度燃え、一定程度消える。
> (Herakleitos, Frag. B 30)

ここに見られるヘラクレイトスの火の思想は、伝統的な祭祀・神話からのものであれ、ピュタゴラス学派を経由したものであれ、ヘスティアの火との連関を示唆する。たとえば、一世紀のストア派の哲学者コルヌトゥス[5]は、『ギリシア神学要綱（*Theologiae Graecae Compendium*）』のなかの、ヘスティアと大地母デメテルの同一性について述べる箇所で、ヘラクレイトスの語〈永く生きつづける火〉を挿入する。

> ヘスティアとデメテルの両者は、大地から区別されないようにおもわれる。というのも、ヘスティアがすべてを貫いて立ち *ἑστάναι διὰ παντὸς*、最内奥のうちにおのずから据えられ *ἐσωτάτω τεθεῖσθαι*、コスモス全体が礎石のうえにおけるようにヘスティアのうえに立つ *ἑστάναι* ことからして、そしてデメテルが母のようにすべてを育て、養うがゆえに、昔のひとびとは、大地をまた、ヘスティアそしてデメテルと呼んだからである。〔……〕〈永く生きつづける火 *ἀείζωον πῦρ*〉は、ヘスティアに属している。なぜなら彼女自身がその火であるように見えるからであり、またおそらくは、コスモスのすべての火は、ヘスティアによって養われ、彼女によって存在するからである。また、おそらくは、彼女が、いのちを恵む[6]からであり、すべての命あるものの母であり、そのすべての命あるものにとって、かれらの生存の原因は、火のようなものだからである。

（Cornutus, Theologiae Graecae Compendium c. 28）[7]

ここの〈永く生きつづける火〉は、ヘラクレイトスの断片B三〇からの引用とされる。[8] ヘラクレイトス自身の諸断片には、ヘスティアの語は残されていない。けれども、コルヌトゥスにみられるように、コスモスの中心・大地の内奥でその活動原理として生きつづけるヘラクレイトスの火は、初期ギリシア以来の精神史的文脈を踏まえるなら、おのずとヘスティアとの結びつきにおいて理解されるものなのである。そうだとすれば、ヘラクレイトスは、伝統的祭祀・神話あるいはピュタゴラス学派におけるヘスティアの火を、フィロラオスとは別の仕方で哲学の文脈へとおき移したという推定も成り立つ。いずれにしても、たとえば——すでに本書で論及したところであるが——、シェリングが「太古の火の竈 Heerd eines uralten Feuers」[9]とヘラクレイトスの断片B三〇でいわれる「永く生きつづける火」を結びつけて考えるときも[10]、コルヌトゥスと同様におのずからヘスティアの火とヘラクレイトスの火を結びつけていることになる。そしてメルケルバッハもまた、「わたしは、当然、ヘラクレイトス哲学をヘスティア信仰から導き出しうると主張しようというのではない。しかしながら、つねに、ひとはそれでも、〈女神ヘスティアと、竈の火の祭祀が結びつく宗教的イメージには、そこから出発してヘラクレイトスが彼の思想を定式化できたような幾つもの糸口がふくまれていたのだ〉、ということができる」（Merkelbach 1980, 66）と述べるのである。

　そうメルケルバッハが述べる文脈においても、問題のヘラクレイトスの伝承がひきあいに出される。だが、この伝承に関して古典文献学者たちはハイデガーとはいささか異なる解釈を示す。——繰り返しになるが——ヘラクレイトスのもとに訪ねてきた見知らぬ客人たちは家のなかに入るまえに立ちどまってしまった。それは、ヘラクレイトスが〈イプノスの傍らで *πρὸς τῷ ἰπνῷ*〉、体を暖めている姿を見たからである。そしてそこでヘラクレイトスが、家のなかへ入ってくるのをためらうその客人たちに向かって、「というのも、〈ここにもまた〉神々は居られる（現前する）のだから *εἶναι γὰρ καὶ ἐνταῦθα θεούς*〉」という言葉を投げたのである。一連の出来事を理解するために、ここに登場する

〈イプノスの傍らで〉と〈ここにもまた〉という二つの語句の連関に注目するという点で、古典文献学者たちとハイデガーは一致する。けれども、L・ロベールによれば、ここには、暗黙の背景として古代ギリシアにおけるヘスティアの意味が前提されている。祭壇としてのヘスティア〔竈〕が、ゼウスをはじめとした神々の神殿・家々において「神々が居られる〔現前する〕」ための「聖なる場所」(Robert 1965, 68/1545) であるのに対して[11]、イプノスは、「実用的」(Robert 1965, 68/1545) な単なる道具である。ヘラクレイトスは、ヘスティアの祭壇ではなく、〈イプノスの傍らで〉暖を取っていたのである。ロベールによれば、だからこそ、ヘラクレイトスの〈ここにもまた〉という言葉が、そもそも古代ギリシア人にとっては意味をなすものになる。つまり、それがいわんとするのは、〈ここにもまた〉すなわち単なる道具である〈イプノスの傍らにもまた〉、祭壇としてのヘスティアの傍らと同様に神々は居られる〔現前する〕のだ、ということである。このロベールの解釈に対しては、メルケルバッハも全面的に賛同し、同様の見解を示す[12]。ここでこの文献学的考証の当否を問題にしようとはおもわない。重要なのは、現代の古典文献学者から見れば――コルヌトゥスやシェリング、そしてニーチェにおいてそうであったように――、ヘラクレイトスの伝承および哲学は、その背景に古代ギリシアのヘスティアをおのずと看取させるものであるということである。それゆえ、ハイデガーが独自の立場から同様にそこにヘスティアを看取していたと考えることは、精神史的文脈・文献学的研究を鑑みた場合には、ごくごく当然であり、あるいはむしろ必然的とさえいえるものなのである[13]。

たしかに、ロベールとメルケルバッハの〈ここにもまた〉の解釈とハイデガーのそれはおなじではない。後者では、それは、ヘスティアとの対比からではなく、日常性と非日常性（不気味さ）との関係から理解されていたからである。とはいえ、このことが示すのは、ハイデガーによるヘスティアの度外視ではない。というのも、ハイデガーによる解釈におけるイプノスの意味は、ほかでもなく彼のヘスティアをめぐる解釈からこそ明示されうるからである。次節ではこのことを確認したい。

第三節　ヘスティアとロゴス

ヘスティアとヘラクレイトスがハイデガーにおいて結びつく具体例の一つとしてロゴスの問題がある。ここではまず、一九三五年夏学期講義におけるソフォクレスの悲劇『アンティゴネー』の第一スタシモンのコロスの解釈から入る。テーバイの長老たちによって歌われるこのコロスは、クレオンが定めた国の掟を破って、兄弟ポリュネイケスを埋葬したアンティゴネーが捕えられてくる直前の場面で歌われる。このコロスの最後に、パレスティオス〔＝ヘスティアの傍らの〕の語が登場する。ハイデガーによる訳をもとに、その一節（Antigone. v. 373-375）を引用する。

そのようなことを為す者が、竈〔＝ヘスティア〕の傍らの dem Herde〔*παρέστιος*〕わたしの親しい者とならないように、そのような者の妄想が、わたしと考えをわかちあわないように。（GA 40, 157）

ハイデガーによれば、この一節は、「ト・デイノタトン *τὸ δεινότατον*」（GA 40, 158）としての「人間存在の不気味さの直接的かつ完全なる証明である」（GA 40, 173）。「デイノタトン」とは、〈恐ろしい〉、〈異様な〉を意味する形容詞「デイノン *δεινόν*」（GA 40, 158）に由来する。ここでデイノンは二義的であり、まず「全体としての存在者」（GA 40, 159）としての「圧倒的なもの das Überwältigende」（GA 40, 159）を表し、つぎに、暴力を使いこなし、「暴力－活動的 gewalt-tätig」（GA 40, 159）であるところの「暴力的なもの das Gewaltige」（GA 40, 159）、すなわち、人間の存在をあらわす。「ト・デイノタトン」は、最上級形が名詞化されたものであり、「もっとも不気味なもの das Unheimlichste」（GA 40, 158）ないし「もっとも暴力的なもの das Gewaltigste」（GA 40, 159）としての人間の存在を意味する。

これがいわんとするのは、「人間が、そのさしあたりたいてい慣れ親しんでいる家郷的なもろもろの境界 Grenzen

から出てゆき、〔……〕暴力－活動的なものとして家郷的なものの境界 Grenze を踏み越えて überschreitet」(GA 40, 160)、不気味なもの、圧倒的なものとしての全体としての存在者、いい換えればコスモスのただなかに「みずからの本質をもたらす」(GA 40, 160) 者であるということである。

人間および全体としての存在者の不気味さ (Un-heimlichkeit) は、日常性からみた場合の不気味さである。つまり、それは、「日常的な仕方ではないということ」(GA 40, 173) なのである。簡単にいえば、日常的ではなくなることが、〈家郷的なものの境界を踏み越える〉ことにほかならない。踏み越える動態は、地平的ではなく、垂直的イメージから把握される。もっとも不気味な者の「場所は高く聳え立ち Hochüberragend die Stätte〔ὑψίπολις〕、その場所を失ってしまう〔ἄπολις〕」(GA 40, 157)(14)。死すべき者が定めた国の掟を破る不気味なものとしてのアンティゴネーは、ほかならぬ「竈と民会から締め出されなければならない」(GA 40, 173)。締め出しとは、竈からの締め出しであり、そこからの締め出しこそが、本質的な締め出しである。

この際、彼女がしたがっているのは国の掟ではない(15)。一九四二年夏学期講義のハイデガーによれば、それは、(天空の) ゼウスや (地下の) ディケーでもなく、くわえて死者でも、兄弟への血縁的 (ないし人倫的) 関係でもない(16)。そうではなく、彼女は、むしろ、神々と人間たちの共同のものである竈に帰属し、これにしたがっている。その際、竈はまた生者と死者の共同のものと理解できる(17)。つまり、彼女がしたがっているのは、単に人間たちでも、神々でもなく、両者の共同の竈、かつ生者と死者の共同の竈である。この際の彼女の竈への帰属関係は、そこから締め出されかつそこへ回帰するという二重の動向である。この二重動向のうちにこそ、竈の傍らにあることの本来の意味が存している。

これを一九三五年夏学期講義で論じられるヘラクレイトスに沿って理解できる。国の掟は「独自の考え *ἰδίαν* [...] *φρόνησιν*」(Herakleitos, Frag. B 2)、つまり、「意固地 Eigen-sinn」(GA 40, 139) であり、竈から離れ境界を踏み越えることがない、あるいは踏み越えたとしても、すでに述べた冒険者のごとく家郷性と非－家郷性の区別そのものの端的な否定のうちに生き、その踏み越えを介した迷いと帰還から竈を探して見出そうとすることがないひとびとは、「アクシュネトイ ἀξύνετοι」（Herakleitos, Frag. B 34）、つまりロゴスを「理解しない者たち」（GA 40, 139）となる。対して、アンティゴネーは、「クシュノス ξυνός」（Herakleitos, Frag. B 2）、つまり「共同のもの das Gemeinsame」（FV I, 151）、「まとまり Zusammen」（GA 40, 136）としてのロゴスに聴きしたがう。彼女は、（締め出しを介して回帰的に）ロゴス・竈に帰属し、帰順する者となる。

ハイデガーは、レゲイン（λέγειν）、レゲレ（legere）、レーゼン（lesen）とのつながりから、[18] ロゴスという動態を、「たえず自身のうちへと根源的に集める支配的収集」（GA 40, 137）と規定する。「もっとも不気味な者」としての人間は、このロゴスを聴く耳をもち、この根源的「収集」に聴きしたがう者である。このロゴスは、「フュシス」（Herakleitos, Frag. B 1）と同一視され、[19] フュシスは存在と同一視される。[20] フュシス・存在と同一視されるロゴスの本質的意味が「収集」であるとされることは、つぎの引用におけるように、存在がまた竈と同一視されるという事態からこそ、十全な仕方で理解可能となる。

> 存在は竈である。というのも、存在の本質とは、ギリシア人にとってはフュシス、すなわち、おのずから立ちあがる光輝く動態であり、〔……〕始源的に留まるもの、すべてをおのれの周囲に集めるものだからである。つまり、そこにおいてあらゆる存在者がその位置をもち、存在者として家郷的であるところのものである。
> （GA 53, 140）

ここで「家郷的」とは、人間だけではなく、神々をもふくめた全体としてということであり、人間にとってはなかば異郷的である。ここで竈は、人間的領域と神的領域の〈あいだ〉ないし両者間の境界的な中心という役割を演じる。人間の竈から追放されることは、日常性を踏み越えて、全体としての存在者へと赴き、神々の竈の傍らにあることを意味する。『哲学への寄与』によれば、「存在、竈の火がその中心にある神々の住処」（GA 65, 486）は、同時に「そのうちで人間がよそ者 Fremdling として留まるところの〈あいだ Zwischen〉」（GA 65, 487）なのである。竈とは、単に人間的領域にあるのではなく、天空へ垂直的に聳え立つ中心（κέντρον, μέσον, medium）として、神々の境域へ達する開けの場所なのである。したがって、人間と神々に二つの竈があるのではない。ポルフュリオスが述べていたように、「それ〔＝大地〕は、神々と人間たちの共同のヘスティア〔竈〕である」[21]ということである。ヘスティアとは、そこで人間が神々の境域へと、神々が人間の境域へと媒介される場所、いい換えれば、両者の領域を包含したコスモスがそこから開かれてくる「竈の火としての〈あいだ〉の媒介的中心 Mitte des Zwischen」（GA 65, 486）、こうした垂直的な境界性・媒体性の場所のことなのだ。このように、人間は存在者のただなかに、その中心に立つ。このことは、人間が中心であることを意味するのではない。そうではなく、その中心に、中心の傍らに立つということである。ヘラクレイトスのロゴスを主題とした一九四四年夏学期講義（『ロゴス。ロゴスについてのヘラクレイトスの教説』）のなかでは、そのような人間の離心性についてつぎのように述べられている。

> 人間は、ここではある仕方では中心 Mitte であるけれども、やはりまた中心ではない。このような連関のうちには、人間を際立たせる固有の本質が隠れている。この本質を、わたしたちは、離心的なもの das Exzentrische と呼ぶことができるだろう。人間は、全体としての存在者のただなかに住んでいるが、けれども、あらゆる存在者を媒介し vermittelt、担う trägt 根拠という意味での中心なのではない。人間は存在者の中心にいるが、けれどもその中心そのものではないのである。（GA 55, 206）

「あらゆる存在者を媒介し vermittelt、担う trägt」というのは、本書で追及されてきた存在の媒体性の事象にほかならない。そこにおける人間の本質的動向は離心性である。存在の媒体的動態は、「不気味さとしての非覆蔵性」（GA

40, 174）、つまり存在者が全体として取り集められるというコスモス——ハイデガーの言葉に即していえば、天空と神的なもの、大地と人間の四つからなる四方域（Geviert）としての世界——の現象動態・アレーテイアにほかならない。非‐覆蔵性としての不‐気味さは、ハイフンで分たれた現‐存在である。「現‐存在は、生起する不‐気味さそのものである」（GA 40, 167）。「現‐存在」という術語は、もはや人間存在の実存論的構造に与えられるのではなく、竈の場所における不気味さ、非覆蔵性の生起にこそ与えられる。こうしたところから、現‐存在の語とは、竈の場所、ヘスティアの場所、その竈の傍らに住まうことの離心性、すなわち存在ないしエルアイクニスの傍らに離心的な仕方で住まう人間の本質的な存在の仕方をあらわすのだと了解されるだろう。

こうして、ヘスティアが、そこにおいて、人間にとって親しい〈家郷的〉な場所であると同時に、〈途方も‐ないもの〉、〈不‐気味なもの〉が現象する場所であるという意味で、『ヒューマニズム書簡』におけるイプノスと同様のものであることが明らかになる。いま述べたヘスティアの意味からこそ、ヘラクレイトスの伝承の〈イプノスの傍らで〉の意味もより明確に理解されうるものとなるのである。その場合、〈ここにもまた〉は、ヘスティアの祭壇との対比からなされた譲歩ではなく、日常性と非日常性、人間たちと神々の〈あいだ〉に存し、全体としての存在者（＝コスモス）が統一性をかたちづくる媒介的動態そのものを示すものとなる。こうして、文献学的視点をなかば度外視するようなハイデガーの思索的ふるまいを通して、〈ここにもまた〉というヘラクレイトスの言葉には、人間の本質的在り様を巻き込んだ現象学的な真理論的、宇宙論的《コスモロジー》な意味の拡がり、深みが拓かれる。そこにハイデガーによるイプノスの意味についての特異な解釈に帰せられるべき独自の意義が存するといえる。

むすび

ハイデガーにおける竈とヘラクレイトスの関係は、あらかじめ本書第六章第三節のなかで示しておいた。それは、一九六〇年代におけるものであった。本章では、一九四〇年代にいわばさかのぼるかたちで、『ヒューマニズム書簡』におけるヘラクレイトスの伝承のなかのイプノスとしての竈に注目し、これの意味を解き明かした。この解明のために、ヘラクレイトスの伝承に関する古典文献学者の研究を参照するという方法を採用した。この方法によって、ヘラクレイトス、イプノスそしてヘスティアとのつながりが示され、同時にハイデガーの存在の思索による特異な解釈におけるイプノスとしての竈の意味が解明された。そこから、ハイデガーにおける住処としてのエートスとは、〈イプノスの傍ら〉を意味することが明らかにされることとなった。

ここでのイプノスとしての竈とは、単に人間のものではなく、生者と死者、神々と人間たち、これらの共同のもの、ないし共通のものとして理解されなければならない。当然ながら、これはさまざまな仕方で語られる四方域の原型、あるいはその別のかたちを認めることができるだろう。イプノスは、天空と神々も大地と死すべき者としての人間たちも、それら一切を貫いて媒介し、担う。この媒体性の場所は、いい換えれば、国家や宗教、人倫にも還元されないエートスの意味に関するハイデガー独自の洞察にほかならない。

さらに初期の思索と比較することができるなら、このエートスの場所における人間の住まうことが、本質的に離心的であるということからはつぎのようなことがいえる。『存在と時間』では現存在の負い目ある存在(Schuldigsein)の良心(Gewissen)の疼きがいわれていた。これは、キリスト教の神学的色彩を色濃く反映したものであった。これに対して、一九三〇年には、良心に対応するものは、むしろ竈としての家郷的なもの、帰郷(Heimkehr)を想う、ヘルダーリン的、プラトン的色彩を帯びた郷愁(Heimweh)のその疼き(Weh)として再度明確化されていったといってよい。良心の疼きが、家郷的なものを想う疼き、郷愁へと展開したのである。——もちろん郷愁については一九二九/三〇年冬学期講義(『形而上学の根本諸概念——世界・有限性・孤独』ですでにノヴァーリスの話をひきあいに出すかたちで述べられていた。この講義についてはここでは論じることができなかったが、おもえば、ハイデガーが一九三〇年代初頭の『黒ノート』に竈の語を記したとき、彼のなかでは一定の脈絡が結ばれていたということであろう。そしてハイデガーの思索はヘルダーリンとともに、さらにヘラクレイトスなどの初期ギリシアの思索のうちへと歩みを進めていった。そしてそこから、存在の自己覆蔵性において贈りとどけられる現代の家郷喪失というゲシック（Geschick）と呼ばれる時代の運命のなかでなされる家郷的なものへの追想として深化されていったといえる。

以上で本章、そして第二部の論述を終えることとしたい。

結論

本書では、ハイデガーの（最）初期から形而上学期、そして中期以降の存在をめぐる思想をその変遷に即して解き明かすことを試みてきた。このために本書が立脚した三つの視座は、すなわち中動態・地平・竈であった。これらの視座の特異性は、かならずも筆者のことさらに意図するところではなかった。とはいえ、そこには、従来のハイデガー哲学に関して語る際に、ただ単にハイデガーの術語を反復するだけでなく、同時に、それとは違う別の言葉、別の角度からハイデガー哲学を見ること、そして検討することはできないのか、という基本的な欲求があったのだとおもう。その際、ハイデガーの単なる平板化、いうなればふつうという意味で非ハイデガー的な視点を望んでいたのでもなかった。ハイデガーを語りうる可能な視座としてどのようなものが可能か。本書は、この可能性をめぐって、中動態・地平・竈という三つの具体的視座を通してなされた一つの探求であった。——ハイデガー内部の術語によってハイデガーを説明しても、ハイデガーのテクスト、その言葉づかいの内部を循環するのみで、説明と呼べる説明とはならない。かといって関係のない外部の言語を押しつけて、ハイデガー哲学を理解、説明しえたとすることもできないだろう。本書が提出したのは、ハイデガーの独自の術語に全面的に依拠せず、いわばその内部と外部をあいだに立つことで彼の哲学を解き明かすことがどのようにして可能かを示す一つの試みであった。

具体的な内容に関していえば、第一部は、初期および形而上学期のハイデガーの思想をある種の人間中心主義として明示するという試みであり、第二部は、これに対する後期思想を非人間中心主義的なロゴス（＝存在）中心主義、存在（エルアイクニス）中心主義として明確化するという試みであった。

このような見通しと目論見のもとで遂行された試みはつぎのような展開を見た。

まず第一部の第一章では、初期の主著『存在と時間』の第七節を取りあげ、ハイデガーの現象学理解における現象とロゴスの中動的意味とその媒体性のはたらき、すなわち中動媒体性の内実に光をあてた。第二章では、おなじく『存在と時間』のなかの人間の現存在の存在である関心（Sorge）の根本動態が本質的に中動態に存することを、関心の意味である時間性との関連から明示することを試みた。第三章ではおなじく『存在と時間』における現存在の時間性と、そのなかで論じられるはずだったテンポラリテートの問題構成と図式機能の結びつきの究明にあてられた。そこからはじめてさらにその後の形而上学期における時間性と存在了解の超越論的地平（世界）に関する議論を、テンポラリテートの問題構成と地平図式の形而上学構想における展開として解き明かそうとした。ハイデガーの形而上学構想の核心の一つは存在論的差異の解明にあった。これはすでに『存在と時間』で問題にされていた事柄であるとはいえ、そこでは解明の主題ではなく、むしろ実存論的分析の議論において前提されていたものだった。形而上学構想のなかではこの存在論的差異の解明が、よりよくいうなら、単に差異としてではなく、存在と存在者の差異化として、存在と存在者の差異化の出来事ないし遂行という原理的次元での問題の解明が主要な課題となっていた。そこでこの差異を差異たらしめるはたらきとして考えられていたのは、現存在の時間性と、そこに発する超越の地平的媒介作用にほかならなかった。それは、現存在のその超越・存在了解を通して存在と存在者を区別し、存在了解の地平（世界）を自己自身のために保持するというはたらきのことである。本書の第一部は、この現象学的形而上学の構想のなかで現存在（の時間性と超越）が有するこの地位および役割に、ハイデガー哲学におけるもっともラディカルな意味での人間中心主義を明確にすることとなった。

つぎに第二部では、ハイデガーの後期思想の主題的解明をおこなった。はじめにくる第四章では、後期ハイデガーが自己批判を記した記述を参照することで、第一部の最後の第三章で明確化した人間中心主義に関してその問題性をより詳細に示すことを試みた。そこから、その自己批判が人間の脱中心化と同時に存在中心主義へ向かっていることが明らかになった。それから本書の解明は後期思想の存在中心主義の核心的問題であるエルアイクニスの解明に移った。従来の主要な先行研究において他動詞的と考えられてきたエルアイクニスの動態が実のところむしろ中動的、再帰的動態、中動媒体性から理解されるべきであることを明確にすることを課題とした。この課題を遂行するなかで、人間を基点とした地平的な再帰的動態から区別されるべきもの、すなわち存在を中心とする中動‐媒体性とその動態が問題であることが浮かびあがってきた。これら第一部と第二部の作業を通して、ハイデガーの初期思想においても後期思想においても存在現象が――それぞれ異なる仕方、意味において――再帰的な中動‐媒体性の動態を有するものであることが明確になるに到った。

また第四章では、本書の主題的視座である竈の登場とその基本的性格を主にハイデガーの一九三〇年代のテクストに即して見ていった。そこでは、竈は、後期の存在中心主義的およびロゴス中心主義的な思想において、言葉および存在そのものの媒体機能を示すものとして明らかになった。第五章では、主にニーチェの古典文献学者時代のテクストを読解するなかで、古代ギリシア以来の西洋における竈の精神史を通観するとともに、竈が本質的なものとして有するいくつかの基本的性格、機能に関してその概略を明確化した。それを踏まえて第六章では、ハイデガーの一九三〇年代初頭から一九六〇年代のテクストまでを通して確認することで、彼における竈の意味と役割を明示しようとした。つぎに第七章では、ハイデガーの『アンティゴネー』解釈を取りあげ、そこにおいて竈が担っている意味を解明した。つづく第八章では、ヘルダーリンがハイデガーにおける竈の登場に関与しているという想定のもとで、彼の詩、小説、悲劇などのテクストを取りあげて、そこにおける竈の意味を確認していった。そうしてヘルダーリンにおける竈の形象がその作品のなかで彼の核心的思想にかかわるかたちで登場することを明らかにした。このヘルダーリンにおける竈の意味を踏まえたうえで、第九章では、ハイデガーのヘルダーリン解釈を取りあげて、そこにおける竈の意味を解明することとなった。最後の第一〇章では、主に第二次大戦後の『ヒューマニズム書簡』に注目し、そのなかに登場するヘラクレイトスのイプノスとしての竈の意味の解釈が一九三〇年代以来の竈をめぐる問題をひき継ぎ、さらには四方域の思想につながるものであることを明らかにした。

このような本書の論述から徐々に浮かびあがってきたのは、存在という事象そのものへの接近をさまざまな仕方で試みるなかで絶えず自己自身を変容させつづけていったハイデガーの思索の姿である。それはいい換えれば、絶えず古代ギリシア以来のヨーロッパの精神史へと立ち返りつつ、そのなかに内属し、それを特異な仕方で解釈し、改変しつつ継承してみずからの本質的な肉としていったハイデガーの思索の営みである。初期ギリシアの哲学者たち、それにプラトン、アリストテレス、アウグスティヌスそしてカントなどの受容はすでによく知られていた。これにくわえて本書では、従来知られていたよりもさらに広範な精神史的背景を明らかにすることができたようにおもわれる。とりわけ注目すべきは、ピュタゴラス学派、そしてそれと一定の影響関係をふくんだ連続性のうちにあるプラトン主義および新プラトン主義とのつながりであるだろう。ハイデガーとシェリングの一定の近さないし共通項が浮かびあがったのもこうした文脈においてだった。従来の研究においては、ハイデガーと新プラトン主義については、主として両者の対立を強調する観点からおぼろげなイメージで語られることはあっても、具体的な言葉を示してその積極的な意味での接点や近さについて語られることはあまりなかったようにおもわれる。また、殊に、ハイデガーとピュタゴラス学派との関係については、従来、正面からその積極的側面を論じる研究はほとんどなかったようにおもわれるのである。もちろん、ここからハイデガーを新プラトン主義者やピュタゴラス学派であるとするような短絡的な結論を導いてしまう必要はまったくない。むしろ重要なのは、常識的な哲学史に拘ることなく、ハイデガーがかかわっているさまざまな精神史的背景、その多彩かつゆるやかなつながり、コンテクストのうちに彼の思索を浮かびあがらせることであった。哲学史などから孤立的ないし断絶的とも見られがちなハイデガー思想の背景、そしてそこからその思想の内実をより広い視野のもとに連れ出すこと、あるいは連れ戻すことが目指されたのだった。

だがそのように述べることによって、ハイデガーの存在の思索を概念史的研究へ押し込めてしまうことは本書の意図からかけ離れたものである。強調されねばならないのは、むしろさまざまな〈あいだ〉の次元の絡みあいである。日本語やドイツ語やギリシア語などの〈あいだ〉、それらさまざまな言語が担う精神文化の〈あいだ〉、哲学と古典文献学の〈あいだ〉、哲学と詩や悲劇などの文学の〈あいだ〉、哲学と文化人類学ないし民俗学の〈あいだ〉、哲学と生活世界の〈あいだ〉、それらの絡みあいのうちに浮かびあがったのは、相互の影響関係や理論の厳密な実証や証明とも異なるゆるやかな意味のつながりであった。本書はハイデガーを中心に据えてこのようにさまざまな〈あいだ〉を行きつ戻りつするなかで、言葉を紡いできた。その意味では本書のふるまいはヘスティア的であるとともにヘルメス的であったともいえよう。——デカルトが夢想したような全学問の指導的な立場に哲学がもはや立たないとするなら、こうしたふるまいは哲学に残された道の一つであろう。いずれにしろ、そうしたふるまいのなかでそうしたさまざまな〈あいだ〉、ゆるやかなそして豊かなつながりに向けてハイデガー哲学をその見かけの閉鎖性から解放すること、これが本書の目論見であった。本書で論じてきた竈は比喩ともシンボルとも呼ぶことができるものだろう。とはいえ、明らかに単にそれだけではない。そこには、生活世界において火の傍らに座す者としての人間という始原的かつ普遍的なイメージに端を発する、なにかもっと哲学を包含する精神的なものの大きな歴史におけるひそかな隠された展開があるといわなければならないようにおもわれるわけである。とりわけハイデガーの存在の思索とは、そうした精神的なものの歴史的生成にひそかに、だがそれだけふかい仕方で参与し、そこに根ざそうとするものであっただろう。本書は、ひとえにこの彼の存在の思索の解明に捧げられたものにほかならなかった。

そしてハイデガーのテクストが、あるいはそこに見られる思索の変動、変遷がわたしたちに教えてくれたものとは、絶えず求められると同時に絶えず思索者の手から逃れてゆく第三項的なものであったようにおもう。その第三項とは、典型的には、『カント書』などのカント解釈に範例的な仕方で見ることができたように、感性と悟性を、ないし存在者と存在を媒介する根源的な第三項としての超越論的な図式、そして時間的構想力であった。そして、こういった初期・形而上学期と断絶を孕む連続性のうちにある後期の思索の誕生、変遷、深化のなかに登場するのが、竈をめぐる問題なのであった。だが、これらは、第三項といっても、一つ目と二つ目のそのつぎに両者のあいだにやってくる第三番目のものということではない。厳密にいえば、むしろ一つ目と二つ目の差異化、両項の相関性、全体としての存在者の集いがまさにそこから発し、そこへ還るような根源的な第一項ないし第〇項とでも呼ぶべき特異点である。ハイデガーは、エルアイクニスをまた数（Zahl）としては捉えられない唯一的（einzig）という意味における「ジングラーレ・タントゥム Singulare tantum」（GA 11, 45）として語っている。このような特異な第三項に特徴的なことは、エントアイクニス（Enteignis）において絶えずみずからを隠しつづける、ということである。それゆえ、『哲学への寄与』では、エルアイクニスと存在そのものの等置がなされていたが、より後期のテクストでは、存在と人間という関係そのものを贈ってくるもの、――あるいは、一九六二年の講演「時間と存在」では、存在という語はエルアイクニスのなかに消え去るとされ、そこではもはやエルアイクニスと存在が等置されることはない。(1) そこでエルアイクニスとは、〈時間と存在〉のあいだにある〈と〉として、つまりより根源的な第三項ないし唯一項として、すなわち時間と存在とをともに贈与し、送りとどけるものとして名指されている。(2) もしここまで来るならば、存在中心主義という表現もまた当然ながら不適切なものとなり、エルアイクニス中心主義とでも呼ぶべきものが問題となっているといえよう。とはいえ、それさえも、やはり、最終決定的ではありえないあくまで一つの途上的表現であることにかわりはない。思索は、その由来である唯一項のより近きにある深奥へと絶えず再帰しながら、そのたびごとに新たな言葉を紡いでゆかなければならない。竈の火の傍らに立ちながら、それを守るという人間存在の始原的な形姿が示しているものとは、まさにそうした果てしなき営為にほかならない。

あとがき

まず、最後までおつきあいをいただいた読者の皆様に感謝申しあげたい。多くのひとが、まず本書を手に取り、表紙を開き、「まえがき」にさっと眼を通していただいたとおもう。それだけでもありがたいが、そこからさらに序論、本論、結論、そしてここまで読み進めていただいた皆様にはとりわけ感謝申しあげたい。

本書は、二〇一七年に立命館大学大学院文学研究科に提出し、受理された学位論文（博士・文学）をもとにして、これに加筆修正をくわえるかたちで成立したものである。以下に、各章の初出を示しておく。

初出一覧

第一章　「パイネスタイからエルアイクニスへ――ハイデガーにおける現象の中動‐再帰的動態を再考する」、『現象学年報』第三二号、日本現象学会編、二〇一六年一一月

第二章　「初期ハイデガーにおける関心の中動態」、『立命館哲学』第二八集、立命館大学哲学会編、二〇一七年三月

第三章　学位論文

第四章　「パイネスタイからエルアイクニスへ――ハイデガーにおける現象の中動‐再帰的動態を再考する」、『現象学年報』第三二号、日本現象学会編、二〇一六年一一月

第五章　書下ろし
第六章　学位論文
第七章　学位論文
第八章　学位論文
第九章　「〈根源の場所〉と〈かまど〉――M・ハイデガーのヘルダーリン解釈をめぐって」、『立命館哲学』第二七集、立命館大学哲学会編、二〇一六年三月
第十章　「イプノスの傍らで――ハイデガーにおけるヘラクレイトスの〈かまど〉の意味について」、『倫理学研究』第四六号、関西倫理学会編・晃洋書房、二〇一六年六月

本書の成立事情を説明させてもらいたい。本来、提出した学位論文のタイトルは、『中動態と竈――M・ハイデガーにおける存在をめぐる現象学的及び精神史的研究』であったが、主題・副題ともに現在のとおりにあらためることにした。――つまり、主題の部分には「地平」の語をくわえて第一部の主題的な視座である地平の問題を明確化し、副題の部分はより簡潔なものにした。この改題は内容の変更にかかわるものではなく、題名をより適切かつ簡潔なものとするためのものである。そして公刊のために、学位論文にはなかった冒頭の「まえがき」とこの「あとがき」を付加した。「初出一覧」にあるように、第一章と第四章は、『現象学年報』(日本現象学会)に掲載された同一の論文の二つの核となる部分を取り出して二つの章にそれぞれあてがい、さらに内容を補充展開したものである。第二章、第九章、第十章は、すべて二〇一六年から二〇一七年にかけて公刊された学会誌掲載論文をもとにしている。第三章、第六章、第七章、第八章は、学位論文執筆時に新たに書きくわえた。ニーチェの古典文献学者時代のテクストを論じた第二部第五章全体は、時間的制約などにより、提出した学位論文には書き入れることができなかった部分であり、文字どおり本書ではじめて登場するものである。そのほか章節の題名や内容および構成にはかなり手を入れ、新たに

書きくわえたり、修正をほどこしたりしたところが少なくない。したがって、提出した時点での学位論文の内容や構成は本書では全体において大きく変更されていることを断っておきたい。とはいえここでこれ以上説明することは控えておく。

本書のもとになった筆者の学位論文の公聴会における審査にあたって、立命館大学の指導教官である谷徹先生に主査をしていただいた。副査をしていただいたのはおなじく立命館大学の日下部吉信先生と伊勢俊彦先生、そして京都工芸繊維大学の秋富克哉先生であった。公聴会の際には、それぞれの先生からさまざまな貴重なご批判、ご助言、ご意見を頂戴した。深く感謝申しあげたい。わけても、谷先生からドイツ語文献の読み方、翻訳の仕方という基礎の基礎を、日下部先生には古代ギリシアから現代までを通覧する雄大な哲学的眺望を、そして日ごろの大学院での演習などで多くの示唆をいただいていた。筆者の浅才ゆえに、それらのすべてを活かしきることが到底できなかったことはいうまでもない。だが、それらの得難い示唆をみずからのものとして受け止めて展開することによってようやく学位論文、そして本書を書きあげることができた。

本書は、引用文献および参考文献として多くの欧文文献を用いている。理解しやすさを考慮すれば、著書として出版するにあたり、それらからの引用、参照頁を指示する場合、可能なかぎり対応する邦訳文献の頁も同時に指示するべきであるとも考えた。しかし、逐一原文にあたって小さな言葉や細かなニュアンスにこだわり、その意味を考えなおすというのが本書での筆者の一つのスタイルであった。そうすると、既存の一般的な翻訳には明確に反映されていないようなもともとの語義やニュアンスが重要な意味をもつことが少なからずあった。そのため、既存の邦訳文献を参照したとしても、ほとんど意味がない場合（たとえば、ギリシア悲劇のなかの竈の語は邦訳では省略されていて確認できないなど）、あるいは本書の内容と食い違う場合も出てきた。そうした場合、いちいちそれについての断りをくわえないかぎり、邦訳文献をなんらの説明もなしに単純に指示することは不適切、ないし誤解をまねくと判断しておこなわなかった。もちろん指示が適切な場合もあったが、そうすると邦訳文献を指示する場合としない場合では形式上の一貫性がなくなってしまう。そういうわけで、結局は邦訳文献の指示は基本的におこなわないことにした。読者に対して遺憾とするところである。

さて、筆者が立命館大学文学部に入学したのは二〇〇五年のことだった。そもそも筆者は、大学以前の公教育をほとんど放擲して信濃の山中で茸採りなどして暮らしていた人間であり、大学に行く気もなかったし、行くことができるとも思っていなかった。そうではあるが、就職するにしてもとりあえず大学を出ておいたほうがよいという打算などもろもろの事情もあって、一念発起して勉強をし、大学入学資格試験に合格して、立命館大学に入学してみたのだった。それから大学一回生以来、とりあえず四年間は一つのことに専心しようと、A・カミュやJ–P・サルトルの書き物などを通じて名前を知っていたハイデガーの哲学を中心に勉強、研究を進めてきた。大学院に入ってからもおなじくハイデガーの研究を進めてきた。それゆえ本書は、学部一回生のときからの研究の成果であるといっても過言ではない。筆者がその学部生時代から現在に至るまでお世話になっている立命館大学の加國尚志先生、阪南大学の和田渡先生、そして立命館大学の大学院生時代の博士課程前期課程から演習などでお世話になってきた北尾宏之先生、大阪学院大学の松山壽一先生、立命館大学の亀井大輔先生にお礼申しあげたい。くわえて立命館大学の大学院では、先輩、わけても筆者とおなじくハイデガー研究に携わっている黒岡佳柾氏（福州大学）、さらにうえの先輩にあたりニーチェを専門に研究している田邉正俊氏（立命館大学）には大変にお世話になった。また、筆者が二〇〇九年の春に大学院の博士課程前期課程に入ったとき、おなじ哲学専修には筆者のほかに同期の大学院生が三人いた。このうちふたりはここで名前を出すことはあえてしないが、前期課程を出て研究の場を離れて行った。もうひとりの小西真理子氏（大阪大学）には研究活動などの場面で様々な仕方で助けられた。――おもえば、いまはむかしのことではあるが、一三、四歳の頃に自分の名前さえ満足に書くことがおぼつかなかった子供が、大学に入って大学院まで、まことにつたなくこけつまろびつ必死にのた打ち回り、おおくのひとに助けられた。懐かしい日々を想い起こしつつみなさまに感謝申しあげたい。そのほか後輩のみなさまにもさまざまなかたちでお世話になった。

筆者は、立命館大学での博士課程前期課程を終えた後、二〇一一年の冬学期から二〇一三年の夏学期まで、欧州連合を母体とするエラスムス・ムンドゥス・プログラムの一つであるEuroPhilosophie: Erasmus Mundus Master Course « Philosophies allemande et française dans l'espace européen »（＝ユーロフィロソフィー：エラスムス・ムンドゥス・マスター・コース「ヨーロッパ圏におけるドイツとフランスの哲学」）に第五期生として参加する機会をいただいた。このプログラムへの応募の際は、谷先生とリュブリャナ大学（スロヴェニア）のデアン・コメル（Dean Komel）先生に推薦状執筆をお願いした。コメル先生にお願いしたのは、谷先生からたまたま任されたコメル先生の論文の翻訳と、そのお返しとしてコメル先生にスロヴェニアの学術雑誌へ筆者のドイツ語論文を掲載していただいたことが機縁となっている。この翻訳とドイツ語論文の業績もプログラムへの採用に大きな力になったとおもう。この留学期間中には、まずフランスのトゥールーズ第二ル・ミライユ大学（二〇一四年から、トゥールーズ・ジャン・ジョレス大学に改称）、つぎにドイツのベルク大学ヴッパータール、そして最後にチェコのプラハ・カレル大学というヨーロッパにある三つの大学に留学することができた。これは筆者の研究人生にとってかけがえのない貴重な経験となった。このような機会を提供していただいたヨーロッパ、その寛容で開かれた精神、その担い手である欧州連合そしてこのユーロフィロソフィープログラムの関係者それぞれに深く感謝申しあげたい。トゥールーズではプログラムの代表的立場にあるジャン・クリストフ・ゴダール（Jean-Christophe Goddard）先生、ヴッパータールでは故ラスロ・テンゲイ（László Tengelyi）先生には特にお世話になった。そしてわけても、留学最後の年のプラハでの滞在においては、カレル大学のハンス・ライナー・ゼップ（Hans Rainer Sepp）先生には、筆者の指導教官として、修士論文執筆にあたり、新田義弘氏の媒体性の現象学に関する示唆をはじめとする、的確かつ親身な助言をしていただいた。カレル大学に提出した修士論文は、ドイツはテューリンゲン州のノルトハウゼン（Nordhausen）に所在する出版社トラウゴット・バウツ（Traugott Bautz）から出版されるという僥倖に恵まれた。こうしてこの修士論文は、筆者の最初の著書（ドイツ語）Otagiri, Kentaro, *Horizont als Grenze: Zur Kritik der Phänomenalität des Seins beim frühen Heidegger* として日の目をみた。なかんずく本書の第一部の超越論的地平を視座とする構想は、このドイツ語の著書ではじめて展開した発想に由来するものである。このドイツ語著書と本書の第一部では内容・構成ともにかなり異なったものになっているが、そこでの発想を下敷きとして引き継ぐものである。この意味において、両者は一定の連続性をなしているといってよいとおもう。この出版のお話をいただいたのもまたゼップ先生からであった。それだけではなく、公刊に向けた作業に際しても一方ならずお世話になった。ここにあらためて感謝申しあげなければならない次第である。その元になった修士論文の審査、公聴会はプラハのカレル大学で開かれたが、その場で学習院大学の酒井潔先生に副査をしていただいた。酒井先生からいただいた凱切な指摘は、学位論文、それゆえ本書へつづくその後の研究にとって重要な指針となった。留学中にプラハやパリでたびたびお会いした明治大学の合田正人先生にも、哲学的示唆などさまざまなお話をしていただいた。ヨーロッパ留学中はほかにもカレル大学のカレル・ノヴォトニー（Karel Novotný）先生などさまざまなひとたちにお世話になった。ここに感謝申しあげたい。

エラスムス・ムンドゥス・プログラムのなかで多くの仲間にもめぐり会うことができた。全員の名前を挙げることはできないが、おなじ第五期生で、最初のトゥールーズで時を過ごしたアナ・ルイーザ・コリ（Anna Luiza Coli）、マダリーナ・グズン（Madalina Guzun）、セバスティアン・ピルツ（Sebastian Pilz）、セミオン・タンギー（Semyon Tanguy）、ロージンヌ・ビドゥジェク・ソン（Rosine Bidjeck Song）、ルイス・フェリペ・ガルシア（Luis Fellipe Garcia）、ピエール・アルベール・ブールマン（Pierre Albert Buhlmann）――このうち前の四人は留学最後の年にプラハでも一緒になった――、ヴッパータールで一緒になったサミラ・エリアジ（Samira Elyasi）、プラハで一緒になったエリーズ・コクロー（Elise Coqeureau）、ミヒャエル・シュタードラー（Michael Stadler）、そしておなじ大学で学んだわけではないが、ヴァヴジン・ヴァルコツキ（Wawrzyn Warkocki）、アンヘル・アルヴァラド・カベロス（Angel Alvarado Cabellos）の名前を挙げておきたい。このうちとりわけヴァヴジンとミヒャエルには、哲学にかかわる新たな知見、日本とヨーロッパにおけるさまざまな学術交流の機会やそのほかいろいろな刺激をもらっている。

さて、ヨーロッパから帰国後にも紆余曲折があり、そのなかで一時は研究職のみちを諦め、就職活動をしていたこともあった。そのような状況のなかで二〇一五年に、以前に応募していた日本学術振興会から特別研究員（DC2）の採用予定の通知がきた。最初にしようとしたのは辞退届の作成だったが、そうこうするうちに状況も変化し、とりあえずもう二年間研究をつづけることにした。本書の第一部と第二部の統一的な視座である中動態・中動媒体性と、第二部の主題的視座である竈をめぐる問題を見出すことができたのは、その採用後の立命館大学大学院博士課程後期課程在籍時であった。そもそも当初、筆者は、ハイデガーにおける「根源」（Ursprung, *ἀρχή*）概念の変遷を媒体性の観点からいちど辿りなおそうという意図のもとで研究作業をしていた。そのなかで留学時代の研究を引き継ぎ展開するかたちでハイデガーの現象学的哲学の基本問題である現象概念を考えなおすことになった。そこで新たに中動態という観点を導入することで、初期の『存在と時間』における現象学概念に焦点をあてて解明しなおした。これにさらに最初期と後期ハイデガーの論点もくわえて執筆した論文が、二〇一六年度の第五回「日本現象学会研究奨励賞」を受賞する光栄に浴した。同学会での発表と投稿自体そのときが初めてのことだったので、受賞は筆者には望外の喜びであるとともに大きな驚きであった。ここであらためて感謝申しあげたい。ただいまさらではあるが、中動態とハイデガーについてはさらにより詳細かつさまざま解釈の可能性もあったのではないかともおもう。國分功一郎氏の『中動態の世界――意志と責任の考古学』（二〇一七年）では中動態に関して言語学にも踏み込んだ詳細かつ柔軟な思考が展開されている。本書の注で参照させていただいたが、残念ながら筆者が國分氏の議論に眼を通すことができたのは学位論文を提出したあとであった。まだ氏の議論を読んだことがないという読者には――筆者（＝小田切）の議論およびそこから見えてくるハイデガー哲学を検討するためにも――お勧めしておきたい。

竈は、ハイデガーの「根源」の問題を追うなかでたまたま姿をあらわしてきたものだった。それを見出した当初は、竈の語、竈の問題の背景は皆目見当がつかないものであったが、なにかしら予感めいたものに導かれながら調査を進めていった。しかしそもそも日本にも外国にも目立った先行研究はほとんどないといった状況で、暗中模索する日々がつづいた。だが手当たり次第に主に外国の研究書を手に入れては紐解いてゆくなかで、竈のおぼろげな影が次第にはっきりとした形姿を取り始めた。わけても、アウグスト・プロイナーの主著『ヘスティア―ヴェスタ（*Hestia-Vesta*）』（一八六四年）およびラインホルト・メルケルバッハの論文「ギリシアの都市のプリュタネイオンにおけるヘスティアの祭祀（Der Kult der Hestia im Prytaneion der griechischen Städte）」（一九八〇年）を入手してからは、竈に秘められた古代ギリシア以来の雄大な精神史がはっきりとした姿で目に見えるようになってきた。それからは竈をめぐる問題の解明に研究時間の大半を割き、プロイナーの著書およびメルケルバッハの論文を基本的な手掛かりに、そこで論及されているテクストをはじめとして、ほかにも関連するとおもわれる哲学・哲学史はもちろんのこと、自然科学史から文学書、歴史書、民俗学など分野も時代も言語もさまざまに異なるテクストを取り寄せては、そこに描かれた竈の意味を考える日々を重ねた。結局は徒労に終わった作業も少なくなかったが、自分自身を納得させるため、それゆえ研究を一歩でも半歩でも前進させるためには必要な作業であったとおもう。そうしたなかで、関西ハイデガー研究会に参加させていただいた折に、京都大学の安部浩先生に機会を頂いて、ハイデガーの『アンティゴネー』解釈に関する発表をすることができた。

そうした作業で獲得することができた知見、思考を学会論文としてかたちにして、さらにそれを学位論文、本書へとまとめあげるにはやはり多くの時間を費やさなければならなかった。このような研究を遂行するために、日本学術振興会特別研究員としていただいた時間は、筆者にとってたいへんありがたいものとなった。ハイデガーにおける中動態について研究できたのは、そして竈をめぐる問題を発見することができたのは、またそれに関する少なくない数の文献を入手し、さらにそれと格闘して博士論文、本書の内容へ仕上げることができたのは、日本学術振興会の特別研究員としていただいた研究援助によるものである。そしてこれらの問題にかかわるさまざまな資料を取り寄せて調査研究できたのは、特別研究員としていただいた科学研究費補助金（特別研究員奨励費：課題番号 15J03886）によるところが大であった。立命館大学の間文化現象学研究センターにも援助をいただいた。本書はこれらの支援による研究成果である。そしてその本書がこうして出版の運びにいたったのは、二〇一七年度の第四回法政大学出版局学術図書刊行助成によるものである。ここに記し、それぞれのご支援に謝意を表させていただく次第である。

いまだ、あるいはますますといったほうがよいかもしれないが、いずれにしろあいかわらず社会的な不安定さのなかにおかれている研究職というみち、なかでもとりわけあやぶまれているといってよい哲学研究のみちのうえで、筆者がさまざまな先生方や友人たち、事象に出会い、さまざまな仕方で援助を受けるなかでここまで研究をすすめることができたのは、ただただゆくりなき邂逅の連続にあった。このような常ならぬみちに理解を示し、助け支えつづけてくれた父母に感謝したい。

最後になったが、本書の刊行は、法政大学出版局・編集部の郷間雅俊氏に担当していただいた。日本語で本を出版するのは筆者にとって初めての経験であり、郷間氏には大変にお世話になった。感謝申しあげる。

二〇一八年四月二七日

伊那市新山にて、筆者記す。

◉著 者

小田切建太郎（おたぎり けんたろう）

1984年長野県辰野町生まれ。2013年EuroPhilosophie: Erasmus Mundus Master Course «Philosophies allemande et française dans l'espace européen»（ユーロフィロソフィー：エラスムス・ムンドゥス・マスター・コース「ヨーロッパ圏におけるドイツとフランスの哲学」）（第5期）修了（トゥールーズ第二ル・ミライユ大学，ベルク大学ヴッパータール，プラハ・カレル大学）。2015–2017年立命館大学・日本学術振興会特別研究員（DC），2016年「日本現象学会研究奨励賞」（第5回）受賞，2017年立命館大学大学院文学研究科人文学専攻哲学専修修了・博士（文学），2017–2018年ウィーン大学客員研究員。現在，京都大学・日本学術振興会特別研究員（PD），立命館大学衣笠総合研究機構間文化現象学研究センター客員研究員，立命館大学非常勤講師。

著　書：OTAGIRI, Kentaro, *Horizont als Grenze: Zur Kritik der Phänomenalität des Seins beim frühen Heidegger (libri virides 19)*, Nordhausen: Traugott Bautz, 2014. 論文：「パイネスタイからエルアイクニスへ――ハイデガーにおける現象の中動–再帰的動態を再考する」（『現象学年報』第32号，2016年）ほか。翻訳：フェリクス・ハイデンライヒ「〈思索する〉と〈建築する〉――構築，脱構築，再構築」（『文明と哲学』第10号，2018年）ほか。

中動態・地平・竈
ハイデガーの存在の思索をめぐる精神史的現象学

2018年7月25日　初版第1刷発行

著　者　小田切建太郎

発行所　一般財団法人 法政大学出版局
〒102-0071 東京都千代田区富士見 2-17-1
電話 03（5214）5540　振替 00160-6-95814
組版：HUP　印刷：三和印刷　製本：誠製本

ISBN978-4-588-15093-7

人名索引

ア 行

アウグスティヌス　Augustinus　50–52, 54–57, 61, 63, 91, 292, (37), (38), (39), (40), (41)
秋富克哉　(51)
アクィナス　Aquinas, Thomas　(39), (40)
アドルノ　Adorno, Theodor Wiesengrund　2
アナクサゴラス　Ἀναξαγόρας　134, 136
アナクシマンドロス　Ἀναξίμανδρος　139, (53)
アナトリオス　Anatolios　136, (47)
アーミテージ　Armitage, Angus　(47)
アリストテレス　Ἀριστοτέλης　50–54, 56–57, 61, 67, 80, 86–87, 89, 91, 182, 267–69, 271, 274, 292, (37), (51), (52), (59), (60)
アリストファネス　Ἀριστοφάνης　(46)
アリストヌース　Ἀριστονους, Ἀριστόνοος　(48)
アーレント　Arendt, Hannah　15, (34), (35), (40)
アンティゴネー　Ἀντιγόνη　182, 184, 187, 190, 201, 205, 208, 281–83
イアンブリコス　Ἰάμβλιχος　(59)
イアンブリコス（擬）　Iamblichos (pseudo)　268, (59)
飯島吉春　(35)
ヴァルデンフェルス　Waldenfels, Bernhard　32, (37)
ヴィクトリヌス　Gaius Marius Victorinus　55, (39)
ヴェルナン　Vernant, Jean-Pierre　137, 147, 196, 199, (47)
エウリピデス　Εὐριπίδης　134–36, 140, (47), (58)
エル　Ἠρ　194, 196
エルバーフェルト　Elberfeld, Rolf　(32)
エンペドクレス　Ἐμπεδοκλῆς　140, 226, 232–33, 235, (60)
オイディプス　Οἰδίπους　182
大橋良介　iii, vi
オットー　Otto, Walter F.　(59)

カ 行

ガダマー　Gadamer, Hans-Georg　vi, 17
カッシーラー　Cassirer, Ernst　107
狩野敏次　x, (31), (35), (56)
ガブリエル　Gabriel, Markus　160, (50)
唐木順三　(54)
川瀬雅也　(32)
カント　Kant, Immanuel　v, 20, 29–30, 57, 63, 66, 72–80, 84, 94–95, 97, 109, 113, 292–93, (42), (43)
キケロ　Cicero, Marcus Tullius　140, (46), (49)
木田元　vi
木村敏　9–10, (32)
九鬼周造　vi
日下部吉信　(50)
クザーヌス　Cusanus, Nicolaus　(49)
クセルクセス一世　Xerxes I　152, (50)
黒岡佳柾　(38)
グロデック　Groddeck, Wolfram　251–55, (56)
グロンダン　Grondin, Jean　56–57, (40)
ケプラー　Kepler, Johannes　142, (55)
河野哲也　16–18, (35)
國分功一郎　(32)
コペルニクス　Kopernikus, Nikolaus　140–41, (49)
コルヌトゥス　Cornutus, Lucius Annaeus

278–80,（61）

サ 行

坂部恵　9,（32）
サルトル　Sartre, Jean-Paul　vi
シェーラー　Max Scheler　（59）
シェリング　Schelling, Friedrich Wilhelm Joseph　iii, 15, 114, 124–28, 130, 137, 141–42, 160, 178, 212, 215, 255, 266, 268, 277, 279–80, 292,（33),（34),（45),（46),（49),（51),（57),（61）
シーハン　Sheehan, Thomas　（40）
シャーデヴァルト　Schadewaldt, Wolfgang（55）
シュネル　Schnell, Alexander　28–29, 87, 92
シュピーゲルベルク　Spiegelberg, Herbert（33),（44）
シュール　Schuhl, Pierre-Maxime　196,（48),（53）
白川静　x,（31）
シンプリキオス　Σιμπλίκιος　268,（48),（59),（60）
スコット　Scott, E., Charles　（33）
ズース　Süß, Wilhelm　（47）
スッラ　Lucius Cornelius Sulla Felix　152,（49）
スミス　Smyth, Herbert Weir　6,（31）
ソクラテス　Σωκράτης　（38),（47）
ソフォクレス　Σοφοκλῆς　134–35, 140, 168, 181–82, 184, 190, 201, 208, 218, 248–49, 251, 272, 274, 281,（46),（47),（51),（54）

タ 行

田中美知太郎　6,（31),（36）
田辺元　vi
谷徹　（32）
辻村公一　vi
ディオティーマ　Diotima, Διοτίμα　217–22, 224, 228–29, 231, 237, 241, 247, 249
ティーマー　Thiemer, Nicole　16–18,（35）
ディールス　Diels, Hermann　169–70, 173, 275
デカルト　Descartes, René　v, x, 9, 25, 33, 67, 98, 162–63, 293,（32),（38）
テセウス　Θησεύς　149–50
デリダ　Derrida, Jacques　vi, 8, 16, 18, 162,（32),（50）
トゥアン　Tuan, Yi-Fu（段義孚）　16,（35）
ドレイファス　Dreyfus, Hubert L.　vi

ナ 行

長井真理　9,（32）
中根千枝　（46）
ナトルプ　Natorp, Paul　30, 50, 53–54,（36）
西田幾多郎　vi,（32）
西谷啓治　vi,（32）
ニーチェ　Nietzsche, Friedrich　15, 131–33, 139–40, 142–43, 145–46, 148–57, 178–79, 190, 200, 277, 280, 291,（46),（48),（49）
新田義弘　vi
ノヴァーリス　Novalis（Georg Philipp Friedrich von Hardenberg）　148, 286,（49）

ハ 行

バイスナー　Beißner, Friedrich　236–37, 251, 260,（55),（57),（58）
ハイデガー　Heidegger, Elfriede　172
パウサニアス　Pausanias　（46）
パオリ　Paoli, Ubaldo Ramón Pérez　（39）
パスカル　Pascal, Blaise　（49）
パーニニ　Panini　5–7, 46–47, 51
バルテス　Baltes, Matthias　263, 267,（58）
パルメニデス　Παρμενίδης　86–87, 140, 182, 196–98, 217, 268,（53）
バンヴェニスト　Benveniste, Émile　5–7, 9, 11, 46, 47,（31),（36）
檜垣立哉　127,（46）
ピュタゴラス　Πυθαγόρας　136, 173,（49）
ヒュペーリオン　Hyperion　218–22, 224–25, 229–31
ビンスヴァンガー　Binswanger, Ludwig　vi
ビンダー　Binder, Wolfgang　262
ピンダロス　Πίνδαρος　169, 247, 249–50,（46),（50),（53）

フィロラオス　Φιλόλαος　134, 136, 140, 155, 169, 175–77, 196, 268, 279, (47)
フィンク　Fink, Eugen　25, (36)
フェイディアス　Φειδίας　16, (35)
フェッター　Vetter, Helmuth　175
フッサール　Husserl, Edmund　v, 8, 25, 30–31, 33, 76, (36)
フュステル・ド・クーランジュ　Fustel de Coulanges, Numa-Denys　15, (34)
プラトン　Πλάτων　52, 54, 59, 89, 91, 132, 137–40, 142, 148, 169–70, 194–200, 217–18, 221–22, 227–28, 256, 263, 268, 272, 277, 286, 292, (38), (48), (49), (55)
フランツ　Franz, Michael　(55)
プルタルコス　Πλούταρχος　140, (49)
ブルーノ　Giordano Bruno　(49)
ブレマー　Bremer, Dieter　227, (55)
ブレンターノ　Franz Brentano　(39)
プロイナー　Preuner, August　15, 136, (33), (46), (47), (55)
プロクロス　Πρόκλος　194, 197–98, 216, 267, (39), (52), (53), (55)
プロティノス　Πλωτῖνος　197, (39), (41), (53)
ベーク　Boeckh, August　(48)
ペゲラー　Pöggeler, Otto　247, 249–50
ヘーゲル　Hegel, Georg Wilhelm Friedrich 15, 107, (33), (36), (40)
ヘシオドス　Ἡσίοδος　169, (53)
ヘラクレイトス　Ἡράκλειτος　18, 100, 126–27, 139, 158, 171–75, 177, 182, 200, 225–28, 257, 273–82, 284–87, 292
ヘリングラート　von Hellingrath, Norbert 236
ヘルダーリン　Hölderlin, Johann Christian Friedrich　xvii, 18, 158, 172, 177, 179, 181, 183–84, 190, 209, 211–13, 215–18, 221–22, 224–26, 228–30, 232, 235–37, 244, 247–58, 260–66, 268–69, 271–73, 286–87, 291–92, (53), (54), (55), (56), (59), (60)
ヘルマン　von Herrmann, Friedrich-Wilhelm 51
ボス　Boss, Medard　vi
細川亮一　iii, (36)
ホメロス　Ὅμηρος　190, 218, (52)
ポルフュリオス　Πορφύριος　55, 138, 284, (39), (47), (53), (59), (61)

マ 行

マクロビウス　Macrobius, Ambrosius Theodosius　137, (47)
松平千秋　6, (31), (36)
松山壽一　(58)
マリオン　Marion, J.-L.　31, (37)
マルクス　Marx, Karl　(40)
三木清　vi
三宅剛一　vi
メイヤス　Meillassoux, Quentin　(43)
メルケルバッハ　Merkelbach, Reinhold 134, 137, 155, 223, 279–80, (46), (61)
メルロ＝ポンティ　Merleau-Ponty, Maurice vi, 9
森田亜紀　9, (32), (36)
森秀樹　(31), (33)

ヤ 行

ヤコービ　Jacobi, Friedrich Heinrich　257, (56)
ヤスパース　Jaspers, Karl　(51)

ラ 行

ライプニッツ　Leibniz, Gottfried Wilhelm 25, 105
ラスク　Lask, Emil　9–10, (32)–(33)
リッカート　Rickert, Heinrich John　9
ルウェリン　Llewellyn, John　83
レヴィナス　Levinas, Emmanuel　vi
レッシング　Lessing, Gotthold Ephraim　257
ロゴザンスキ　Rogozinski, Jacob　100–01, (44)
ロベール　Robert, Louis　280

ワ 行

渡邊二郎　vi, 119–24, (33), (45)
和辻哲郎　vi

事項索引

すべてではないが，日本語の語句の後ろに対応するヨーロッパ語を添えた。

日本語訳と原語の対応を示す場合が多いが，純粋に意味的な対応関係のみを示す場合もある。

ア 行

愛　Liebe　133, 214, 218, 222, 224, 226, 228, 231, 234, 238, 242
あいだ　Zwischen　8, 10, 110, 160–62, 181, 183, 191, 206, 208–09, 228, 261–62, 265, 271, 277, 283–85, 293, (33), (42)
『アウグスティヌスと新プラトン主義（*Augustinus und der Neuplatonismus*）』　50, (37)
アカデメイア　Ἀκαδημία　151, (37), (38), (60)
アガトン　ἀγαθόν　→善
アカマトン・プュル　ἀκάματον πῦρ　127, 277
明るみ　Helle　27, 32, 75, 160
明るみ　Licht　42
明るみ　Lichtung　124, 160, 165–66
アジール　Asyl　145, 147–48
アテナ（女神）Ἀθηνᾶ　133, 151–52
アテナイ　Ἀθῆναι　132, 143, 149–53, 155, 225, , (37), (38), (49), (50)
扱い　Umgang　53–54
アナンケー（必然）　ἀνάγκη／アナンケー（女神）　Ἀνάγκη　139, 195–96, (48)
アネスティオス　ἀνέστιος　190, 216
アプリオリ　a priori　76–77, 79–80, 92, 96, 116, 160
アフロディテ（女神）　Ἀφροδίτη　16, 133
アペイロン　ἄπειρον　139, 200
アポファイネスタイ　ἀποφαίνεσθαι　34, 38–39, 46–47, 50
アポロス　ἄπορος　184, 188–91, 208
アポロン（神）　Ἀπόλλων　133, 143, 145, 176, 179, 247
天の川　140
『アリストテレス「天界について」註解（*In Aristotelis de caelo commentaria*）』　268, (48)
アルケー　ἀρχή　53
アルテミス（女神）　Ἄρτεμις　133
アレース（神）　Ἄρης　133
アレーテイア　ἀλήθεια　57, 172, 174–79, 181, 262, 264, 272, 285
アレーテウエイン　ἀληθεύειν　31–32, 53–54
アレーテス　ἀληθές　32
間（あわい）Weile　269, 271
『アンティゴネー（*Antigonä*/*Antigone*）』　168, 181–82, 184, 209, 251, 274, 281, 291
『アンティゴネー註解（*Anmerkungen zur Antigonä*）』　(56), (60)
家　Haus, οἶκος　x–xi, xvi, xviii, 14–15, 20, 63, 120, 132, 134, 137–38, 142–50, 152–55, 165, 178–79, 185, 190, 196–97, 199, 204, 216–18, 220, 222, 240, 244, 258–63, 271–72, 279–80
いかに　Wie　32, 53, 56–57, 106
意志　Wille　viii, 35, 91, 264
一にして全　Ἓν καὶ πᾶν/Eins und Alles　224–25, 228, 231, 257
一回的なもの　das Einmalige　128
『縛められた河流（Der gefesselte Strom）』　246
意味　Sinn　26, 40–46, 48, 65, 68–70, 72–74, 77, 80, 86–88, 146, 208, 290
印欧祖語　viii, 6, 171
ヴェス　ves/wes　168, 266

ウーシア　*οὐσία*　86–87, 170, 197
うち建てる　stiften, *ἱστάναι*　136, 177, 182, 184, 244–45, 258
『宇宙について（*De mundo*）』　226
美しいもの　das Schöne　224–25
運命・ゲシック　Geschick　55, 83, 129, 134, 172, 195, 239, 287
永遠に生きる火　*πῦρ ἀείζωον*　227
永遠の火　das ewige Feuer　151–52, 277
エシア　*ἐσσία*　170
エス・ゲート・ウム　es geht um　59
エーテル　Äther/Aether/*αἰθήρ*　135, 233–35, 247, 261–62,（58）
エートス　*ἦθος*　275, 277, 286
エトナ山　Aetna/Ätna　232, 235–56,（58）
エピステーメ　*ἐπιστήμη*　53
エポケー　*ἐποχή*　31
エルアイクニス　Ereignis　2, 11–13, 20–21, 64, 83, 109, 114, 118–19, 121–24, 130–31, 161, 165, 285, 290–91, 294,（45）
エル－オイゲン　er-äugen　（45）
『エンネアデス（*Ἐννεάδες*）』（39),（53）
『エンペドクレスの根底（*Grund zum Empedokles*）』　233
『エンペドクレスの死（*Der Tod des Empedokles*）』　212, 216, 232–35, 237, 240, 254,（54),（55),（56),（58),（60）
『オイディプス註解（*Anmerkungen zum Oedipus*）』（56）
燠　Glut　14, 160, 166–67, 223, 244
オーシア　*ὠσία*　170, 197
オリュンピア　*Ὀλυμπία*　16
オリュンポス　*Ὄλυμπος*　133–34, 147, 153,（48）
オンファロス　*ὀμφαλός*　249–50,（48）

カ 行

ガイア（女神）　*Γαῖα*　218,（58）
回帰　reuersio　（39）
回帰性　Rückläufigkeit　91–92
解釈　Auslegung, Interpretation　40–43, 45–46, 48, 66–71, 86–87, 228, 244
『回想（Andenken）』　258
外態　diathèse externe　6–7
家郷　17, 134, 164–65, 171, 188–90, 197, 200, 202–09, 215–17, 281–83, 285, 287
家郷的なもの　188–90, 199, 202–07, 282, 286–87
覚悟性　Entschlossenheit　2, 61, 209
確実性　certum　33,（38）
確信　Gewißheit　33
火星　140, 267
語り　Rede　34, 38–39, 47
『ガニュメデス（Ganymed)』　246
竈もなき　*ἀνέστιος*　216
神々　Götter　x, 15, 128, 132–34, 137–38, 143, 145, 147–48, 151, 153–56, 160–62, 166–68, 172–73, 178, 181, 183, 187, 189, 191, 194, 197, 199–200, 222–23, 227–29, 233–34, 237, 243–45, 263–67, 269–71, 275–80, 282–86
『神の国（*De civitate Dei*）』（39）
河・河流　181, 246, 260
環境世界　Umwelt　53, 98
関心　Sorge　33, 48–52, 57–60, 62–63, 92, 127, 256, 290,（41),（42）
関心のはたらき　curare　50, 59
感性　Sinnlichkeit　74, 80, 95–96, 293
『カント書』（『カントと形而上学の問題（*Kant und das Problem der Metaphysik*）』　12, 72, 74–75, 79, 83, 95–96, 116, 293,（44）
『カントの『純粋理性批判』の現象学的解釈（*Phänomenologische Interpretation von Kants ‚Kritik der reinen Vernunft‘*）』　75, 82,（43）
記憶　→ムネモシュネー（記憶）
帰還　recursus, reditus, Rückkehr, Wiederkehr　55, 62–63, 93–94, 145, 147–48, 154, 166, 206–07, 243, 283,（39),（40）
帰郷　Heimkehr　165, 204, 206, 219, 286
既在性　Gewesenheit　58–63, 66, 72, 88, 92–93,（41）
気づかい　Bekümmerung　50, 229,（42）
『饗宴（*Symposium*）』　218, 221, 227–28
『境界の現象学——始原の海から流体の存在

論へ』 16–17,（35）
郷愁 Heimweh 286
『ギリシア（Griechenland）』 213–14, 246
『ギリシア神学要綱（*Theologiae Graecae Compendium*）』 278–79
「ギリシア人の祭祀（Der Gottesdienst der Griechen）」 132, 142, 151,（49）
キリスト教 v, 51–52, 55, 57, 83, 142, 286,（49),（51）
金星 140, 267
共同体 132, 149–50, 152
偶然 Zufall 16, 80, 96, 98, 150, 159–62, 166–67, 237, 251
クーラ cura 51
『クラテュロス（*Cratylus*）』 170, 197,（50),（53）
暗闇 10, 75, 78, 160, 165–66, 224, 269,（51）
『クリティアス（*Critias*）』 148,（49）
クロノス（神） *Κρόνος* 134,（53）
『黒ノート（*Schwarze Hefte*）』 157–58, 177–78, 181–82, 286,（50）
傾向 propensio 61,（38）
『形而上学（*Metaphysica*）』 89
形而上学 Metaphysik 12, 57, 66, 88–93, 97, 103, 109–10, 116–17, 121–22, 286, 290
『形而上学とはなにか？（*Was ist Metaphysik?*）』 66, 106, 108–09,（44）
『形而上学入門（*Einführung in die Metaphysik*）』 157–58, 168, 171, 182, 184,（50）
『形而上学の根本諸概念（*Die Grundbegriffe der Metaphysik*）』 （44）
『芸術作品の根源（*Der Ursprung des Kunstwerkes*）』 178
警備 *φυλακή* 266
ケレス（女神）Ceres 252–53,（45）
『ゲルマーニエン（Germanien）』 240, 261, 263
『原因論（*Liber de causis*）』 （39）
現在 Gegenwart 58–59, 62–63, 66, 70–72, 84–88, 92, 136, 265
現事実性 Faktizität 30, 33, 52, 56–58, 60–62
原初 Anfang 128–29, 162–63
『現象学の根本諸問題（*Grundprobleme der Phänomenologie*）』 12, 30, 67,（42）
『現象学研究入門（*Einführung in die phänomenologische Forschung*）』 55
原初性 Anfänglichkeit 128–29
現存在 Dasein 10, 13, 20, 31, 33, 39–45, 47–49, 51, 55, 57–63, 65–70, 72, 79–80, 83, 85, 87–92, 94–95, 97–104, 106–10, 113–15, 118, 123, 159–61, 167, 182, 192, 208, 244, 265, 286, 290,（40),（42),（43）
現‐存在 Da-sein 285
現存在のために Umwillen seiner 58, 60, 72, 88, 101
拘束 Bindung 91,（43）
拘束性 Verbindlichkeit （43）
コギト cogito 67,（38)–(39）
『告白（*Confessiones*）』 56,（41）
ここにもまた *καὶ ἐνταῦθα* 275–77, 279–80, 285
コスモス *κόσμος* x, 20–21, 136, 138–40, 173–76, 193–200, 223, 228, 250, 263, 278–79, 282, 284–85
悟性 Verstand 73–74, 78–80, 82, 95–96, 293
心のなかに保持する *φυλάττειν* 266
『古代哲学の根本諸概念（*Die Grundbegriffe der antiken Philosophie*）』 59,（43）
『古代都市（*La cité antique*）』 15
『国家（*Res publica*）』 194–96, 200,（49),（53）
言葉 Sprache vii–viii, 12, 40, 119–20, 122, 158–63, 165, 168, 177–79, 182–84, 192, 242–45, 270, 289, 291, 294
顧慮 Fürsorge （42）
コロス *χόρος* 181–85, 188, 193, 200–02, 208, 274, 281
根拠 Grund 31, 77, 80–82, 95, 97, 103, 105, 113, 116, 178, 198, 243–44, 257–64, 272
『根拠の本質について（*Vom Wesen des Grundes*）』 （44）
根源 Ursprung, origo 77, 80, 97, 103, 105, 113, 116, 198, 243, 258–64, 266, 272

根源の場所　Ursprungsort, Ort des Ursprungs　258, 260–61, 263, 266, 272
根源領域　Ursprungsgebiet　31

サ 行

座　siège　7
最高善　summum bonum　54, 56
最後の神　der letzte Gott　160–61, 167, 271
差延　différance　8
『さすらい（Die Wanderung）』　239–40, 260, 272, (57), (58)
『さすらいびと（Der Wanderer）』　(57), (60), (61)
『サモトラケの神々について（*Über die Gottheiten von Samothrake*）』　15
『詩学（*De poetica*）』　182, (51)
『時間概念の歴史のためのプロレゴメナ（*Prolegomena zur geschichte des Zeitbegriffs*）』　(41), (42)
時間性　Zeitlichkeit　40, 42, 48, 50, 57–58, 60, 65–68, 70–72, 74–75, 77–78, 80–85, 87–88, 92, 94–97, 100–01, 108–09, 113–16, 118, 129, 167, 209, 290
軸　Achse, axe, axis, Pol, pole　140, 186–88, 192–96, 199–201, 207–08, (52), (59)
自己　Selbst　9, 33, 49, 51, 56, 60–63, 91–92, 103, 127
自己意識　Selbstbewusstsein　9, 33
自己確信　Selbstgewißheit　(39)
自己－自身を－もっていること　Sich-selbst-Haben, 自己－自身を－もっていること Sich-selbst-haben, 自己自身をもっていること Sichselbsthaben　33, 56
自己性　Selbstheit　9, 12–13, 20, 48–49, 90
自己対向　Sichzuwenden
自然　Natur　35, 93, 95, 98, 100, 171, 219, 225, 229, 231, 233, 245, (45), (46), (51), (60)
自然科学　Naturwissenschaft　14, 141–42, 146
自然哲学　Naturphilosophie　125, 127
『自然科学の形而上学的始原諸根拠（*Metaphysische Anfangsgründe der Naturwisenschaft*）』　76
『自然の哲学の理念（*Ideen zu einer Philosophie der Natur*）』　15, (34), (45)
事物事実性　Tatsächlichkeit　(36)
四方域　Geviert　158, 178, 285–86, 292
自由　Freiheit　52, 54–55, 57, 59, 61, 90–92, 102–03, 145, 160, (41)
『自由論』（『人間的自由の本質とこれに関連する諸対象に関する哲学的研究（*Philosophische Untersuchungen über das Wesen der menschlichen Freiheit und die damit zusammenhängenden Gegenstände*）』）　15, 125
主格的属格　genetivus subiectivus　122
祝祭　Fest　153, 251–53
守護　*φυλακή*　266
『シュトゥットガルト私講義（*Stuttgarter Privatvorlesungen*）』　15, 125
受動態　Passiv, *πάθος*　4–8, 26, 28, 123
シュノイキア祭　*συνοίκια*　132, 143, 149–50, 155
情感性　Affektion　33
証示　Ausweisung　32–33, 73
将来　Zukunft　iii, 58–63, 66, 71–72, 88–94, 104, 224, 264–65, (41)
深淵　Abgrund　192, 201, 208, 235, 252–53, 261–62, (58)
『深淵から……（Vom Abgrund nemlich…）』
『神学要綱（*Στοιχείωσις θεολογική*）』　(39)
『人類に寄せる讃歌（Hymne an die Menschheit）』　213
新プラトン主義　50, 52, 55, 63, 137–40, 170, 197–98, 268, 292, (37), (39), (40), (49), (52), (53), (59)
『真理論（*De veritate*）』　(39)
『神話の哲学（*Philosophie der Mythologie*）』　15
水星　140, 267
垂直的　17, 63, 124–25, 129–30, 187, 189, 191, 235, 243, 253, 265, 282, 284
スコレー　*σχολή*　54
図式　Schema　7, 13, 25, 29–30, 41, 65–66, 71–76, 78–80, 82, 84–85, 88, 109, 290, 294
ストア派　51–52, 278, (61)

スピノザ主義　Spinozismus　257
住まう　wohnen, demeurer　16–17, 125, 138, 150, 165, 168, 171, 179, 209, 244, 255, 259–60, 264, 266, 272, 275–76, 285–86
住まわせる　*ἱστάναι*　136, 148
（人間の）生　Leben　10, 53, 56–57, 229, 231–32
『省察（*Meditationes de prima philosophia*）』　9
「省察（Reflexion）」　183
聖書　51–52, 56–57, (38), (51)
『精神現象学（*Phänomenologie des Geistes*）』　15
成長　*ἀναδρομή*　55
生命　Leben　4, 124, 126–30, 219, 227
ゼウス（神）　*Ζεύς*　16, 127, 133, 137, 139, 143, 145, 147, 197, 223, 239, 253, 262, 264, 267, 269, 280, 282, (53), (55), (58), (59)
ゼウスの座　*Διὸς θρόνον*　(48)
ゼウスの聖なる見張所　heilige Wache des Zeus　(34)
ゼウスの塔　*Ζηνὸς πύργον*　, (48)
ゼウスの見張り（守り手）　*Διὸς φυλακὴν*　(48)
世界　Welt　v–vi, x–xi, 2, 14, 16, 20, 39–40, 44–45, 48, 52–53, 62–63, 82–84, 88, 90–92, 97–101, 104–07, 109, 115–17, 126–27, 139–40, 142, 146, 159–61, 167, 178, 181, 183, 199, 208–09, 227, 234, 247, 265–66, 273, 285–86, 290, 293
世界侵入　Welteingang　100
世界内存在　In-der-Welt-sein　2, 16, 40, 61, 98, 208
『世界年代（*Die Weltalter*）』　15, 125–26, (45)
世間　das Man　60
セレネ　*Σελήνη*　16
善　*ἀγαθόν*, bonum　52, 53–56, 59, 61, 63, 89–90, 197, 224, (38), (41), (43)
先駆　Vorlaufen　2, 58–60
先－構造　Vor-struktur　42, 44–45, 48, 70
『僭主オイディプス（*Oedipus der Tyrann*）』　251
創建する　*ἱστάναι*　136
属格　genetivus　50, 59, 121–22, 203, 205
そのために　Worumwillen, Umwillen　58–60, 72, 88–92, (41)
それが与える　es gibt　82–83, 99
それが世界を与える　es gibt die Welt　97
ソフィア　*σοφία*　53
それを前に　Wovor　58, 60–61, 72, 93
存在中心主義　Ontozentrismus　118, 129, 291, 294
『存在と時間（*Sein und Zeit*）』　v–vi, 4, 10, 12, 16, 19–20, 25–27, 30–34, 40–44, 46, 48–49, 51, 53, 59, 63, 65–70, 72–75, 84–86, 88–89, 91–93, 98, 101–02, 105, 108–09, 114–16, 118, 123, 161, 208–09, 243–44, 273, 286, 290, (33), (44), (51)
存在論的差異　ontologische Differenz　66, 77, 94–96, 101, 103, 107, 110, 113, 115–17, 290
『存在論と論理学に関するアリストテレスの精選論文の現象学的解釈（*Phänomenologische Interpretation ausgewählter Abhandlungen des Aristoteles zu Ontologie und Logik*）』　52

タ 行

態　voice, diathesis　4–5
第一の原初　der erste Anfang　129
滞在（地）Aufenthalt(e)　17, 165, 168, 172, 177, 199, 266, 275–77
対持　Widerhalt　90
大地　Erde/*γῆ*　x, 133, 135–38, 140–42, 160, 167, 178, 181, 183, 186, 194–97, 199–200, 214, 216, 228–29, 233–35, 240, 243, 245–50, 252–55, 259–65, 267, 271–72, 278–79, 284–86, (52), (58), (59)
大地中心説　geozentrische Theorie　140–41
大地の臍　246–48
「大地母（Der Mutter Erde）」　261, (56), (58)
ダイモーン　*δαίμων*　137, 153, 196, 275–77
太陽　Sonne/sol/*ἥλιος*　x, 16, 96, 140–42, 214, 216, 218, 233, 267, 271, (43), (49)
太陽中心説　Heliozentrische Theorie　140–41, (49)

頽落　Verfallen　58, 62, 209, 243–45
ダヴォス討論　Davoser Dispitation　107
脱隠蔽性　Entdecktheit　32
脱根拠　Abgrund　104–05, 108
脱自態　Ekstase　58–63, 71–72, 75, 85, 88, 92, 94
脱自的なもの　*ἐκστατικόν*　58, 61
脱中心化　20, 64, 113–14, 118, 130–31, 168, 291
建てる　*ἱστάναι*　63, 136
『魂について（*De anima*）』　(36), (42)
『魂の帰還について（*De regressu animae*）』　55
近さ　Nähe　v, 154, 260, 264, 276, 292
父への帰還　recursus ad Patrem　(39)
地動説　136, 140–41
地平　Horizont　iii, vii, xii–xiii, 2–3, 12–14, 19–21, 23, 42–44, 48, 58, 60, 63, 65–69, 71, 82, 84, 88, 90, 92, 94, 96–97, 99–101, 103–04, 106–10, 114–18, 123, 129–30, 243, 282, 289–91, (45)
地平図式　das horizontale Schema　58–60, 62, 65–66, 71–72, 75, 84–85, 87–94, 290
中央　Mitte　15, 143, 146, 148, (42), (52)
中間　Mitte　5, 10, 26, 74, 179, 209, 228, 234, 265, (42), (45)
中心　Mitte, Zentrum　15, 20–21, 102–03, 129, 134, 136–38, 141–42, 145–46, 155, 160, 162, 167, 169–71, 175, 181, 184, 190, 194–97, 199, 205, 209, 223, 232, 240, 243, 248, 250, 260–61, 263–68, 279, 283–84, (42)
中心点　Mittelpunkt, Mittelpunct　140, 247–50, 261, (59)
中心火　Centralfeuer　132, 136, 139–42, 200, 223, 277, (48)
超越　Transzendenz　12, 57, 59, 63, 66, 71, 75, 83, 85, 90–91, 93–97, 99–110, 113–18, 290, (41)
超越論的構想力　transzendentale Einbildungskraft　66, 74, 78, 80–81, 95–97, 101, 116, 167
出会わせること　Begegnenlassen von　58, 62
ディオニュソス（神）　*Διόνυσος*　133, 179, 251–53, 255, 264, (59)
デイノン　*δεινόν*　182, 184–85, 203–04, 281
『ティマイオス（*Timaeus*）』　148, 194–95, 199–200, 263, 266, 267–69, 271–72, (49), (52), (53), (59)
テクネー　*τέχνη*　53
『哲学の余白（*Marges de la philosophie*）』　8
『哲学への寄与――エルアイクニスについて（*Beiträge zur Philosophie (Vom Ereignis)*）』　13, 18, 110, 115–16, 121, 124, 158–61, 164–67, 271, 284, 294, (50)
手前存在　Vorhandensein　17, 86, 95
手前存在者　das Vorhandene　43, 98
手元存在者　das Zuhandene　43, 62
デメテル（女神）　*Δημήτηρ*　133, 135, 252–53, 278, (61)
デルフォイ　*Δελφοί*　172, 176, 247–48, 250, (48)
『天界について（*De caelo*）』　267, (47), (52), (58), (59), (60)
天体　140–42, 194, 199, 267, 271, 274, (34), (52)
天動説　140–41
天の火　Feuer vom Himmel　179, 223, 239, 262
テンプス　tempus　68
テンポラールな　temporal, temporalis　68–69, 85–86
テンポラリテート　Temporalität　65–75, 77–78, 84–88, 108–09, 116, 290
『ドイツ大学の自己主張（*Die Selbstbehauptung der deutschen Universität*）』　63
投企　Entwurf　13, 43–45, 58–59, 77, 85, 87, 91, 92, 96, 101, 106–08, (43)
『動物の諸部分について（*De partibus animalium*）』　274
土星　140, 267
留まる　bleiben, verweilen, zurückbleiben, *μένειν, φυλάσσειν*, manere　100, 125, 137–38, 165, 167–68, 170–71, 177, 182, 187, 190, 197, 207, 224, 244, 255, 258, 266, 270, 283–84

留める　ἱστάναι　136, 184, 244, 266
『友のねがい（Freundeswunsch）』　214

ナ　行

内世界的　innerweltlich　44–45, 48, 53, 62–63, 84, 92, 98–99
内態　diathèse interne　6–7, 9, 46–48
『ナトルプ報告（*Natorp-Bericht/Phänomenologische Interpretationen zu Aristoteles*）』　50, 53–54
なにか或るもの　Etwas　105,（44）
『ニコマコス倫理学（*Ethica Nicomachea*）』　52, 54,（38）
『ニーチェ・フィロロギカ（*Philologica von Friedrich Nietzsche*）』　132
人間たち　Menschen　133, 138, 151, 154–56, 167, 178, 181, 183, 185–86, 197, 227–29, 234, 245, 264–66, 282, 284–86
人間中心主義　Anthropozentrismus　20, 63–66, 94, 98, 101–03, 109, 113–14, 118, 130, 162, 273, 290–91
『人間の条件（*The Human Condition*）』　15
ヌース　*νόος, νοῦς*　53–54
能動態　Aktiv, *ἐνέργεια*　4–8, 26, 28, 35
のただなかに　inmitten von　93–94

ハ　行

媒体性　Medialität　21, 26, 34, 97, 100, 167, 284, 286, 290–91,（36）
媒体的中心　Mitte　124, 129,（42）
配慮　Besorgen　53, 60,（42）
〈掃き清め〉の祭り　152
場所　Ort　168, 258, 260–61, 275
『バッコスの神女』（58）
『パトモス（Patmos）』　252, 263,（58）
パレスティオス　*παρέστιος*　184, 201–02, 208, 274, 281
パン　Brot/Brod　xi, 28, 121, 252–53, 276
半神・半神たち　Halbgott, Halbgötter　258, 262–66, 272
『半神や族長の生涯に……（Und mitzufühlen das Leben……）』　241
『パンとぶどう酒（Brod und Wein）』　172, 212, 251–52, 255, 269–72,（50),（56）
パントポロス　*παντοπόρος*　184, 188–89, 191, 208
パン焼き窯　Backofen　276
番をする　*φυλάττειν*　266
火　Feuer, *πῦρ*　x–xi, 14, 125–30, 131–32, 134–37, 139–43, 147–48, 150–55, 160–62, 166–68, 173–76, 178–79, 197, 219, 222–24, 228, 231, 234–35, 237–39, 241–45, 249, 271, 277–78, 284, 294,（34),（45）
プュル・アスベストン　*πῦρ ἄσβεστον*　151, 277
不滅の火　223, 277
光　135, 142, 152, 155, 160, 170–71, 195–96, 223, 233, 259, 262, 271, 283,（34),（49),（51）
非家郷者　201–07,（53）
悲劇　xvii, 134, 168, 182, 212, 216, 218, 232–33, 235, 237, 248, 251, 254, 256, 281, 291, 293
ヒスタナイ　*ἱστάναι*　136–37, 148
必然　→アナンケー
非覆蔵性　Unverborgenheit　174–76, 181, 183, 284–85
非本来的　uneigentlich　58–60, 62, 65, 202–03, 206, 209
ピュタゴラス学派　（49),（60）
『ピューティア第一一祝捷歌（Eilfte Pythische Ode）』　248
『ピューティア第八祝捷歌（Achte Pythische Ode）』　248
『ピューティア第四祝捷歌（Pythische Ode IV）』　247
『ヒュペーリオン（*Hyperion oder der Eremit in Griechenland*）』（54）
描出の明晰さ　Klarheit der Darstellung　179
『ファイドロス（*Phaedrus*）』　137,（48),（51),（53）
ファイネスタイ　*φαίνεσθαι*　26–27, 32, 34, 123, 171
ファイノメナ　*φαινόμενα*　32
不安　Angst　v, 33, 57, 60–61
フェステ（要塞・砦・支柱）　die Feste,

Veste　126–27, 254–55, (46)
ぶどう酒　Wein　133, 252–53, 255, ,
不動　126, 136–38, 141, 196, 255, 271, (43)
プトレマイオス的　94, 113, (43)
普遍的な拡がり　universale Spanweite　90
フュオー　*φύω*　168, 171
フュシス　*φύσις*　100, 129–30, 158, 168, 170–71, 175, 268, 283
フュラケー　*φυλακή*　266, 268–69
フュラテイン　*φυλάττειν*　266, 268–69, 271
プュル　*πῦρ*　→火
プラエゼンツ　Praesenz　84–88, 92
プラクシス　*πρᾶξις*　53
「プラトン以前の哲学者たち（Die vorplatonischen Philosophen）」　132, 139, 277
『プラトン「パルメニデス」註解（*In Platonis Parmenidem Commentaria*）』　197, 217
『ブルーノ，あるいは諸物の神的および自然的原理。ある対話（*Bruno oder über das göttliche und natürliche Princip der Dinge. Ein Gespräch*）』　15
フロネーシス　*φρόνησις*　53–54
『平和の祝い（Friedensfeier）』　238–39
ヘクシス　*ἕξις*　53
『ヘスティア・ウェスタ（*Hestia-Vesta*）』　15
臍　Nabel　212, 245–49
別の原初　der andere Anfang　129
ヘーファイストス（神）　Ἥφαιστος　133
ヘラ（女神）　Ἥρα　133, (53), (59)
ヘリオス（神）　*Ἥλιος*　16, 218
『ヘルダーリンの讃歌『イスター』（*Hölderlins Hymne »Der Ister«*）』　158, 184, (50)
『ヘルダーリンの讃歌『ゲルマーニエン』と『ライン』（*Hölderlins Hymnen »Germanien« und »Der Rhein«*）』　158, (50)
ヘルメス（神）　*Ἑρμῆς*　(35)
『ヘルメスとヘスティアのあいだで――ハイデガーとデリダに関する解釈学的読解（*Zwischen Hermes und Hestia: Hermeneutische Lektüren zu Heidegger und Derrida*）』　16
ペレイン　*πέλειν*　184–87, 191, 193, 207–08
放下　Gelassenheit　166
『放下の場所究明について（*Zur Erörterung der Gelassenheit. Aus einem Feldweggespräch über das Denken*）』　200
保持　*φυλακή*　266
保持する　*φυλάττειν, φυλάσσειν*　266, 268
ポセイドン（神）　Ποσειδῶν　133, 145
『ホメロス風讃歌』　16, 169, (53)
ポリス　*πόλις*　15, 20, 134, 149–50, 152, 154, 184, 190–93, 200–01, 208, 223
ポロス　*πόλος*　186–87, 192–95, 199–201, 207, (52), (59)
ポロス　*πόρος*　188–89
本来性　Eigentlichkeit　2, 61, 244
本来的　eigentlich　58–63, 65, 86, 182, 202–03, 205–09, (53)

マ　行

前に保持する　vorhalten　92, 96, 101
『貧しさ（*Die Armut*）』　183
待ちかまえる　*φυλάττειν*　266
待つ　*φυλάττειν*　266
守る　hüten, behüten, bewahren, *φυλάττειν* 137, 154, 160, 164, 166–67, 175, 177, 222–24, 228, 237, 242, 244–45, 249, 266, 269, 294
見出す　erblicken　206, (45)
見えるようにする　sehen lassen　39–40, 46, 174, 262
巫女　Priesterin　218, 220–22, 224, 228, 236–37, 240–42, 249, 254, 256
見張り　127, 139, 266–68, 271
見張る　wachen, *φυλάττειν*　266, 268–69, 271
見張るもの　*φύλακα*　194, 263, 267
見回し　Umsicht　53
無　Nichts　66, 81–83, 97, 104–10, 117, 188, (45)
向かいあい　Dawider　97
ムネモシュネー（記憶）　*μνημόσύνη*／ムネモシュネー（女神）　*Μνημόσύνη*　(60)
メソテース　*μεσότης*　5
木星　140, 267
目的格属格　genetivus obiectivus　50, 122

物　Ding　98, 158, 165
『森のなか（Im Wald）』　242

ヤ　行

闇　x, 167
『夕べに想う（Abendphantasie）』　215
『夕べの国の思索の始まり（*Der Anfang des abentländischen Denkens*）』　200
『宥和する者よ……（Versöhnender der du nimmergeglaubt）』　237–39
用途のために　Um-zu　53, 58, 62, 72, 84
よそ者　Fremdling　159, 161, 284
夜の者　235,（60）

ラ　行

『ライン（Der Rhein）』　261–63,（58）
離心性　20, 64, 181, 217, 232, 284–85
離心的軌道　exzentrische Bahn　227, 229–32,（55）
凌駕する　übertreffen　90
良心　Gewissen　33, 60, 286
類的存在　species-being（Gattungswesen）（40）
レア（女神）　*Ῥέα*　134, 254,（53）
レゲイン　*λέγειν*　283
レゲレ　legere　283
レーテー　*λήθη*　32
ロゴス　*λόγος*　viii, 4, 25–26, 31, 34–42, 46–47, 59, 84, 118, 123, 162, 176, 179, 274, 277, 281, 283–84, 290–91
『論理学の形而上学的始原諸根拠——ライプニッツから出発して（*Metaphysische Anfangsgründe der Logik im Ausgang von Leibniz*）』（41）

ワ　行

『わがもの（Mein Eigentum）』　214
惑星　142
『若きヒュペーリオン（Hyperions Jugend）』　217, 219–21,（54）
忘れない　*φυλάττειν*　266, 271

文献一覧

可能なかぎり，文献タイトルの後ろに［　］もしくは〔　〕で初版年もしくは成立年や講義（講演）の年を示した。同様に可能なかぎりではあるが，出版年の後ろに丸括弧で初版年を示した。略号を用いた文献の最後には，略号を［　］に入れて示した。

ハイデガーの文献

I　ハイデガー全集（ドイツ語）: Heidegger, Martin, *Martin Heidegger Gesamtausgabe*. Frankfurt am Main: Vittorio Klostermann 1975 ff.［GA］

Heidegger, Martin, *Sein und Zeit*［1927］. Hg. von Friedrich Wilhelm von Herrmann. Frankfurt am Main: Vittorio Klostermann 1977 (=Gesamtausgabe Bd. 2. I. Abteilung. Veröffentlichte Schriften 1910–1976).［GA 2］

―― *Kant und das Problem der Metaphysik*［1927/1928］. Hg. von Friedrich Wilhelm von Herrmann. Frankfurt am Main: Vittorio Klostermann 1991 (=Gesamtausgabe Bd. 3. I. Abteilung. Veröffentlichte Schriften 1910–1976).［GA 3］

―― Davoser Disputation zwischen Ernst Cassirer und Martin Heidegger［1929］, in: Ders., *Kant und das Problem der Metaphysik*［1927/1928］. Hg. von Friedrich Wilhelm von Herrmann. Frankfurt am Main: Vittorio Klostermann 1991 (=Gesamtausgabe Bd. 3. I. Abteilung. Veröffentlichte Schriften 1910–1976), S. 274–296.［GA 3］

―― »Heimkunft / An die Verwandten.«［Rede 1943］, in: Ders., *Erläuterungen zu Hölderlins Dichtung*［Unveränderter Text mit Randbemerkungen des Autors aus den Handexemplaren］. 2. Aufl. Hg. von Friedrich Wilhelm von Herrmann. Frankfurt am Main: Vittorio Klostermann 1996 (1981) (=Gesamtausgabe Bd. 4. I. Abteilung. Veröffentlichte Schriften 1910–1976), S. 9–32.［GA 4］

―― Hölderlin und das Wesen der Dichtung［Rede 1936］, in: Ders., *Erläuterungen zu Hölderlins Dichtung*［Unveränderter Text mit Randbemerkungen des Autors aus den Handexemplaren］. 2. Aufl. Hg. von Friedrich Wilhelm von Herrmann. Frankfurt am Main: Vittorio Klostermann 1996 (1981) (=Gesamtausgabe Bd. 4. I. Abteilung. Veröffentlichte Schriften 1910–1976), S. 33–48.［GA 4］

―― »Wie wenn am Feiertage...«［Rede 1939/40］, in: Ders., *Erläuterungen zu Hölderlins Dichtung*［Unveränderter Text mit Randbemerkungen des Autors aus den Handexemplaren］. 2. Aufl. Hg. von Friedrich Wilhelm von Herrmann. Frankfurt am

Main: Vittorio Klostermann 1996 (1981) (=Gesamtausgabe Bd. 4. I. Abteilung. Veröffentlichte Schriften 1910–1976), S. 49–78. [GA 4]

—— »Andenken« [Abhandlung 1943], in: *Erläuterungen zu Hölderlins Dichtung* (Unveränderter Text mit Randbemerkungen des Autors aus den Handexemplaren). 2. Aufl. Hg. von Friedrich Wilhelm von Herrmann. Frankfurt am Main: Vittorio Klostermann 1996 (1981) (=Gesamtausgabe Bd. 4. I. Abteilung. Veröffentlichte Schriften 1910–1976), S. 79–151. [GA 4]

—— Hölderlins Erde und Himmel [Vortrag 1959], in: Ders., *Erläuterungen zu Hölderlins Dichtung* (Unveränderter Text mit Randbemerkungen des Autors aus den Handexemplaren). 2. Aufl. Hg. von Friedrich Wilhelm von Herrmann. Frankfurt am Main: Vittorio Klostermann 1996 (1981) (=Gesamtausgabe Bd. 4. I. Abteilung. Veröffentlichte Schriften 1910–1976), S. 152–181. [GA 4]

—— Das Gedicht [Vortrag 1968], in: Ders., *Erläuterungen zu Hölderlins Dichtung* (Unveränderter Text mit Randbemerkungen des Autors aus den Handexemplaren). 2. Aufl. Hg. von Friedrich Wilhelm von Herrmann. Frankfurt am Main: Vittorio Klostermann 1996 (1981) (=Gesamtausgabe Bd. 4. I. Abteilung. Veröffentlichte Schriften 1910–1976), S. 182–192. [GA 4]

—— Vorbemerkung zur Wiederholung der Rede [1943], in: Ders., *Erläuterungen zu Hölderlins Dichtung* (Unveränderter Text mit Randbemerkungen des Autors aus den Handexemplaren). 2. Aufl. Hg. von Friedrich Wilhelm von Herrmann. Frankfurt am Main: Vittorio Klostermann 1996 (1981) (=Gesamtausgabe Bd. 4. I. Abteilung. Veröffentlichte Schriften 1916–1976), S. 193–194. [GA 4]

—— Vorwort zur Lesung von Hölderlins Gedichten [1963], in: Ders., *Erläuterungen zu Hölderlins Dichtung* [Unveränderter Text mit Randbemerkungen des Autors aus den Handexemplaren]. 2. Aufl. Hg. von Friedrich Wilhelm von Herrmann. Frankfurt am Main: Vittorio Klostermann 1996 (1981) (=Gesamtausgabe Bd. 4. I. Abteilung. Veröffentlichte Schriften 1910–1976), S. 195–198. [GA 4]

—— Der Ursprung des Kunstwerkes [1935/36], in: Ders., *Holzwege* (Unveränderter Text mit Randbemerkungen des Autors aus den Handexemplaren). Hg. von Friedrich Wilhelm von Herrmann. Frankfurt am Main: Vittorio Klostermann 1977 (=Gesamtausgabe Bd. 5. I. Abteilung. Veröffentlichte Schriften 1910–1976), S. 1–74. [GA 5]

—— Wozu Dichter? [1946], in: Ders., *Holzwege* [Unveränderter Text mit Randbemerkungen des Autors aus den Handexemplaren]. Hg. von Friedrich Wilhelm von Herrmann. Frankfurt am Main: Vittorio Klostermann 1977 (=Gesamtausgabe Bd. 5. I. Abteilung. Veröffentlichte Schriften 1910–1976), S. 269–320. [GA 5]

—*Nietzsche I* [1961, Vorlesungen 1936–1939]. Hg. von Brigitte Schillbach. Frankfurt am Main: Vittorio Klostermann 1996 (=Gesamtausgabe Bd. 6–1. I. Abteilung. Veröffentlichte Schriften 1910–1976). [GA 6–1]

—*Nietzsche II* [1961, 1939–1946]. Hg. von Brigitte Schillbach. Frankfurt am Main: Vit-

torio Klostermann 1997 (=Gesamtausgabe Bd. 6-2. I. Abteilung. Veröffentlichte Schriften 1910-1976). [GA 6-2]
—— Bauen Wohnen Denken [Vortrag 1951], in: Ders., *Vorträge und Aufsätze*. Hg. von Friedrich Wilhelm von Herrmann. Frankfurt am Main: Vittorio Klostermann 2000 (=Gesamtausgabe Bd. 7. I. Abteilung. Veröffentlichte Schriften 1910-1976), S. 145-164. [GA 7]
—— Logos (Heraklit, Fragment 50) [Beitrag und Vortrag 1951], in: Ders., *Vorträge und Aufsätze*. Hg. von Friedrich Wilhelm von Herrmann. Frankfurt am Main: Vittorio Klostermann 2000 (=Gesamtausgabe Bd. 7. I. Abteilung. Veröffentlichte Schriften 1910-1976), S. 211-234. [GA 7]
—— Moira (Parmenides, Fragment VIII, 34-41) [Ein nicht vorgetragenes Stück der Vorlesung »Was heißt Denken?« 1952], in: Ders., *Vorträge und Aufsätze*. Hg. von Friedrich Wilhelm von Herrmann. Frankfurt am Main: Vittorio Klostermann 2000 (=Gesamtausgabe Bd. 7. I. Abteilung. Veröffentlichte Schriften 1910-1976), S. 235-261. [GA 7]
—— Aletheia (Heraklit, Fragment 16) [Beitrag 1954], in: Ders., *Vorträge und Aufsätze*. Hg. von Friedrich Wilhelm von Herrmann. Frankfurt am Main: Vittorio Klostermann 2000 (=Gesamtausgabe Bd. 7. I. Abteilung. Veröffentlichte Schriften 1910-1976), S. 263-288. [GA 7]
—— *Was heißt Denken* [Vorlesung im WS 1951/52 mit Stundenubergängen], Hg. von Paola-Ludvika Coriando. Frankfurt am Main: Vittorio Klostermann (Tübingen Max Niemeyer 1954/) 2002 (=Gesamtausgabe Bd. 8. I. Abteilung. Veröffentlichte Schriften 1910-1976). [GA 8]
—— Was ist Metaphysik? [1929], in: Ders., *Wegmarken*. Hg. von Friedrich Wilhelm von Herrmann. 3. Aufl. Frankfurt am Main: Vittorio Klostermann 2004 (1976) (=Gesamtausgabe Bd. 9. I. Abteilung. Veröffentlichte Schriften 1910-1976), S. 103-122. [GA 9]
—— Vom Wesen des Grundes [Beitrag zur Festschrift für Edmund Husserl 70. Geburtstag 1929], in: Ders., *Wegmarken*. Hg. von Friedrich Wilhelm von Herrmann. 3. Aufl. Frankfurt am Main: Vittorio Klostermann 2004 (1976) (=Gesamtausgabe Bd. 9. I. Abteilung. Veröffentlichte Schriften 1910-1976), S. 123-175. [GA 9]
—— Nachwort zu »Was ist Metaphysik?« [1943], in: Ders., *Wegmarken*. 3. Aufl. Hg. von Friedrich Wilhelm von Herrmann. Frankfurt am Main: Vittorio Klostermann 2004 (1976) (=Gesamtausgabe Bd. 9. I. Abteilung. Veröffentlichte Schriften 1910-1976), S. 303-312. [GA 9]
—— Brief über den Humanismus [1946], in: Ders., *Wegmarken*. 3. Aufl. Hg. von Friedrich Wilhelm von Herrmann. 3. Aufl. Frankfurt am Main: Vittorio Klostermann 2004 (1976) (=Gesamtausgabe Bd. 9. I. Abteilung. Veröffentlichte Schriften 1910-1976), S. 313-364. [GA 9]
—— Zur Seinsfrage [„Über die ›Linie‹" als Beitrag zur Festschrift für Ernst Jünger zum

60. Geburtstag „Freundschaftliche Begegnungen“ 1955], in: Ders., *Wegmarken*. Hg. von Friedrich Wilhelm von Herrmann. 3. Aufl. Frankfurt am Main: Vittorio Klostermann 2004 (1976) (=Gesamtausgabe Bd. 9. I. Abteilung. Veröffentlichte Schriften 1910–1976), S. 385–426. [GA 9]

——Der Satz der Identität [1957], in: Ders., *Identität und Differenz*. Hg. von Friedrich Wilhelm von Herrmann. Frankfurt am Main: Vittorio Klostermann 2006 (=Gesamtausgabe Bd. 11. I. Abteilung. Veröffentlichte Schriften 1910–1976), S. 31–50. [GA 11]

——Die onto-theo-logische Verfassung der Metaphysik [1956/57], in: Ders., *Identität und Differenz*. Hg. von Friedrich Wilhelm von Herrmann. Frankfurt am Main: Vittorio Klostermann 2006 (=Gesamtausgabe Bd. 11. I. Abteilung. Veröffentlichte Schriften 1910–1976), S. 51–79. [GA 11]

——Aus einem Gespräch von der Sprache. Zwischen einem Japaner und einem Fragenden [1953/54], in: Ders., *Unterwegs zur Sprache*. Hg. von Friedrich Wilhelm von Herrmann. Frankfurt am Main: Vittorio Klostermann 1985 (=Gesamtausgabe Bd. 12. I. Abteilung. Veröffentlichte Schriften 1910–1976), S. 79–146. [GA 12]

——Winke, in: Ders., *Aus der Erfahrung des Denkens* [Durchgesehener Text der Einzelveröffentlichungen und Einzelausgaben, aufgrund von Verbesserungen des Autors in den Handexemplaren gelegentlich geringfügig geändert]. Hg. von Hermann Heidegger. Frankfurt am Main: Vittorio Klostermann 1983 (=Gesamtausgabe Bd. 13. I. Abteilung. Veröffentlichte Schriften 1910–1976), S. 23. [GA 13]

——Zur Erörterung der Gelassenheit. Aus einem Feldweggespräch über das Denken [1944/45], in: Ders., Aus der Erfahrung des Denkens [Durchgesehener Text der Einzelveröffentlichungen und Einzelausgaben, aufgrund von Verbesserungen des Autors in den Handexemplaren gelegentlich geringfügig geändert]. Hg. von Hermann Heidegger. Frankfurt am Main: Vittorio Klostermann 1983 (=Gesamtausgabe Bd. 13. I. Abteilung. Veröffentlichte Schriften 1910–1976), S. 37–74. [GA 13]

——Zeit und Sein [1962], in: Ders., *Zur Sache des Denkens* [1969, Text durchgesehenen Einzelausgabe mit Randbemerkungen des Autors aus seinem Handexemplar]. Hg. von Friedrich Wilhelm von Herrmann. Frankfurt am Main: Vittorio Klostermann 2007 (=Gesamtausgabe Bd. 14. I. Abteilung. Veröffentlichte Schriften 1910–1976), S. 3–30. [GA 14]

——Die Selbstbehauptung der deutschen Universität (27. Mai 1933), in Ders., Reden und andere Zeugnisse eines Lebensweges. Hg. von Hermann Heidegger. Frankfurt am Main: Vittorio Klostermann 2000 (=Gesamtausgabe Bd. 16. I. Abteilung. Veröffentlichte Schriften 1910–1976), S. 107–117. [GA 16]

——Neuzeitliche Naturwissenschaft und moderne Technik – Grußwort an die Teilnehmer des zehnten Colloquiums vom 14.–16. Mai. 1976 in Chicago (11. April 1976), in Ders., Reden und andere Zeugnisse eines Lebensweges. Hg. von Hermann Heidegger. Frankfurt am Main: Vittorio Klostermann 2000 (=Gesamtausgabe Bd. 16. I.

Abteilung. Veröffentlichte Schriften 1910–1976), S. 747–748. [GA 16]
——*Einführung in die phänomenologische Forschung* [Marburger Vorlesung im WS 1923/24]. 2. Aufl. Hg. von Friedrich Wilhelm von Herrmann. Frankfurt am Main: Vittorio Klostermann 2006 (1994) (=Gesamtausgabe Bd. 17. II. Abteilung. Vorlesungen 1919–1944). [GA 17]
——*Grundbegriffe der Aristotelischen Philosophie* [Marburger Vorlesung im SS 1924]. Hg. von Mark Michalski. Frankfurt am Main: Vittorio Klostermann 2002 (=Gesamtausgabe Bd. 18. II. Abteilung. Vorlesungen 1919–1944). [GA 18]
——*Prolegomena zur Geschichte des Zeitbegriffs* [Marburger Vorlesung im SS 1925]. 3. Aufl. Hg. von Patra Jaeger. Frankfurt am Main: Vittorio Klostermann 1994 (1979) (=Gesamtausgabe Bd. 20. II. Abteilung. Vorlesungen 1919–1944). [GA 20]
——*Die Grundbegriffe der antiken Philosophie* [Marburger Vorlesung im SS 1926]. Hg. von Franz-Karl Blust. Frankfurt am Main: Vittorio Klostermann 1993 (=Gesamtausgabe Bd. 22. II. Abteilung. Vorlesungen 1919–1944). [GA 22]
——*Die Grundprobleme der Phänomenologie* [Marburger Vorlesung im SS 1927]. Hg. von Friedrich Wilhelm von Herrmann. Frankfurt am Main: Vittorio Klostermann 1989 (=Gesamtausgabe Bd. 24. II. Abteilung. Vorlesungen 1919–1944). [GA 24]
——*Phänomenologische Interpretation von Kants ‚Kritik der reinen Vernunft‘* [Marburger Vorlesung im WS 1927/28]. Hg. von Ingtraud Görland. Frankfurt am Main: Vittorio Klostermann 1995 (=Gesamtausgabe Bd. 25. II. Abteilung. Vorlesungen 1919–1944). [GA 25]
——*Metaphysische Anfangsgründe der Logik im Ausgang von Leibniz* [Marburger Vorlesung im SS 1928]. Hg. von Klaus Held, Frankfurt am Main: Vittorio Klostermann 1978 (=Gesamtausgabe Bd. 26. II. Abteilung. Vorlesungen 1919–1944). [GA 26]
——*Einleitung in die Philosophie* [Freiburger Vorlesung im WS 1928/29]. Hg. von Otto Saame und Ina Saame-Speidel. Frankfurt am Main: Vittorio Klostermann 1996 (= Gesamtausgabe Bd. 27. II. Abteilung. Vorlesungen 1919–1944). [GA 27]
——*Die Grundbegriffe der Metaphysik. Welt – Endlichkeit – Einsamkeit.* [Freiburger Vorlesung im WS 1929/30]. Hg. von Friedrich Wilhelm von Herrmann. 2. Aufl. Frankfurt am Main: Vittorio Klostermann 1992 (1983) (=Gesamtausgabe Bd. 29/30. II. Abteilung. Vorlesungen 1919–1944). [GA 29/30]
——*Hölderlins Hymnen »Germanien« und »Der Rhein«* [Freiburger Vorlesung im WS 1934/35]. 3. Auf. Hg. von Susanne Ziegler. Frankfurt am Main: Vittorio Klostermann 1999 (1980) (=Gesamtausgabe Bd. 39. II. Abteilung. Vorlesungen 1919–1944). [GA 39]
——*Einführung in die Metaphysik* [Freiburger Vorlesung im SS 1935]. Hg. von Petra Jaeger. Frankfurt am Main: Vittorio Klostermann 1983 (=Gesamtausgabe Bd. 40. II. Abteilung. Vorlesungen 1919–1944). [GA 40]
——*Schelling: Vom Wesen der menschlichen Freiheit (1809)*. [Freiburger Vorlesung im SS 1936]. Hg. von Ingrid Schüßler. Frankfurt am Main: Vittorio Klostermann 1988

(=Gesamtausgabe Bd. 42. II. Abteilung. Vorlesungen 1919–1944). [GA 42]
—— *Hölderlins Hymne »Andenken«* [Freiburger Vorlesung im WS 1941/42]. Hg. von Curd Ochwadt. 2. Aufl. Frankfurt am Main: Vittorio Klostermann 1994 (1982) (=Gesamtausgabe Bd. 52. II. Abteilung. Vorlesungen 1923–1944). [GA 52]
—— *Hölderlins Hymne »Der Ister«* [Freiburger Vorlesung im SS 1942]. Hg. von Walter Biemel. 2. Aufl. Frankfurt am Main: Vittorio Klostermann 1993 (1984) (=Gesamtausgabe Bd. 53. II. Abteilung. Vorlesungen 1923–1944). [GA 53]
—— Der Anfang des abendländischen Denkens [Freiburger Vorlesungen im SS 1943], in: Ders., *Heraklit*. Hg. von Manfred S. Frings. 3. Aufl. Frankfurt am Main: Vittorio Klostermann 1994 (1979) (=Gesamtausgabe Bd. 55. II. Abteilung. Vorlesungen 1923–1944), S. 1–181. [GA 55]
—— Logos. Heraklits Lehre vom Logos [Freiburger Vorlesungen im SS 1944], in: Ders., *Heraklit*. Hg. von Manfred S. Frings. 3. Aufl. Frankfurt am Main: Vittorio Klostermann 1994 (1979) (=Gesamtausgabe Bd. 55. II. Abteilung. Vorlesungen 1923–1944), S. 185–387. [GA 55]
—— Die Idee der Philosophie und das Weltanschauungsproblem [Frühe Freiburger Vorlesung/Kriegsnotsemester 1919], in: Ders., *Zur Bestimmung der Philosophie*. Hg. von Bernd Heimbüchel. Frankfurt am Main: Vittorio Klostermann 1987 (=Gesamtausgabe Bd. 56/57. II. Abteilung. Vorlesungen 1919–1944), S. 3–117. [GA 56/57]
—— *Grundprobleme der Phänomenologie* [Frühe Freiburger Vorlesung im WS 1919/20]. Hg. von Hans-Helmuth Gander. Frankfurt am Main: Vittorio Klostermann 1993 (=Gesamtausgabe Bd. 58. II. Abteilung. Vorlesungen 1919–1944). [GA 58]
—— Augustinus und der Neuplatonismus [Frühe Freiburger Vorlesung im SS 1921], in: Ders., *Phänomenologie des religiösen Lebens*. Hg. von Matthias Jung, Thomas Regehly und Claudius Strube. Frankfurt am Main: Vittorio Klostermann 1995 (=Gesamtausgabe Bd. 60. II. Abteilung. Vorlesungen 1919–1944), S. 160–299. [GA 60]
—— *Phänomenologische Interpretationen zu Aristoteles: Einführung in die phänomenologische Forschung* [Frühe Freiburger Vorlesung im WS 1921/22]. Hg. von Walter Bröcker und Käte Bröcker-Oltmanns. Frankfurt am Main: Vittorio Klostermann 1985 (=Gesamtausgabe Bd. 61. II. Abteilung. Vorlesungen 1919–1944). [GA 61]
—— Anhang I. Beilagen (Aufzeichnungen, Notizen, Entwürfe) zur Vorlesung [1922], in: Ders., *Phänomenologische Interpretation ausgewählter Abhandlungen des Aristoteles zu Ontologie und Logik*. Hg. von Günther Neumann. Frankfurt am Main: Vittorio Klostermann 2005 (=Gesamtausgabe Bd. 62. II. Abteilung. Vorlesungen 1919–1944), S. 263–339. [GA 62]
—— Phänomenologische Interpretationen zu Aristoteles (Anzeige der hermeneutischen Situation) [Natorp-Bericht. Ausarbeitung für die Marburger und die Göttinger Philosophische Fakultät 1922], in: Ders., *Phänomenologische Interpretation ausgewählter Abhandlungen des Aristoteles zu Ontologie und Logik*. Hg. von Günther Neumann.

Frankfurt am Main: Vittorio Klostermann 2005 (=Gesamtausgabe Bd. 62. II. Abteilung. Vorlesungen 1919–1944), S. 343–419. [GA 62]

—— *Ontologie (Hermeneutik der Faktizität)* [Frühe Freiburger Vorlesung im SS 1923]. Hg. von Käte Bröcker-Oltmanns. Frankfurt am Main: Vittorio Klostermann 1988 (=Gesamtausgabe Bd. 63. II. Abteilung. Vorlesungen 1919–1944). [GA 63]

—— *Beiträge zur Philosophie (Vom Ereignis)*. Hg. von Friedrich-Wilhelm von Herrmann. Frankfurt am Main: Vittorio Klostermann 1989 (=Gesamtausgabe Bd. 65. III. Abteilung. Unveröffentlichte Abhandlungen/Vorträge – Gedachtes). [GA 65]

—— *Über den Anfang* [Manuskript aus dem Jahre 1941]. Hg. von Paola-Ludovika Coriando. Frankfurt am Main: Vittorio Klostermann 2005 (=Gesamtausgabe Bd. 70. III. Abteilung. Unveröffentlichte Abhandlungen/Vorträge – Gedachtes). [GA 70]

—— Aufenthalte [1962], in: Ders., *Zu Hölderlin. Griechenlandreisen*. Hg. von Curd Ochwadt. Frankfurt am Main: Vittorio Klostermann 2000 (=Gesamtausgabe Bd. 75. III. Abteilung. Unveröffentlichte Abhandlungen/Vorträge – Gedachtes), S. 213–245. [GA 75]

—— *Der Spruch des Anaximander* [Manuskript einer nicht vorgetragenen Vorlesung, geschrieben vermutlich Sommer/Herbst 1942]. Hg. von Ingeborg Schüßler. Frankfurt am Main: Vittorio Klostermann 2010 (=Gesamtausgabe Bd. 78. III. Abteilung. Unveröffentlichte Abhandlungen/Vorträge – Gedachtes). [GA 78]

—— Platons Phaidros. Übungen im Sommersemester 1932, in: Ders., *Seminare. Platon – Aristoteles – Augustinus*. Hg. von Mark Michalski. Frankfurt am Main: Vittorio Klostermann 2012 (=Gesamtausgabe Bd. 83. IV. Abteilung. Hinweise und Aufzeichnungen), S. 85–148. [GA 83]

—— *Überlegungen II–VI (Schwarze Hefte 1931–1938)*. Hg. von Peter Trawny. Frankfurt am Main: Vittorio Klostermann 2014 (=Gesamtausgabe Bd. 94. IV. Abteilung. Hinweise und Aufzeichnungen). [GA 94]

—— *Überlegungen VII–XI (Schwarze Hefte 1938–39)*. Hg. von Peter Trawny. Frankfurt am Main: Vittorio Klostermann 2014 (=Gesamtausgabe Bd. 95. IV. Abteilung. Hinweise und Aufzeichnungen). [GA 95]

—— *Überlegungen XII–XV (Schwarze Hefte 1939–41)*. Hg. von Peter Trawny. Frankfurt am Main: Vittorio Klostermann 2014 (=Gesamtausgabe Bd. 96. IV. Abteilung. Hinweise und Aufzeichnungen). [GA 96]

—— *Anmerkungen I–V (Schwarze Hefte 1942–48)*. Hg. von Peter Trawny. Frankfurt am Main: Vittorio Klostermann 2015 (=Gesamtausgabe Bd. 97. IV. Abteilung. Hinweise und Aufzeichnungen). [GA 97]

II ハイデガーの文献（全集以外）

Heidegger, Martin, „Vom Wesen des Grundes", in: Edmund Husserl (Hg.), *Festschrift für Edmund Husserl zum 70. Geburtstag Gewidmit (Ergänzungsband zum Jahrbuch für Philosophie und phänomenologische Forschung)*. Halle (Saale) : Max Niemeyer

1929, S. 71–110.

—— Die Armut [1945], in: Lacoue-Labarthe, Philippe (Hg.), *La pauvreté (die Armut)*. Strasbourg: Presses universitaires de Strasbourg 2004, pp. 67–89. [Armut]

—— und Jaspers, Karl, *Briefwechsel 1920–1963*. Hg. von Walter Biemel und Hans Saner. Frankfurt am Main: Vittorio Klostermann 1990.

—— Martin Heidegger – Eugen Fink: Heraklit. Seminar Wintersemester 1966/67 [1970], in: Ders., *Seminare*. Hg. von Gurd Ochwadt. Frankfurt am Main: Vittorio Klostermann 1986, S. 11–263.

Ⅲ　ハイデガー（ハイデッガー）邦訳全集（創文社版）

ハイデガー，マルティン『初期論文集・ハイデッガー全集　第1巻』岡村信孝，丸山徳次，ハルトムート・ブッナー訳，創文社，1996年。

——『有と時・ハイデッガー全集　第2巻』辻村公一，ハルトムート・ブッナー訳，創文社，1997年。

——『カントと形而上学の問題・ハイデッガー全集　第3巻』門脇卓爾，ハルトムート・ブッナー訳，創文社，2003年。

——『ヘルダーリンの詩作の解明・ハイデッガー全集　第4巻』濱田恂子，イーリス・ブッハイム訳，創文社，1997年。

——『杣道　ハイデッガー全集　第5巻』茅野良男，ハンス・ブロッカルト訳，創文社，1988年。

——『ニーチェⅠ・ハイデッガー全集　第6-1巻』圓増治之，セヴェリン・ミュラー訳，創文社，2000年。

——『ニーチェＩＩ・ハイデッガー全集　第6-2巻』圓増治之，ホルガー・シュミット訳，創文社，2004年。

——『思惟とは何の謂いか・ハイデッガー全集　第8巻』四日谷敬子，ハルトムート・ブッナー訳，創文社，2006年。

——『道標・ハイデッガー全集　第9巻』辻村公一，ハルトムート・ブッナー訳，創文社，2001（1985）年。

——『言葉への途上・ハイデッガー全集　第12巻』亀山健吉，ヘルムート・グロス訳，創文社，1996年。

——『思惟の経験から・ハイデッガー全集　第13巻』東専一郎，芝田豊彦，ハルトムート・ブッナー訳，創文社，1994年。

——『現象学的研究への入門・ハイデッガー全集　第17巻』加藤精司，アロイス・ハルダー訳，創文社，2001年。

——『時間概念の歴史への序説・ハイデッガー全集　第20巻』常俊宗三郎，嶺秀樹，レオ・デュムペルマン訳，創文社，1988年。

——『古代哲学の根本諸概念・ハイデッガー全集　第22巻』左近寺祥子，ヴィル・クルンカー訳，創文社，1999年。

——『現象学の根本諸問題・ハイデッガー全集　第24巻』溝口兢一，松本長彦，杉野祥一，セヴェリン・ミュラー訳，創文社，2001年。

――『カントの純粋理性批判・ハイデッガー全集　第25巻』石井誠士，仲原孝，セヴェリン・ミュラー訳，創文社，2009（1997）年。

――『論理学の形而上学的な始元諸根拠――ライプニッツから出発して・ハイデッガー全集　第26巻』酒井潔，ヴィル・クルンカー訳，創文社，2002年。

――『哲学入門・ハイデッガー全集　第27巻』茅野良男，ヘルムート・グロス訳，創文社，2002年。

――『形而上学の根本諸概念――世界－有限性－孤独・ハイデッガー全集　第29/30巻』川原栄峰，セヴェリン・ミュラー訳，創文社，1998年。

――『人間的自由の本質について・ハイデッガー全集　第31巻』齋藤義一，ヴォルフガンク・シュラーダー訳，創文社，1987年。

――『アリストテレス，『形而上学』第9巻1–3 ――力の本質と現実性について・ハイデッガー全集　第33巻』岩田靖夫，天野正幸，篠沢和久，コンラート・バルドリアン訳，創文社，1994年。

――『真理の本質について――プラトンの洞窟の比喩と『テアイテトス』・ハイデッガー全集　第34巻』細川亮一，イーリス・ブッハイム訳，創文社，1995年。

――『言葉の本質への問いとしての論理学・ハイデッガー全集　第38巻』小林信之，ゲオルク・シュテンガー訳，創文社，2003年。

――『ヘルダーリンの讃歌『ゲルマーニエン』と『ライン』・ハイデッガー全集　第39巻』木下康光，ハインリヒ・トレチアック訳，創文社，1986年。

――『形而上学入門・ハイデッガー全集　第40巻』岩田靖夫，ハルトムート・ブッナー訳，創文社，2000年。

――『シェリング『人間的自由の本質について』・ハイデッガー全集　第42巻』高山守，伊坂青司，山根雄一郎，ゲオルク・シュテンガー訳，創文社，2011年。

――『ドイツ観念論の形而上学・ハイデッガー全集　第49巻』菅原潤，ゲオルク・シュテンガー訳，創文社，2010年。

――『根本諸概念・ハイデッガー全集　第51巻』角忍，エルマー・ヴァインマイアー訳，創文社，1987年。

――『ヘルダーリンの讃歌『回想』・ハイデッガー全集　第52巻』三木正之，ハインリッヒ・トレチアック訳，創文社，1989年。

――『ヘルダーリンの讃歌『イスター』・ハイデッガー全集　第53巻』三木正之，エルマー・ヴァインマイアー訳，創文社，1987年。

――『パルメニデス・ハイデッガー全集　第54巻』北嶋美雪，湯本和男，アルフレード・グッツオーニ訳，創文社，1999年。

――『ヘラクレイトス　Ⅰ．西洋的思索の元初．ヘラクレイトス　Ⅱ．論理学．ロゴスについてのヘラクレイトスの教説・ハイデッガー全集　第55巻』辻村誠三，岡田道程，アルフレード・グッツオーニ訳，創文社，1990年。

――『哲学の使命について―― 1 哲学の理念と世界観問題，2 現象学と超越論的価値哲学，講義「大学と学術的研究の本質について」の書き取り・ハイデッガー全集　第56/57巻』北川東子，エルマー・ヴァインマイアー訳，創文社，1993年。

――『現象学の根本問題・ハイデッガー全集　第58巻』虫明茂，池田喬，ゲオルク・

シュテンガー訳，創文社，2010 年。

――『アリストテレスの現象学的解釈／現象学的研究入門　ハイデッガー全集　第 61 巻』門脇俊介，コンラート・バルドュリアン訳，創文社，2009 年。

――『オントロギー（事実性の解釈学）・ハイデッガー全集　第 63 巻』篠憲二，エルマー・ヴァインマイアー，エヴェリン・ラッナー訳，創文社，1992 年。

――『哲学への寄与論稿・ハイデッガー全集　第 65 巻』大橋良介，秋富克哉，ハルトムート・ブッナー訳，創文社，2005 年。

――『ヘルダーリンに寄せて　付・ギリシア紀行・ハイデッガー全集　第 75 巻』三木正之，アルフレード・グッツオーニ訳，創文社，2003 年。

――『野の道での会話・ハイデッガー全集　第 77 巻』麻生建，クラウス・オピリーク訳，創文社，2001 年。

――『ブレーメン・フライブルク講演・ハイデッガー全集　第 79 巻』森一郎，ハルトムート・ブッナー訳，創文社，2003 年。

――『四つのゼミナール・ハイデッガー全集　別巻 1』大橋良介，ハンス・ブロッカルト訳，創文社，1985 年。

Ⅳ　ハイデガーの邦訳文献（全集以外）

ハイデガー，マルティン『存在と時間（上）』桑木務訳，岩波書店，1997（1960）年。

――『存在と時間（中）』桑木務訳，岩波書店，1996（1961）年。

――『存在と時間（下）』桑木務訳，岩波書店，1996（1963）年。

――『存在と時間（一）』熊野純彦訳，岩波書店，2013 年。

――『存在と時間（二）』熊野純彦訳，岩波書店，2013 年。

――『存在と時間（三）』熊野純彦訳，岩波書店，2013 年。

――『存在と時間（四）』熊野純彦訳，岩波書店，2013 年。

――『存在と時間Ｉ』原佑，渡邊二郎訳，中央公論新社，2013（2003）年。

――『存在と時間ＩＩ』原佑，渡邊二郎訳，中央公論新社，2012（2003）年。

――『存在と時間ＩＩＩ』原佑，渡邊二郎訳，中央公論新社，2003 年。

――『存在と時間　上』細谷貞雄訳，筑摩書房，2005（1994）年。

――『存在と時間　下』細谷貞雄訳，筑摩書房，2006（1994）年。

――『存在と時間』高田珠樹訳，作品社，2014（2013）年。

――『貧しさ』西山達也訳，藤原書店，2007 年。

――『形而上学入門』川原栄峰訳，平凡社，2013（1994）年。

――『芸術作品の根源』関口浩訳，平凡社，2008 年。

――『アリストテレスの現象学的解釈学――『存在と時間』への道』高田珠樹訳，平凡社，2008 年。

プラトンの文献

Platon, Cratylus, in: Ders., *Platonis Opera*. Tomus I. Recognoverunt brevique adnotatione critica instruxit Ioannes Burnet. Oxford: Oxford University Press 1992 (1900),

pp. 187–275 (pp. 383a–440e).
—— Symposium, in: Ders., *Platonis Opera*. Tomus II. Recognovit brevique adnotatione critica instruxit Ioannes Burnet. Oxford: Oxford University Press 1976 (1901), pp. 151–222 (pp. 172a–223d).
—— Phaedrus, in: Ders., *Platonis Opera*. Tomus II. Recognovit brevique adnotatione critica instruxit Ioannes Burnet. Oxford: Oxford University Press 1976 (1901), pp. 223–295 (pp. 227a–279c).
—— Res publica, in: Ders., *Platonis Opera*. Tomus IV. Recognovit brevique adnotatione critica instruxit Ioannes Burnet. Oxford: Oxford University Press 1978 (1902), pp. 327a–621d.
—— Timaeus, in: Ders., *Platonis Opera*. Tomus IV. Recognovit brevique adnotatione critica instruxit Ioannes Burnet. Oxford: Oxford University Press 1978 (1902), pp. 17a–92c.
—— Critias, in: Ders., *Platonis Opera*. Tomus IV. Recognovit brevique adnotatione critica instruxit Ioannes Burnet. Oxford: Oxford University Press 1978 (1902), pp. 106a–121c.

プラトン邦訳全集（岩波書店版）

プラトン「クリトン」田中美知太郎訳,『プラトン全集1』岩波書店, 2005（1975）年, 115–151 頁。

——「パイドン」松永雄二訳,『プラトン全集1』岩波書店, 2005（1975）年, 153–349 頁。

——「クラテュロス」水地宗明訳,『プラトン全集2』岩波書店, 1992（1974）年, 1–171 頁。

——「テアイテトス」田中美知太郎訳,『プラトン全集2』岩波書店, 1992（1974）年, 173–404 頁。

——「パルメニデス」田中美知太郎訳,『プラトン全集4』岩波書店, 1975 年, 1–161 頁。

——「ピレボス」田中美知太郎訳,『プラトン全集4』岩波書店, 1975 年, 163–337 頁。

——「饗宴」鈴木照雄訳,『プラトン全集5』岩波書店, 2005（1974）年, 1–126 頁。

——「パイドロス」藤沢令夫訳,『プラトン全集5』岩波書店, 2005（1974）年, 127–267 頁。

——「国家」藤沢令夫訳,『プラトン全集11』岩波書店, 2005（1976）年, 17–758 頁。

プラトンの邦訳文献（全集以外）

プラトン『テアイテトス』田中美知太郎訳, 岩波書店, 2004（1966）年。

——『パイドロス』藤沢令夫訳, 岩波書店, 2004（1967）年。

——『国家（上）』藤沢令夫訳, 岩波書店, 2004（1979）年。

——『国家（下）』藤沢令夫訳, 岩波書店, 2005（1979）年。

——『ティマイオス／クリティアス』岸見一郎訳, 白澤社, 2015 年。

アリストテレスの文献

Aristoteles, Categoriae, in: Ders., *Aristoteles Graece ex recensione Immanuelis Bekkeri*. Vol. 1, edidit Academia Regia Borussica. Berolini: Apud Georgium Reimerum 1831, pp. 1–15.

—— De Interpretatione, in: Ders., *Aristoteles Graece ex recensione Immanuelis Bekkeri*. Vol. 1, edidit Academia Regia Borussica. Berolini: Apud Georgium Reimerum 1831, pp. 16–24.

—— De partibus animalium, in: Ders., *Aristoteles Graece ex recensione Immanuelis Bekkeri*. Vol. 1, edidit Academia Regia Borussica. Berolini: Apud Georgium Reimerum 1831, pp. 639–697.

—— De caelo, in: Ders., *Aristoteles Graece ex recensione Immanuelis Bekkeri*. Vol. 1, edidit Academia Regia Borussica. Berolini: Apud Georgium Reimerum 1831, pp. 268–313.

—— Meteorologicorum, in: Ders., *Aristoteles Graece ex recensione Immanuelis Bekkeri*. Vol. 1, edidit Academia Regia Borussica. Berolini: Apud Georgium Reimerum 1831, pp. 338–390.

—— De mundo, in: Ders., *Aristoteles Graece ex recensione Immanuelis Bekkeri*. Vol. 1, edidit Academia Regia Borussica. Berolini: Apud Georgium Reimerum 1831, pp. 391–401.

—— De anima, in: Ders., *Aristoteles Graece ex recensione Immanuelis Bekkeri*. Vol. 1, edidit Academia Regia Borussica. Berolini: Apud Georgium Reimerum 1831, pp. 402–435.

—— Metaphysica, in: Ders., *Aristoteles Graece ex recensione Immanuelis Bekkeri*. Vol. 2, edidit Academia Regia Borussica. Berolini: Apud Georgium Reimerum 1831, pp. 980–1093.

—— Ethica Nicomachea, in: Ders., *Aristoteles Graece ex recensione Immanuelis Bekkeri*. Vol. 2, edidit Academia Regia Borussica. Berolini: Apud Georgium Reimerum 1831, pp. 1094–1181.

—— De poetica, in: Ders., *Aristoteles Graece ex recensione Immanuelis Bekkeri*. Vol. 2, edidit Academia Regia Borussica. Berolini: Apud Georgium Reimerum 1831, pp. 1447–1462.

—— Parts of animals, in: Ders., *Aristotle XII*. LCL 323. Edited and translated by A. L. Peck. London: Harvard University Press 1983.

アリストテレス邦訳全集（岩波書店版）

アリストテレス『カテゴリー論』中畑正志訳，『アリストテレス全集 1』，岩波書店，2013 年，1–88 頁。

——『命題論』早瀬篤訳，『アリストテレス全集 1』岩波書店，2013 年，103–184 頁。

——『天界について』山田道夫訳，『アリストテレス全集 5』岩波書店，2013 年，

1-201 頁。

—— 『気象論』三浦要訳，『アリストテレス全集 6』岩波書店，2015 年，1-237 頁。

—— 『宇宙について』金澤修訳，『アリストテレス全集 6』岩波書店，2015 年，239-318 頁。

—— 『魂について』中畑正志訳，『アリストテレス全集 7』岩波書店，2014 年，1-189 頁。

—— 『動物の諸部分について』濱岡剛訳，『アリストテレス全集 10』岩波書店，2016 年，1-228 頁。

—— 『ニコマコス倫理学』神崎繁訳，『アリストテレス全集 15』岩波書店，2014 年，239-318 頁。

—— 『詩学』朴一功訳，『アリストテレス全集 18』岩波書店，2017 年，469-583 頁。

アリストテレス邦訳文献（全集以外）

アリストテレス『形而上学（上）』井出隆訳，岩波書店，2008（1959）年。

—— 『形而上学（下）』井出隆訳，岩波書店，2007（1961）年。

ヘルダーリンの文献

I　ヘルダーリン全集・シュトゥットガルト版：Hölderlin, Friedrich, *Hölderlin Sämtliche Werke*. Große Stuttgarter Ausgabe. Hg. von Friedrich Beissner. Stuttgart: Kohlhammer 1943–1985. [StA]

Hölderlin, Friedrich, Griechenland. An St. [1788–1795], in: Ders., *Gedichte bis 1800* [Text]. Hg. von Friedrich Beissner. Stuttgart: Kohlhammer 1946 (=Große Stuttgarter Ausgabe, Hölderlin Sämtliche Werke Bd. 1–1), S. 179–180. [StA 1–1]
—— Der Wanderer [1800], in: Ders., *Gedichte nach 1800* [Text]. Hg. von Friedrich Beissner. Stuttgart: Kohlhammer 1951 (=Große Stuttgarter Ausgabe, Hölderlin Sämtliche Werke Bd. 2–1), S. 80–83. [StA 2–1]
—— Brod und Wein. An Heinze [1801], in: Ders., *Gedichte nach 1800* [Text]. Hg. von Friedrich Beissner. Stuttgart: Kohlhammer 1951 (=Große Stuttgarter Ausgabe, Hölderlin Sämtliche Werke Bd. 2–1), S. 90–95. [StA 2–1]
—— Heimkunft. An die Verwandten [1801], in: Ders., *Gedichte nach 1800* [Text]. Hg. von Friedrich Beissner. Stuttgart: Kohlhammer 1951 (=Große Stuttgarter Ausgabe, Hölderlin Sämtliche Werke Bd. 2–1), S. 96–99. [StA 2–1]
—— Wie wenn am Feiertag [1800], in: Ders., *Gedichte nach 1800* [Text]. Hg. von Friedrich Beissner. Stuttgart: Kohlhammer 1951 (=Große Stuttgarter Ausgabe, Hölderlin Sämtliche Werke Bd. 2–1), S. 118–120. [StA 2–1]
—— Der Mutter Erde, in: Ders., *Gedichte nach 1800* (Text). Hg. von Friedrich Beissner. Stuttgart: Kohlhammer 1951 (=Große Stuttgarter Ausgabe, Hölderlin Sämtliche Werke Bd. 2–1), S. 123–125. [StA 2–1]
—— Die Wanderung [1801], in: Ders., *Gedichte nach 1800* [Text]. Hg. von Friedrich

Beissner. Stuttgart: Kohlhammer 1951 (=Große Stuttgarter Ausgabe, Hölderlin Sämtliche Werke Bd. 2-1), S. 138-141. [StA 2-1]
—— Der Rhein. An Isaak von Sinclair [1801], in: Ders., *Gedichte nach 1800* [Text]. Hg. von Friedrich Beissner. Stuttgart: Kohlhammer 1951 (=Große Stuttgarter Ausgabe, Hölderlin Sämtliche Werke Bd. 2-1), S. 142-148. [StA 2-1]
—— Germanien [1803], in: Ders., *Gedichte nach 1800* [Text]. Hg. von Friedrich Beissner. Stuttgart: Kohlhammer 1951 (=Große Stuttgarter Ausgabe, Hölderlin Sämtliche Werke Bd. 2-1), S. 149-152. [StA 2-1]
—— Der Einzige [Erste Fassung], in: Ders., *Gedichte nach 1800* (Text). Hg. von Friedrich Beissner. Stuttgart: Kohlhammer 1951 (=Große Stuttgarter Ausgabe, Hölderlin Sämtliche Werke Bd. 2-1), S. 153-156. [StA 2-1]
—— Der Einzige [Zweite Fassung], in: Ders., *Gedichte nach 1800* (Text). Hg. von Friedrich Beissner. Stuttgart: Kohlhammer 1951 (=Große Stuttgarter Ausgabe, Hölderlin Sämtliche Werke Bd. 2-1), S. 157-160. [StA 2-1]
—— Der Einzige [Dritte Fassung], in: Ders., *Gedichte nach 1800* (Text). Hg. von Friedrich Beissner. Stuttgart: Kohlhammer 1951 (=Große Stuttgarter Ausgabe, Hölderlin Sämtliche Werke Bd. 2-1), S. 161-164. [StA 2-1]
—— Andenken, in: Ders., *Gedichte nach 1800* (Text). Hg. von Friedrich Beissner. Stuttgart: Kohlhammer 1951 (=Große Stuttgarter Ausgabe, Hölderlin Sämtliche Werke Bd. 2-1), S. 188-189. [StA 2-1]
—— Der Ister, in: Ders., *Gedichte nach 1800* (Text). Hg. von Friedrich Beissner. Stuttgart: Kohlhammer 1951 (=Große Stuttgarter Ausgabe, Hölderlin Sämtliche Werke Bd. 2-1), S. 190-192. [StA 2-1]
—— Mnemosyne [Erste Fassung], in: Ders., *Gedichte nach 1800* (Text). Hg. von Friedrich Beissner. Stuttgart: Kohlhammer 1951 (=Große Stuttgarter Ausgabe, Hölderlin Sämtliche Werke Bd. 2-1), S. 193-194. [StA 2-1]
—— Mnemosyne [Zweite Fassung], in: Ders., *Gedichte nach 1800* (Text). Hg. von Friedrich Beissner. Stuttgart: Kohlhammer 1951 (=Große Stuttgarter Ausgabe, Hölderlin Sämtliche Werke Bd. 2-1), S. 195-196. [StA 2-1]
—— Mnemosyne [Dritte Fassung], in: Ders., *Gedichte nach 1800* (Text). Hg. von Friedrich Beissner. Stuttgart: Kohlhammer 1951 (=Große Stuttgarter Ausgabe, Hölderlin Sämtliche Werke Bd. 2-1), S. 197-198. [StA 2-1]
—— Hyperion oder der Eremit in Griechenland [1796-1799], in: Ders., *Hyperion*. Hg. von Friedrich Beissner. Stuttgart: Kohlhammer 1957 (=Große Stuttgarter Ausgabe, Hölderlin Sämtliche Werke Bd. 3), S. 1-160. [StA 3]
—— Hyperions Jugend [1795], in: Ders., *Hyperion*. Hg. von Friedrich Beissner. Stuttgart: Kohlhammer 1957 (=Große Stuttgarter Ausgabe, Hölderlin Sämtliche Werke Bd. 3), S. 199-234. [StA 3]
—— Der Tod des Empedokles [Erste Fassung], in: Ders., *Empedokles Aufsätze* (Text und Erläuterungen). Hg. von Friedrich Beissner. Stuttgart: Kohlhammer 1961

(=Große Stuttgarter Ausgabe, Hölderlin Sämtliche Werke Bd. 4–1), S. 1–85. [StA 4–1]
—— Der Tod des Empedokles [Zweite Fassung], in: Ders., *Empedokles Aufsätze* (Text und Erläuterungen). Hg. von Friedrich Beissner. Stuttgart: Kohlhammer 1961 (=Große Stuttgarter Ausgabe, Hölderlin Sämtliche Werke Bd. 4–1), S. 87–118. [StA 4–1]
—— Der Tod des Empedokles [Dritte Fassung], in: Ders., *Empedokles Aufsätze* (Text und Erläuterungen). Hg. von Friedrich Beissner. Stuttgart: Kohlhammer 1961 (=Große Stuttgarter Ausgabe, Hölderlin Sämtliche Werke Bd. 4–1), S. 119–141. [StA 4–1]
—— Grund zum Empedokles, in: Ders., *Empedokles Aufsätze* (Text und Erläuterungen). Hg. von Friedrich Beissner. Stuttgart: Kohlhammer 1961 (=Große Stuttgarter Ausgabe, Hölderlin Sämtliche Werke Bd. 4–1), S. 149–162. [StA 4–1]
—— Reflexion, in: Ders., *Empedokles Aufsätze* (Text und Erläuterungen). Hg. von Friedrich Beissner. Stuttgart: Kohlhammer 1961 (=Große Stuttgarter Ausgabe, Hölderlin Sämtliche Werke Bd. 4–1), S. 233–236. [StA 4–1]
—— Communismus der Geister, in: Ders., *Empedokles Aufsätze* (Text und Erläuterungen). Hg. von Friedrich Beissner. Stuttgart: Kohlhammer 1961 (=Große Stuttgarter Ausgabe, Hölderlin Sämtliche Werke Bd. 4–1), S. 306–309. [StA 4–1]
—— [Übersetzung] Pindar, Fünfte Pythische Ode, in: Hölderlin, Friedrich, *Übersetzungen*. Hg. von Friedrich Beissner. Stuttgart: Kohlhammer 1952 (=Große Stuttgarter Ausgabe, Hölderlin Sämtliche Werke Bd. 5), S. 93–96. [StA 5]
—— [Übersetzung] Pindar, Eilfte Pythische Ode, in: Hölderlin, Friedrich, *Übersetzungen*. Hg. von Friedrich Beissner. Stuttgart: Kohlhammer 1952 (=Große Stuttgarter Ausgabe, Hölderlin Sämtliche Werke Bd. 5), S. 110–113. [StA 5]
—— [Übersetzung] Sophokles, Oedipus der Tyrann, in: Hölderlin, Friedrich, *Übersetzungen*. Hg. von Friedrich Beissner. Stuttgart: Kohlhammer 1952 (=Große Stuttgarter Ausgabe, Hölderlin Sämtliche Werke Bd. 5), S. 121–192. [StA 5]
—— Anmerkungen zum Oedipus, in: Ders., *Übersetzungen*. Hg. von Friedrich Beissner. Stuttgart: Kohlhammer 1952 (=Große Stuttgarter Ausgabe, Hölderlin Sämtliche Werke Bd. 5), S. 195–202. [StA 5]
—— [Übersetzung] Sophokles, *Antigonä*, in: Hölderlin, Friedrich, *Übersetzungen*. Hg. von Friedrich Beissner. Stuttgart: Kohlhammer 1952 (=Große Stuttgarter Ausgabe, Hölderlin Sämtliche Werke Bd. 5), S. 203–262. [StA 5]
—— Anmerkungen zur Antigonä, in: Ders., *Übersetzungen*. Hg. von Friedrich Beissner. Stuttgart: Kohlhammer 1952 (=Große Stuttgarter Ausgabe, Hölderlin Sämtliche Werke Bd. 5), S. 263–272. [StA 5]
—— [Übersetzung] Lucanus, Marcus Annaeus, „Lucans Pharsalia“, in: Hölderlin, Friedrich, *Übersetzungen*. Hg. von Friedrich Beissner. Stuttgart: Kohlhammer 1952 (=Große Stuttgarter Ausgabe, Hölderlin Sämtliche Werke Bd. 5), S. 295–312.

[StA 5]
—— [Übersetzung] Vergilius Maro, Publius, „Nisus und Euryalus“, in: Hölderlin, Friedrich, *Übersetzungen*. Hg. von Friedrich Beissner. Stuttgart: Kohlhammer 1952 (=Große Stuttgarter Ausgabe, Hölderlin Sämtliche Werke Bd. 5), S. 319–323. [StA 5]

II ヘルダーリン全集・ヘリングラート版: Hölderlin, Friedrich, *Hölderlin Sämtliche Werke*. Historisch-Kritische Ausgabe. Hg. von Norbert von Hellingrath. Berlin: Propyläen Verlag 1922–1923.

Hölderlin, Friedrich, *Hölderlin Sämtliche Werke*. Historisch-Kritische Ausgabe. Bd. III. Hg. von Norbert von Hellingrath. Berlin: Propyläen Verlag 1922.
——*Hölderlin Sämtliche Werke*. Historisch-Kritische Ausgabe. Bd. IV. Hg. von Norbert von Hellingrath. Berlin: Propyläen Verlag 1923.

III ヘルダーリン全集・フランクフルト版: Hölderlin, Friedrich, *Friedrich Hölderlin Sämtliche Werke Frankfurter Ausgabe*. Hg. von D. E. Sattler. Frankfurt am Main: Roter Stern 1975–2008. [FHA]

Hölderlin, Friedrich, Brod und Wein, in: Ders., *Elegien und Epigramme, Sämtliche Werke Frankfurter Ausgabe*. Bd. 6. Hg. von D. E. Sattler. Frankfurt am Main: Roter Stern 1976, S. 203–262. [FHA 6]
——Friedensfeier, in: Ders., *Gesänge II, Sämtliche Werke Frankfurter Ausgabe*. Bd. 8. Hg. von D. E. Sattler. Frankfurt am Main: Roter Stern 2000, S. 638–644. [FHA 8]
——*Empedokles I, Sämtliche Werke Frankfurter Ausgabe*. Bd. 12. Hg. von D. E. Sattler. Frankfurt am Main: Roter Stern 1985. [FHA 12]

IV ヘルダーリン全集（河出書房版）
ヘルダーリン，フリードリヒ『ヘルダーリン全集 1 詩 I（1784–1800）』手塚富雄，生野幸吉，浅井真男，今井寛，川村二郎，神品芳夫，高岡和夫，高橋英夫訳，河出書房新社，2007（1966）年。
——『ヘルダーリン全集 2 詩 II（1800–1843）』手塚富雄，浅井真男訳，河出書房新社，2007（1966）年。
——『ヘルダーリン全集 3 ヒュペーリオン・エンペドクレス』手塚富雄，浅井真男訳，河出書房新社，1980（1969）年。[全集 3]
——『ヘルダーリン全集 4 論文／書簡』手塚富雄，浅井真男，氷上英広，神品芳夫，宮原朗，野村一郎，志波一富，重原淳郎，小島澄郎，横田ちゑ訳，河出書房新社，2007（1969）年。

シェリングの文献

I　**シェリング全集・息子版**：Schelling, Friedrich Wilhelm Joseph, *Friedrich Wilhelm Joseph von Schelling Sämmtliche Werke*. Hg. von K. F. A. Schelling. Stuttgart: Cotta'sche Verlag 1856–1861.［SW］

Schelling, Friedrich Wilhelm Joseph, Ideen zu einer Philosophie der Natur, in: Ders., *Friedrich Wilhelm Joseph von Schelling Sämmtliche Werke*. Ab. I, Bd. 2. Hg. von K. F. A. Schelling. Stuttgart: Cotta'sche Verlag 1857, S. 1–343.［SW I–2］

—— Bruno oder über das göttliche und natürliche Princip der Dinge. Ein Gespräch［1802, 2. Aufl. 1842］, in: Ders., *Friedrich Wilhelm Joseph von Schelling Sämmtliche Werke*. Ab. I. Bd. 4. Hg. von K. F. A. Schelling. Stuttgart: Cotta'sche Verlag 1859, S. 213–332.［SW I–4］

—— Philosophie und Religion［1804］, in: Ders., *Friedrich Wilhelm Joseph von Schelling Sämmtliche Werke*. Ab. I. Bd. 6. Hg. von K. F. A. Schelling. Stuttgart: Cotta'sche Verlag 1860, S. 11–70.［SW I–6］

—— Philosophische Untersuchungen über das Wesen der menschlichen Freiheit und die damit zusammenhängenden Gegenstände［1809］, in: Ders., *Friedrich Wilhelm Joseph von Schelling Sämmtliche Werke*. Ab. I. Bd. 7. Hg. von K. F. A. Schelling. Stuttgart: Cotta'sche Verlag 1860, S. 331–416.［SW I–7］

—— Stuttgarter Privatvorlesungen［1810］, in: Ders., *Friedrich Wilhelm Joseph von Schelling Sämmtliche Werke*. Ab I. Bd. 7. Hg. von K. F. A. Schelling. Stuttgart: Cotta'sche Verlag 1860, S. 417–484.［SW I–7］

—— Die Weltalter. Bruchstück.（Aus dem handschriftlichen Nachlaß.）［1814/15］, in: Ders., *Friedrich Wilhelm Joseph von Schelling Sämmtliche Werke*. Ab I. Bd. 8. Hg. von K. F. A. Schelling. Stuttgart: Cotta'sche Verlag 1861, S. 195–344.［SW I–8］

—— Über die Gottheiten von Samothrake［1815］, in: Ders., *Friedrich Wilhelm Joseph von Schelling Sämmtliche Werke*. Ab. I. Bd. 8. Hg. von K. F. A. Schelling. Stuttgart: Cotta'sche Verlag 1861, S. 345–423.［SW I–8］

—— Philosophie der Mythologie［1842］, in: Ders., *Friedrich Wilhelm Joseph von Schelling Sämmtliche Werke*. Ab. II. Bd. 2. Hg. von K. F. A. Schelling. Stuttgart: Cotta'sche Verlag 1857.［SW II–2］

—— *Philosophie der Offenbarung. Erster Theil*. Ab. II. Bd. 3. Hg. von K. F. A. Schelling. Stuttgart: Cotta'sche Verlag 1858, S. 175–530.［SW II–3］

II　**シェリングの文献**（全集以外）

Schelling, Friedrich Wilhelm Joseph, *Ideen zu einer Philosophie der Natur als Einleitung in das Studium dieser Wissenschaft Erster Teil*［Eigentlich in 1797. Zweite durchaus verbesserte und mit berichtigenden Zusätzen vermehrte Auflage in 1803］. Lands-

hut: Philipp Krüll Universitätsbuchhändler 1803.
——*Über die Gottheiten von Samothrake*. Stuttgart/Tübingen: J. G. Cotta'sche Buchhandlung 1815. [ÜGS]
——*Die Weltalter. Fragmente in den Urfassungen von 1811 und 1813*. Hg. von Manfred Schröter. 4. Aufl. München: C. H. Beck 1993 (1966).
——*System der Weltalter. Münchner Vorlesung 1827/28 in einer Nachschrift von Ernst von Lasaulx*. Hg. von Siegbert Peetz. Frankfurt am Main: Vittorio Klostermann 1990. [SWA]

ニーチェの文献

I　ニーチェ全集：Nietzsche, Friedrich, *Nietzsche Werke. Kritische Gesamtausgabe*. Begründet von Giorgio Colli und Mazzino Montinari. Berlin/New York: Walter de Gruyter 1967 ff. [KGW]

Nietzsche, Friedrich, Die vorplatonischen Philosophen [Vorlesungsaufzeichnung von SS 1872, 1873, 1876], in: Ders., *Nietzsche Werke. Kritische Gesamtausgabe*, I. Abteilung. Bd. 4, Bearb. von Fritz Bormann und Mario Carpitella, Berlin/New York: Walter de Gruyter 1995, S. 209–362. [KGW II-4]
——Der Gottesdienst der Griechen [Vorlesungsaufzeichnung vom WS 1875–1876], in: Ders., *Nietzsche Werke. Kritische Gesamtausgabe*, II. Abteilung. Bd. 5, Bearb. von Fritz Bormann und Mario Carpitella, Berlin/New York: Walter de Gruyter 1995, S. 355–520. [KGW II-5]

II　ニーチェ全集：Nietzsche, Friedrich, *Friedrich Nietzsche: Sämtliche Werke. Kritische Studienausgabe*. Bd. 1–15. Hg. von Giorgio Colli und Mazzino Montinari. 2., durchgesehene Auflage. München: Deutscher Taschenbuch Verlag, Berlin/New York: Walter de Gruyter 1988 (1980 ff. 1967–77) [KSA]

Nietzsche, Friedrich, Die Geburt der Tragödie, in: Ders., *Friedrich Nietzsche: Sämtliche Werke. Kritische Studienausgabe*. Bd. 1. Hg. von Giorgio Colli und Mazzino Montinari. München: Deutscher Taschenbuch Verlag, Berlin/New York: Walter de Gruyter 1988.
——Menschliches, Allzumenschliches I und II, in: Ders., *Friedrich Nietzsche: Sämtliche Werke. Kritische Studienausgabe*. Bd. 2. Hg. von Giorgio Colli und Mazzino Montinari. 2., durchgesehene Auflage. München: Deutscher Taschenbuch Verlag, Berlin/New York: Walter de Gruyter 1988.
——Die fröhliche Wissenschaft, in: Ders., *Friedrich Nietzsche: Sämtliche Werke. Kritische Studienausgabe*. Bd. 3. Hg. von Giorgio Colli und Mazzino Montinari. 2., durchgesehene Auflage. München: Deutscher Taschenbuch Verlag, Berlin/New York:

Walter de Gruyter 1988, S. 343–651. ［KSA 3］
——Zur Genealogie der Moral ［1887］, in: Ders., *Friedrich Nietzsche: Sämtliche Werke. Kritische Studienausgabe*. Bd. 5. Hg. von Giorgio Colli und Mazzino Montinari. 2., durchgesehene Auflage. München: Deutscher Taschenbuch Verlag, Berlin/New York: Walter de Gruyter 1988, S. 245–412.
——*Friedrich Nietzsche: Sämtliche Werke. Kritische Studienausgabe. Nachgelassene Fragmente 1884–1885*. Bd. 11. Hg. von Giorgio Colli und Mazzino Montinari. 2., durchgesehene Auflage. München: Deutscher Taschenbuch Verlag, Berlin/New York: Walter de Gruyter 1988.
——*Friedrich Nietzsche: Sämtliche Werke. Kritische Studienausgabe. Nachgelassene Fragmente. Herbst 1885 bis Anfang Januar 1889. 1. Teil: Herbst 1885 bis Herbst 1887 (1–10).* Bd. 12. Hg. von Giorgio Colli und Mazzino Montinari. 2., durchgesehene Auflage. München: Deutscher Taschenbuch Verlag, Berlin/New York: Walter de Gruyter 1988. ［KSA 12］

Ⅲ　ニーチェの邦訳文献（筑摩書房版全集）

ニーチェ『古典ギリシアの精神（ニーチェ全集 1）』戸塚七郎，泉治典，上妻精訳，筑摩書房，1994（1980）年。

——『悲劇の誕生（ニーチェ全集 2）』塩屋竹男訳，筑摩書房，2011/1993（1979）年。

——『人間的，あまりに人間的 I（ニーチェ全集 5）』池尾健一訳，筑摩書房，2006/1994（1979）年。

——『悦ばしき知識（ニーチェ全集 8）』信太正三訳，筑摩書房，2007/1993（1980）年。

——『善悪の彼岸　道徳の系譜（ニーチェ全集 11）』信太正三訳，筑摩書房，2010/1993（1980）年。

そのほかの欧文文献

（アルファベット順）

Anonymous, *The Homeric hymns and homerica*, with English translation by Hugh G. Evelyn-White. London: William Heinemann 1920.
——*Liber de causis. Das Buch von den Ursachen*. Übersetzt von Andreas Schönfeld. Hamburg: Felix Meiner 2003.
——［Pseud-Iamblichos］*Theologumena Arithmeticae*. Edidit Fridericus Astius. Lipsiae: In Libraria Weidmannia 1817.
——*Ποιησις Φιλοσοφος/Poesis Philosophica*. Henricus Stephanus（Buchdrucker）Paris. ［出版社不詳］1570. ［Stephanus］
Arendt, Hannah, *The Human Condition*. Chicago: The University of Chicago Press 1998（1958）.
——*Love and Saint Augustine*. Edited and with an Interpretive Essay by Joanna Vecchiarelli Scott and Judith Chelius Stark. Chicago & London: The University of Chicago Press 1996（1929）.

Aquinas, Thomas, *Von der Wahrheit • De veritate. Questio I.* Übersetzt von Albert Zimmermann. Hamburg: Felix Meiner 1986.

Audiat, Jean, « L'hymne d'Aristonoos à Hestia », in: *Bulletin de correspondance hellénique*. Vol. 56, 1932, pp. 299–312.

Augustinus, *De civitate Dei Libri XXII*, iterum recognovit B. Dombart. Vol. I, Lib. I-XIII. Lipsiae: In Aedibus B. G. Teubneri 1877.

——*Suche nach dem wahren Leben* (*Confessiones X / Bekenntnisse 10*). Eingeleitet, übersetzt und mit Anmerkungen versehen von Norbert Fischer. Hamburg: Felix Meiner 2006.

Baltes, Matthias, *Timaios Lokros. Über die Natur des Kosmos und der Seele*. Kommentiert von Matthias Baltes. Leiden: E. J. Brill 1972 (=Philosophia antiqua. A series of monographs on ancient philosophy. Edited by W. J. Verdenius and J. H. Waszink. Vol. XXI).

——*Die Weltentstehung des platonischen Timaios nach den antiken Interpreten*. Teil I. Leiden: E. J. Brill 1976 (=Philosophia Antiqua. A series of Monographs on ancient philosophy. Edited by W. J. Verdenius and J. H. Waszink Vol. XXX).

——*Die Weltentstehung des platonischen Timaios nach den antiken Interpreten*. Teil II. Leiden: E. J. Brill 1978 (=Philosophia Antiqua. A series of Monographs on ancient philosophy. Edited by W. J. Verdenius and J. H. Waszink Vol. XXXV).

——*Dianoemata: kleine Schriften zu Platon und zum Platonismus.* Hg. von Marie-Luise Lakmann. Berlin/New York: De Gruyter 2011 (1999).

Becker, Ralf, *Sinn und Zeitlichkeit: Vergleichende Studien zum Problem der Konstitution von Sinn durch die Zeit bei Husserl, Heidegger und Bloch*. Würzburg: Königshausen & Neumann 2003.

Beierwaltes, Werner, *Procliana: Spätantikes Denken und seine Spuren*. Frankfurt am Main: Vittorio Klostermann 2007.

Beißner, Friedrich, Erläuterungen, in: Hölderlin, Friedrich, *Empedokles Aufsätze* (Text und Erläuterungen). Hg. von Friedrich Beissner. Stuttgart: Kohlhammer 1961 (=Große Stuttgarter Ausgabe, Hölderlin Sämtliche Werke Bd. 4–1), S. 311–426. [StA 4–1]

Benveniste, Émile, *Problèmes de linguistique générale, I*. Paris: Éditions Gallimard 2012 (1966). [Benveniste 1966]

Boeckh, August, *Philolaos des Pythagoreers Lehren nebst den Bruchstücken seines Werkes*. Berlin: Vossische Buchhandlung 1819.

Bidez, Joseph, *Vie de Porphyre. Le philosophe Néo-Platonicien avec les fragments des traités* ΠΕΡΙ ΑΓΑΛΜΑΤΩΝ *et DE REGRESSU ANIMAE*. Hildesheim: Georg Olms Verlagsbuchhandlung 1964.

Binder, Wolfgang, „Äther und Abgrund in Hölderlins Dichtung", in: Jamme, Christoph und Pöggeler, Otto (Hg.), *„Frankfurt aber ist der Nabel dieser Erde". Das Schicksal einer Generation der Goethezeit*. Stuttgart: Klett-Cotta 1990, S. 349–369.

Bremer, Dieter, „„Versöhnung ist mitten im Streit“ Hölderlins Entdeckung Heraklits“, in: Böschenstein, Bernhard und Gaier, Ulrich (Hg.), *Hölderlin-Jahrbuch im Auftrag der Friedrich Hölderlin Gesellschaft*. Bd. 30, 1996–1997. Stuttgart/Weimar: J. B. Metzler 1998, S. 173–199.

Breen, Katharine, *Imagining an English Reading Public*, 1150–1400. Cambridge: Cambridge University Press 2010.

Brugmann, Karl und Delbrück, Berthold, *Grundriß der vergleichenden Grammatik der indogermanischen Sprachen*. Bd. 2. 3. Theil. Straßburg: Karl J. Trübner 1916.

Burnet, John, *Early Greek Philosophy*. London: Adam & Charles Black 1971 (1892). [EGP]

Cornford, Francis MacDonald, *Plato's Cosmology. The Timaeus of Plato translated with a running commentary*. London: Routledge & Kegan Paul 1977 (1937).

Cornutus, Lucius Annaeus, *Theologiae Graecae Compendium*. Leipzig: B. G. Teubner 1881.

—— *Einführung in die griechischen Götterlehre*. Hg., eingeleit., und übers. von Peter Busch und Jürgen K. Zangenberg. Darmstadt: Wissenschaftliche Buchgesellschaft 2010.

Creuzer, Friedrich, *Symbolik und Mythologie der alten Völker, besonders der Griechen*. 1. Teil. 3. verbesserte Aufl. Leipzig/Darmstadt: Carl Wilhelm Laske 1837 (1810).

Derrida, Jacques, *De la Grammatologie*. Paris: Les Éditions de Minuit 1967.

—— *Marges de la philosophie*. Paris: Les Éditions de Minuit 1972.

Diels, Hermann und Kranz, Walter (Hg.), *Die Fragmente der Vorsokratiker*. Griechisch und Deutsch von Hermann Diels. Bd. I. Zürich: Weidmann 2004. [FV I]

—— *Die Fragmente der Vorsokratiker*. Griechisch und Deutsch von Hermann Diels. Bd. II. Zürich: Weidmann 2014.

Diels, Hermann, *Parmenides Lehrgedicht*. Mit einem Anhang über griechische Türen und Schlösser. Zweite Aufl. Sankt Augstin: Academia Verlag 2003 (1897) (=Interpretation Pre-Platonic Studies. Hg. von Jonathan Barnes, Rafael Ferber und Livio Rossetti. Vol. 3).

Elberfeld, Rolf, “The Middle Voice of Emptiness: Nishida and Nishitani”, in: Davis, Bret W., Schroeder, Brian and Wirth Jason M. (ed.), *Japanese and Continental Philosophy. Conversations with the Kyoto School*. Indiana: Indiana University Press 2011, pp. 269–285.

Euripides, *Fragments: Oedipus-Chrysippus. Other Fragments* (Euripides Volume VIII. Loeb Classical Library 506). Edited and translated by Christopher Collard and Martin Cropp. Cambridge, Massachusetts, London: Harvard University Press 2009. [E-VIII]

Fink, Eugen, *Nähe und Distanz. Phänomenologische Vorträge und Aufsätze*. Hg. von Franz-Anton Schwarz. Freiburg/München: Karl Alber 1976.

Franz, Michael, *Tübinger Platonismus. Die gemeinsamen philosophischen Anfangsgründe von Hölderlin, Schelling und Hegel*. Tübingen: Narr Francke Attempto 2012.

Fustel de Coulanges, Numa-Denys, *La cité antique*. Paris: Hachette 1864.

—— *The ancient city*. New York: Doubleday Anchor 1956.

Gabriel, Markus, „Ist die Kehre ein realistischer Entwurf?“, in: Espinet, David und Hildebrandt, Toni (Hg.), *Suchen, Entwerfen, Stiften. Randgänge zum Entwurfsdenken Martin Heideggers*. Paderborn: Wilhelm Fink 2014, S. 87–106.

Gemoll, W. und Vretska, K., *Gemoll. Griechisch-deutsch Schuhl- und Handwörterbuch*. Zehnte, völlig neu bearbeitete Auflage. Wien: Hölder-Pichler-Tempsky 2014.

Georgiev, Vladimir I., „Das Medium: Funktion und Herkunft“, in: Schlerath, Bernfried, *Grammatische Kategorien. Funktion und Geschichte*. Wiesbaden: Dr. Ludwig Reichert Verlag 1985.

Gilbert, Otto, „Die δαίμων des Parmenides“ [1907], in: Zeller, Eduard (Hg.), *Archiv für Geschichte der Philosophie*. Bd. XX, neue Folge XIII Band. Berlin: Georg Reimer 1907.

Görner, Rüdiger, *Hölderlins Mitte. Zur Ästhetik eines Ideals*. München: iudidicum 1993.

Gregoric, Pavel, “The Heraclitus Anecdote (De Partibus Animalium i 5.645a17–23)” , in: *Ancient Philosophy* 21, 2001, pp. 73–85.

Groddeck, Wolfram, *Hölderlins Elegie Brod und Wein oder Die Nacht*. Frankfurt am Main: Stroemfeld 2015. [Groddeck 2015]

Grondin, Jean, „Heidegger und Augustin. Zur hermeneutischen Wahrheit“, in: Richter, Ewald (Hg.), *Die Frage nach der Wahrheit*. Frankfurt am Main: Vittorio Klostermann 1997, S. 165–177. [Grondin 1997]

Hegel, Georg Wilhelm Friedrich, Phänomenologie des Geistes [1806/07], in: Ders., *Gesammelte Werke*. Bd. 9. Hg. von Wolfgang Bonsiepen und Reinhard Heede. Hamburg: Felix Meiner 1980.

Hoffmann, Gisbert, *Heideggers Phänomenologie. Bewusstsein - Reflexion - Selbst (Ich) und Zeit im Frühwerk*. Würzburg: Königshausen & Neumann 2005.

von Herrmann, Friedrich-Wilhelm, „Begegnungen mit Augustinus in den Phänomenologien von Edmund Husserl (1859–1938), Max Scheler (1874–1928) und Martin Heidegger (1889–1976)”, in: Fischer, Norbert (Hg.), *Augustinus Spuren und Spiegelungen seines Denkens Band 2: Von Descartes bis in die Gegenwart*. Hamburg: Felix Meiner 2009, S. 253–264. [Herrmann 2009]

Husserl, Edmund, *Ideen zu einer reinen Phänomenologie und phänomenologischen Philosophie. Erstes Buch*. Allgemeine Einführung in die reine Phänomenologie. 1. Halbband. Texte der 1.–3. Auflage. Neu hg. von Karl Schuhmann. Den Haag: Martinus Nijhoff 1976 (=Husserliana Bd. III/1).

——*Ideen zu einer reinen Phänomenologie und phänomenologischen Philosophie. Erstes Buch*. Allgemeine Einführung in die reine Phänomenologie. 2. Halbband. Ergänzende Texte (1912–1929). Neu hg. von Karl Schuhmann. Den Haag: Martinus Nijhoff 1976 (=Husserliana Bd. III/2).

——*Ideen zu einer reinen Phänomenologie und phänomenologischen Philosophie. Drittes Buch. Die Phänomenologie und die Fundamente der Wissenschaften*. Hg. von Marly Biemel. Den Haag: Martinus Nijhoff 1952 (=Husserliana Bd. V).

——Der Encyclopaedia Britannica Artikel [1927], in: Ders., *Phänomenologische*

Psychologie. Hg. von Walter Biemel. Den Haag: Martinus Nijhoff 1962 (=Husserliana Bd. IX), S. 590–615.

—— *Logische Untersuchungen. Erster Band. Prolegomena zur reinen Logik.* Hg. von Elmar Holenstein. Den Haag: Martinus Nijhoff 1975 (=Husserliana Bd. XVIII).

—— *Logische Untersuchungen. Zweiter Band. Erster Teil: Untersuchungen zur Phänomenologie und Theorie der Erkenntnis.* Hg. von Ursula Panzer. Den Haag: Martinus Nijhoff 1984 (=Husserliana Bd. XIX/1).

—— *Logische Untersuchungen. Zweiter Band. Zweiter Teil: Untersuchungen zur Phänomenologie und Theorie der Erkenntnis.* Hg. von Ursula Panzer. Den Haag: Martinus Nijhoff 1984 (=Husserliana Bd. XIX/2).

Imdahl, Georg, *Das Leben verstehen. Heideggers formal anzeigende Hermeneutik in den frühen Freiburger Vorlesungen (1919 bis 1923)*. Epistemata Philosophie Bd. 206. Würzburg: Königshausen & Neumann 1997.

Ioannes Laurentius Lydus, *Liber de mensibus*. Edidit Ricardus Wuensch. Lipsiae: In Aedibus B. G. Teubneri 1989.

Jaran, François, and Perrin, Christophe, *The Heidegger Concordance Vol. 1*. London: New Delhi, New York, Sydny: Bloomsbury 2013.

—— *The Heidegger Concordance Vol. 2*. London: New Delhi, New York, Sydny: Bloomsbury 2013.

—— *The Heidegger Concordance Vol. 3*. London: New Delhi, New York, Sydny: Bloomsbury 2013.

Kant, Immanuel, *Kritik der reinen Vernunft* [1. Aufl. 1781]. Hg. von der Königlich Preußischen Akademie der Wissenschaften. Berlin: Georg Reimer 1911 (=Gesammelte Schriften Bd. 4. I. Abteilung. Werke), S. 1–252 (A VII-XXII, A 1-A 405). [KrV, A]

—— *Kritik der reinen Vernunft* [2. Aufl. 1787]. Hg. von der Königlich Preußischen Akademie der Wissenschaften. Berlin: Georg Reimer 1911 (=Gesammelte Schriften Bd. 3 (1/4). I. Abteilung. Werke), B V-B XLIV, B 1-B 884. [KrV, B]

—— *Anthropologie.* Hg. von Königlich Preußlichen Akademie der Wissenschaften. Berlin/Leipzig: Walter de Gruyter 1923 (=Gesammelte Schriften Bd. 15. 1. Hälfte).

King, Colin Guthrie, „Die Achsendrehung der Erde bei Platon? August Boeckh und ein philologischer Streit um die Geschichte der antiken Astronomie“ [2013], in: Hackel, Christiane und Seifert, Sabine (Hg.), *August Boeckh. Philologie, Hermeneutik und Wissenschaftspolitik*. Berlin: Berliner Wissenschafts-Verlag 2013, S. 79–106.

Kisiel, Theodore, „Das Versagen von *Sein und Zeit*: 1927–1930“, in: Rentsch, Thomas (Hg.), *Martin Heidegger. Sein und Zeit*. 2. Aufl. Berlin: Akademie Verlag 2007, S. 253–279.

Klaiman, M.H., “Affectedness and control: a typology of voice systems” , in: Shibatani, Masayoshi (Hg.), *Passive and voice*. Amsterdam/Philadelphia: John Benjamins Publishing Company 1988, pp. 25–83.

Kluge, Friedrich, *Etymologisches Wörterbuch der deutschen Sprache*, 23. Erweiterte Aufl.,

bearb. von Elmar Seebold. Berlin/New York: Walter de Gruyter 1999. [KEW]

Kordić, Ivan, „Die Kehre, die keine war? Das Denken Martin Heideggers - ein dauerhaftes Unterwegs“, in: Damir Barbarić (Hg.), *Das Spätwerk Heideggers: Ereignis - Sage - Geviert*. Würzburg: Königshausen & Neumann 2007, S. 43–58.

Kroll, Wilhelm (Hg.), *Paulys Realencyclopädie der classischen Altertumswissenschaft*. Neue Bearbeitung begonnen von Georg Wissova unter Mitwirkung zahlreicher Fachgenossen. Erste Reihe, Bd. 15. Stuttgart: Alfred Druckemüller 1912. [Paulys I–15]

Lask, Emil, *Die Lehre vom Urteil* [1912]. Hg. von Eugen Herrigel. Tübingen: J. C. B. Mohr (Paul Siebeck) 1923 (=Gesammelte Schriften Bd. II). [Lask 1912]

Liddle, Henry George und Scott, Robert, *A Greek-English Lexicon*. Oxford: Clarendon Press 1996. [GEL]

Llewellyn, John, *Hypocritical Imagination: Between Kant and Lévinas* (*Warwick Studies in European Philosophy*). London: Routledge 1999. [Llewellyn 1999]

MacNeil, Will, “A ‘scarcely pondered word.’ The Place of Tragedy: Heidegger, Aristotle, Sophocles”, in: de Beistegui, Miguel and Sparks, Simon (Hg.), *Philosophy and Tragedy*. London: Routledge 2000, pp. 169–189.

Macrobius, Ambrosius Theodosius, *Saturnaliorum libri VII et indices*. Hg. von Ludovicus Ianus (Ludwig von Jan). Quedlinburg/Leipzig: Gottfried Basse 1852 (=Opera quae supersunt. Excussis exemplaribus tam manu exaratis quam typis descriptis emendavit: prolegomena, apparatum criticum, adnotationes, cum aliorum selectas tum suas, indicesque adiecit Ludovicus Janus, Volumen II). [Macrobius II]

Marion, J.-L., „Reduktive „Gegen-Methode“ und Faltung der Gegebenheit“ [übersetzt von Rolf Kühn], in: Kühn, Rolf und Staudigl, Michael (Hg.), *Epoché und Reduktion. Formen und Praxis der Reduktion in der Phänomenologie*. Würzburg: Königshausen & Neumann 2003, S. 125–138.

Meillassoux, Quentin, *Après la finitude. Essai sur la nécessité de la contingence*. Paris: Seuil 2006.

Merkelbach, Reinhold, „Der Kult der Hestia im Prytaneion der griechischen Städte“ [1980], in: Ders., *Hestia und Erigone: Vorträge und Aufsätze*. Hg. von Wolfgang Blümel, Bärbel Kramer, Johannes Kramer und Cornelia Eva Römer. Berlin/New York: De Gruyter 1996, S. 52–66. [Merkelbach 1980]

—— (Hg.), *Steinepigramme aus dem griechischen Osten. Bd. 1. Die Westküste Kleinasiens von Knidos bis Ilion*. Hg. von Reinhold Merkelbach und Josef Stauber. Stuttgart/Leipzig: B. G. Teubner 1998. [Steinepigramme I]

Mojasevic, Miljan, „Stille und Maß“, in: Binder, Wolfgang und Kelletat, Alfred (Hg.), *Hölderlin-Jahrbuch im Auftrag der Friedrich Hölderlin Gesellschaft*. Tübingen: J. C. B. Mohr (Paul Siebeck) 1963/64, S. 44–64.

Morrison, John Sinclair, “Parmenides and Er”, in: *The Journal of Hellenic Studies*, Vol. 75, 1955, London: Society for the Promotion of Hellenic Studies, pp. 59–68.

Natorp, Paul, „Bruno Bauchs »Immanuel Kant« und die Fortbildung des Systems des kriti-

schen Idealismus“ [1918], in: Vaihinger, Hans, Frischeisen-Köhler, Max und Liebert, Arthur (Hg.), *Kant-Studien* XXII. Berlin: Reuther & Reichard 1918, S. 426–459. [Natorp 1918]

Novalis (Georg Philipp Friedrich von Hardenberg), Hymnen an die Nacht, in: Ders., *Novalis Schriften*. Bd. I. Hg. von Paul Kluckhohn und Richard Sanuel. Stuttgart: W. Kohlhammer 1960, S. 130–157.

——Heinrich von Ofterdingen, in: Ders., *Novalis Schriften*. Bd. I. Hg. von Paul Kluckhohn und Richard Sanuel. Stuttgart: W. Kohlhammer 1960, S. 193–372.

Otagiri, Kentaro, *Horizont als Grenze: Zur Kritik der Phänomenalität des Seins beim frühen Heidegger (libri virides 19)*. Nordhausen: Traugott Bautz 2014.

Otto, Walter F., *Die Götter Griechenlands. Das Bild des Göttlichen im Spiegel des griechischen Geistes* [1929]. Frankfurt am Main: Vittorio Klostermann 2013 (1929).

——*Dionysos. Mythos und Kultus* [1933]. Frankfurt am Main: Vittorio Klostermann 2011.

——*Der griechische Göttermythos bei Goethe und Hölderlin*. Berlin: Helmut Küpper 1939.

——*Der Dichter und die alten Götter*. Frankfurt am Main: Vittorio Klostermann 1942.

Paoli, Ubaldo Ramón Pérez, *Der plotinische Begriff von* ὙΠΟΣΤΑΣΙΣ *und die augustinische Bestimmung Gottes als Subiectum*. Würzburg: Augustinus-Verlag 1990. [Paoli 1990]

Pesando, Fabrizio, *Oikos e Ktesis. La casa greca in età classica*. Perugia/Roma: Edizioni Quasar 1987.

Plotinos, *Enneaden*. Übersetzt von Hermann Friedrich Müller. Berlin: Verlag der Contumax GmbH & Co. KG 2015.

Pöggeler, Otto, Einleitung, in: Jamme, Christoph und Pöggeler, Otto (Hg.), *„Frankfurt aber ist der Nabel dieser Erde“. Das Schicksal einer Generation der Goethezeit*. Stuttgart: Klett-Cotta 1990, S. 11–17. [Pöggeler 1990]

——*Schicksal und Geschichte. Antigone im Spiegel der Deutungen und Gestaltungen seit Hegel und Hölderlin*. München: Wilhelm Fink Verlag 2004. [Pöggeler 2004]

Pokorny, Julius, *Indogermanisches Etymologisches Wörterbuch Bd. I*. 5. Aufl. Tübingen/Basel: Narr Francke Attempto 2005 (1959). [IEW I]

——*Indogermanisches Etymologisches Wörterbuch Bd. II*. 5. Aufl. Tübingen/Basel: Narr Francke Attempto 2005 (1959). [IEW II]

Polledri, Elena, *„... immer bestehet ein Maas“. Der Begriff des Maßes im Hölderlin Werk*. Würzburg: Königshausen & Neumann 2002.

Porphyrios, *De abstinentia ab esu animalium*. Libri quatuor. Cum notis integris Petri Victorii et Ioannis Valentini, et interpretatione Latina Ioannis Bernardi Feliciani. Editionem curavit & suas itemque Ioannis Iacobi Reiskii. Notas adiecit Iacobus de Rhoer. Trajecti ad Rhenum (=Utrecht): Abrahamum Paddenburg 1767. [Porphyrios 1767]

——*On Abstinence from Killing Animals*. Translated by Gillian Clark. London/New Delhy/New York/Sydney: Bloomsbury 2000.

Preuner, August, *Hestia-Vesta*. Tübingen: H. Lauppsche Buchhandlung 1864. [Preuner

1864]

——Hestia, in: Roscher, W. H. (Hg.), *Ausführliches Lexikon der griechischen und römischen Mythologie*, 2. Abteilung. Bd. 1. Leipzig: B. G. Teubner 1890, S. 2605–2653.

Proklos, *Commentary on Platon's Timaeus. Vol. V. Book 4: Proclus on Time and the Stars*. Edited and translated by Direk Baltzly. Cambridge: Cambridge University Press 2013.

——*In Platonis Parmenidem Commentaria*. Edidit Carlos Steel. Tom. I. Oxford: Oxford University Press 2007. [PPC–I]

——*Kommentar zum platonischen Parmenides*. Übersetzt mit einer Einleitung und Anmerkungen versehen von Hans Günter Zekl. Würzburg: Königshausen & Neumann 2010.

——*Theologische Grundlegung. Griechisch-deutsch*. Übersetzt und herausgegeben von Ernst-Otto Onnasch und Ben Schomakers. Hamburg: Felix Meiner 2015.

Puntel, Lorenz B., *Sein und Gott. Ein systematischer Ansatz in Auseinandersetzung mit M. Heidegger, É. Lévinas und J.-L. Marion*. Tübingen: Mohr Siebeck 2010.

Rehm, Walther, „Tiefe und Abgrund in Hölderlins Dichtung", in: Kluckhohn, Paul (Hg.), *Hölderlin Gedenkschrift zu seiner 100. Todestag 7. Juni 1943 im Auftrag der Stadt und der Universität Tübingen*. 2. Aufl. Tübingen: J. C. B. Mohr (Paul Siebeck) 1944, S. 70–133.

Renaut, Alain, *Kant Aujourd'hui*. Paris: Aubier 1997.

Richardson, Hilda, "The Myth of Er (Plato, Republic, 616b)", in: *The Classical Quarterly*, Vol. 20, No. 3/4, 1926, Cambridge: Cambridge University Press on behalf of Classical Associetion, pp. 113–133. [Richardson 1926]

Ritter, Joachim, und Gründer, Karlfried (Hg.), *Historisches Wörterbuch der Philosophie, Bd. 8*. Basel: Schwabe & CO AG 1992.

——*Historisches Wörterbuch der Philosophie, Bd. 10*. Basel: Schwabe & Co. AG, 1998.

Robert, Louis, « Héraclite à son fourneau. Un mot d'héraclite dans Aristote (*Parties des animaux*, 645 A) », in: *École pratique des hautes études*. 4e section, Sciences historiques et philologiques. Annuaire 1965–1966. 1965, pp. 61–73. (=« Héraclite à son fourneau. Un mot D'héraclite dans Aristote (Parties des animaux, 645 A) » [1965], in: *Opera Minora Selecta. Épigraph et Antiquités grecques*. Tome III. Amsterdam: Adolf M. Hakkert 1969, pp. 1538–1550). [Robert 1965]

Rogozinski, Jacob, « Le don du monde » [1986], dans: Nancy, J.-L. et Deguy, M. (Hg.), *Du sublime*. Paris: Belin 1988, pp. 229–272.

Ruhstorfer, Karlheinz, *Konversionen. Eine Archäologie der Bestimmung des Menschen bei Foucault, Nietzsche, Augustinus und Paulus*. Paderborn: Ferdinand Schöningh 2004.

Schadewaldt, Wolfgang, „Das Bild der exzentrischen Bahn bei Hölderlin" [Vortrag Gehalten zur Jahresversammlung der Friedrich Hölderlin Gesellschaft am 7. Juni 1952], in: Beissner, Friedrich und Kluckhohn, Paul (Hg.), *Hölderlin-Jahrbuch im Auftrag der Friedrich Hölderlin Gesellschaft*. Tübingen: J. C. B. Mohr (Paul Siebeck) 1952, S. 1–16.

——*Die Anfänge der Philosophie bei den Griechen. Die Vorsokratiker und ihre Voraussetzungen*. Tübinger Vorlesungen Bd. 1. (StW 218). Unter Mitwirkung von Maria Schadewaldt. Hg. von Ingeborg Schudoma. Frankfurt am Main: Suhrkamp 1978.

Schnell, Alexander, *De l'existence ouverte au monde fini. Heidegger 1925–1930*. Paris: Vrin 2005. [Schnell 2005]

——*Hinaus. Entwürfe zu einer phänomenologischen Metaphysik und Anthropologie* (Orbis Phaenomenologicus Studien, Bd. 24), Würzburg: Königshausen & Neumann 2011. [Schnell 2011]

Schuhl, Pierre-Maxime, « Le joug du Bien, les liens de la nécessité et la fonction d'Hestia » [1948], in: *Mélanges d'archéologie et d'histoire offerts à Charles Picard à l'occasion de son 65e anniversaire*. Tome second. Paris: Presses Universitaires de France 1949, pp. 958–967. [Schuhl 1948]

Scott, Charles E., "The Middle Voice in *Being and Time*", in: Sallis, John C., Moneta, Giuseppina and Taminiaux, Jacques (Hg.), *The Collegium Phaenomenologicum. The First Ten Years*. Dordrecht/Boston/London: Kluwer Academic Publishers1988, pp. 159–173.

Seifert, Albrecht, *Hölderlin und Pindar*. Hg. von Anke Bennholdt-Thomsen. Eggingen: Isele 1998.

——*Untersuchung zu Hölderlins Pindar-Rezeption*. München: Wilhelm Fink 1982.

Sheehan, Thomas, „Nihilismus: Heidegger/Jünger/Aristotle", in: Hopkins, Burt C. (Hg.), *Phenomenology: Japanese and American Perspectives*. Berlin: Kluwer Academic Publishers 1998, pp. 273–316.

Simplikios, *Simplicii in Aristotelis de caelo commentaria*. Edidit I. L. Heiberg. Berlin: G. Reimeri 1894 (=*Commentaria in Aristotelem Graecae*. Edita Consilio et Auctoritate Academiae Litterarum Regiae Borussicae Vol. VII). [CAG VII]

Smyth, Herbert Weir, *Greek Grammar*. Cambridge/Massachusetts: Harvard University Press 1984 (1920).

Sophokles, *Sophocles III, Fragments*. Edited and translated by Hugh Lloyd-Jones. London: Harvard University Press 2003 (1996).

——*The Fragments of Sophocles*. Edited by Sir R. C. Jebb and Dr. W. G. Headlem Vol. I. Cambridge: Cambridge University Press 1917. [TFS I]

——*The Fragments of Sophocles*. Edited by Sir R. C. Jebb and Dr. W. G. Headlem Vol. II. Cambridge: Cambridge University Press 1917. [TFS II]

——Antigone, in: Ders., *Sophocles II*. Edited and translated by Hugh Lloyd-Jones. London: Harvard University Press 1998 (1994).

——*Antigone*. Übersetzt von Kurt Steinmann. Stuttgart: Philipp Reclam 2013.

Spiegelberg, Herbert, *The Phenomenological Movement: A Historical Introduction Vol. I*. Heidelberg: Springer 2015 (1960). [Spiegelberg 1960]

Stobaios, Johannes, *Eclogarum physicarum et ethicarum Libri Duo. Vol. I*. Leipzig: Typis B. G. Teubneri 1860. [Stobaios Vol. I]

Taylor, Thomas, *Theoretic Arithmetic*. London: A. J. Valpy 1816.

Thiemer, Nicole, *Zwischen Hermes und Hestia: Hermeneutische Lektüren zu Heidegger und Derrida*. Nordhausen: Traugott Bautz 2014.

Vernant, Jean-Pierre, «Hestia-Hermès. Sur l'expression religieuse de l'espace et du mouvement chez les Grecs», in: *L'homme, tome 3 nº 3*. 1963, pp. 12–50. [Vernant 1963]

—— *Mythe et pensée chez les Grecs. Etudes de psychologie historique I*. Paris: Libraire François Maspero 1974. [Grecs I]

Vetter, Helmuth, *Grundriss Heidegger. Ein Handbuch zu Leben und Werk*. Hamburg: Meiner 2014. [Vetter 2014]

Watanabe, Jiro（渡邊二郎）, „Vom Sein ereignet — Im Hinblick auf den Humanismus-Brief —", in: *JTLA* (*Journal of the Faculty of Letters, The University of Tokyo, Aesthetics*), Vol. 23/24, 1998/99, S. 11–23. [Watanabe 1998/99]

Zieger, Konrat und John, Walther (Hg.), *Paulys Realencyclopädie der classischen Altertumswissenschaft*. Neue Bearbeitung begonnen von Georg Wissova unter Mitwirkung zahlreicher Fachgenossen. Zweite Reihe, Bd. 8. Stuttgart: Alfred Druckemüller 1958. [Paulys II–8]

そのほかの邦語文献

（五十音順）

アウグスティヌス『告白 I』山田晶訳，中央公論新社，2014 年。

——『告白 II』山田晶訳，中央公論新社，2014 年。

——『告白 III』山田晶訳，中央公論新社，2014 年。

アクィナス，トマス『真理論』花井一典訳，哲学書房，1990 年。

アーミテージ，アンガス『太陽よ，汝は動かず——コペルニクスの世界』奥住喜重訳，岩波書店，1969 年。

秋富克哉『芸術と技術——ハイデッガーの問い』創文社，2005 年。

——「『アンティゴネー』の合唱歌をめぐる一試論——ハイデッガーのソポクレス解釈（二）」『文明と哲学』第 5 号，日独文化研究所編・こぶし書房，2013 年，120–135 頁。

安部浩『「現」／そのロゴスとエートス——ハイデガーへの応答』晃洋書房，2002 年。

アリストファネス『蜂』高津春繁訳，岩波書店，2014（1955）年。

飯島吉春『竈神と厠神——異界と此の世の境』講談社，2007 年。

ヴァルデンフェルス，ベルンハルト「世界の不可視性，あるいは眼差しから退くもの」村井則夫訳，『媒体性の現象学』青土社，2002 年，17–45 頁。

エウリピデス『バッコスの神女』松平千秋訳，『ギリシア悲劇 IV　エウリピデス（下）』筑摩書房，1986 年，447–524 頁。

小田切建太郎——「〈根源の場所〉と〈かまど〉—— M. ハイデガーのヘルダーリン解釈をめぐって」『立命館哲学』第 27 集，立命館大学哲学会編，2016 年，95–125 頁。

——「イプノスの傍らで——ハイデガーにおけるヘラクレイトスの〈かまど〉の意味について」『倫理学研究』第 46 号，関西倫理学会編・晃洋書房，2016 年，86–96 頁。

——「パイネスタイからエルアイクニスへ——ハイデガーにおける現象の中動－再帰的

動態を再考する」『現象学年報』第 32 号，日本現象学会編，2016 年，103–112 頁。

——「初期ハイデガーにおける関心の中動態」『立命館哲学』第 28 集，立命館大学哲学会編，2017 年，87–108 頁。

小野真『ハイデッガー研究——死と言葉の思索』京都大学学術出版会，2002 年。

狩野敏次『かまど』法政大学出版局，2004 年。

唐木順三「無用者の系譜」［1960 年］『唐木順三ライブラリーII』中央公論社，2013 年，261–324 頁。

川瀬雅也「自己と共同体の〈あいだ〉——木村敏とミシェル・アンリ」『現代思想』11 月臨時増刊号第 44 巻第 20 号，2016 年，208–225 頁。

カント，イマヌエル『純粋理性批判』熊野純彦訳，作品社，2012 年。

木村敏・坂部恵「対談・〈作り〉と〈かたり〉」『〈かたり〉と〈作り〉——臨床哲学の諸相』河合文化教育研究所発行，2009 年，21–69 頁。

——『あいだと生命』創元社，2014 年。

——「感性と悟性の統合としての自己の自己性——超越論的構想力の病理」『臨床哲学とは何か——臨床哲学の諸相』，河合文化教育研究所発行，2015 年，160–180 頁。

——／森田亜紀「臨床哲学／芸術の中動態」『現代思想』11 月臨時増刊号第 44 巻，2016 年，8–25 頁。

日下部吉信『ギリシア哲学と主観性——初期ギリシア哲学研究』法政大学出版局，2005 年。

日下部吉信編訳『初期ギリシア哲学者断片集 1』筑摩書房，2000 年。

——『初期ギリシア哲学者断片集 2』筑摩書房，2000 年。

——『初期ギリシア哲学者断片集 3』筑摩書房，2001 年。

黒岡佳柾「確実性をめぐる対決——前期ハイデガーのデカルト批判」『哲學』第 67 号，日本哲学会編・知泉書館，2016 年，216–230 頁。

河野哲也『境界の現象学——始原の海から流体の存在論へ』筑摩書房，2014 年。[『境界の現象学』]

國分功一郎『中動態の世界——意志と責任の考古学』医学書院，2017 年。

四日谷敬子『ハイデッガーの思惟と芸術』世界思想社，1996 年。

ゼップ，ハンス・ライナー「像と形而上学——芸術作品を媒体と見なすハイデガーの解釈について」丹木博一訳，『媒体性の現象学』青土社，2002 年，47–74 頁。

ソフォクレス『アンティゴネー』呉茂一訳，『ギリシア悲劇II　ソフォクレス』筑摩書房，2006 年，147–218 頁。

田中美知太郎・松平千秋『ギリシア語入門　改訂版』岩波書店，2009 年。[田中・松平]

谷徹「あいだであう——生命の実在？」『現代思想』11 月臨時増刊号第 44 巻第 20 号，2016 年，143–163 頁。

デリダ，ジャック『哲学の余白（上）』高橋充昭，藤本一勇訳，法政大学出版局，2007 年。

——『哲学の余白（下）』藤本一勇訳，法政大学出版局，2008 年。

トゥアン，イーフー（段義孚）『コスモポリタンの空間——コスモスと炉端』阿部一訳，せりか書房，1997 年。

ドレイファス，ヒューバート・L『世界内存在——『存在と時間』における日常性の解釈学』門脇俊介監訳，榊原哲也，貫成人，森一郎，轟孝夫訳，産業図書，2000 年。

轟孝夫『存在と共同――ハイデガー哲学の構造と展開』法政大学出版局，2007 年。

長井真理「分裂病者の自己意識における「分裂病性」」[1990 年]『内省の構造――精神病理学的考察』岩波書店，2014（1991）年，185–197 頁。

中根千枝『家族の構造――社会人類学的分析』東京大学出版会，1970 年。

ハイデガー，マルティン『「ヒューマニズム」について』渡邊二郎訳，筑摩書房，2003（1997）年［渡邊訳］

パスカル，ブレーズ『パンセⅠ』前田陽一，由木康訳，中央公論新社，2001 年。

――『パンセⅡ』前田陽一，由木康訳，中央公論新社，2001 年。

フッサール，エトムント『論理学研究 1』立松弘孝訳，みすず書房，1968 年。

――『論理学研究 2』立松弘孝，松井良和，赤松宏訳，みすず書房，1990（1970）年。

――『論理学研究 3』立松弘孝，松井良和訳，みすず書房，1990（1974）年。

――『論理学研究 4』立松弘孝訳，みすず書房，1990（1974）年。

――『イデーンⅠ–Ⅰ』渡辺二郎訳，みすず書房，2013（1979）年。

――『イデーンⅠ–Ⅱ』渡辺二郎訳，みすず書房，2009（1984）年。

――『イデーンⅡ–Ⅰ』立松弘孝，別所良美訳，みすず書房，2013（2001）年。

――『イデーンⅡ–Ⅱ』立松弘孝，榊原哲也訳，みすず書房，2013（2009）年。

――『イデーンⅢ』渡辺二郎，千田義光訳，みすず書房，2013（2010）年。

――『ブリタニカ草稿』谷徹訳，筑摩書房，2004 年。

古川晴風編『ギリシア語辞典』大学書房，2008 年。［古川 2008］

プロクロス『神学要綱』，『世界の名著 15　プロティノス・ポルピュリオス・プロクロス』責任編集 田中美知太郎，中央公論社，1980 年，443–586 頁。

細川亮一『意味・真理・場所』創文社，1992 年。

――「アリストテレス哲学の思弁的な深さと『デ・アニマ』」『ヘーゲル哲学研究』第 13 号，日本ヘーゲル学会編集委員会編・こぶし書房，2007 年，159–168 頁。

松山壽一『科学・芸術・神話――シェリングの自然哲学と芸術–神話論　研究序説』晃洋書房，2004（1994）年。

水地宗明・山口義久・堀江聡編『新プラトン主義を学ぶ人のために』世界思想社，2014 年。［『新プラトン主義』］

村井則夫『解体と遡行――ハイデガーと形而上学の歴史』知泉書館，2014 年。

森田亜紀『芸術作品の中動態――受容／制作の基層』萌書房，2013 年。

ヤコービ，フリートリヒ・ハインリヒ『スピノザの学説に関する書簡』田中光訳，知泉書館，2018 年。

山口和子『後期シェリングと神話』晃洋書房，2004 年。

ライプニッツ，ゴットフリート・ヴィルヘルム「24 の命題」酒井潔訳，『ライプニッツ著作集 8　前期哲学』工作舎，1990 年，45–62 頁。

――「理性に基づく自然と恩寵の原理」米山優訳，『ライプニッツ著作集 9　後期哲学』工作舎，1989 年，245–261 頁。

渡邊二郎「個別的訳注」『「ヒューマニズム」について』筑摩書房，2003（1997）年，218–312 頁。［渡邊訳注］

注

まえがき

(1) 白川静『字訓』平凡社，2007年，211頁を参照。
(2) 狩野敏次『かまど』法政大学出版局，2004年，122–129頁を参照。
(3) 白川静『字訓』平凡社，2007年，211頁を参照。
(4) 狩野敏次『かまど』法政大学出版局，2004年，123–127頁を参照。
(5) 狩野敏次『かまど』法政大学出版局，2004年，129–134頁を参照。
(6) 狩野敏次『かまど』法政大学出版局，2004年，134頁を参照。

序 論

(1) Vgl. GA 2, 38, 43 und auch GA 17, 28, GA 20, 111, GA 60, 207, Anm. 11, GA 60, 251, GA 60, 271, GA 62, 357, Anm. 39.
(2) たとえば，森秀樹「若きハイデガーにおける思索の生成と現象学の問題 (3)」『兵庫教育大学研究紀要』第26巻，2005年，93–104頁の100頁を参照。
(3) Benveniste 1966, 168.
(4) Vgl. Benveniste 1966, 168.
(5) Benveniste 1966, 170. Vgl. Klaiman, M. H., “Affectedness and control: a typology of voice systems”, in: Shibatani, Masayoshi (Hg.), *Passive and voice*. Amsterdam/Philadelphia: John Benjamins Publishing Company 1988, p. 33.
(6) 田中美知太郎・松平千秋『ギリシア語入門　改訂版』岩波書店，2009年。
(7) Smyth, Herbert Weir, *Greek Grammar*. Cambridge/Massachusetts: Harvard University Press 1984 (1920).
(8) Smyth, Herbert Weir, *Greek Grammar*. Cambridge/Massachusetts: Harvard University Press 1984 (1920), p. 107, cf. pp. 390–391.
(9) 田中・松平，52–53頁を参照。
(10) Benveniste, Émile, *Problèmes de linguistique générale, I*. Paris: Éditions Gallimard 2012 (1966).
(11) Benveniste 1966, 174.
(12) Benveniste 1966, 174.

(13) Benveniste 1966, 172.

(14) Derrida, Jacques, *Marges de la philosophie*. Paris: Les Éditions de Minuit 1972.

(15) Derrida, Jacques, *Marges de la philosophie*. Paris: Les Éditions de Minuit 1972, p. 9.

(16) たとえばデカルトが『情念論』で人間の精神および身体の動きを能動と受動の関係から理解，説明していたことはよく知られている――つまり，「ある主体に関して〈受動 Passion〉であるものは，つねに，別の主体に関しては〈能動 Action〉」（AT XI, 327）であると述べられていた。またつぎのようにもいわれる。「新たに生起することすべては，一般に哲学者たちによって，それが生じる主体 sujet に関しては〈受動 Passion〉とよばれ，それを生じさせる主体に関しては〈能動 Action〉とよばれる。したがって，能動者 agent と受動者 patient はたいていはひどく異なるにもかかわらず，それでもやはり能動と受動は，つねに同一のものであり，二つの違った主体に関係づけることで，能動と受動という二つの名をもつのである」（AT XI, 328）。ここでいわれていることは，能動も受動もおなじ作用に関していわれるということ，そして，その作用の主体から見れば能動，客体から見れば受動となるという，ある意味でいうまでもない自明なことである。

(17) 長井真理「分裂病者の自己意識における「分裂病性」」（1990 年）（『内省の構造――精神病理学的考察』岩波書店，2014（1991）年，185–197 頁）。

(18) 木村敏・坂部恵「対談・〈作り〉と〈かたり〉」『〈かたり〉と〈作り〉――臨床哲学の諸相』（河合文化教育研究所発行，2009 年，21–69 頁）を参照。

(19) 森田亜紀『芸術作品の中動態――受容／制作の基層』（萌書房，2013 年）および木村敏・森田亜紀「臨床哲学／芸術の中動態」『現代思想』（11 月臨時増刊号第 44 巻第 20 号，2016 年，8–25 頁）を参照。

(20) 木村敏『あいだと生命』（創元社，2014 年）および木村敏「感性と悟性の統合としての自己の自己性――超越論的構想力の病理」『臨床哲学とは何か――臨床哲学の諸相』（河合文化教育研究所発行，2015 年，160–180 頁）を参照。

(21) 代表的なものとして，谷徹「あいだであう――生命の実在？」『現代思想』（11 月臨時増刊号第 44 巻第 20 号，2016 年，143–163 頁）と川瀬雅也「自己と共同体の〈あいだ〉――木村敏とミシェル・アンリ」『現代思想』（11 月臨時増刊号第 44 巻第 20 号，2016 年，208–225 頁）が挙げられる。

(22) ほかに欧米における哲学と中動態にかかわる議論として，京都学派の主に西田幾多郎および西谷啓治のテクストと中動態について論じたロルフ・エルバーフェルトの論文を挙げておく―― Elberfeld, Rolf, “The Middle Voice of Emptiness: Nishida and Nishitani”, in: Davis, Bret W., Schroeder, Brian and Wirth Jason M. (ed.), *Japanese and Continental Philosophy. Conversations with the Kyoto School*. Indiana: Indiana University Press 2011, pp. 269–285.

(23) 古代から現代までの言語学の研究成果も踏まえて中動態に哲学的考察をくわえた研究として國分功一郎『中動態の世界――意志と責任の考古学』（医学書院，2017 年）がある。

(24) Lask, Emil, *Die Lehre vom Urteil* [1912]. Hg. von Eugen Herrigel. Tübingen: J. C. B. Mohr (Paul Siebeck) 1923 (=Gesammelte Schriften Bd. II).

(25)　森秀樹「若きハイデガーにおける思索の生成と現象学の問題 (3)」『兵庫教育大学研究紀要』第 26 巻，2005 年，93–104 頁を参照。

(26)　ラスクの『判断論』における記述はつぎのようなものである。

「に関する真理 Wahrheit über」は，一致と不一致のための中動態 vox media を意味する。「に関する」－関係 »Ueber«-Verhältnis は，隔たりを貫いて存続する，模像が原像へ向けて整えられていることのための表現である。

(Lask 1912, 354)

中動態 vox media は，対立のうえに über あるのではない。というのも，対立の領域をあとにすることはできないからである。しかし，対立の下に unter あるのでもない。というのも，中動態は，まさに対立領域全体を包括するからである。中動態は，むしろ対立領域の平均として対立のあいだに zwischen 存する。

(Lask 1912, 403)

ラスクにおいてはこのようにして判断作用における主観と原像との対立の〈あいだ〉が中動態（vox media）と呼ばれている。これは 20 世紀初頭に若きハイデガーの周辺に見られた中動態への哲学的な注目を示す重要なドキュメントである。

(27)　『存在と時間』における中動態に関する論文として E. スコットのものがある。―― Scott, Charles E., "The Middle Voice in *Being and Time*", in: Sallis, John C., Moneta, Giuseppina and Taminiaux, Jacques (Hg.), *The Collegium Phaenomenologicum. The First Ten Years*. Dordrecht/Boston/London: Kluwer Academic Publishers 1988, pp. 159–173.

(28)　Vgl. Spiegelberg 1960, Watanabe 1998.

(29)　Vgl. z. B. GA 58, 112, 117, 136, 162, 220, 257.

(30)　Vgl. z. B. GA 60, 98, GA 61, 134, GA 63, 94.

(31)　Vgl. GA 64, 32.

(32)　Heidegger, Martin, *Beiträge zur Philosophie* (*Vom Ereignis*). Hg. von Friedrich-Wilhelm von Herrmann. Frankfurt am Main: Vittorio Klostermann 1989 (=Gesamtausgabe Bd. 65. III. Abteilung. Unveröffentlichte Abhandlungen/Vorträge – Gedachtes).

(33)　August Preuner, *Hestia-Vesta*. Tübingen: H. Lauppsche Buchhandlung 1864.

(34)　Vgl. KGW II–5, 387.

(35)　Vgl. Hegel, Georg Wilhelm Friedrich, *Phänomenologie des Geistes* [1806/07], (*Gesammelte Werke*. Bd. 9). Hg. von Wolfgang Bonsiepen und Reinhard Heede. Hamburg: Felix Meiner 1980, S. 395 f.

(36)　Schelling, Friedrich Wilhelm Joseph, Bruno oder über das göttliche und natürliche Princip der Dinge. Ein Gespräch [1802, 2. Aufl. 1842], in: Ders., *Friedrich Wilhelm Joseph von Schelling Sämmtliche Werke*. I. Abteilung. Bd. 4. Hg. von K. F. A. Schelling. Stuttgart: Cotta'sche Verlag 1859, S. 213–332.

あらゆる天圏の中心にある，それらの天圏の統一の写像では不滅の光が燃えあがっていた。この光は万物のイデア Idee である。というのは，形相 Form であるイデアは実体にひとしく，というより実体そのものであるから，そこにおいて宇宙の万物がこの実体にしたがって一なるものであるところのものに，万物のイデアもまた表現されていなければならなかったからである。そして本質と形相とのかの統一が明らかにされんがために，天の技巧は，かの天体〔＝太陽〕を，それがそっくり質量であり，そっくり光であり，世界の竈 Heerd der Welt であり，あるいはほかのひとびとのいうように，ゼウスの聖なる見張所 heilige Wache des Zeus であるように創造した。ところで，この天体自身はもっとより高次の統一から取って来られたものであり，そのかぎりで一つの個別者 ein Einzelnes であるから，天の技巧は，その天体になお差別 Differenz であるものを，その天体の光輝のうえにまき散らした暗黒の部分〔＝太陽の表面に見られる黒点のこと〕によって表現した。 (SW I-4, 276)

(37) 『自然の哲学の理念』の第二版に見い出されるのはつぎのような記述である。

古代のひとびとは，ウェスタ（ヘスティア）の名のもとに普遍的実体を崇拝し，火の形象のもとにこの普遍的実体そのものを崇拝した。かれらはつぎのような目配せをわたしたちに残している。それは，この火が，物体性のうちで突破しつつあらわれる純粋な実体ないし第三の次元である，ということである。これは，その根本現象が火であるところの燃焼プロセスの本性に関してあらかじめすでにいくらかの光を投げかける見方である。(Schelling, Friedrich Wilhelm Joseph, *Ideen zu einer Philosophie der Natur als Einleitung in das Studium dieser Wissenschaft Erster Teil* [Eigentlich in 1797. Zweite durchaus verbesserte und mit berichtigenden Zusätzen vermehrte Auflage in 1803]. Landshut: Philipp Krüll Universitätsbuchhändler 1803, S. 103 (=SW I-2, 82))

(38) Schelling, Friedrich Wilhelm Joseph, Philosophische Untersuchungen über das Wesen der menschlichen Freiheit und die damit zusammenhängenden Gegenstände [1809], in: Ders., *Friedrich Wilhelm Joseph von Schelling Sämmtliche Werke*. I. Abteilung. Bd. 7. Hg. von K. F. A. Schelling. Stuttgart: Cotta'sche Verlag 1860, S. 331-416.

(39) Vgl. SW I-7, 450.

(40) Vgl. SW I-8, 230.

(41) Vgl. ÜGS, 12 f. (=SW I-8, 352) und SWA, 164.

(42) Vgl. SW II-2, 626, 629 f.

(43) Arendt, Hannah, *The Human Condition*. Chicago: The University of Chicago Press 1998 (1958).

(44) Numa-Denys Fustel de Coulanges, 1830-1889.

(45) アーレントが参照しているのは，Fustel de Coulanges, Numa-Denys, *La cité antique*.

Paris: Hachette 1864 の英訳版：Fustel de Coulanges, Numa Denis, *The ancient city*. New York: Doubleday Anchor 1956 である。

(46) Vgl. Arendt, Hannah, *The Human Condition*. Chicago: The University of Chicago Press 1958/1998, pp. 24–25 note 6, p. 29, p. 62, note 59.

(47) Casey, Edward S., *Getting Back into Place: Toward a Renewed Understanding of the Place-World*. Bloomington, Indiana: Indiana University Press 1993.

(48) イーフー・トゥアン（段義孚）『コスモポリタンの空間――コスモスと炉端』阿部一訳，せりか書房，1997 年。

(49) 「ヘスティア的住み方とは，佇むことであり，留まることであり，最終的に宿ることである。それは，おなじ場所に停留することであり，内在することであり，滞在することであり，共に居つづけることである。この居住形態は，その中心に家を持たねばならず，内側へと閉じていく傾向をもつ。ヘスティア的な住み方に適した建築物は，求心的であり，円的であり，自己閉鎖的である。そうした居住が暗黙に有する方向性とは，中心から周辺へと向かう運動であり，内部の秩序を外部へと拡張する運動である」（『境界の現象学』，128 頁）。「意図や目的の充溢した，馴れ馴れしい人間化された環境とは，ヘスティア的な場所，かまどや炉端，家のことなのである」（『境界の現象学』，134 頁）。

(50) 河野哲也『境界の現象学――始原の海から流体の存在論へ』筑摩書房，2014 年。

(51) Thiemer, Nicole, *Zwischen Hermes und Hestia: Hermeneutische Lektüren zu Heidegger und Derrida*. Nordhausen: Traugott Bautz 2014.

(52) 「場所を分析するにあたっては，炉端の神であるヘスティアと移動の神であるヘルメスという古代ギリシアの神をメタファーとして利用することは有益である。ヘスティア的かヘルメス的かというカテゴリーを用いて，私たちの居住と行動が二つの様態に分析される。ウィルダネス，牧歌的自然，家，都市，国家といった場所が，ヘスティア的な定住や境界画定の観点，および，それに対するヘルメス的な移動や浸潤・越境の観点から分析され，それぞれの境界が私たちの身体とどのように結びついているかが考察される」（『境界の現象学』，24 頁）。

(53) 古代において両者が結びつけられた正確な理由に関しては，論者（神話学・古典文献学）によって説明に揺れがあり，一致が見られていない（Vgl. Paulys I–15, 1301）。このことが両者の関係に関する自由な解釈を許し，可能にしてきたともいえる。

(54) フェイディアス（Φειδίας, c.475–c.430 B.C.）はアテナイの著名な彫刻家。

(55) Vgl. Anonymous, *The Homeric Hymns and Homerica with an English Translation by Hugh G. Evelyn-White. Homeric Hymns*. Cambridge: MA., Harvard University Press. London: William Heinemann Ltd. 1914, pp. 454–456.

(56) いささか話が横道にずれるが，民俗学研究が示す日本の竈の神は，雷神とのつながり，天と地の媒介，異界との境界的性格など，ヘスティア・ウェスタとのいくつかの相似性を見せる。日本における竈の意味に関しては，狩野敏次『かまど』（法政大学出版局，2004 年）および飯島吉春『竈神と厠神――異界と此の世の境』（講談社，2007 年）を参照。

(57) Heidegger, Martin, *Überlegungen II-VI* (*Schwarze Hefte 1931–1938*). Hg. von Peter Trawny. Frankfurt am Main: Vittorio Klostermann 2014 (=Gesamtausgabe Bd. 94. IV. Abteilung. Hinweise und Aufzeichnungen).

第一章

(1) Vgl. Fink, Eugen, *Nähe und Distanz. Phänomenologische Vorträge und Aufsätze*. Hg. von Franz-Anton Schwarz. Freiburg/München: Karl Alber 1976, S. 147 f.

(2) 中動態と媒体性のつながりを論じた先行研究として，森田亜紀『芸術作品の中動態——受容／制作の基層』（萌書房，2013年）がある。しかし，森田はこの問題とハイデガー哲学に関する研究はおこなっていない。

(3) 田中・松平，52–53頁を参照。これら中動態の三つの規定は，バンヴェニストの「内態」(Benveniste 1966, 174）というより普遍的な規定に含意されるものとして理解できる。

(4) Brugmann, Karl und Delbrück, Berthold, *Grundriß der vergleichenden Grammatik der indogermanischen Sprachen*. Bd. 2. 3. Theil. Straßburg: Karl J. Trübner 1916, S. 710.

(5) Georgiev, Vladimir I., „Das Medium: Funktion und Herkunft“, in: Schlerath, Bernfried, *Grammatische Kategorien. Funktion und Geschichte*. Wiesbaden: Dr. Ludwig Reichert Verlag 1985, S. 218.

(6) Heidegger, Martin, *Grundprobleme der Phänomenologie* [Frühe Freiburger Vorlesung im WS 1919/20]. Hg. von Hans-Helmuth Gander. Frankfurt am Main: Vittorio Klostermann 1993 (=Gesamtausgabe Bd. 58. II. Abteilung. Vorlesungen 1919–1944).

(7) ナトルプは主観の有する「与えるもの Das Gebende」の能動的なはたらきについて積極的ないし肯定的に語っている（Vgl. Natorp 1918, 440)。

(8) Husserl, Edmund, *Ideen zu einer reinen Phänomenologie und phänomenologischen Philosophie. Erstes Buch* [1913]. Hg. von Karl Schuhmann. Den Haag: Martinus Nijhoff 1976 (=Husserliana Bd. III–1), S. 51.

(9) 現事実性（Faktizität)。この語は『存在と時間』では，現存在の事実性をあらわす術語として，物の事実性をあらわす事物事実性（Tatsächlichkeit）から区別されるが (Vgl. GA 2, 75),『存在と時間』以降それほど間をおかずにこの区別は消えてゆくこととなる。

(10) Imdahl, Georg, *Das Leben verstehen. Heideggers formal anzeigende Hermeneutik in den frühen Freiburger Vorlesungen (1919 bis 1923)*. Epistemata Philosophie Bd. 206. Würzburg: Königshausen & Neumann 1997, S. 59.

(11) Vgl. GA 58, 233.

(12) ここはヘーゲルを想起させるが，最初期のハイデガーには彼への対抗意識がみられる（Vgl. GA 1, 411)。自己を客観的対象として概念把握し，確実性を追求する点で能動的な主観的精神は彼の批判対象である。これについては，ヘーゲルによる『魂について（＝デ・アニマ)』の「受動理性」に関する解釈（誤解）を明らかにした細川亮一「アリストテレス哲学の思弁的な深さと『デ・アニマ』」(『ヘーゲル哲学研究』

第13号，日本ヘーゲル学会編集委員会編・こぶし書房，2007年，159–168頁）が示唆的である。

(13) Vgl. GA 20, 150.

(14) Marion, J.-L., „Reduktive „Gegen-Methode“ und Faltung der Gegebenheit“ [Übersetzt von Rolf Kühn], in: Kühn, Rolf und Staudigl, Michael (Hg.), *Epoché und Reduktion. Formen und Reduktion der Reduktion der Phänomenologie*. Würzburg: Königshausen & Neumann 2003, S. 125–138, hier S. 138.

(15) Vgl. GA 2, 294.

(16) Vgl. GA 2, 290.

(17) B. ヴァルデンフェルス「世界の不可視性，あるいは眼差しから退くもの」村井則夫訳，『媒体性の現象学』青土社，2002年，29頁を参照。

(18) Vgl. GA 2, 47.

(19) Vgl. GA 20, 403.

(20) Vgl. Hoffmann, Gisbert, *Heideggers Phänomenologie. Bewusstsein – Reflexion – Selbst (Ich) und Zeit im Frühwerk*. Würzburg: Königshausen & Neumann 2005, S. 172, 182, 288 f. und 294 f.

(21) Vgl. GA 2, 251.

(22) Vgl. GA 60, 298.

(23) Vgl. GA 2, 359–399.

(24) Vgl. GA 58, 63.

(25) Vgl. GA 25, 121.

(26) Vgl. Gemoll, W. und Vretska, K., *Gemoll. Griechisch-deutsch Schuhl- und Handwörterbuch*. Zehnte, völlig neu bearbeitete Auflage. Wien: Hölder-Pichler-Tempsky 2014, S. 101 und IEW I, 53.

第二章

(1) Vgl. Kisiel, Theodore, „Das Versagen von *Sein und Zeit*: 1927–1930“, in: Rentsch, Thomas (Hg.), *Martin Heidegger. Sein und Zeit*. 2. Aufl. Berlin: Akademie Verlag 2007, S. 278.

(2) アリストテレスは，マケドニアのスタゲイラ出身の哲学者。プラトンのアカデメイアで学び，後年アテナイのリュケイオンに学園を開く。

(3) アウグスティヌスは，北アフリカのタガステ出身のキリスト教教父で，ヒッポ・レギウスの司教を務めた。キリスト教教父のなかで最大の存在である。

(4) ハイデガーと新プラトン主義のつながりは無視されるか批判対象とされるのがほとんどである。この傾向に抗して両者の一定のゆるやかな意味における精神史のなかでのつながりを示すことも本書の目論見の一つである。

(5) Heidegger, Martin, Augustinus und der Neuplatonismus [Frühe Freiburger Vorlesung im SS 1921], in: Ders., *Phänomenologie des religiösen Lebens*. Hg. von Matthias

Jung, Thomas Regehly und Claudius Strube. Frankfurt am Main: Vittorio Klostermann 1995, S. 160–299.

(6) Heidegger, Martin, „Phänomenologische Interpretationen zu Aristoteles (Anzeige der hermeneutischen Situation)“ [Natorp-Bericht. Ausarbeitung für die Marburger und die Göttinger Philosophische Fakultät 1922]. Hg. von Günther Neumann. Frankfurt am Main: Vittorio Klostermann 2005 (=Gesamtausgabe Bd. 62. II. Abteilung. Vorlesungen 1919–1944), S. 343–419.

(7) Gaius Julius Hyginus (64 B.C.–17 A.D.).

(8) ウルガタ聖書とは，カトリック教会の標準ラテン語訳聖書である。

(9) Vgl. Vetter 2014, 342 f. und Herrmann 2009, 260.

(10) Z. B. vgl. Herrmann 2009, 253–264.

(11) Ethica Nicomachea 1094a1.

(12) プラトンは，アテナイの哲学者で，ソクラテスの弟子，アカデメイアの創立者である。

(13) Vgl. Ethica Nicomachea 1096a14–1097a14.

(14) Vgl. Ethica Nicomachea 1094b7, 1098a16, 1102a14, 1140b21, 1141b8.

(15) Vgl. Ethica Nicomachea 1098b.

(16) Vgl. Ethica Nicomachea 1098b ff.

(17) Vgl. Ethica Nicomachea 1139b15–18.

(18) Vgl. GA 2, 76.

(19) Vgl. Ethica Nicomachea 1177b1–20.

(20) Vgl. Ethica Nicomachea 1094a19.

(21) Vgl. Ethica Nicomachea 1094a19.

(22) Vgl. Ethica Nicomachea 1094a21.

(23) Vgl. Ethica Nicomachea 1097a26–33.

(24) Vgl. Ethica Nicomachea 1097b6–16.

(25) Vgl. Ethica Nicomachea 1097a20–39.

(26) Vgl. Ethica Nicomachea 1111b4–1112a17 und 1139a19-b9.

(27) Vgl. GA 17, 153.

(28) たしかにデカルトは，アウグスティヌスの自由を受け継いだが，それは「恩寵の役割を〈明晰判明な知覚 *clare et distincta perceptio*〉がひき継ぐ」（GA 17, 157）という「脱神学化」（GA 17, 159）を通してであった。これにより「善への傾向 propensio auf das bonum」（GA 17, 151）は，「〈確実性への傾向 *propensio in certum*〉」（GA 17, 225）となり，この傾向が「〈明晰判明な知覚〉のための関心」（GA 17, 311）となる。ここから〈コギト・エルゴ・スム〉の命題が帰結する。この点に関してはつぎの黒岡佳柾の論考も参照――黒岡佳柾「確実性をめぐる対決――前期ハイデガーのデカルト批判」（『哲學』第 67 号，日本哲学会編・知泉書館，2016 年，216–230 頁）。ただし（最）初期ハイデガーは，デカルトにおける自己意識の確実性（certum）とアウグスティヌスにおける自己についての確信（Gewißheit）を区別して後者により高い評価を与えている――「アウグスティヌスの思想はデカルトによって希釈されてしまって

いる。アウグスティヌスの意味における自己確信 Selbstgewißheit とその〈自己－自身を－もっていること Sich-selbst-haben〉は，「コギト」のデカルト的な明証性とはなにかまったく異なるものである」(GA 60, 298)。

(29) ポルフュリオスは，新プラトン主義の哲学者で，プロティノスの弟子である。プロティノスの著書『エンネアデス』を編纂した。

(30) Vgl. Ruhstorfer, Karlheinz, *Konversionen. Eine Archäologie der Bestimmung des Menschen bei Foucault, Nietzsche, Augustinus und Paulus*. Paderborn: Ferdinand Schöningh 2004, S. 294 f.

(31) ガイウス・マリウス・ヴィクトリヌス (Gaius Marius Victorinus, 281/291–363)。古代末期ローマの雄弁家・キリスト教学者。

(32) 「〔わたしたちは〕アウグスティヌスを通して，ポルフュリオスが『魂の帰還について』のなかで「回帰 reuersio」(『神の国』第 10 巻第 9 章 15 行）や「神への帰還 reditus ad Deum」(同書第 13 巻第 16 章 6–7 行)，「父への帰還 *recursus ad Patrem*」(同書第 10 巻 30 章 21 行）について話していたことを知るのである」(Paoli 1990, 67)。なおここでパオリが引用として示す「父への帰還 *recursus ad Patrem*」は，『神の国』の原文では「ad Patrem recurreret」(De civitate Dei 10, 30, 21）となっている。

(33) この帰還の運動をハイデガーが重視していたことは，彼が引用するトマス・アクィナスの『真理論（*De veritate*)』第九項の一節にも看取できる。

> 〈自己の外部に存立するなにか或るもの aliquid extra se positum〉を知る cognoscunt 点では，ある意味で〈自己の外部に進み出ている extra se procedunt〉のであるが，みずからが知ることを自覚する点では，すでに自己への回帰 ad se redire が始まっている。認識作用は認識する者と認識されるものとの中間をなすからである。この帰還 reditus は，自己の本質 essentias proprias を知ることで完遂される。それゆえ『原因論』は，「自己の本質を知る者は，総じて自己還帰を完遂して自己の本質に回帰している」と述べている。
>
> (De veritate, Articulus 9. Vgl. GA 17, 176)

ハイデガーによれば，ここでトマスが示しているのは，どのように対象が真なるものとして自己意識——ハイデガーはこれとブレンターノの「内的意識」を等置する (Vgl. GA 17, 176) ——のうちにあるのか，いい換えれば，どのように〈知性〉自身が「〈真〉を〈認識されたものとして *qua cognitum*〉認識する」(GA 17, 176）のかということである。〈認識された真を認識されたものとして認識する〉ことが意味するのは，その知が「同時に自己自身についての知 Wissen um sich selbst」(GA 17, 176) だということである。この「〈自己自身のうちへの帰還 *reditus* in sich selbst〉」(GA 17, 176）は，「精神的存在である各々の存在者の特殊な存在」(GA 17, 176）に属している。ハイデガーは，トマスにおける「この〈自己自身への帰還 *reditus in se ipsum*〉は擬アリストテレス文書『原因論（*Liber de causis*)』を通して中世に」(GA 17, 176）に伝えられたと述べる。歴史上トマスが初めて明示したように，著者不詳の『原因論』は内容的にプロクロスの『神学要綱（*Στοιχείωσις θεολογική*)』に多くを

負っている（『新プラトン主義』，213頁を参照）。このような背景を見るならば，ハイデガーがここで指摘しているのはトマスの新プラトン主義的背景と近代の主観性へつづく問題との絡みあいにほかならないことがわかる。

だがハイデガーのトマスへの評価は限定的である。トマスでは〈知性〉は，その「本性に〈物 *res*〉へ対向していること *Entgegengerichtetsein* が属す」（GA 17, 179）ものであり，その作用はみずからが「把握する物へ関係するかぎり」（GA 17, 179）においてある作用となる。〈真〉は，この「作用と物の関係を認識する」（De veritate, Articulus 9. Vgl. GA 17, 179）〈知性〉の反省のうちに存することとなるのである。ハイデガーの理解によればこの反省では対象へかかわる作用はそれ自身が「対象化され vergegenständlicht」（GA 17, 179）てしまう。知性は対象認識にかかわるものであり，対象にかかわる作用を対象化する理論的反省に真理があることとなる。つぎのようにいわれる──「まさに〈知性 intellectus〉が自己自身へ反省し，そして自己自身に関して〈物への関係 proportio ad rem〉を眼差すかぎりで，〈知性〉は〈真 veritas〉を見るのであり，〈知性〉が〈真〉を見て認取するかぎり，〈真〉は〈知性〉の存在のうちで高められている」（GA 17, 180）。要するにトマスの自己還帰運動において問題となっているのは，対象・物へとかかわることをその本性とする知性の自己自身を対象化する理論的主観の反省作用だというのである。

それゆえ，アメリカのハイデガー研究者である Th. シーハンがここでいわれる帰還運動の頂点をトマスに見ていることは，ハイデガーの観点と一致するものではない。シーハンによれば，新プラトン主義にかかわる「〈出現と帰還 emergence-and-return〉」（Sheehan 1998, 291）は，トマスの「自己自身への帰還 reditio in se ipsum」において「一定の頂点」（Sheehan 1998, 291）にいたるというのである。──つけくわえておくと，彼はつづけてつぎのように述べている。

> そしてこの「神的な循環性」は，〈流出と帰還 emanation and return〉（プロオドス・エピストロフェー *πρόοδος/ἐπιστροφή*）という新プラトン主義的循環においても，また〈創造と回帰 creation and *ἀποκατάστασις*〉という中世の観念における〈出立・帰還 *exitus / reditus*〉においても見られるが，これはヘーゲルへ流れ込み，さらに類的存在としてのみずからの真なる本性への人間の完全なる帰還 return（*Rückkehr*）としての共産主義という，パリ草稿〔＝『経済学・哲学草稿』〕のマルクスにもつづく西洋の伝統を通じた壮大な鏡映を見出すのである。
>
> （Sheehan 1998, 291 f.）

(34)　Vgl. Grondin 1997, 166 f. und auch Arendt, Hannah, *Love and Saint Augustine*. Edited and with an Interpretive Essay by Joanna Vecchiarelli Scott and Judith Chelius Stark. Chicago & London: The University of Chicago Press 1996 (1929), p. 180.

(35)　「ハイデガーの思索のうちのアウグスティヌスのものと呼びうる本質的モチーフがある。そのモチーフは，わたしがわたし自身にとってそれであるところの問い，つまり〈わたし自身にとってわたしがそれとなった謎 quaestio mihi factus sum〉を真面目に受け取ることのうちに存している。この問いが現存在に関するハイデガーの根本規

定のうちに入っていったのである」(Grondin 1997, 176)。

(36) アウグスティヌス，アウレリウス『告白 II』山田晶訳，中央公論新社，2014 年，320 頁。

(37) Augustinus, Aurelius, *Suche nach dem wahren Leben* (*Confessiones X / Bekenntnisse 10*). Eingeleitet, übersetzt und mit Anmerkungen versehen von Norbert Fischer. Hamburg: Felix Meiner 2006, S. 73.

(38) Vgl. GA 2, 377, 419, 463.

(39) Vgl. GA 2, 435.

(40) Vgl. GA 2, 446–449.

(41) Vgl. GA 2, 446–449.

(42) Vgl. GA 2, 482.

(43) Vgl. GA 2, 435.

(44) Vgl. GA 17, 276, 278, 280.

(45) Vgl. GA 2, 196.

(46) Heidegger, Martin, *Metaphysische Anfangsgründe der Logik im Ausgang von Leibniz* [Marburger Vorlesung im SS 1928]. Hg. von Klaus Held, Frankfurt am Main: Vittorio Klostermann 1978 (=Gesamtausgabe Bd. 26. II. Abteilung. Vorlesungen 1919–1944).

(47) Vgl. GA 26, 248 f.

(48) 哲学用語としての超越（Transzendenz）は，プロティノスの ἀνα- が付いたいくつかの術語（z. B. ἀναβαίνειν）に対応するラテン語としてアウグスティヌスが使用しているのが初期の例とされる（Vgl. Ritter, Joachim, und Gründer, Karlfried (Hg.), *Historisches Wörterbuch der Philosophie, Bd. 10*. Basel: Schwabe & Co. AG, 1998, S. 1442)。ちなみに ἀνα- は場所的意味では「したからうえへ from bottom to top」，「うえへしたへ up and down」，「わたって throughout」であり，時間的意味では「全体にわたって・通して throughout, through」である（Vgl. GEL, 98)。

(49) Vgl. GA 2, 201.

(50) Vgl. GA 22, 141.

(51) Vgl. GA 2, 354.

(52) 1925 年夏学期講義（『時間概念の歴史のためのプロレゴメナ』）でも関心概念は，みずからの「存在が関心の的である *es geht um das Sein*」（GA 20, 407）というはたらきによって特徴づけられる。

(53) 形而上学期でも「そのために Umwillen」（GA 26, 237）は，プラトンの「善のイデア ἴδέα του ἀγαθοῦ」(GA 26, 237) とアリストテレスの「ト・フー・ヘネカ τὸ οὗ ἕνεκα」（GA 26, 237）から理解されている。

(54) 「現存在の超越と自由はおなじものである！」(GA 26, 238)。

(55) 「この〈自身－へ－将来すること Auf-sich-zukommen〉は，それとしては，わたしの目下の現在ではなく，わたしの既在の全体へおよぶ。〔……〕既在性はただ将来から，将来においてのみ時熟する」(GA 26, 266)。

(56) Vgl. GA 2, 446.

(57) 「把持」は，現存在，つまり人間ではない存在者にかかわるとされるが，本書では

論じない（Vgl. GA 2, 449）。

(58)　ハイデガーは，道具「を扱うこと Umgehen mit としての〔道具の〕〈使用 uti〉」（GA 60, 207, Anm. 11）を，「気づかいのうちで」（GA 60, 207, Anm. 11）遂行されると説明していた。まず再帰的（自己）関心があり，この地平のうちに，道具などへの「配慮 Besorgen」（Vgl. GA 2, 76）および他者への「顧慮 Fürsorge」（Vgl. GA 2, 162）が基づくと考えられている。

(59)　この点についてはこれ以上論じることができないが，そこで問題なのは各自的な現存在というよりもむしろドイツ民族であることも併せて考慮されなければならない。

(60)　Vgl. GA 60, 241, GA 2, 253, Anm. a, GA 26, 276 f., GA 9, 162, Anm. 59.

(61)　『新プラトン主義』，263 頁を参照。

第三章

(1)　Heidegger, Martin, *Die Grundprobleme der Phänomenologie* [Marburger Vorlesung im SS 1927]. Hg. von Friedrich Wilhelm von Herrmann. Frankfurt am Main: Vittorio Klostermann 1989 (=Gesamtausgabe Bd. 24. II. Abteilung. Vorlesungen 1919–1944).

(2)　Vgl. GA 24, 444, 460.

(3)　Vgl. Kordić, Ivan, „Die Kehre, die keine war? Das Denken Martin Heideggers – ein dauerhaftes Unterwegs“, in: Damir Barbarić (Hg.), *Das Spätwerk Heideggers: Ereignis – Sage – Geviert*. Würzburg: Königshausen & Neumann 2007, S. 53.

(4)　Vgl. GA 2, 32.

(5)　ここでハイデガーが引用しているのは，カントの『人間学に関する考察』のなかのつぎの箇所とおもわれる――「哲学者の仕事は規則を与えることではない。そうではなく，共通の理性の秘められた判断を解剖することである」（Kant, Immanuel, *Anthropologie. Kant's gesammelte Schriften*. Erste Hälfte. Hg. von Königlich Preußlichen Akademie der Wissenschaften（Akademie Ausgabe）Bd. XV. Berlin/Leipzig: Walter de Gruyter 1923, S. 180, „Reflexion zur Anthropologie“ 436）。

(6)　本書では，文脈に応じて，Mitte の語にいくつかの異なる訳語を付している。例を挙げると，中間，中央，中心，媒体的中心などである。意味，ニュアンスの相違についてはそのつどそれぞれの文脈を参照されたい。

(7)　この際，哲学史的な観点から見た場合の先行的洞察として指示されていたのは，アリストテレスの『魂について』であった――「すでにアリストテレスにおいて，『魂について』Γ 巻〔＝3 巻〕3 章で，アイステーシス *αἴσθησις* とノエーシス *νόησις* の「あいだ Zwischen」に，ファンタシア *φαντασία* が存している」（GA 3, 129, Anm. 185）。

(8)　Vgl. KrV, B 29, A 15.

(9)　Heidegger, Martin, *Prolegomena zur Geschichte des Zeitbegriffs* [Marburger Vorlesung im SS 1925]. 3. Aufl. Hg. von Patra Jaeger. Frankfurt am Main: Vittorio Klostermann 1994 (1979) (=Gesamtausgabe Bd. 20. II. Abteilung. Vorlesungen 1919–1944).

(10) Vgl. GA 20, 34.
(11) Vgl. KEW, 716 f., AFG, 848.
(12) Vgl. KEW, 715, 717.
(13) Vgl. Ritter, Joachim und Gründer, Karlfried (Hg.), *Historisches Wörterbuch der Philosophie, Bd. 8*. Basel: Schwabe & CO AG 1992, S. 1246.
(14) Vgl. KrV, A 137, B 176.
(15) Vgl. GA 3, 112.
(16) Vgl. GA 3, 104, 112.
(17) Vgl. GA 3, 104 f.
(18) Vgl. KrV, B 105 f., A 80.
(19) Vgl. KrV, B 182–185, A 142–145.
(20) Vgl. GA 3, 25 f.
(21) Heidegger, Martin, *Phänomenologische Interpretation von Kants ‚Kritik der reinen Vernunft‘* [Marburger Vorlesung im WS 1927/28]. Hg. von Ingtraud Görland. Frankfurt am Main: Vittorio Klostermann 1995 (=Gesamtausgabe Bd. 25. II. Abteilung. Vorlesungen 1919–1944).
(22) Vgl. GA 24, 436.
(23) Vgl. GA 24, 434.
(24) Vgl. GA 24, 434.
(25) Vgl. GA 2, 18 f., 34 f., 227, 282.
(26) Vgl. GA 2, 227.
(27) Vgl. GA 24, 242, 383, 418–421, 428.
(28) Vgl. GA 26, 144.
(29) Vgl. GA 26, 237.
(30) この着想はすでに1926年夏学期講義（『古代哲学の根本諸概念』）に認めることができる――「存在への問いは自己自身を超越する。存在論的問題は転換する！ メタ存在論的，テオロギケー，全体としての存在者。善のイデア――すべてのものに対して端的に卓越的であるべきもの，もっとも卓－越的なもの *Vor-züglichste*。存在者のまだ彼岸，存在の超越に属しており，存在の理念を本質的に規定している！ 最根源的可能性！ すべてを可能にしている！」(GA 22, 106)。
(31) Vgl. GA 26, 248 f.
(32) つぎのような記述を参照――「〈そのため〉そのものの投企において現存在はみずからに根源的拘束 *Bindung* を与える」(GA 26, 247)。「自己性は自己自身のための自己自身にかかわる自由な拘束性 Verbindlichkeit である」(GA 26, 247)。
(33) これに関してはQ. メイヤスのつぎの記述が示唆的である――「カントが導入した思考における転回は，むしろ「プトレマイオス的反転 contre-révolution ptolémaïque」にこそ比肩しうるものである。というのも，そこで問題となっているのは，かつて不動であると考えられていた観測者こそが実は観測対象である太陽の周りを回っているのだ，ということではなく，反対に主体が認識過程の中心に位置しているということだからである」(Meillassoux, Quentin, *Après la finitude. Essai sur la nécessité de la*

contingence. Paris: Seuil 2006, p. 175. Cf. Renaut, Alain, *Kant Aujourd'hui*. Paris: Aubier 1997, pp. 68–69)。

(34) 傍点による強調は引用者による。

(35) Vgl. GA 3, 154.

(36) Heidegger, Martin, *Die Grundprobleme der Phänomenologie* [Marburger Vorlesung im SS 1927]. Hg. von Friedrich Wilhelm von Herrmann. Frankfurt am Main: Vittorio Klostermann 1989 (=Gesamtausgabe Bd. 24. II. Abteilung. Vorlesungen 1919–1944).

(37) Vgl. GA 2, 266.

(38) Vgl. FV I, 178.

(39) Rogozinski, Jacob, « Le don du monde » [1986], dans: Nancy, J.-L. et Deguy, M. (Hg.), *Du sublime*. Paris: Belin 1988, pp. 229–272, ici p. 241.

(40) Heidegger, Martin, „Vom Wesen des Grundes", in: Edmund Husserl (Hg.), *Festschrift für Edmund Husserl zum 70. Geburtstag Gewidmit* (*Ergänzungsband zum Jahrbuch für Philosophie und phänomenologische Forschung*). Halle (Saale) : Max Niemeyer 1929, S. 100 f. Anm. 1 (=GA 9, 162, Anm. 59).

(41) 世界を大文字の〈なにか或るもの Etwas〉と表現する箇所は，1929/30 年冬学期講義（『形而上学の根本諸概念——世界・有限性・孤独』）にも見られる（Vgl. GA 29/30, 8)。

(42) Vgl. GA 26, 212 f.

(43) Vgl. GA 9, 174.

(44) Vgl. GA 29/30, 8.

(45) Vgl. GA 9, 174.

(46) Vgl. GA 9, 120.

(47) Vgl. GA 9, 122, 169, GA 27, 393.

(48) Vgl. GA 9, 169.

第四章

(1) Vgl. GA 65, 250.

(2) 「今日（1932 年 3 月)，わたしはあらゆる明白さのうちにいる。その明白さとは，そこからは，いままでの著作全体（『存在と時間』，『形而上学とはなにか？』『カント書』『根拠の本質について I と II』）がよそよそしいものにわたしに映る，そういう明白さである。よそよそしい，それは草と灌木の生い茂る鎖された道のようによそよそしい——道というのは，時間性としての現 - 存在のうちへいたることを維持している道である」(GA 94, 19)。

(3) Z. B. GA 65, 174, 230.

(4) Vgl. Spiegelberg 1960, 316, Puntel, Lorenz B., *Sein und Gott. Ein systematischer Ansatz in Auseinandersetzung mit M. Heidegger, É. Lévinas und J.-L. Marion*. Tübingen: Mohr Siebeck 2010, S. 96 und Becker, Ralf, *Sinn und Zeitlichkeit: Vergleichende*

Studien zum Problem der Konstitution von Sinn durch die Zeit bei Husserl, Heidegger und Bloch. Würzburg: Königshausen & Neumann 2003, S. 175.

（5） Watanabe, Jiro, „Vom Sein ereignet – Im Hinblick auf den Humanismus-Brief –“, in: *JTLA* （*Journal of the Faculty of Letters, The University of Tokyo, Aesthetics*）, Vol. 23/24, 1998/99, S. 11–23.

（6） GA 9, 323, 336, 336, 337, 358.

（7） Vgl. z. B. GA 65, 3, GA 12, 141–143.

（8） 渡邊訳注，224 頁を参照。

（9） 渡邊訳注，224 頁を参照。

（10） 渡邊訳注，224 頁を参照。

（11） Vgl. GA 9, 386.

（12） たしかにハイデガーは「ist」を「transitiv」ともする。だが，これは「移行的な仕方で übergehend」の意味であり，いわゆるふつうの意味での他動詞的なものではない。「移行的なもの das Transitive」が Lassen とされる点からも（Vgl. Llewellyn 1999, 45），その「ist」は中動態的はたらきと理解できる（Vgl. GA 11, 70 f.）。またエルアイクニスは他動詞「エル－オイゲン er-äugen」「見出す erblicken」からも説明されるが（Vgl. GA 11, 45），シェリング解釈で神が「人間を見－出した er-blickte」（GA 42, 263）場合の〈見出すこと〉が，「自身の根底において神がみずからを見出すこと Sich-erblicken des Gottes そのもの」（GA 42, 235 f.）という再帰的動態とされていたことを想起すべきである。これは，シェリング哲学に対する存在神論という診断とともに留意すべき点といえる。

（13） Vgl. z. B. GA 65, 241, 369.

（14） これは初期の超越論的構想力，「地平」としての「媒介する中間 vermittelnde Mitte」（GA 3, 177）とは区別されるべきものである。

（15） Schelling, Friedrich Wilhelm Joseph, *Ideen zu einer Philosophie der Natur als Einleitung in das Studium dieser Wissenschaft Erster Teil* ［Eigentlich in 1797. Zweite durchaus verbesserte und mit berichtigenden Zusätzen vermehrte Auflage in 1803］. Landshut: Philipp Krüll Universitätsbuchhändler 1803, S. 103（＝SW I–2, 82）.

（16） Schelling, Friedrich Wilhelm Joseph, *Die Weltalter. Fragmente in den Urfassungen von 1811 und 1813*. Hg. von Manfred Schröter. 4. Aufl. München: C. H. Beck 1993（1966）, S. 13 und vgl. S. 217 f.

（17） Vgl. SWA, 164.

（18） ÜGS, 12 f.（＝SW I–8, 352）. ちなみに前後の記述はつぎのようになっている。

> その本質全体が欲求であり欲望であるところのかの第一の自然のもう一つ別のイメージは，本質的にそれ自身はいわば無でありかつ一切を灼き焦がす飢餓であるところの灼き焦がす火としてあらわれていた。それゆえ，太古の定理はつぎのように述べる。〈火は最奥のもの，それゆえまた最古のものであり，火が鎮まることでまずもってすべてのものが世界へともたらされた〉。それゆえにヘスティアもまた本質のうちの最古のものとして崇められ，その結果，ケレスとプロセルピ

ナ，この最古の神々の概念は，ヘスティアの概念と混同されたのである。
(ÜGS, 12 f.（=SW I-8, 352))

おなじテクストでシェリングは，パウサニアウス（Pausanias, c.115–c.180）の『ギリシア紀行（*Ἑλλάδος Περιήγησις*)』（c.160），ピンダロスの詩作品やソフォクレスの断片 726（Vgl. Sophokles, *Sophocles III, Fragments*. Edited and translated by Hugh Lloyd-Jones. London: Harvard University Press 2003（1996), p. 342），そしてキケロの『神々の本性について（*De natura Deorum*)』，アリストファネスの喜劇『蜂』をひきあいにだして「女神ヘスティアの概念」と「最古の自然」の「混同」について考察している（SW I–8, 379, Anm. 34. Vgl. SW I–8, 391, Anm. 64)。

(19) フェステ（要塞・砦・支柱）については本書の第九章第四節およびつぎを参照。Vgl. Creuzer, Friedrich, *Symbolik und Mythologie der alten Völker, besonders der Griechen*. 1. Teil. 3. verbesserte Aufl. Leipzig/Darmstadt: Carl Wilhelm Laske 1837（1810), S. 272, Anm. 4.

(20) Vgl. SW I–2, 82.

(21) Vgl. SWA, 164.

(22) 檜垣立哉「単独的なものの様相——偶然性・一回性・反復性」『哲學』第 63 号，日本哲学会編・知泉書館，2012 年，115–130 頁，この箇所は 118 頁。

第五章

(1) KSA 3, 481.

(2) Vgl. KGW II–5, V.

(3) Vgl. Nietzsche, Friedrich, *Philologica von Friedrich Nietzsche Bd. 3. Unveröffentlichtes zur antiken Religion und Philosophie*（=Nietzsche's Werke. Bd 19, Ab. 3, Bd. 3), Leipzig: Alfred Kröner 1913.

(4) 古代ギリシアの家に関する考古学の古典的研究としてつぎのものを挙げておく——Rider, Bertha Carr, *The Greek house. Its history and development from the Neolithic periode to the Hellenistic age*. Cambridge: Cambridge University Press 1916.

(5) ちなみに中根千枝によれば，日本語の「いえ」（家）とは，竈を意味する he に接頭辞の i がついたものである（中根千枝『家族の構造——社会人類学的分析』東京大学出版会，1970 年，15 頁を参照)。

(6) Vgl. GEL, 698.

(7) Reinhold Merkelbach, 1918–2006.

(8) Vgl. KGW II–5, 401.

(9) Vgl. Merkelbach 1980, 53.

(10) Vgl. Merkelbach 1980, 53.

(11) Vgl. Merkelbach 1980, 52.

(12) Vgl. Preuner 1864, 95, 121, 128.

(13) エウリピデスは，アテナイの三大悲劇詩人のひとりで，ソクラテスの年配の同時代人である。

(14) Vgl. Preuner 1864, 160.

(15) Vgl. Sophokles, Frag. 615, TFS II, 252, dazu vgl. Sophokles, Frag. 290, TFS I, 212.

(16) ヘスティア（*ἑστία*）の語は，座っている，隠れている，建てられているを意味する *ἧσθαι* と同語源で，こうした語源的・語感的背景が女神ヘスティアの性格理解に影響していると考えられる。

(17) 日本語訳に当たっては，つぎの文献の英訳を参照した。Euripides, *Fragments: Oedipus-Chrysippus. Other Fragments* (Euripides Volume VIII. Loeb Classical Library 506). Edited and translated by Christopher Collard and Martin Cropp. Cambridge, Massachusetts, London: Harvard University Press 2009, S. 527. Vgl. Macrobius II, 204, Preuner 1864, 11.

(18) Vgl. Preuner 1864, 11.

(19) Vgl. Preuner 1864, 160, *Die Fragmente der Vorsokratiker*. Griechisch und Deutsch von Hermann Diels. Hg. von Walther Kranz. Bd. 2. Zürich: Weidmann 2014, S. 11 f.

(20) Vgl. De caelo 293a 19 f.

(21) Vgl. Preuner 1864, 160.

(22) アナトリオス（Anatolios）は，紀元3世紀のラオディケイアの司教である。アレクサンドリアの出身である。

(23) Vgl. E-VIII, 527–529. エウリピデスにおけるこの同一視の背景に関するこれらの推定は，現在でも支持されている（Vgl. Preuner 1864, 160, E-VIII, 527, Vernant 1963, 13 f. und Anonymous (Pseud-Iamblichos), *Theologumena Arithmeticae*. Edidit Fridericus Astius. Lipsiae: In Libraria Weidmannia 1817, pp. 6–7)。

(24) ソフォクレスやエウリピデスの例に見られるように，ヘスティアと大地の同一視が元来は哲学者よりも詩人のあいだでより顕著なものであったという説も存在する。だが，この説は文献的裏づけが取れないとされる（Vgl. TFS I, 252)。さしあたり筆者（＝小田切）には，W. ズースの見解がもっとも自然におもわれる（Vgl. Paulys I-15, 1295)。

(25) Vgl. Philolaos, A 16, A 17. なお，フィロラオスの宇宙観に関しては，A. アーミテージによる図解が理解の助けとなる（A. アーミテージ『太陽よ，汝は動かず——コペルニクスの世界』奥住喜重訳，岩波書店，1969年，30頁を参照)。

(26) Vgl. De caelo 293a 19 f.

(27) Vgl. IEW I, 1170 f. und GEL, 841.

(28) Vgl. Preuner 1864, 144.

(29) マクロビウス（Macrobius）は，アフリカ出身の5世紀前半の人で，ラテン著作者である。430年にローマで親衛隊長官を務めたマクロビウスと同一人物か。

(30) Macrobius II, 204.

(31) Jean-Pierre Vernant, 1914–2007.

(32) Porphyrios 1767, 161–162. Vgl. Porphyrios, *On Abstinence from Killing Animals*. Translated by Gillian Clark. London/New Delhy/New York/Sydney: Bloomsbury 2000,

p. 68.

(33) Vgl. Paulys I–15, 1295.

(34) Nietzsche, Friedrich, Die vorplatonischen Philosophen [Vorlesungsaufzeichnung von SS 1872, 1873, 1876], in: Ders., *Nietzsche Werke. Kritische Gesamtausgabe*, II. Abteilung. Bd. 4, Bearb. von Fritz Bormann und Mario Carpitella, Berlin/New York: Walter de Gruyter 1995, S. 209–362.

(35) シンプリキオス（Σιμπλίκιος, c.490–c.560）は，『アリストテレス「天界について」註解（*In Aristotelis de caelo commentaria*）』のなかで，竈ないし中心火のことを，「ゼウスの塔 *Ζηνὸς πύργον*」（CAG VII, 512. v. 12），「ゼウスの見張り *Διὸς φυλακήν*」（CAG VII, 512. v. 13, vgl. CAG VII, 513. v. 21, v. 29），そして「ゼウスの座 *Διὸς θρόνον*」（CAG VII, 512. v. 14）と呼んでいる。

(36) Vgl. KGW II–4, 347.

(37) Vgl. KGW II–4, 347.

(38) 女神アナンケーと女神ヘスティアの関係に関して，哲学史家シュールはつぎのように述べている。「この〔プラトンの国家に登場する〕〈必然 Nécessité〔＝女神アナンケー〕〉それ自身はまた，もっと一般的なある女神にかかわる一つの抽象化である。その女神とはヘスティアである。『ファイドロス』のなかでほかのオリュンポスの神々が天空の部隊の〔公転〕運動 évolutions を指揮するのに対して，ヘスティアはひとり神々の住まいに留まるのである。このヘスティアを，アリストヌースのデルフォイ讃歌は，「オリュンポスと大地の女王 reine」〈*καὶ Ὀλύμπου καὶ κυρία Γαίας*〉だとする。そして，このヘスティアは，都市の中心 cœur におけるように，オンファロスにおけるように，プリュタネイオンの〈竈 foyer〉におけるように，宇宙の中央に au centre du Monde 座している」（Schuhl 1948, 965 f.）。ちなみに，ここで「女王 reine」と訳されている「キュリア *κυρία*」だが，もとのアリストヌースのテクストでは正確に判読できない状態になっている。別の解釈ではこの箇所にある語は，「クシュノン *ξυνὸν*」とされる（Vgl. Audiat, Jean, « L'hymne d'Aristonoos à Hestia », in: *Bulletin de correspondance hellénique*. Vol. 56, 1932, pp. 299–312）。後者の解釈では，ヘスティアは，オリュンポスと大地の〈共同のもの〉〈共通のもの〉ということになる。ただ，「キュリア」と取る解釈でも，ヘスティアがオリュンポスと大地の〈共同のもの〉〈共通のもの〉である点に関してはおなじであり，この点に限っていえば両解釈の相違に大きな矛盾や対立はない。

(39) Vgl. KGW II–4, 348. この理解は，ニーチェによれば，古典文献学者 A. ベーク（August Boeckh, 1785–1867）が示したものである（Vgl. Boeckh, August, *Philolaos des Pythagoreers Lehren nebst den Bruchstücken seines Werkes*. Berlin: Vossische Buchhandlung 1819, S. 99）。

(40) こうした記述と関係するとおもわれるのはプラトンのつぎのような記述である。

その〔光の綱の〕端から *ἐκ δὲ τῶν ἄκρων* 女神アナンケーの紡錘 *ἄτρακτον* が伸びている *τεταμένον* のが見られ，〈それによって *δι' οὗ*〉すべての *πάσας* 天球 *τὰς περιφοράς* が回転する *ἐπιστρέσθαι* ようになっていた。その〈紡錘の軸棒

ἠλακάτην〉と鉤とは金剛でできていたが,〔紡錘の〕はずみ車 *σφόνδυλον* はこれとそのほかの材料とが混じりあってできていた。〔……〕つまり,それらのはずみ車は全部で八つあり,お互いに内に収まり,うえから見るとその縁がいくつもの車輪 *κύκλους* として見えるようになっていて,〔……〕軸棒は,〔一番内側の〕八番目の車の中心を *διὰ μέσου* 貫き通している *ἐληλάσθαι*。

(Res publica, 616c–e, vgl. Timaeus 40b–c)

(41) コペルニクスはポーランド出身の天文学者である。

(42) キケロは,ローマの政治家,雄弁家,哲学者,著述家である。

(43) プルタルコスは,ボイオティアのカイロネイアの人で,英雄伝の著者として知られるが,ピュタゴラス的傾向を強めたプラトン派の哲学者でもあった。郷里のカイロネイアでの田舎生活の中から膨大な著作を残す。

(44) Vgl. KGW II–4, 348.

(45) 太陽中心説の一般化以降における太陽(竈・燈火)と神の次元の断絶を孕んだこうした類比関係は,B. パスカル(Blaise Pascal, 1623–1662)の『パンセ』(*Pensées,* 1670)にも見られる。当該箇所では,太陽が「宇宙を照らすための永遠の燈火のようにおかれたあの輝かしい光」(Pasacal, *Pensées*, 72)と呼ばれるとともに,この太陽さえ神の絶対的な中心性とは比べるべくもないといわれる。こうした神理解はキリスト教的なそれというよりは,(新)プラトン主義(および(新)ピュタゴラス学派)のながれにあるものと考えられる。とりわけ神の中心性に関して重要なのはニコラウス・クザーヌス(Nicolaus Cusanus, 1401–1464),ジョルダーノ・ブルーノ(Giordano Bruno, 1548–1600)であろう。

(46) Schelling, Friedrich Wilhelm Joseph, Philosophie und Religion [1804], in: Ders., *Friedrich Wilhelm Joseph von Schelling Sämmtliche Werke*. I. Abteilung. Bd. 6. Hg. von K. F. A. Schelling. Stuttgart: Cotta'sche Verlag 1860, S. 11–70.

(47) Vgl. SW I–6, 42.

(48) Nietzsche, Friedrich, Der Gottesdienst der Griechen [Vorlesungsaufzeichnung vom WS 1875–1876], in: Ders., *Nietzsche Werke. Kritische Gesamtausgabe*, II. Abteilung. Bd. 5, Bearb. von Fritz Bormann und Mario Carpitella, Berlin/New York: Walter de Gruyter 1995, S. 355–520.

(49) KGW II–5, 401.

(50) Vgl. Timaeus 25a–e.

(51) Vgl. Critias 108e–109a, 113c–114a, 118a–b.

(52) Novalis, Heinrich von Ofterdingen, in: Ders., *Novalis Schriften*. Bd. I. Hg. von Paul Kluckhohn und Richard Sanuel. Stuttgart: W. Kohlhammer 1960, S. 216.

(53) Vgl. KGW II–5, 445.

(54) ルキウス・コルネリウス・スッラ・フェリクス(Lucius Cornelius Sulla Felix, 138–78 B.C.)。共和制ローマ期の軍人であり政治家。第一次ミトリダテス戦争(88–84 B.C.)でローマ軍を率いてアテナイに侵攻した。

(55) Vgl. KGW II–5, 445.

（56） クセルクセス一世（Xerxes I, c.519–465 B.C.）。アケメネス朝のペルシア王。第二次ペルシア戦争（480 B.C.）でアテナイに侵攻した。

（57） Vgl. KGW II–5, 445.

（58） 日下部吉信『ギリシア哲学と主観性——初期ギリシア哲学研究』（法政大学出版局, 2005 年）を参照。

第六章

（1） Heidegger, Martin, *Überlegungen II–VI* （*Schwarze Hefte 1931–1938*）. Hg. von Peter Trawny. Frankfurt am Main: Vittorio Klostermann 2014（=Gesamtausgabe Bd. 94. IV. Abteilung. Hinweise und Aufzeichnungen）.

（2） Heidegger, Martin, *Hölderlins Hymnen »Germanien« und »Der Rhein«* [Freiburger Vorlesung im WS 1934/35]. 3. Auf. Hg. von Susanne Ziegler. Frankfurt am Main: Vittorio Klostermann 1980/1999（=Gesamtausgabe Bd. 39. II. Abteilung. Vorlesungen 1919–1944）.

（3） Heidegger, Martin, *Einführung in die Metaphysik* [Freiburger Vorlesung im SS 1935]. Hg. von Petra Jaeger. Frankfurt am Main: Vittorio Klostermann 1983（=Gesamtausgabe Bd. 40. II. Abteilung. Vorlesungen 1919–1944）.

（4） Heidegger, Martin, *Hölderlins Hymne »Der Ister«* [Freiburger Vorlesung im SS 1942]. Hg. von Walter Biemel. 2. Aufl. Frankfurt am Main: Vittorio Klostermann 1984/1993（=Gesamtausgabe Bd. 53. II. Abteilung. Vorlesungen 1923–1944）.

（5） Vgl. Gabriel, Markus, „Ist die Kehre ein realistischer Entwurf?“, in: Espinet, David, Hildebrandt, Toni（Hg.）, *Suchen, Entwerfen, Stiften. Randgänge zum Entwurfsdenken Martin Heideggers*. Paderborn: Wilhelm Fink 2014, S. 87–106, hier S. 101 f.

（6） Vgl. GA 9, 309 f., GA 70, 39, 74, 127, GA 94, 250, GA 96, 30, GA 97, 184.

（7） Vgl. Derrida, Jacques, *De la Grammatologie*. Paris: Les Éditions de Minuit 1967, p. 23 et 36.

（8）『哲学への寄与』によれば,「断念 Verzicht」とは,（存在の）「沈黙のための準備 Bereitschaft für die Verweigerung」（GA 65, 22, 62）である。

（9） Vgl. GA 40, 76 f., IEW I, 1170 f.

（10） Vgl. GA 40, 76 f., IEW I, 1170 f.

（11） Pindaros, c.522（or c.518）–c.446 B.C.

（12） Vgl. GA 53, 138.

（13） VF 1, 410 und Stobaios Vol. I, 134.

（14） Vgl. Cratylos, 401a-e.

（15） Vgl. Brod und Wein [1800/01]. v. 59–62, StA 2–1, 92.

（16） Vgl. FV I, 157 f.

（17） Vetter 2014, 270, Anm. 3.

（18） ギリシア語原文はつぎのようになっている。

τὸ πρᾶτον ἁρμοσθέν, τὸ ἕν, ἐν τῶι μέσωι τᾶς σφαίρας ἑστία καλεῖται.

(VF 1, 410, Stobaios Vol. I, 134)

(19) Vgl. GA 5, 35–50.

(20) これにくわえて,「しかしながら, 神がカオスの無秩序な産物に秩序をもたらし, また彼の永遠なる統一を自然のうちへ発語した ausgesprochen ことによって, 神はむしろ暗闇に抗してはたらき, 悟性なき原理の無規則な運動に抗して, ことば Wort を,〈常住の中心かつ永遠の燈火 ein beständiges Centrum und ewige Leuchte〉として対置せしめたのである」(SW I–7, 402) とシェリングが述べるとき, 彼の言葉に関する理解と竈との連関をおもわずにはいられない。もちろん一般的にこの記述から想起されるのは, 旧約聖書の「神はいった,「光あれ!」と。すると光ができた」(創世記 1 : 1) であり, 新約聖書の「はじめにことばありき」(ヨハネによる福音書 1 : 1), イエス・キリストとしてのロゴス, そして J. ベーメの思想であろう。だがシェリング哲学の背景をキリスト教的伝統や神秘主義のみに還元してしまうべきではないことは当然である。

(21) Vgl. StA 6–1, 425–428.

第七章

(1) Vgl. Aristoteles, De poetica 1452a, 1453b, 1454b, 1460a.

(2) Vgl. MacNeil, Will, "*A 'scarcely pondered word.' The Place of Tragedy: Heidegger, Aristotle, Sophocles'*", in: de Beistegui, Miguel and Sparks, Simon (Hg.), *Philosophy and Tragedy*. London: Routledge 2000, pp. 169–189. こうした見解の背景には当然のことながら,『存在と時間』に代表される初期思想における「不気味さ Unheimlichkeit」の重要性が念頭にある。

(3) Vgl. Armut, 76.

(4) 傍点による強調は引用者による。

(5) 高みと深みという対概念は,『ファイドロス』を想起させる (Vgl. Phaedrus. 246b–249c, GA 83, 126, 363 f.)。

(6) 秋富克哉「『アンティゴネー』の合唱歌をめぐる一試論――ハイデッガーのソポクレス解釈 (二)」『文明と哲学』第 5 号, 日独文化研究所編・こぶし書房, 2013 年, 120–135 頁)。

(7) 1935 年講義でのオリジナルの訳は, ハイデガーとヤスパース往復書簡 (Heidegger, Martin und Jaspers, Karl, *Briefwechsel 1920–1963*. Hg. von Walter Biemel und Hans Saner. Frankfurt am Main: Vittorio Klostermann 1990, S. 158 f.) に見られるものと推定される (Vgl. Pöggeler 2004, 134 f.)。

(8) ギリシア語原文に関しては, つぎのテクストも参照した―― Sophokles, Antigone, in: Ders., *Sophocles II*. Edited and translated by Hugh Lloyd-Jones. London: Harvard

University Press 1998 (1994).

(9) Vgl. GA 53, 73.

(10) Vgl. IEW I, 639.

(11) 古川 2008，860 頁。

(12) こうした語は，(「畑の犂の方向転換地点 Wendestelle」(IEW I, 639) にしたがって畑を行きつ戻りつしながら)〈土を鋤き返す〉，(ものを探して)〈歩きまわる・さまよう〉という意味，また副詞 *πάλιν* の「帰って zurück」(IEW I, 639) という意味とつながる。ほかにはKultur (文化)，Kolonie (コロニー) の語もこれとおなじ系統に属する。

(13) Vgl. GEL, 1433.

(14) Vgl. GA 53, 73.

(15) 傍点による強調は引用者による。

(16) 「存在者の居場所 Stätte と中央 Mitte としてのポリス」(GA 53, 107)。「竈はこの火を通して，〈留まる根拠 der bleibende Grund〉でありかつ〈規定的中央 bestimmende Mitte〉である」(GA 53, 130)。

(17) Vgl. GA 53, 147.

(18) 「眷族も，法も，〈竈もなき *ἀνέστιός*〉者は，身の毛もよだつ同士討ちを好む者」(Homeros, Ilias. IX 63–64)。

(19) 「子も，妻も，〈竈もなき *κἀνέστιος*〉者として」(Sophokles, Frag. 4, *Sophocles Fragments*. Edited and translated by Hugh Lloyd-Jones. London: Harvard University Press 2003, p. 12)。

(20) 古川 2008，97 頁。

(21) Vgl. GA 53, 73.

(22) ここで大地が自転するとされているのか，それともそのほかの天体とともに公転するとされているのかに関しては議論がなされてきたところだが，確定的な結論にはいたっていない。ここでは自転と取っておく (Vgl. King, Colin Guthrie, „Die Achsendrehung der Erde bei Platon? August Boeckh und ein philologischer Streit um die Geschichte der antiken Astronomie", in: Hackel, Christiane und Seifert, Sabine (Hg.), *August Boeckh. Philologie, Hermeneutik und Wissenschaftspolitik*. Berlin: Berliner Wissenschafts-Verlag 2013, S. 79–106)。

(23) 傍点による強調は引用者による。またこの箇所と関連するアリストテレスのつぎの箇所も参照――「また『ティマイオス』に書かれているように，大地は中心点に位置するが，すべて〔宇宙〕を貫いて *διὰ παντὸς* 伸びているポロス＝軸 *πόλον* をめぐって *περὶ* 回転〔＝自転ないし公転〕していると主張する者たちもいる」(De caelo 293b30–32)。

(24) Vgl. Baltes, Matthias, *Timaios Lokros. Über die Natur des Kosmos und der Seele*. Kommentiert von Matthias Baltes. Leiden: E. J. Brill 1972 (=Philosophia antiqua. A series of monographs on ancient philosophy. Edited by W. J. Verdenius and J. H. Waszink. Vol. XXI), S. 106.

(25) プロクロスは，新プラトン主義の哲学者で，最後期のアカデメイア学頭を務めた。新プラトン主義の哲学を学問的に厳密化し，体系化したとされる。

(26) Vgl. z. B. Proklos, *Commentary on Platon's Timaeus. Vol. V. Book 4: Proclus on Time and the Stars*. Edited and translated by Direk Baltzly. Cambridge: Cambridge University Press 2013, pp. 237–238.

(27) Vgl. GEL, 1007.

(28) Vgl. Timaeus 38d, Res publica 616d–e, Anaximandros, A 18, A 21, A 22, VF I, 86 f., EGP, 187 f.

(29) Vgl. EGP, 187 f. und Parmenides, Frag. B 12.

(30) Vgl. Res publica 614–621.

(31) Vgl. Richardson 1926, 129–133.

(32) Vgl. Richardson 1926, 114.

(33) Vgl. Gilbert, Otto, „Die *δαίμων* des Parmenides", in: Zeller, Eduard (Hg.), *Archiv für Geschichte der Philosophie*. Bd. XX, neue Folge XIII Band. Berlin: Georg Reimer 1907, S. 25–45.

(34) Vgl. Schuhl 1948, 965 f.

(35) 傍点による強調は引用者による。

(36) Vgl. Phaedrus 246e–247a.

(37) ハイデガーは，ほかにヘシオドス（『神統記』454）と『ホメロス風讃歌』で，女神ヘスティアがクロノスとレアの最初の娘と呼ばれること，それにピンダロス（ネメシス頌歌第十一の始め）で，〈最高神ゼウスと彼と共に玉座にあるヘラの姉妹〉と呼ばれることを指摘している（Vgl. GA 53, 138)。

(38) Vgl. GA 53, 140.

(39) Vgl. Cratylos 401a–e.

(40) プロティノスは，新プラトン主義の創始者である。エジプトのリュコポリス出身で，アレクサンドリアで学んだ後，後年にローマで学派を開く。

(41) Vgl. Enneaden V, 5, 5.

(42) Proklos, *In Platonis Parmenidem Commentaria*. Edidit Carlos Steel. Tom. I. Oxford: Oxford University Press 2007.

(43) Vgl. Parmenides, Frag. 8.

(44) Vgl. Saturnalia I 23, 8 (Macrobius II, 204).

(45) 傍点による強調は引用者による。

(46) Vgl. Porphyrios 1767, 161–162. und Paulys I–15, 1295.

(47) Vgl. GA 53, 73 f.

(48) 傍点による強調は引用者による。

(49) 傍点による強調は引用者による。

(50) 本来的な非家郷者としてヘルダーリンを挙げることができるだろう。彼は友人のC. ベーレンドルフ（Casimir Ulrich Karl Böhlendorff, 1775–1825）に宛てた書簡（1801年12月4日付）に，フランスに旅立つにあたってのつぎのような感慨，悲哀を認《したた》めている。

わたしはながいあいだ泣いたことがなかったけれど，いまや祖国を――おそらく

は永遠に——去ることを決意したとき，悲嘆の涙を流してしまった。なぜって，祖国よりも愛しいものなど，この世界にはないからだ。けれども祖国のひとびとはわたしを必要とし用いる brauchen ことができない。とはいえわたしはドイツ人でありたいし，またそうあらねばならない。たとえ心情の困窮そして飢渇がわたしをタヒチへ追い立てようとも。（Brief an Böhlendorff am 4. Dec. 1801. StA 6-1, 427 f.）

ここでヘルダーリンは，わが身を用なきものにおもいなして祖国ドイツをあとにせざるをえないひとりの「無用者」（唐木順三）のごとき自覚を吐露する。それでもなお，彼は，「ドイツ人でありたいし，またそうあらねばならない」とはっきりいい述べる。この自覚こそ，そこから「祖国の歌」と特徴づけられる彼の一連の後期詩作群が生み出された彼の独自の——しかし孤独な——境地であっただろう。

（51） 傍点による強調は引用者による。

第八章

（1） ギリシア語とラテン語からの翻訳作品にも当然ながら vesta，および *ἑστία* のドイツ語訳である Heerd の語——ただしギリシア語の *ἑστία* が直接見い出されないのは，ヘルダーリンに特徴的なこととして指摘されるべきである——が見られる（Vgl. Fünfte Pythische Ode. v. 14. StA 5, 93, Eilfte Pythische Ode. v. 21. StA 5, 110, Oedipus der Tyrann. v. 982, StA 5. 167, Anmerkungen zum Oedipus. v. 23. StA 5, 199, Antigonae. v. 389. StA 5, 220, Antigonae. v. 507. StA 5, 224, Antigonae. v. 1128. StA 5, 251, Lucans Pharsalia. v. 199. StA 5, 301, Lucans Pharsalia. v. 549. StA 5, 311, Nisus und Euryalus. v. 92. StA 5, 321）。

（2） 傍点による強調は引用者による。

（3） 傍点による強調は引用者による。

（4） 傍点による強調は引用者による。

（5） 傍点による強調は引用者による。

（6） 傍点による強調は引用者による。

（7） Vgl. Der Tod des Empedokles. Dritte Fass. v. 475. StA 4-1, 139.

（8） Sophokles, *Sophocles III, Fragments*. Edited and translated by Hugh Lloyd-Jones. London: Harvard University Press 2003（1996）, p. 12.

（9） PPC-I, S. 61, 672 C.

（10） Hölderlin, Friedrich, Hyperion oder der Eremit in Griechenland［1796-1799］, in: Ders., *Hyperion*. Hg. von Friedrich Beissner. Stuttgart: Kohlhammer 1957（=Große Stuttgarter Ausgabe, Hölderlin Sämtliche Werke Bd. 3）, S. 1-160.

（11） Hölderlin, Friedrich, Hyperions Jugend［1795］, in: Ders., *Hyperion*. Hg. von Friedrich Beissner. Stuttgart: Kohlhammer 1957（=Große Stuttgarter Ausgabe, Hölderlin Sämtliche Werke Bd. 3）, S. 199-234.

(12) 傍点による強調は引用者による。

(13) 傍点による強調は引用者による。

(14) 傍点による強調は引用者による。

(15) 傍点による強調は引用者による。

(16) Vgl. IEW I, 1019.

(17) ハイデガーでは，たとえばつぎの記述がある――「移行のこの決断のうちにあるのは，調整や合意ではない。そうではなく，存在の竈の火の傍ら am Herdfeuer での長きにわたる孤独ともっとも静寂な stillste 恍惚がある」(GA 65, 177)。

(18) Vgl. StA 3, 216.

(19) エペイロス山中のギリシア最古のゼウスの神託所。

(20) ウェスタの巫女はローマにおいて登場するものであり，ギリシアにおいてこれに厳密な意味で対応する〈ヘスティアの巫女〉といったものは存在しなかったことが知られている。こうした事情に関してヘルダーリンがどれほど通じていたのかは不明である。

(21) ルイジウムのこと。デッサウ侯の別邸があった。

(22) Vgl. Preuner 1864, 41, 154, 166.

(23) Vgl. Paulys II-8, 1760 f.

(24) Anonymous, *Ποιησις Φιλοσοφος/Poesis Philosophica*. Henricus Stephanus (Buchdrucker) Paris. [出版社不詳] 1570. [Stephanus]

(25) 傍点による強調は引用者による。

(26) Vgl. Stephanus, 138.

(27) Vgl. Bremer, Dieter, „„Versöhnung ist mitten im Streit" Hölderlins Entdeckung Heraklits", in: Böschenstein, Bernhard und Gaier, Ulrich (Hg.), *Hölderlin-Jahrbuch im Auftrag der Friedrich Hölderlin Gesellschaft*. Bd. 30, 1996–1997. Stuttgart/Weimar: J. B. Metzler 1998, S. 173–199, hier S. 180.

(28) Vgl. Stephanus, 132.

(29) W. シャーデヴァルトは，「離心的軌道」の語が J. ケプラー (Johanes Kepler, 1571–1630) に由来すると論じる (Vgl. Schadewaldt, Wolfgang, „Das Bild der exzentrischen Bahn bei Hölderlin" [Vortrag Gehalten zur Jahresversammlung der Friedrich Hölderlin Gesellschaft am 7. Juni 1952], in: Beissner, Friedrich und Kluckhohn, Paul (Hg.), *Hölderlin-Jahrbuch im Auftrag der Friedrich Hölderlin Gesellschaft*. Tübingen: J. C. B. Mohr (Paul Siebeck) 1952, S. 1–16)。対して，M. フランツは，ケプラーよりも，プロクロス，プラトンに由来するとしている (Vgl. Franz, Michael, *Tübinger Platonismus. Die gemeinsamen philosophischen Anfangsgründe von Hölderlin, Schelling und Hegel*. Tübingen: Narr Francke Attempto 2012, S. 95–122)。

(30) Vgl. Und mitzufühlen das Leben.... v. 5–8. StA 2–1, 249.

(31) Vgl. Tod des Empedokles. Erste Fass. v. 422. StA 4–1, 18, Zweite Fass. v. 431. StA 4–1, 106, Zweite Fass. v. 374. StA 4–1, 135, Der Tod des Empedokles. Dritte Fass. v. 243. StA 4–1, 129.

(32) ちなみに山を竈になぞらえるのは，日本でもヨーロッパでも見られることのよう

である。これについては，狩野敏次『かまど』法政大学出版局，2004 年，255–258 頁，Merkelbach 1980, 64 f. および本書の第九章を参照。

(33) Vgl. Hölderlin, Friedrich, Der Tod des Empedokles. Erste Fass., in: Ders., *Hölderlin Sämtliche Werke*. Historisch-Kritische Ausgabe. Bd. III. Hg. von Norbert von Hellingrath. Berlin: Propyläen-Verlag 1922, S. 75.

(34) Vgl. Der Tod des Empedokles. Erste Fass. StA 4–1, 3.

(35) Vgl. FHA 12, 46.

(36) Vgl. GA 39, 191.

(37) 傍点による強調は引用者による。

(38) 成立年不詳。

(39) 「天空の者たちは能うかぎりそれを忍ぶのだ。だがやがて，隠れなく顕わに」(Brod und Wein［1800/01］. v. 81. StA 2–1, 92)。

(40) Vgl. FHA 6, 254.

(41) Vgl. Groddeck 2015, 139 f.

(42) Groddeck, Wolfram, *Hölderlins Elegie Brod und Wein oder Die Nacht*. Frankfurt am Main: Stroemfeld 2015.

(43) Vgl. Groddeck 2015, 139.

(44) Vgl. StA 6–1, 438 f.

ちなみに当該の翻訳およびそれに関するヘルダーリンによる註解（『アンティゴネー註解（*Anmerkungen zur Antigonä*）』と『オイディプス註解（*Anmerkungen zum Oedipus*）』）において登場する vest 系の語はつぎに示すとおりである――「揺るぎなさ Vestigkeit」(Oedipus der Tyrann. v. 51. StA 5, 124)，「揺るぎなく据えられるべきもの das Vestzusezende」(Anmerkungen zum Oedipus. v. 23 f. StA 5, 195)，「揺るぎなく vest」(Antigonä. v. 1131. StA 5, 251)，「変遷する時を前にしたこのもっとも揺るぎない留まり dieses vesteste Bleiben vor der wandelnden Zeit」(Anmerkungen zur Antigonä. v. 19. StA 5, 268)。

(45) Vgl. Groddeck 2015, 140.

(46) Vgl. StA 2–2, 607.

(47) Vgl. Groddeck 2015, 141.

(48) Vgl. Der Mutter Erde. v. 24–25. StA 2–1, 124.

(49) Vgl. StA 4–2, 437.

(50) Vgl. SW I–8, 230.

(51) Vgl. GA 40, 76 und GA 53, 131.

第九章

(1) Vgl. StA 3, 83.

(2) ヤコービ，フリードリヒ・ハインリヒ『スピノザの学説に関する書簡』田中光訳，知泉書館，2018 年。

(3) Vgl. GA 39, 3.

(4) 原文は以下のようになっている。

Glükseelig Suevien, meine Mutter,
Auch du, der glänzenderen, der Schwester
Lombarda drüben gleich,
Von hundert Bächen durchflössen
Und Bäume genug, weißblühend und röthlich,
Und dunklere, wild, tief grünenden Laubs voll
Und Alpengebirg der Schweiz auch überschattet
Benachbartes dich; denn nah dem Heerde des Haußes
Wohnst du, und hörst, wie drinnen
Aus silbernen Opferschaalen
Der Quell rauscht, ausgeschüttet

Von reinen Händen, werm berührt
Von warmen Stralen
Krystallenes Eis imd umgestürzt
Vom leichtanregenden Lichte
Der schneeige Gipfel übergießt die Erde
Mit reinestem Wasser. Darum ist
Dir angeboren die Treue. Schwer verläßt,
Was nahe dem Ursprung wohnet, den Ort.
Und deine Kinder, die Städte,
Am weithindämmernden See,
An Nekars Weiden, am Rheine,
Sie alle meinen, es wäre
Sonst nirgend besser zu wohnen. (Die Wanderung. v. 1–24. StA 2–1, 138)

(5) Vgl. GA 39, 191.

(6) Friedrich Beißner, 1905–1977.

(7) „Die Wanderung“ (1801. StA 2–1, 138–141).

(8) Vgl. GA 5, 66, GA 52, 173, GA 53, 182, 201, 202, GA 4, 23, 79, 86, 131, 145, 150.

(9) 傍点による強調は引用者による。

(10) Vgl. GEL, 939.

(11) イタリアのローマのフォロ・ロマーノやティヴォリに残されたウェスタ神殿の竈は，縦長の円筒形である。垂直性という点に関しては，たとえば1936年夏学期講義のシェリング解釈のなかで，中世の教会の天空に向かう尖塔に触れていることも併せて想起される（Vgl. GA 42, 48 f.）。

(12) Vgl. Der Wanderer. v. 27–28. StA 2–1, 80, Der Mutter Erde StA 2–1, 123–125, GA

39, 52, 242.

(13) この詩句はハイデガーが使用したヘリングラート版には採用されているが，バイスナーはこれを採っていない（Vgl. StA 2–1, 151, GA 39, 24）。

(14) Vgl. GA 39, 241 ff.

(15) Vgl. z. B. Die Heimath. v. 21, StA 2–1, 19, Wie Wenn am Feiertage... v. 54, StA 2–1, 119, Der Rhein. v. 100, StA 2–1, 145, Die Titanen. v. 28, StA 2–1, 218, GA 39, 158, 189, 257.

(16) Vgl. StA 6–1, 432, GA 39, 290 ff.

(17) ヘルダーリンのこうした大地（深淵）と天空（エーテル）のモチーフは，悲劇『エンペドクレスの死』にも見られる。「大地の心臓 Herz der Erde が嘆き悲しみ，／その暗い母 dunkle Mutter が昔の合一を想い出して，／エーテル Aether に向かって火の腕をひろげ，／主は光線 Strahl となって降りくるとき」（Der Tod des Empedokles. Dritte Fass. v. 475–478. StA 4–1, 139）。

(18) Binder, Wolfgang, „Äther und Abgrund in Hölderlins Dichtung“, in: Jamme, Christoph und Pöggeler, Otto (Hg.), *„Frankfurt aber ist der Nabel dieser Erde“. Das Schicksal einer Generation der Goethezeit*. Stuttgart: Klett-Cotta 1990, S. 366.

(19) 従来，ヘルダーリンに天空（エーテル・ウラノス・ゼウス・父）と大地（深淵・ガイア・母）の関係を論ずる研究者はいたが（Rehm, Walther, „Tiefe und Abgrund in Hölderlins Dichtung“, in: Kluckhohn, Paul (Hg.), *Hölderlin Gedenkschrift zu seiner 100. Todestag 7. Juni 1943 im Auftrag der Stadt und der Universität Tübingen*. 2. Aufl. Tübingen: J. C. B. Mohr (Paul Siebeck) 1944, S. 70–133, 松山壽一『科学・芸術・神話――シェリングの自然哲学と芸術－神話論 研究序説』晃洋書房，2004（1994）年，172–177 頁を参照），両者を媒介する〈あいだ〉に関しては顧慮されてこなかった。

(20) これは，『エンペドクレスの死』のエトナ山にあたるだろう（Vgl. Der Tod des Empedokles. Dritte Fass. v. 238–243. StA 4–1, 129）。

(21) Vgl. De caelo 293a20 ff.

(22) Matthias Baltes, 1940–2003.

(23) Vgl. Baltes, Matthias, *Timaios Lokros. Über die Natur des Kosmos und der Seele*. Kommentiert von Matthias Baltes. Leiden: E. J. Brill 1972 (=Philosophia antiqua. A series of monographs on ancient philosophy. Edited by W. J. Verdenius and J. H. Waszink. Vol. XXI), S. 106.

(24) Vgl. GA 39, 52 und Patmos. v. 9–12. StA 2–1, 165, 173, 179, 184.

(25) Vgl. GA 39, 289 f.

(26) Vgl. z. B. GA 39, 183.

(27) Vgl. GA 39, 192.

(28) Vgl. GA 39, 249.

(29) たとえば，エウリピデスの悲劇『バッコスの信女』のつぎの箇所を参照。

ここはテーバイの国，これに参ったは，ゼウスを父とし，カドモスの娘セメレー

の胎内より稲妻の燃え立つ焰のなかに産声をあげたディオニソスであるぞ。神の身ながら，人間の姿に身をやつし，その名も高いディルケとイスメノスの岸にやって参った。ほれ，あの城のすぐそばに，雷に身を灼かれた母君の墓が見える。お住居の跡がくすぶっているのは，ゼウスの焰が今もなお燃えつづけている証拠，母君に対するヘラの嫉妬も，この火の消えぬかぎり，忘れられることはあるまい。（エウリピデス『バッコスの信女』松平千秋訳，『ギリシア悲劇IV　エウリピデス（下）』筑摩書房，1986年，450頁）

(30)　このディオニュソス解釈は，古典文献学者W. F. オットー（Walter F. Otto, 1874–1958）の著作（Otto, Walter F., *Dionysos. Mythos und Kultus*［1933］. Frankfurt am Main: Vittorio Klostermann 2011）とも関連する（Vgl. GA 39, 190）。オットーは，1928年に亡くなったM. シェーラーの遺稿整理からはじまり，ワイマールのニーチェ・アルヒーフでの仕事を通じてハイデガーとの交流を深めた（Vgl. Vetter 2014, 491）。オットーの研究は，基本的にギリシアの神話学・古典文献学であるが，ギリシアの神々とヘルダーリンを論じた著作（Otto, Walter F., *Der griechische Göttermythos bei Goethe und Hölderlin*. Berlin: Helmut Küpper 1939. Otto, Walter F., *Der Dichter und die alten Götter*. Frankfurt am Main: Vittorio Klostermann 1942）もある。これらの著作からは，オットーのギリシア・ヘルダーリン理解がハイデガーのそれと近しいことが窺われるが，彼のヘルダーリン論には，「家の竈」や「根源」やヘスティアへの言及は見られない。

(31)　Vgl. StA 2–1, 112, 224, StA 5, 198.

(32)　Vgl. GA 39, 54.

(33)　Versöhnender der du nimmergeglaubt… Zweite Fass. v. 49 f. StA 2–1, 134. Vgl. GA 39, 55.

(34)　Heidegger, Martin, *Einführung in die Metaphysik*［Freiburger Vorlesung im SS 1935］. Hg. von Petra Jaeger. Frankfurt am Main: Vittorio Klostermann 1983（=Gesamtausgabe Bd. 40. II. Abteilung. Vorlesungen 1919–1944）.

(35)　Vgl. GA 40, 76 f., IEW I, 1170 f.

(36)　Vgl. IEW I, 1171, Paulys I–15, 1261.

(37)　Vgl. GEL, 1961.

(38)　傍点による強調は引用者による。またこの箇所と関連するアリストテレスのつぎの箇所も参照――「また『ティマイオス』に書かれているように，大地は中心点に位置するが，すべて〔宇宙〕を貫いて *διὰ παντὸς* 伸びているポロス＝軸 *πόλον* をめぐって *περὶ* 回転〔＝自転ないし公転〕していると主張する者たちもいる」（De caelo 293b30–32）。

(39)　イアンブリコス（Ἰάμβλιχος, c.250–c.325）は，シリア出身の新プラトン主義哲学者で，ポルフュリオスの弟子である。

(40)　Anonymous（Pseud-Iamblichos）, *Theologumena Arithmeticae*. Edidit Fridericus Astius. Lipsiae: In Libraria Weidmannia 1817, pp. 6–7. Vgl. Parmenides A 44.

(41)　シンプリキオスは，新プラトン派の哲学者で，アリストテレスの著作に関する膨

大な注釈書を残したことで知られる。紀元529年のアカデメイア閉鎖時にアカデメイアに在籍していた学者のひとりである。

(42) Simplikios, *Simplicii in Aristotelis de caero commentaria*. Edidit I. L. Heiberg. Berlin: G. Reimeri 1894 (=*Commentaria in Aristotelem Graecae*. Edita Consilio et Auctoritate Academiae Litterarum Regiae Borussicae Vol. VII).

(43) Vgl. CAG VII, 513. v. 21, v. 29.

(44) ヘルダーリンが，エンペドクレスを「夜の者」(Der Tod des Empedokles. Dritte Fass. v 238–242. StA 4-1, 129) としていたことも想起される。

(45) ヘルダーリンが，時 (Zeit) と数 (Zahl)，数える (zählen) という語の連関にこだわりをもっていたことは，『アンティゴネー註解』からもうかがい知れる (Vgl. Anmerkungen zur Antigonä, StA 5, 268)。

(46) 傍点による強調は引用者による。

(47) 傍点による強調は引用者による。

(48) 傍点による強調は引用者による。

(49) Vgl. Aristoteles, Meteorologicorum 345b6–8.

(50) つぎのような記述もこれに関係するかもしれない。

> また，〔ピュタゴラス学派において〕つぎのようにもいわれている。〔モナドは〕，ムネモシュネーとして記憶であり，記憶とは，知識の安定である，と。すべての知識そしてすべての物事の安定した根であるところの一者のイメージからして，モナドはこのような名称を与えられる。かれらはまた，モナドを，ウェスタないし大地の中央の火と呼ぶ。これは，シンプリキオスが洞察したように (de Caelo lib. 2)，中央から発して大地全体を育む形成力を有し，そのうちにある冷たくなった自然をなんであれ励起するものである。
>
> (Taylor, Thomas, *Theoretic Arithmetic*. London: A. J. Valpy 1816, p. 172)

第一〇章

(1) Aristoteles, Parts of animals, in: Ders., *Aristotle XII*. LCL 323. Edited and translated by A. L. Peck. London: Harvard University Press 1983, p. 100. 傍点による強調は引用者による。なお版によっては (Z. B. Aristoteles, De partibus animalium, in: Ders., *Aristoteles Graece ex recensione Immanuelis Bekkeri*. Vol. 1, edidit Academia Regia Borussica. Berolini: Apud Georgium Reimerum 1831, pp. 639–697)，*ἰπνῷ* のつづりが，*ἴπνῳ* となっているが，ここでは前者を取ることとする。

(2) Jean Beaufret (1907–1982).

(3) Vgl. GA 9, 354.

(4) この文言はヘルダーリンも (間接的に) 知っており，詩『さすらいびと』(第二稿) に登場している――「けれどもあなたはわたしに話したのだ。ここにもまた神々はあり，支配している auch hier sind Götter und walten ／神々の尺度は大きい，けれど人

間は小さな尺ではかろうとする，と」（Der Wanderer. Zweite Fass. [1800]. v. 17-18. StA 2-1, 80）。

（5） コルヌトゥス（Cornutus, Lucius Annaeus）は，紀元1世紀のローマのストア哲学者である。アフリカのレプキス（リュビアの町）出身で，セネカ一族の解放奴隷であり，ギリシア語，ラテン語の双方で著作した。

（6） 「いのちを恵む ζείδωρος」は大地，デメテルにつく形容詞である（Vgl. Merkelbach 1980, 56 und GEL, 753）。

（7） Cornutus, Lucius Annaeus, *Theologiae Graecae Compendium*. Leipzig: B. G. Teubner 1881, pp. 52-53.

（8） Vgl. Merkelbach 1980, 55 f.

（9） Schelling, Friedrich Wilhelm Joseph, *Die Weltalter. Fragmente in den Urfassungen von 1811 und 1813*. Hg. von Manfred Schröter. 4. Aufl. München: C. H. Beck 1993 (1966), S. 13 und vgl. S. 217 f.

（10） Vgl. SWA, 164.

（11） Vgl. KGW II-5, 518 f.

（12） Vgl. Merkelbach 1980, 65.

（13） Vgl. Gregoric, Pavel, "The Heraclitus Anecdote (De Partibus Animalium i 5.645a17-23)", in: *Ancient Philosophy* 21, 2001, pp. 73-85.

（14） Vgl. Antigone. v. 370.

（15） Vgl. Antigone. v. 450 ff.

（16） Vgl. GA 53, 147.

（17） Vgl. GA 53, 147 und 143.

（18） Vgl. GA 40, 132.

（19） Vgl. GA 40, 139.

（20） Vgl. GA 40, 136.

（21） Porphyrios 1767, 161-162. Vgl. Porphyrios, Peri Agalmatôn, Frag. 6, in: Bidez, Joseph, *Vie de Porphyre. Le philosophe Néo-Platonicien avec les fragments des traités* ΠΕΡΙ ΑΓΑΛΜΑΤΩΝ *et DE REGRESSU ANIMAE*. Hildesheim: Georg Olms Verlagsbuchhandlung 1964, S. 8 und Ioannes Laurentius Lydus: *Liber de mensibus*. Edidit Ricardus Wuensch. Lipsiae: In Aedibus B. G. Teubneri 1989, S. 138 f.

結　論

（1） Vgl. GA 14, 27.

（2） Vgl. GA 14, 53.